EL LIBRO DEL
BOLERO

TONY ÉVORA

EL LIBRO DEL
BOLERO

ALIANZA EDITORIAL

Las fotografías que ilustran los textos de *El libro del Bolero* pertenecen al archivo del autor

© Tony Évora, 2001
© Alianza Editorial, S. A., Madrid, 2001
Calle Juan Ignacio Luca de Tena, 15;
28027 Madrid; teléfono 91 393 88 88
ISBN: 84-206-4521-4
Depósito legal: M. 35.676-2001
Fotocomposición e impresión: EFCA, S. A.
Parque Industrial «Las Monjas»
28850 Torrejón de Ardoz (Madrid)
Printed in Spain

A la memoria del compositor cubano
Marcelino Guerra Rapindey

Para María Luisa,
por tu cariño y paciencia.
Y para que sigamos
cantando boleros juntos.

AGRADECIMIENTOS

Deseo expresar mi gratitud a los autores de varios libros clave que me han servido con su caudal informativo para llevar a cabo esta obra: muy especialmente al musicólogo colombiano y excelente profesor de guitarra Jaime Rico Salazar (autor de *Cien años de boleros*), así como al investigador cubano Cristóbal Díaz Ayala, afincado en Puerto Rico *(Música cubana. Del areyto a la Nueva Trova* y el catálogo *100 canciones cubanas del «milenio»)*. También han sido muy útiles las obras del músico José Loyola Fernández *(En ritmo de bolero)*, y de Helio Orovio *(Diccionario de la música cubana* y la compilación *300 boleros de oro)*, ambos residentes en La Habana. La sección sobre el bolero en España debe bastante a *Canciones de nuestra vida* de Manuel Román, libro publicado por esta misma editorial en 1994.

Igualmente, quiero agradecer a Jordi Pujol Baulenas, del sello Alma Latina, por su colaboración en la producción discográfica.

CONTENIDO

INTRODUCCIÓN

Los que peinamos profusión de canas, otros ni siquiera eso, tuvimos en el bolero la primera multinacional del idioma. Disfrutamos a lo largo de varias décadas, particularmente entre 1930 y 1970, acaso por última vez, del privilegio de estar a solas con nuestra intimidad y en nuestra propia lengua, sin injerencias extranjeras. Con el bolero se alcanzó, de manera satisfactoria, el largamente ansiado y complejo proceso de fusión y hermandad panamericana: el viejo romancero de los conquistadores se había convertido en el romance de los conquistados.

De fabricación urbana y tez oscura, sin vestigios de esa violencia heredada de los siglos de esclavitud en las plantaciones azucareras caribeñas, este «corruptor de adultos», como lo definió sagazmente el colombiano César Pagano, tuvo un desarrollo que no reconoció fronteras.

Creado y consolidado en Cuba durante las primeras décadas del siglo XX, gracias a un progresivo cruce de influencias en el que participaron de un modo u otro estructuras musicales del siglo anterior, el bolero tomó carta de naturalización en México, donde maduró y se desarrolló profusamente gracias al talento de músicos que lo llevaron a la radio y al cine. En sus inicios, el género adoptó elementos de la contradanza, la habanera, la romanza operática, el danzón, la canción-vals, la clave, el son, el *fox-trot* y aun el *blues*. Su trayectoria fue inaugurada por modestos cultivadores de la canción, trovadores y cantadores, que lo abordaron desde distintas perspectivas.

Gradualmente aparecieron autores cualificados, vinculados por formación y aprendizaje a la opereta y la zarzuela, como los cubanos Gonzalo Roig, Eliseo Grenet y Ernesto Lecuona, o al teatro de variedades y la radio, como Guty Cárdenas, María Grever, Agustín Lara y Alfonso Esparza Oteo, mexicanos. Sus intérpretes de la primera época fueron tenores y barítonos ligeros, lo mismo que importantes mezzosopranos y contraltos.

Aun antes de 1930, los vínculos tejidos por el amor en los países de herencia ibérica estuvieron configurados por los mismos elementos: devoción o aversión, intrepidez pasional, queja, pesadumbre, nostalgia o sublimación. El catálogo sería interminable, de ahí que la clasificación de boleros que aparece al final del libro puede resultar iluminadora (ver pág. 407).

Esta obra examina en detalle los valores esenciales del bolero durante su Edad de Oro, y expone una línea de continuidad que va desde la canción y el bolero tradicional al bolero-son, el bolero-mambo, el filin y la balada, pasando por los escollos de algunos híbridos menos identificables hasta alcanzar la canción protesta suramericana, y dentro de ésta la nueva trova cubana. La diversidad de las músicas folclórico-populares de Hispanoamérica fue a incidir sobre la estructura original del género, enriqueciéndolo con múltiples interacciones locales.

El bolero es el único género musical que se convirtió en toda la América hispana en una verdadera pasión, para arribar después a la península ibérica imbuido de otras dimensiones y delirios. Fue más allá del tango argentino, la cumbia colombiana, el corrido y la canción ranchera mexicana o el son cubano. Quizá la razón residió en que, como ha apuntado en algún momento el filósofo Fernando Savater, el propio yo es el único destinatario del amor, y al amor y sus percances le cantó el bolero en infinidad de matices.

En buena parte de la literatura historiográfica y musicológica de Latinoamérica se explican las influencias que, llegadas de varias fuentes, se hicieron sentir en todo el continente. Importantes musicólogos han definido teorías y elaborado sistemas clasificatorios de las músicas y los cancioneros folclóricos y tradicionales, y para ello se basaron en los elementos de lengua y de estilo, expresados en parámetros musicales, y en los condicionantes históricos que hacían a tales expresiones más o menos deudoras de los orígenes indígenas, ibéricos o africanos. Carlos Vega, Nicolás Slonimsky, Otto Mayer-Serra, Alejo Carpentier, Isabel Aretz, Luis Felipe Ramón y Rivera, Argeliers León y Gerard Béhague, entre otros investigadores, hicieron una contribución bibliográfica extraordinaria.

Por su parte, los llamados «cantes de ida y vuelta» han provocado años de indagación para establecer qué hay realmente de autóctono, de español, de africano o de norteamericano en las músicas a ambos lados del Atlántico, tras siglos de complejas e intrincadas síntesis. El autor confía que este trabajo servirá para investigaciones futuras en las que afloren nuevas respuestas a los complejos procesos de interacciones culturales operados entre Europa y América.

Esta compilación rigurosa establece las distintas vertientes que adoptó el bolero en cada país, y aparece organizado siguiendo un movimiento geográfico contrario al de las manecillas del reloj: desde Cuba se desplaza a México, de ahí a Centroamérica, Colombia, Chile y Argentina, antes de alcanzar Brasil, Venezuela, Puerto Rico, República Dominicana y finalmente España. Presenta abundante información sobre los autores e intérpretes más significativos, incluyendo en cada caso la introducción a uno de sus números más conocidos, cuya lista completa aparece en la pág. 401. La falta de espacio no ha permitido incluir a todos los que merecerían ser considerados.

En lugar de mantener un estricto orden cronológico, porque incluso hay estilos, artistas y subgéneros que cristalizan casi paralelamente, se ha preferido seguir un planteamiento libre para obtener una visión global más definida.

Dos países se destacan claramente en esta historia: Cuba y México. De la fructífera gestación entre los diferentes grupos multiétnicos que coincidieron en ambos países, nacieron géneros y estilos musicales que los diferencian notablemente, marcando su identidad en cuanto al tratamiento del bolero.

La selección musical del CD es bastante representativa de la vasta producción de ambos países durante el período estudiado, y en la pág. 399 aparece información detallada sobre los números grabados.

El autor ha compartido más de medio siglo con el bolero: escuchándolo, cantándolo, bailándolo y tocándolo; de ahí que este libro sea el resultado de un largo proceso de enamoramiento y de análisis del género.

Esto le permitió perseguir su objetivo central: rastrear los caminos y el tiempo, entre instrumentos y letras, voces y baile, que recorrieron juntas las naciones hispanoamericanas, para hacer posible el nacimiento de una cultura musical mulata y mestiza de envergadura y reconocimiento internacional que nos unió a todos. En otras palabras: el bolero.

I PARTE

¿Qué es el bolero?

1. DESARROLLO DE LA CANCIÓN ROMÁNTICA

Durante los últimos diez años aproximadamente, tanto en España como en los países hispanohablantes, el bolero ha sido objeto de una especie de *revival*, de un proceso de reintegración y valoración. Este proceso de modernización del bolero ha alcanzado un buen nivel de calidad artística a través de recitales y grabaciones a cargo de arreglistas cualificados e importantes intérpretes como Soledad Bravo, Alberto Pérez, Danny Rivera, Antonieta, Elena Novoa, Pablo Carbonell, María Báez, Gilberto Aldarás, Pablo Milanés, Mirtha Pérez, Gloria Estefan, Patricia González, Luis Miguel, María Teresa Chacín, Eydie Gorme y María Marta Serra Lima, entre otros artistas no menos significativos. Por otro lado están las frecuentes incursiones de voces operísticas en los dominios del bolero, como es el caso del tenor Plácido Domingo. Valga aclarar que lo mejor del *revival* no debe confundirse con la actividad de ciertos epígonos meramente comerciales.

El *revival* coincidió con la revolución literaria sentimental declarada a mediados de los años ochenta, cuyos títulos arrasan en las librerías. En parte debido a lo escurridizo del tema, las sociedades de origen hispánico, que tienden a expresarse transversalmente, mediando el amor como texto y como pretexto, quizá no conozcan los trabajos de investigación de Ackerman, Goleman o de Fisher. Aunque es muy posible que tampoco estén al tanto de las recientes aportaciones de José Antonio Marina, Carlos Castilla del Pino o Teresa Doueil, entre otros brillantes autores españoles, los pueblos hispanos continúan sumergidos en el universo de los sentimientos.

Dentro de tal situación, habría que insertar igualmente algunos hechos literarios, narraciones, poemas y ensayos, protagonizados en las últimas décadas por escritores de la talla de Manuel Vázquez Montalbán, Gabriel García Márquez, Severo Sarduy, Salvador Garmendía, Guillermo Cabrera Infante, Cobo Borda, Luis Rafael Sánchez y Lisandro Otero, por nombrar sólo algunos, cuya sensibilidad cultural se formó precisamente en la época de mayor auge para el género, esto es, durante los diez años que van de 1940 a 1950. Otros escritores más jóvenes también han contribuido a mantener en estado de alerta la importancia del bolero, como Joseán Ramos, Parménides García Saldaña, Umberto Valverde, Edgardo Rodríguez Juliá, Laureano Alba, Óscar Hijuelos, David Sánchez Juliao, Laura Antillano, Luis Barrera Linares, Eduardo Liendo, José Ignacio Cabrujas, Denzil Romero y Andrés Caicedo, entre otros periodistas y narradores. En casi todos estos casos el género ha sido usado como telón de fondo e ingrediente de las tramas anecdóticas, o como pretexto de divagaciones míticas, sentimentales o semiológicas, que también han reflejado un insistente culto al ídolo. Escribiendo sobre un vocalista, quizá algún que otro intelectual cobijó la ilusión de compartir la popularidad de aquél. Sin embargo, mientras que el cantante popular conectó con las masas, en muchos casos el literato escribió para una burguesía que sólo tenía ojos para el memorándum en inglés o la etiqueta en francés.

La intención de esta obra es otra. Reuniendo un buen número de libros, miles de canciones y suficiente experiencia personal, se ha querido atraer la atención del lector hacia el bolero como expresión de la identidad afectiva de origen hispano, como espejo de valores emocionales, eróticos y morales, o como emblema de canjes verbales asumidos por la pareja en los espacios circunscritos por el idioma. Desde luego, también aparece analizado como un arte popular altamente creativo y testimonio de nuestra idiosincrasia, como un hecho clave de la cultura musical hispanoamericana y como creación literaria de rasgos específicos, a pesar del abuso de términos como «corazón», y de toda una serie de frases estereotipadas, rezumando incluso algunos elementos *kitsch*.

ORÍGENES DE UN *REVIVAL*

El *revival* mencionado le debe bastante al Primer Festival del Bolero, organizado por el investigador cubano Hall Estrada en Miami en 1985, quien, entre otros, dio el grito de alerta cuando se cumplían cien años de la composición del primer bolero cubano, y el cincuentenario del primer *beguine*, considerado como su versión norteamericana. En parte debido a la reacción favorable en varios países hispanos, dos años después Hall realizó un segundo festival en los predios de la Florida International University. En julio de 1987 Cuba decidió celebrar el Primer Festival Boleros de Oro, organizado por el músico José Loyola Fernández a través de la Unión de Escritores y Artistas de Cuba (UNEAC), evento que ha venido realizándose cada verano; desde 1990 se extendió el carácter del festival a Santiago de Cuba, y se incluyó al filin como una modalidad del bolero, junto a otros géneros musicales. En septiembre de 1987 México presentó su Primer Festival del Bolero, con una segunda edición en 1989; la celebración se amplió a otras ciudades mexicanas y contó con la participación de artistas cubanos y puertorriqueños. Venezuela se unió al *revival* con un suntuoso festival en la ciudad de Valencia en 1994.

El bolero reapareció también en dos películas tremendas de Pedro Almodóvar: *Tacones lejanos* y *Mujeres al borde de un ataque de nervios*. Ya en 1991 la cinta mexicana *Danzón* había incluido una respetable dosis de boleros. Poco después, la película venezolana *Señora Bolero* presentó un buen número de ellos. Y en *Los reyes del mambo* se escuchó la voz de Benny Moré cantando *Cómo fue* de Ernesto Duarte, y a Linda Ronstadt en *Perfidia* y *Frenesí* del mexicano Alberto Domínguez, posiblemente lo mejor del filme.

AMA UN POCO, CANTA MUCHO

En el bolero reposa siempre la promesa del placer; es más, a menudo se recuerda mejor una melodía que la aventura que la acompañó. *Bola de Nieve* lo expresó claramente al piano en *Vete de mí*, de H. A. Expósito:

«Seré en tu vida lo mejor, de la neblina del ayer, cuando me llegues a olvidar, como es mejor el verso aquél, que no podemos recordar».

Por haber sabido ensamblar algunas formas elementales de música, poesía y baile, para quienes fueron adolescentes durante los años de su apogeo, el bolero era algo semejante a un rito. Fuente de goces lúdicos, estéticos y a menudo eróticos en la edad del crecimiento, gracias a sus textos se convirtió en breviario afectivo para quienes de un modo u otro solían escucharlo y cantarlo. Sujeto a una coreografía primaria, el bolero estimulaba el acercamiento de los cuerpos, la confidencia, el diálogo en voz baja, permitiendo roces y proximidades que la antigua separación de los sexos y la mojigatería solía vedar. Ofreció además modos de comportarse y una retórica aplicable a las sucesivas etapas del enamoramiento.

Invitar a bailar a la chica apropiada en el preciso instante en que la orquesta o el tocadiscos arrancaba con tal o cual bolero podía bastar para que el más apocado revelara sin palabras sus intenciones y la más casquivana supiera a qué atenerse. A la juventud del nuevo milenio le resultará muy difícil comprender hasta qué extremo los tímidos y escrupulosos boleros fueron a menudo las únicas fórmulas disponibles para comunicar sentimientos íntimos.

EL LENGUAJE DEL BOLERO CLÁSICO

Como podrá corroborar el lector, las cursilerías del bajo romanticismo y del modernismo decadente no siempre penetraron el mundo de los boleros. Apenas los contaminaron de un modo parcial en algunos de sus primeros autores: María Grever, Ernesto Lecuona, Agustín Lara y otros, acaso porque mantuvieron contactos con ciertas tendencias literarias. Vinculado a costumbres eróticas de índole oral, el bolero no parece haber recibido influencias evidentes del pasado literario inmediato.

El lenguaje del bolero puede considerarse también como una prueba más de la contradicción que Rougemont señalaba para la manera de amar occidental: esa crisis entre la monogamia o el compromiso de pareja y la tentación adúltera, las disimetrías en el sentimiento y en la pasión, o los tabúes socioamorosos relacionados con la guerra de los sexos.

Al margen de lugares comunes, imágenes yertas y metáforas exangües en boleros nada memorables aunque a menudo populares, los vestigios de una cultura intelectual propiamente dicha suelen ser más reconocibles en romanzas y canciones no bailables anteriores a la segunda década del siglo XX, cuando aún los compositores que después fueron típicos asumían el ritmo del bolero de un modo inseguro, al sesgo o con afectación. Desde luego, a la mexicana María Grever se le podría hallar cierto aire de familia si la equiparásemos con poetisas hispanoamericanas de la generación posmodernista (Alfonsina Storni, Juana de Ibarbourou o María Monvel), pero tales semejanzas se deben más bien a afinidades en la perspectiva ética, sentimental e idiomática o a concidencia en los temas.

EL PODER DE LAS PALABRAS

El bolero se convirtió en una modalidad poética de uso común y melodías pegadizas al alcance de todos gracias a la radio, los discos, el cine y la televisión. En sus mejores instantes estuvo provisto de autenticidad vivencial y eficacia expositiva. A diferencia del tango rioplatense, el bolero apareció carente de genio narrativo y perplejidades éticas o metafísicas, aun cuando podamos encontrar, aquí o allá, algunas muestras estrictamente reflexivas. Literatura fugaz e íntima, forzosamente desigual, posee así su propia dignidad estética; una dignidad modesta y quizá de grado menor, debido al abismo que entre los hispanos ha tendido siempre a separar el arte culto del popular. En ese ambiente de mutua desconfianza, caracterizado por la altivez o el desprecio entre unos y otros, pocos poetas pudieron respirar a sus anchas.

MARÍA GREVER

Los boleros también formaron parte de aquellos micropoderes de los bares y salas de fiesta, donde se forjaron tantas relaciones como nuevas melodías. En líneas generales, tendieron a ser fenómenos de amenización y distracción musicales, de baile de parejas pegadas, a menudo surgidos en ambientes de farándula profesional. Por eso muchas letras fueron apenas estructuras frágiles y perecederas, destinadas a articular y sustentar las emociones personales dentro de una línea melódica y rítmica específica. Sin embargo, en la mayor parte del inmenso repertorio del bolero se

lograron valores comunicativos sin renunciar al calibre del mensaje ni al universo personal del autor; así se llegaron a fundir en muchos casos los prototipos del poeta popular y del cantautor culto.

Quizá por esa misma razón, las letras más persuasivas han tendido a ser las cortas y directas, desprovistas de artificios y efectos teóricos, mientras que las peores fueron las de mayor presunción intelectual. En efecto, un vocablo cursi, el uso de términos extravagantes y hasta anacrónicos, supuestamente exquisitos o refinados, bastaba para adulterar las humildes magias del género.

El bolero, un golpe bajo al corazón, suele ser una comunicación hermosa entre los que expresan: compositores, arreglistas, instrumentistas, vocalistas... y los que reciben: oyentes, bailadores... participando todos en una historia muy lejana, aparentemente perdida en los vericuetos del cerebro, que aflora cuando se escucha una melodía, pues en ese momento mágico nos sumergimos dentro de nosotros mismos, y a la vez estamos conscientes de nuestra realidad inmediata. Sin embargo, más de un psicoanalista ha definido a este patrimonio de la humanidad como una intentona de evasión con sospechosos elementos sadomasoquistas. Que le pregunten a Paquita la del Barrio, esa formidable mexicana que embelesa con dolorosas historias de amor donde el hombre siempre es el culpable.

¿Qué características idiomáticas encontramos en la profusión de boleros surgidos durante la llamada Edad de Oro? Con los primeros boleristas de calidad, la vieja canción perdió rápidamente los artificios vocalistas y el mecedor aire ternario; la primera sección mantuvo su carácter expositivo, cuyo desenlace se planteaba en la segunda parte, donde también estaba el clímax melódico. El lenguaje usado en las letras de entonces muestra una cierta influencia de los poetas modernistas y posmodernistas, y sin duda algunos autores escribieron versos de una calidad lingüística muy especial, a menudo con demasiada reiteración de términos clave. Pero ése es precisamente uno de los encantos que encontramos en el vocabulario empleado en la canción romántica tradicional.

Asegura Alex Grijelmo que cada palabra adopta un poco del significado e intención de cuantas le acompañaron; es decir, cobran algo del sentido que fueron adquiriendo en su lugar dentro de la frase musical, ampliando su potencial expresivo. Según el autor de *La seducción de las palabras*, también constituye un elemento de primera magnitud el sonido de cada término, las connotaciones que implican sus sílabas. Con el mismo gusto en que nos sumergimos en la cadencia del bolero, el aroma de las palabras, gracias a la manera en que las pronunciaron los estilistas más destacados, adquirió otra capacidad de enternecer; la voz del intérprete, como mediador, les confiere todo su contenido potencial. Cada bolero las individualiza y las inscribe nuevamente mediante el vocalista, que dota de una entonación especial las ansias, sueños o desilusiones de determinado grupo social.

¿Y qué es un intérprete, bien se trate de una voz o de un instrumento musical, sino un caminante de la imprecisión, un evocador de ese mundo rebosante de expresiones dispares que se logran entre nota y nota? Sin duda se trata de un medio para comunicar significados que el compositor intentó atrapar entre las secuencias imaginadas interiormente.

LA MÚSICA

El bolero de la Edad de Oro nunca fue simplemente música ligera. Se le podría comparar con otros exponentes de la música popular urbana como el vals vienés, el *jazz* norteamericano o el tango argentino, que también se impusieron en los comienzos del siglo XX en todo el mundo. Y rara vez tuvo que ver con la llamada meso-música, el habla de la urbe despersonalizada que piensa y palpita con ideas y sentimientos enlatados por la televisión y otros medios: la música sin mensaje, anodina y producida en serie.

¿Qué escuchamos en un bolero, la música o las palabras? ¿Quién viene arropando a quién? La fórmula de 32 compases divididos en dos partes, los primeros 16 en tono menor y los siguientes 16 en tono mayor, ha servido durante largo tiempo para expresar un contenido romántico. Cuando reconocemos un buen bolero nos descubrimos ante esa garganta que sólo sabe de sentimientos comunes. Detrás de todo nuestro mundo interno, extrañado frente a un estímulo que nos somete a sensaciones que a menudo no podemos precisar, ni siquiera retener, el maridaje exacto entre palabras y melodía provoca asociaciones nostálgicas que enriquecen nuestro ser.

Un cantante convertido en ídolo es venerado porque nos presta su voz; es el intérprete, gracias a lo cual es consagrado. Como Cyrano de Bergerac, es el amigo que nos vincula con la amada, revelándole el devastado panorama de nuestra alma.

Ese estímulo melódico se hace nuestro porque lo interiorizamos. No para disolverse en nuestros propios sucesos, ni para quedarse relegado en

el mundo de sonoridades que lo alimenta, sino como un factor moviliza-
dor que condiciona su entrega. En otras palabras: «mientras ella me hace,
yo me la apropio».

Lo cual hizo afirmar al crítico Diego A. Manrique: «Algunos artistas
suelen comentar que las canciones dejan de ser suyas en cuanto se plasti-
fican, se emiten y se venden. Aparte de lo que tiene de *boutade*, esa frase
revela su desbordamiento ante los modos en que los oyentes usufructúan
sus creaciones íntimas. La flexibilidad con que se adaptan a todo tipo de
situaciones explica, por ejemplo, la longevidad de los boleros, que se hacen un hueco en cada nueva generación».

A la música hay que conocerla para apreciarla mejor. El oyente
aprende a reconocer ciertos sonidos, efectos y silencios, como señales de
puntos en tensión, de comienzos o de finales de frases que expresan pen-
samientos musicales y sentimientos colectivos. Considerada desde este
punto de vista, la música es un privilegio, no sólo una categoría importante del espíritu.

Cuando un compositor encuentra su acento verdadero siempre es original e innovador, aunque no tenga conciencia de ello. Evita las ideas pre-
concebidas, porque cuando se es original por naturaleza poco importan
los medios de que se vale para fijar su pensamiento y resolver sus composiciones con audacia, limitado por el tiempo y las notas musicales, esas lla-
ves exquisitas que le permiten entrar e instalarse en el doble imaginario o
fantástico de toda realidad. Porque no reproduce eventos sino que los su-
blima, porque todo lo que comunica es pura invención, por eso se considera a la música como un lenguaje extraordinario. En el caso del bolero, se
consiguió depurar una maquinaria sonora esencial, de apariencia sencilla,
gracias a su peculiar manera de integrar la melodía en el ritmo.

EL RITMO DEL BOLERO

¿Se hace acaso necesario recordar que la gama modal del bolero es eminentemente española? Sin embargo, quizá habría que agradecerle al negro
una cierta discriminación hacia lo español o el bolero no habría cuajado
también como música popular bailable de origen caribeño.

Concebido como una suave cadencia de estructura estable, el género
logró desarrollarse en música rítmico-armónica gracias a las cuerdas del
bajo y al constante y discreto martilleo del bongó, el golpe de madera de

las claves, sin olvidar el chachareo continuo de las maracas, que se escuchan claramente en infinidad de interpretaciones del trío Los Panchos, por poner sólo un ejemplo. Los tres últimos instrumentos pasaron al bolero provenientes del son cubano, un género bailable por excelencia. Mientras que con el ritmo «quebrado» de las claves, como lo definió Rafael Cueto, uno de los integrantes del trío Matamoros, se mantiene un lento patrón fijo consistente en: un, dos, tres—un, dos, el bongó dibuja una secuencia rítmica dada por ocho semicorcheas que se reparten en alturas diferentes al ser ejecutadas con las yemas de los dedos sobre dos tambores de distinto tamaño: el más grande y de voz grave, llamado hembra, donde se percute la primera semicorchea, y otro más pequeño y agudo, llamado macho, donde se producen sonidos y efectos diferentes según el lugar donde se percuta y las presiones que se ejerzan sobre el cuero.

Este esquema induce a marcar la métrica en la melodía con tal exactitud que a menudo se altera la acentuación prosódica, se obvian las sinalefas entre las palabras y hasta se producen cesuras que parten un término en dos. Junto con las claves y las maracas, el bongó es el rasgo más estable que identifica la raíz afrocubana en cientos de boleros.

Los creadores que establecieron los parámetros esenciales del género tuvieron

BONGÓ CUBANO

que enfrentarse al predominio del tango, el *blues* y el *jazz*, el corrido y la ranchera, el *two-step*, el *fox-trot*, el *charlestón* y otras músicas, así como los tradicionales hábitos estilísticos provenientes de las arias operáticas. El bolero tuvo que viajar en maletas, partituras, instrumentos, memoria personal, ondas radiales, voces, discos, cintas de cine, barcos y aviones para atravesar fronteras y poder llegar a un público cada vez más numeroso, sediento de ilusión.

LOS LETRISTAS Y ARREGLISTAS

Labor ingrata y casi siempre desagradecida la de quienes aportaron las letras de las canciones, porque en muchos casos se le atribuye la autoría a quien compuso la línea musical, que es al final el que obtiene algún reconocimiento público por el éxito de una canción. Sin embargo, casi siempre es el intérprete el que se lleva la palma, quedando los autores completamente ignorados. Muchas veces el mismo músico tuvo la inspiración de los versos, como fue el caso de Gonzalo Curiel, Alberto Domínguez, *Chelo* Velázquez, Mario Fernández Porta o Carmelo Larrea, por mencionar sólo algunos. Pero en otros tantos compositores, los versos siempre dependieron de un colaborador semioculto, como sucedió con Gabriel Ruiz, Federico Baena o Marcelino Guerra *Rapindey*. Muchos letristas fueron poetas que aprovecharon las libertades de que disponían: una persona que se cuestionó a partir de sí misma, y desde la pluma, a la humanidad. Cada poeta verdadero inventó una forma de estar en el mundo, de ahí que algunos letristas lograron enmarcar a toda una generación.

A menudo también se olvida la labor del arreglista, que viste la canción básica del compositor. El autor provee la materia prima al arreglista para que éste busque la manera de hacer lucir las posibilidades de la melodía con la letra, y sitúe la intervención de los instrumentos en los momentos adecuados. También se ha dado el caso, como sucedió con muchas películas mexicanas, en que el arreglista ganó más que el compositor, que tuvo que trabajar a toda prisa.

El compositor escribe porque sufre y goza las emociones propias y las ajenas, da vuelo a la imaginación, al diario vivir y algunas veces nos deja saborear incluso algo del orgullo patrio. Existe multitud de obras que fueron gestadas por imperiosas necesidades del autor (pasión, dolor, anhelo o simplemente para tratar de ganarse la vida), por condiciones especiales (encargo, experimentación, resolución de problemas técnicos) o por un afán puramente lúdico, un deseo de entretener bellamente que va más allá de las intenciones anteriores.

Es necesario reconocer que los músicos siempre han sido explotados por otros músicos, por los directores musicales, por las casas editoras, por los sellos disqueros, por los empresarios de conciertos, actuaciones y espectáculos, y por otras entidades comerciales. Muchos autores han trabajado «por amor al arte», sin recibir tipo alguno de reconocimiento por su talento y su aportación a la industria. ¡Cuántos artistas han confiado sus destinos a empresarios y agentes sin escrúpulos que los han explotado!

EL FABRICANTE DE BALADAS

Con frecuencia, la condición de autor de boleros fue tanto profesional como artesanal si la juzgamos en relación con el trabajo que después realizó su presunto heredero, el fabricante de baladas. Muchos de estos compositores trabajan por encargo de los sellos discográficos: viven de lo que escriben y de la producción del disco. Caracterizada por la producción serializada, con un ritmo monótono y un tema romántico enmarcado en paspartú, la balada actual es un género que, previstas todas las excepciones posibles, suele llegarnos a través de ídolos prefabricados cuya vigencia no suele exceder la del año en que circula el disco.

La balada provenzal, de carácter épico-lírico, solía estar dividida en estrofas que terminaban siempre con el mismo verso. De música sencilla y repetitiva, como las que cantaban Joan Baez o Bob Dylan, la balada que conocemos es la concepción anglosajona de la tradicional, que escoceses e irlandeses llevaron a Estados Unidos y que encontró en los montes Apalaches un refugio natural. Puede que su nombre no resulte familiar, pero Hoagy Carmichael concibió en 1927 *Stardust* (*Polvo de estrellas*), con letra de Mitchell Parish, una balada ineludible del siglo xx que sólo encuentra equivalente en el mundo del *pop* con el *Yesterday* de los Beatles, avalado por el libro *Guinness* como la pieza más interpretada de la historia de la música popular.

En 1935 otro suceso contribuyó a transformar al bolero: el estreno de la comedia musical *Jubilee* del estadounidense Cole Porter. Amante de los ritmos latinos, el genial compositor aportó nuevas armonías al bolero tradicional al crear el bolero-beguine. El primero se llamó *Begin the beguine* (*Volver a empezar*), aunque hay datos que sugieren que Porter ya había experimentado con esta fórmula en sus canciones *Lo gitano en mí* y en *Noche y día*.

En su fase primaria, el *rock & roll* de Elvis Presley, Bill Halley y sus Cometas, Chuck Berry y otros iniciadores de la década de 1950, hizo furor y se convirtió en un fuerte contrincante del mambo, el chachachá, el samba y el bolero latinos. Paulatinamente fueron convirtiéndose en baladas, cuando el metrorritmo típico del complejo del *rock* (acentuación destacada en el segundo y cuarto tiempos de un compás de 4x4) fue interconectándose a golpe de baqueta y platillos.

Como en los años 60 los jóvenes comenzaron a huir de todo lo que les recordara la música de sus padres, seguían las canciones de amor en *tempo* lento de los esquemas anglosajones, rompiendo de esta manera con la tradición latinoamericana del bolero. De ahí que las baladas tuvieran una importancia destacada en el panorama musical de dicha década; además, no se podía estar a golpe de *rock* continuo, ni protestando sin parar, el amor reclamaba su sitio y no estaban los tiempos para tangos ni cuplés.

Desde los Beatles a los Animals, desde los Lovin' Spoonful a los Righteous Brothers, desde el dúo de Simon & Garfunkel a Harry Nilsson, pasando por Deep Purple, Led Zeppelin o Michael Jackson, no ha habido cantante o grupo de rock que no haya tenido al menos un gran éxito con una balada. Bob Dylan utilizó en su primera época la estructura de la balada para dar forma a largas composiciones en las que ordenaba sus alegatos. Pronto aparecieron los italianos Adamo y Nicola de Bari y los franceses Aznavour, Becaud y Brel. En España surgieron Los Brincos con *Un sorbito de champán*, Pic-nic con *Cállate niña*, Los Módulos con *Todo tiene su fin*, Miguel Ríos con *El río*, Julio Iglesias presentó *La vida sigue igual*, y tantas otras melodías del dúo Dinámico o de Nino Bravo. De la misma manera que interpretaban un *rock*, Los Estudiantes entonaban una balada, Bruno Lomas y los Rockeros hacían versiones en castellano de éxitos anglosajones, y Karina se convirtió en una de las más representativas solistas españolas de aquella década.

Desde el sur del continente americano proliferaron los estilos de Leo Dan, Palito Ortega y Sandro, con sus imparables ataques de epilepsia musical. Algunos mexicanos como César Costa y Enrique Guzmán se vieron arrastrados por la avalancha de canciones estructuradas como baladas que les llegaban de Norteamérica con gran respaldo promocional. El consumismo, mal de nuestro tiempo, inventa virtudes, planifica obsesiones y prefabrica gustos.

En las buenas baladas el cantante se emplea a fondo para hacer creíble la historia que está contando; sin embargo, es necesario admitir que en la mayoría de los casos no es así. Las últimas generaciones han tendido a confundir la cultura popular con el espectáculo puramente comercial, manipulado por los grandes sellos multinacionales, y como no tienen puntos de comparación, son bombardeadas con un mensaje trivial e insistente. Terminan aletargadas, contagiadas de una moda extranjera que se promociona constantemente a través de la radio, los discos, la televisión, la discoteca y las grandes presentaciones de ídolos, casi siempre masculinos. Por supuesto, físicamente atractivos. Entretanto, la simpleza de una estructura esque-

mática encierra los vacuos arreglos donde el vocalista de turno no corre
riesgos porque la voz es lo de menos, lo importante es lo excitante del gesto: cómo se mueve en escena.

LO QUE LOGRÓ EVITAR EL BOLERO

Entre otras cosas, eludió cantarle a esa idealizada mulata sabrosona que
ha paseado sus caderas, imponente y rotunda, por el resto de la música
popular del Caribe. El bolero también logró evitar la política y para
bien o para mal, fueron muy contados los temas que tuvieron un contenido beligerante o de denuncia social. Tampoco entraron en el bolero
apoyos a partidos políticos ni críticas veladas a los caciques de turno, ni
siquiera en México.

¿Qué es lo peor que se puede decir del bolero? Que fue machista y a
menudo misógino, posiblemente sin que los músicos tuvieran conciencia
de ello, porque se originó en otra época: la mujer acababa de conquistar
el derecho al voto pero aún no se había incorporado masivamente al
mundo laboral pagado, como sucedió más tarde. También se le puede criticar a muchos boleros que repitieron fórmulas y estereotipos con melodías que, por cierto, jamás lograron conmover a las autoridades para que
brindaran reconocimiento y ayuda a sus creadores. Por otra parte, el género nunca fue racista ni hay pruebas de que haya cultivado prejuicios
contra las minorías sexuales. Además, se le cantó y lo cantó lo mismo
una chica fregando pisos que un señorito de la alta sociedad.

Sin embargo, no pudo evitar el robo de canciones. El problema del
plagio ha sido siempre una nube oscura sobre algunos artistas. Una cosa es
recibir influencias inadvertidamente, o tomar prestado algo del estilo de
otro compositor, porque hay que reconocer que es relativamente fácil escribir algo que se parezca a otra pieza ya existente. Pero apropiarse de la música y/o letra de alguien, sin darle crédito público ni pago alguno, es una
práctica nefasta de la que no han escapado algunas figuras internacionales.

¿LETRAS O LETRINAS?

Con importantes excepciones, no hay boleros más dignos del olvido que
aquellos basados en textos poéticos previos, ya suficientemente estableci-

dos. Simplemente porque no reflejaron el sentir de la gente, o porque ignoraron los códigos populares, o porque emplearon un discurso literario válido sólo para ser asimilado a otro nivel. Por su parte, el público siempre buscó originalidad e innovación. ¿Lo consiguió siempre?

Los boleros malogrados y ya olvidados, y se podrían incluir aquí también infinidad de baladas, no fueron necesariamente los que carecían de rimas y medidas silábicas, habitualmente asociadas a la poesía de corte tradicional, sino aquellos donde la emoción, lejos de concentrarse en pos de la confidencia, se dispersaba debido a pretendidos alardes conceptuales o descriptivos. Donde la letra ostentosa, de carácter oratoria, procuraba suplantar a la línea musical o reducirla a mero coadyuvante; es decir, donde no hubo maridaje entre la palabra y la melodía.

Entre los años 50 y 70 se produjeron boleros exquisitos, pero también un buen número de piezas de innegable pobreza, rellenos facilistas de discos y fiestas bailables, que no agregaron nada al género ni lograron inspirar sentimiento alguno en los oyentes.

LAS CALLES Y ONDAS DEL BOLERO

EL CHILENO LUCHO GATICA

Mientras adquiría cohesión formal y un dominio de sus posibilidades que se podría fechar aproximadamente entre 1942 y 1948, el bolero consiguió irradiar y ampliar su alcance geográfico hasta alcanzar las costas españolas, las cumbres andinas, las playas brasileñas, las márgenes del río La Plata y las urbes cosmopolitas del extremo sur americano, donde llegó a rivalizar con el tango, promoviendo no sólo a excelentes compositores, con Mario Clavell y Don Fabián a la cabeza, sino también a una decena de intérpretes extraordinarios: Hugo Romani, Fernando Torres y Gregorio Barrios (los dos últimos de origen español), Leo Marini, Ernesto Bonino (italiano de nacimiento), Álvaro Solani, Chito Galindo, Eduardo Farrel, y los hermanos chilenos Arturo y Lucho Gatica. Vocalistas certeros del bolero mientras mantuvieron estrechas vinculaciones con la producción bolerística de los países caribeños, algunos, al cesar dichos lazos, volvieron a su idiosincrasia nativa o simplemente se distanciaron.

Casi todos estos intérpretes sureños fueron frecuentemente asesorados por músicos procedentes de agrupaciones sinfónicas, como los argentinos Víctor Schlichter, Américo Belloto o Víctor Líster. Con ellos, el bolero adquirió nuevas modulaciones, se quintaesenció y refinó aún más. Por su parte, iniciando ya un cierto estilo de baladista, a partir de mucho filin, Lucho Gatica, de grata memoria para infinidad de cubanos, reflejó la aparición del espectáculo, de la televisión, del lanzamiento publicitario incluso. Curiosamente, su carrera resume de manera simbólica la curva descendente del género, el tránsito hacia la hibridez y las amalgamas de los años 60.

La radio fue como la hermana mayor del bolero, y no es sólo una casualidad que la degradación de éste haya coincidido precisamente con la de aquélla. Por otra parte, la radio disponía de algunas ventajas sobre el teatro primero y la televisión después: dio más importancia a la letra y a la calidad musical que a la puesta en escena, más atención a las voces que al atractivo físico o las cualidades histriónicas de los intérpretes, contribuyendo así a alentar una mayor calidad de las piezas mismas y el desarrollo de las aptitudes interpretativas.

EL LEGENDARIO PIANISTA
ARMANDO ORÉFICHE

SUENA LA ORQUESTA

Si entre la mayoría de los vocalistas es posible establecer una estricta delimitación entre la línea verbal y la melódica, esta última se afianzó considerablemente en los boleros difundidos por agrupaciones de carácter bailable. Tal acentuación provocó la aparición del *crooner*, del vocalista al frente de la orquesta, un cantante lo bastante dúctil y discreto como para poder expresar la canción adaptándose a las exigencias del arreglo para conjunto musical. Surgió así una forma de bolero donde la progresión melódica y rítmica prevaleció sobre la letra, lo cual no debe confundirse con el arreglo instrumental más o menos sofisticado.

En los tiempos iniciales del género, las orquestas que con más acierto cultivaron dicha tendencia fueron, en primer lugar, los Lecuona Cuban Boys, más tarde conocidos como los Havana Cuban Boys, bajo la dirección del pianista y autor de boleros Armando Oréfiche y los cantantes Alberto Rabagliatti, de origen italiano, Oscardo Lombardo y el catalán Fernando Torres. También la inolvidable orquesta Casino de la Playa, dirigida por Guillermo Portela, en la cual se iniciaron teclistas compositores como Anselmo Sacasas, Julio Gutiérrez y Dámaso Pérez Prado, y que tuvo como intérpretes a Reinaldo Henríquez, Miguelito Valdés *Mr. Babalú* y Walfredo de los Reyes, entre otros. Y finalmente, la del puertorriqueño Rafael Muñoz, tributaria de los grandes *jazz bands* cubanos que habían dirigido antes los hermanos Manuel, Antonio, Andrés y Juan Castro, con su vocalista Carlos Díaz, o Tito Gómez con la Riverside, primero bajo la batuta de Enrique González Mantici y desde 1947 dirigida por Pedro Vila.

RAFAEL MUÑOZ, ARRIBA, IZQUIERDA

Con estas agrupaciones se sistematizó una nueva manera de organizar el material musical, brindando mayor posibilidad de contrastación armónica y tímbrica, una adecuada ampliación-reducción de la densidad sonora dentro del formato *jazz band*, y la utilización de originales combinaciones temporales, no sólo como rasgos rítmicos sino también estilísticos.

Con arreglos que imitaron y renovaron otras agrupaciones boricuas, Rafael Muñoz condujo una formación estable que desde sus orígenes persiguió un objetivo único de amenización bailable, acogiendo otros ritmos antillanos entonces en boga: «rumbas», guarachas, congas y sobre todo, bolero-sones, modalidad paralela al bolero mismo desde la primera época del trío Matamoros y algunos septetos cubanos. Los acelerados compases últimos, prescritos en el montuno, habrían de influir en su muy original manera de concebir el bolero: a la vez que sensual e idílica también contaba con cierres tajantes y cadencias rápidas, incisivas. En tal sentido, Rafael Muñoz logró que sus cantantes Víctor Miranda, Tony Sánchez, Gómez Kemp, Vitín Garay, Charlie Figueroa y José Luis Moneró, al contrario de lo que se acostumbraba hasta entonces, se ciñeran a la orquesta y la acompañaran fielmente, obteniendo una integración casi proverbial con Moneró, caracterizado por sus agudas e ingeniosas modulaciones.

LA MUJER TAMBIÉN HACE LLORAR

La mexicana María Joaquina de la Portilla Torres, mejor conocida como María Grever (*Júrame, Cuando vuelva a tu lado, Alma mía, Te quiero dijiste*, y muchas otras composiciones), consiguió aunar su dominio de las notas musicales con calidades poéticas muy precisas. Sin embargo, por carecer de toda presunción, sus boleros siempre surgieron a propósito de necesidades afectivas perentorias determinadas por el abandono, la duda, el desamor o la pasión no correspondida. El género nunca volvió a tener otra personalidad como la Grever, si exceptuamos a Consuelo *Chelo* Velázquez (*Bésame mucho, Que seas feliz, Te espero*), mexicana también, pero de inspiración algo más abrupta y elemental, quizá menos candorosa, y en cierta medida a la puertorriqueña Silvia Rexach (*Di corazón, Olas y arenas, La vida dirá*), de cálido refinamiento erótico. Posiblemente la única verdadera excepción haya sido su contemporánea, la cubana Ernestina Lecuona (*Ahora que eres mía, Ya que te vas*), hermana mayor del maestro, aunque su producción no fue tan rica como la de la mexicana. Ubicada históricamente en los albores del bolero, María Grever fue capaz de una vasta concentración de variantes y matices en torno a un solo motivo inspirador.

Por ser extraordinarios, los casos mencionados nos retienen ante otro hecho: el de la identidad entre la mujer y el bolero, el de la ocasión que éste le ofreció a aquélla para que pudiera formular sin ambages los hitos de su sensibilidad, los datos de su emoción sensorial, las instancias de su afecto o la denuncia de sentirse oprimida.

Junto a las autoras citadas, pero siempre manteniendo una distancia prudente y saltando etapas, se podría agregar a las compositoras cubanas Cristina Saladrigas, Isolina Carrillo y Marta Valdés; a las puertorriqueñas Ivonne Lastra y hasta cierto punto a la guarachera Myrta Silva; a las venezolanas Conny Méndez, Vivita Bravo y María Luisa Escobar; a las mexicanas María Alma, Graciela Olmos, María Paz Aguilé y en especial, a la exquisita Emma Elena Valdelamar. La peruana Chabuca Granda se acercó más a los temas folclóricos con *Fina estampa*, *Limeña* y *La flor de la canela*.

Cabría aquí reflexionar sobre algunas intérpretes mexicanas y cubanas, y sus actitudes distintas ante el bolero. Gaby Daltas, Adelina García, Lupita Palomera y Elvira Ríos actuaron primordialmente en la década de los 40, y salvo a través del cine, que a menudo sólo acogió sus voces en fondos y doblajes, fueron distinguidas. Las tres primeras impusieron siempre el mensaje melódico sobre el verbal y tuvieron la suerte de haber sido acompañadas por individuos o conjuntos apropiados a su talento. A Lupita Palomera se la recuerda hoy como la intérprete incomparable de melodías debidas a la inspiración de los cuatro hermanos Domínguez: Abel, Alberto, Ernesto y Armando. Por su parte, temperamental y solitaria, con algo de *femme fatale*, Elvira Ríos quiso que el bolero ascendiera a la categoría de monólogo; pausadamente, con voz grave y opaca (dueña de una «voz de humo» la describió un periodista), su impresionante talento evidenció el esplendor que puede alcanzar cualquier género popular gracias a intérpretes con genio propio.

Algo parecido podría decirse de cancioneras como Olga Guillot, Elena Burke u Omara Portuondo. Si la Guillot siempre dominó la escena con un estilo único que ha influido en cantantes de varios países, la Burke gozó de una voz profunda y versátil, apta para las difíciles interpretaciones del filin. Con su talento, Omara Portuondo ha sobrevivido a importantes cambios en la música popular cubana, y sigue cantando.

DEFINICIÓN TÉCNICA DEL GÉNERO

El bolero tiene un carácter romántico, amoroso, y en el aspecto tímbrico surgió con acompañamiento de guitarra. Utiliza diferentes estructuras poéticas, pero éstas tienden a hacerse silábicas, para facilitar el decir. Basado inicialmente en compás de 3x4, después se adaptó al 2x4 de forma binaria, extendiéndose por todos los países latinoamericanos ya con la incorporación del cinquillo (corchea-semicorchea-corchea-semicorchea-corchea).

Frecuentemente, la dirección de la idea melorrítmica tiene sentido descendente, aunque su estilo puede estar trabajado no en forma lineal, sino por medio de saltos interválicos que descienden hacia lo grave. En sus inicios, las voces prima y segunda se concedían ciertas libertades metrorrítmicas e incluso llegaron a constituirse en dos líneas melódicas independientes con textos diferentes (ver pág. 57), porque la intención era destacar cada voz; después se abandonaron estas posibilidades y se adoptó el canto por terceras y sextas paralelas. Originalmente había tendencia a la inestabilidad temporal y se utilizaban abundantemente los efectos *ritardandi* y *accelerandi*. Después, en el estilo interpretativo, la conjunción de rasgueado y punteado incluyó una persistencia rítmica que servía de apoyo a la mayor elaboración del plano melódico. Del acompañamiento guitarrístico individual, se pasó al trío vocal, a los conjuntos soneros y de ahí a instrumentaciones orquestales. Por supuesto, la coreografía del bolero es de pareja abrazada.

Precedido de 6 a 8 compases de introducción, apareció así configurado con la ya mencionada estructura de 32 compases divididos en dos partes: los primeros 16 en tono menor, de carácter expositivo, donde se plantea un tema o idea musical que corresponde con el hilo conductor del texto. Los otros 16 compases se componen en tono mayor, y es donde concluye la idea musical y textual, con un clímax melódico y una coda que lleva al cierre cadencial.

2. ¿DE DÓNDE SON LOS BOLEROS?

Tal y como lo conocemos este género musical surgió en Cuba. Salvo su acento melancólico, no heredó ni el ritmo ni la cadencia de su homónimo español, que según el compositor y musicólogo Natalio Galán, «desde sus orígenes tuvo un cariz teatral», y que la gente común utilizaba en Mallorca para comentar, igual que en el cante flamenco, toda clase de sucesos. Aquel bolero consistía en música para bailar con el acompañamiento de castañuelas, tamboril y guitarra, con una estructura y un ritmo muy distintos a la del bolero cubano-mexicano.

Algunos investigadores consideran que con el nombre de «bolero español» se conoce desde hace varios siglos un ritmo que posiblemente tuvo su origen en las islas Baleares, porque siempre se ha hablado del «bolero mallorquín». Consistió en un estilo de música para una forma determinada de baile, que tuvo también mucha difusión en el interior de la península, especialmente en Andalucía. Es esa vertiente la que precisamente se extendió a los territorios americanos.

¿Por qué son dos ritmos diferentes? El bolero español siempre se inscribió en compás de 3x4, mientras que el nacido en Cuba se estructuró después en 2x4. Por otra parte, la línea musical del bolero español servía para hacer un tipo de danza folclórica parecida a las seguidillas o las peteneras, que eran bailes de grupo y de pareja suelta que se hacían dando pequeños saltitos. El teatro tonadillesco llevó a Cuba un vasto repertorio de boleras y boleros con un peculiar estilo de tocar las castañuelas. A no dudarlo, persistió la imagen de lo que era boleado, ágil, móvil y circulante, y posiblemente se le aplicó a otras fórmulas rítmicas.

Que el bolero fue importante en España lo demuestra su popularidad a nivel nacional y a la circunstancia de haber sido conocido por grandes figuras de la música sinfónica: Chopin compuso *Bolero opus 19* para piano, Beethoven *El bolero a solo*, mientras que Berlioz incluyó un bolero en su obra *Benvenuto Cellini*. En la zarzuela *Doña Francisquita* también se encuentra un bolero y en *Las bodas de Luis Alonso* se cantan y bailan boleros de tipo español.

Su influencia se hizo sentir en Europa hasta 1928, cuando el compositor francés Maurice Ravel compuso su famoso *Bolero*, obra que tampoco tiene nada que ver con el bolero latinoamericano. El tema fue realizado por encargo de la coreógrafa Ida Rubinstein e inspirado, como declaró el propio Ravel, en el bolero español de 3x4. Los obsesivos 23 minutos *in crescendo* de *Bolero* fueron estrenados por Walter Staram en noviembre de 1928 en el Teatro de la Ópera de París con la presentación del ballet de madame Rubinstein, obteniendo una aclamación extraordinaria.

«MAMÁ, YO QUIERO SABER...»

Cantándole a la amada su lamento y devoción, a menudo su amor insatisfecho, en interminables serenatas y fiestas íntimas, fueron brotando las bases populares de un nuevo género de la cancionística cubana: la canción trovadoresca. A menudo se reunían en el café del barrio o en un parque aquellos hombres que amaban la música, pero que tenían que ganarse la vida como albañiles, sastres o tabaqueros. A partir de 1870 comenzó a destacarse en Santiago de Cuba un grupo heterogéneo que se entregó a la tarea de buscar una sonoridad diferente. En ese grupo se encontraban Nicolás Camacho, quien pertenecía al grupo de cantadores de la Plaza de Marte y que alcanzaría el grado de teniente en la Guerra de Independencia; Nené Manfugás, el primero que se vio tocando un tres en los carnavales de 1892, y Eulalio Limonta, junto a los hermanos Boudet, Pancho Castillo Moreno y Pepe Sánchez, entre otros.

PEPE SÁNCHEZ, SENTADO, IZQUIERDA

Ese fenómeno urbano que se denomina la vieja trova surgió paralelamente en otras regiones del país: excitados aficionados se aprendían las canciones publicadas por la librería La Principal, o los cancioneros titulados *La Lira Criolla*, que contenían guarachas, canciones, décimas y cantares de la primera guerra de liberación (1868-78), y que aparecieron luego publicados por La Moderna Poesía a partir de 1887. Siguiendo una curiosa costumbre de la época, frecuentemente no aparecía el nombre del autor o se ocultaba su identidad con iniciales o seudónimos.

La esencia cubana afloraba en pequeños detalles, anacrusas y terminaciones delicadas, así como en una cierta languidez y sensualidad tropical en la textura melódica. En sus comienzos, la canción no solía tener un ritmo fijo, era libre en su forma y métrica, pero después se le aplicó la fórmula del cinquillo, que a partir de entonces sería una constante en la música cubana, mientras se le daba rienda suelta a la imaginación romántica y sentimental en la fisonomía de la temática.

Es importante señalar que paralelamente a aquellos románticos y su amor a la libertad, se fue desarrollando una poesía populista que buscaba sus motivos en las fiestas locales, en la evocación directa del paisaje y en los idilios campestres. Una vertiente entroncó con aspectos del teatro bufo vernáculo, bien como poesía descriptiva o criollista, buscando en los campesinos la esencia de su expresión, y otra se tornó indigenista, intentando encontrar en taínos y siboneyes una fuente de rebeldía frente al poder colonial. Hacia 1860 se robusteció otra vertiente: las canciones de corte amoroso que resaltaban lo cubano, mezclando la sensibilidad por la línea melódica europea con el ansia revolucionaria. Estas canciones se destacaban por el uso de anacrusas al comienzo de la frase melódica y un cierto acento femenino.

Todos estos factores brindaron a la primitiva y lenta canción, de clara fuente eurocubana, una serie de motivos idílicos, de gentiles muchachas, de sentimientos patrios, de mares en calma y verdes penachos de palmas bajo cielos azules, que discretamente criticaban al opresor colonial. En cuanto a estructura, todavía respondían a los artificios vocalistas del aria operística italiana, al rebuscamiento adornado de la romanza francesa y de la canción popular napolitana. Conocidas como canciones de salón, con su suave acento romántico, conformada por apoyaturas, grupetos, giros melódicos muy retorcidos y letras misteriosas o a menudo incomprensibles, aún carecían de rasgos de cubanía. Aunque la melodía solía cantarse a dos voces por terceras y sextas, acompañada de dos guitarras, todavía primaba un culto a la música popular española, adornada de contornos franceses, ingleses, italianos y vieneses.

Sin embargo, la canción oscurecía lentamente su pigmentación, despojándose de su ropaje europeizante y acercándose gradualmente a un amulatamiento evidenciado por las características rítmicas de su acompañamiento. Dichas figuraciones rítmicas fueron mostrando las raíces; abandonaron las concepciones tomadas del romancero español para adoptar formas y expresiones cuyos antecedentes se encontraban en África.

Se entabló así una dicotomía en que a veces prevalecía la canción de salón, mecida suavemente, dominada por requerimientos técnicos, y tratando de ignorar la influencia africana circundante; y otras veces lo que surgía era un tipo de canción de estirpe popular, interpretada por gente común, cuyas voces sólo alcanzaban una octava o poco más. Fue precisamente en este grupo de canciones donde se lograron importantes cambios dentro del texto y la forma de decirlo. Ahí nacieron las bases para la aparición de la canción trovadoresca, identificada por el individuo que deambulaba cantando versos de su inspiración o de otros. Acompañado de su guitarra, orgullosamente se autodenominó trovador, posiblemente como una imagen romantizada de los trovadores del medievo europeo, anunciadores de amores, descriptores de hazañas y sucesos, y fuentes incalculables de historia oral.

LA APARICIÓN DEL CINQUILLO

El baile siempre ha fascinado a los cubanos de cualquier época, y es que lo llevan en la sangre española y en la sangre africana, bien como resultado de la mezcla étnica o simplemente porque las barreras tendieron a desaparecer cuando de mover el cuerpo se trataba. Aunque ya existían desde 1800 casas de baile donde confluían la clase más pudiente y los dirigentes del país, también se veían muy concurridas las modestas salas ubicadas en los barrios «baxos», definidas por aquel entonces como «bailes de cuna»; allí asistían lo mismo negros libres que jóvenes blancos de familias acomodadas, ambos en busca de mulatas.

Dos movimientos se perfilaban entonces con bastante claridad como resultado de las marcadas diferencias de clases sociales, debidas en principio al incremento de la producción azucarera y al recrudecimiento del régimen esclavista. Por un lado estaban los bailes a la usanza europea, con sus piezas de cuadros, y por el otro, un despliegue que se centraba en la contradanza con elementos definitivamente locales, aunque ésta todavía asimilaba una buena dosis de aires provinciales españoles. Durante la primera mitad del siglo XIX la contradanza se había establecido y se le empezó a llamar danza a secas, que quería decir mucho; músicos mulatos y negros, como Tomás Alarcón o el maestro Menéndez, ya la habían adornado de elementos que no eran europeos. De la danza surgió el ritmo de tango, aunque más tarde se le llamó ritmo de habanera, en la medida que asimiló un texto, acercándose al patrón del cancionero romántico: la primera sección era más lenta que la segunda y fue en ésta precisamente donde se incorporaron inicialmente los elementos rítmicos criollos.

Eduardo Sánchez de Fuentes (ver pág. 59) aseguraba que la danza se trasplantó a Montevideo en boca de marineros, se introdujo en El Plata y dio origen en Buenos Aires al tango argentino. Lo cierto es que todavía en el siglo XIX la danza cubana se emparentó con el lundú brasileño y con la milonga rioplatense.

Por otra parte, suele atribuirse el nacimiento del bolero a una derivación del danzón cubano, género bailable que surge a su vez de la contradanza, ya que rítmicamente tuvieron mucha relación en sus orígenes. El nexo está fundado en la aplicación de una fórmula melódico-rítmica definida como cinquillo, como se verá más adelante.

Cuando aparecieron los primeros danzones, la danza estaba gozando de su gran momento. Lo cierto es que la historia recoge el 1 de enero de 1879 como la primera vez que se tocó el danzón modelo *Las alturas de Simpson*, una barriada de Matanzas, tercera ciudad de la isla, por la orquesta del avispado cornetista mulato Miguel Faílde (1852-1921). Pronto el danzón se hizo más diversificado que la danza y apareció su inconfundible ritmo, marcado por unas pailas o timbal que rescataban importantes esencias africanas para las parejas bailadoras. Escrito en compás de 2x4, el danzón es un género puramente instrumental; en él no hubo cabida para el 6x8 ni el 3x4 asociados con la danza. A partir de 1902 se convirtió en el baile nacional con el establecimiento de la República.

Poco a poco, dentro de una simple combinación de duraciones, fue asimilándose un factor importante: el empleo de fórmulas rítmicas breves y diversas, puestas en sucesión. Esto fue lo que hizo que el músico de pueblo empleara, dentro del compás de 2x4, combinaciones que dentro de la medida que ofrecía la música occidental resultaban como si le segmentaran y desplazaran sus acentos. El instrumentista acomodó, dentro de dos barras que le resultaban muy separadas y monótonas, una elaboración rítmica para la cual dos negras del compás no le estorbaban. Jugó

CINQUILLO EXPRESADO POR EL MÚSICO POPULAR

con estos dos valores e hizo con ellos tres elementos desiguales, irregulares: escribió tresillos o el equivalente de dos corcheas con puntillo, seguidas de una corchea; también desarticuló la semicorchea del ritmo de tango y la hizo resolver en la corchea del segundo tiempo, y a la corchea siguiente le dio un peso métrico independiente. Realmente no se desplazaron los acentos, sino que se liberaron de una excesiva regularidad y en el mismo espacio de tiempo se acomodó una nueva cadencia, que es en lo que se basa el cinquillo, célula rítmica llegada de Haití.

La isla que comparten Haití y República Dominicana sufrió una brutal revuelta de esclavos a partir de 1791, bajo el liderazgo de Toussaint L'Ouverture. El éxito de los africanos al derrumbar el poderío racista de los franceses tuvo una trascendencia muy significativa para toda la región caribeña: la nueva república negra planteaba un cambio radical al colonialismo y tuvo grandes consecuencias en el pensamiento conservador del siglo XIX. Los colonos galos huyeron despavoridos, algunos a Nueva Orleans y la mayoría al oriente de Cuba, viaje que entonces podía hacer una goleta en medio día, mientras que de Santiago de Cuba a La Habana era un viaje que tomaba más de dos semanas. Para la economía, el comercio y la música de aquella región fueron muy importantes las consecuencias del éxodo; se calcula en 30.000 el número de franceses y sus fieles esclavos que pasaron a Cuba.

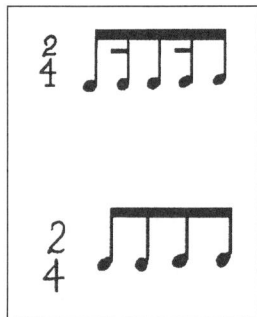

De suma importancia fue la transformación que ejerció el cinquillo llegado de la vecina isla. Alejo Carpentier creía que dicha fórmula rítmica podría haber existido en Cuba antes de la llegada de los «negros franceses», pero que debió de verse muy confinada en los barracones de esclavos, ya que sólo se integró en la música de baile después de la inmigración haitiana.

El importante cinquillo consiste de un número de notas sincopadas que forman un ritmo regular; este grupo alterna sucesivamente con otro no sincopado, y en conjunto forman la célula rítmica que da ese «tumbao» tan característico de la música popular cubana: corchea-semicorchea-corchea-semicorchea-corchea, en compás de 2x4. El efecto resulta posible por la contracción del ritmo, muy africano en su simetría. Esta fórmula melódico-rítmica es también la base fundamental del merengue dominicano actual y aparece en otros aires latinoamericanos.

El tipo de contradanza que interpretaban los franceses en Saint Domingue respondía a un mecanismo análogo a la calenda, el congó y otras rumbas creadas por los negros y mulatos en el Caribe. Esa danza colectiva podría admitir licencias infinitas al popularizarse, de ahí que los músicos orientales cubanos la adoptaran con entusiasmo, comunicándole una vivacidad rítmica desconocida por el modelo original.

3. EL SONIDO GRABADO

Paralela al desarrollo del bolero corre la historia del sonido grabado, hasta alcanzar ambos su apogeo en la década de 1940 al 50. La invención y elaboración de una máquina capaz de reproducir sonidos fue obra del norteamericano Thomas Alva Edison en 1877, quien para entonces ya había inventado la lámpara incandescente y más tarde el micrófono. Un embudo largo llevaba el sonido a un cilindro cubierto con papel de estaño; al hacer accionar el cilindro con una palanca y hablar frente al embudo, un estilete abría un surco en el papel, surco que se hacía diferente en la medida que las vibraciones de la voz iban siendo distintas. Al volver a colocar el estilete en el cilindro ya estriado y accionar la palanca, giraba nuevamente el cilindro y la voz aparecía reproducida por el diafragma del tubo acústico. Edison lo patentó con el nombre de fonógrafo. Más adelante, en 1880, Alexander Graham Bell, el célebre inventor del teléfono, desarrolló el aparato de Edison, cambiando el papel de estaño por cera y lo patentó como grafófono. En 1888 Edison comenzó a mejorar su fonógrafo con cilindros de cera alimentados con pilas. Se establecieron entonces varias empresas que comenzaron a fabricar estos aparatos en serie para comercializarlos, entre ellas la Columbia Phonograph Co., que con el pasar de los años se convirtió en la poderosa Columbia Broadcasting System (CBS).

En el transcurso de sus investigaciones, Edison había ensayado también la grabación del sonido en una superficie plana de forma circular hecha de cartón y papel de estaño, que giraba sobre una espiral. Le dio el nombre de plato, pero desechó este sistema porque vio mejores posibilidades en el cilindro.

Surgió entonces Emile Berliner, que había trabajado con Bell y había conocido el plato de Edison. Y desarrolló este sistema, lo perfeccionó y lo patentó con el nombre de disco, así como también la forma de reproducirlo partiendo de un original o matriz. Mientras tanto, Edison empezaba a comercializar los cilindros vírgenes de cera. La grabación de dichos cilindros implicaba una tarea inmensa, pues debían hacerse uno a uno; es decir, el artista debía cantar tantas veces como cilindros quisiera grabar, aunque posteriormente consiguieron hacerlos en serie a partir de una matriz. El trabajo resultaba agotador. Vale mencionar que de 1898 a 1900 una soprano cubana grabó unos 40 números para los cilindros Bettini: Rosalía *Chalía* Díaz de Herrera (1864-1948); su casi desconocida carrera lírica la llevó a México, Italia, Venezuela y España. Tenía 36 años cuando grabó en Estados Unidos para la Victor en 1900, con acompañamiento de piano y en algunas ocasiones con flauta y/o la voz de un barítono.

Berliner se asoció entonces con el industrial Eldridge Johnson y fundaron en 1902 la empresa Victor Talking Machine. En 1928 fue comprada por la Radio Corporation of America, de ahí el nombre con que se la conoce desde entonces: la RCA Victor. Mejoraron los aparatos de Edison y Bell y patentaron el resultado con el nombre de gramófono, que vendían a 25 dólares de aquella época. Johnson compró entonces al pintor Francis Barraud los derechos de reproducción del cuadro que se convirtió en la imagen de marca más famosa de la industria fonográfica: el célebre perro «Nipper» frente al gramófono de Berliner escuchando «la voz de su amo». Y comenzaron a comercializar el disco, grabando solamente sobre una de sus caras. Más tarde, le hicieron innovaciones al gramófono de Berliner y produjeron la victrola. Esta empresa se transformó años después en la EMI y la que funcionaba en Alemania se convirtió en la actual Deutsche Grammophon. Por otro lado, la Odeon Record Co., establecida en Francia, inventó la grabación del disco por sus dos caras en 1904, innovación que la RCA Victor no aceptó sino hasta después de 1920.

Para 1905 el gramófono comenzaba a imponerse comercialmente y el disco le había ganado definitivamente la batalla al cilindro. La RCA Victor amplió su capacidad industrial en Estados Unidos y la Columbia se extendió por Latinoamérica. En México, esta ambiciosa empresa ya hacía grabaciones en 1908, en Argentina en 1913 y en Colombia por los años 1914-15. Sin embargo, el tenaz investigador Cristóbal Díaz Ayala, autor de *Discografía de la música cubana (vol.1) 1898-1925*, al examinar los cuadernos de la Victor, una especie de diario que resumía las grabaciones efectuadas cada día con el número de matriz asignado a cada una de ellas, el nombre del número musical y el de los artistas, a veces el género y otros datos técnicos de la grabación, encontró la referencia de un viaje a La Habana de la Victor en 1907.

Generalmente se grababa una sola matriz de cada número, a diferencia de lo que sucedía en los estudios Victor en Estados Unidos, donde se tomaban varias matrices y después se escogía la que se iba a usar. Durante los viajes para tomar grabaciones se utilizaban matrices de cera que después se enviaban a la fábrica en Camden, Nueva Jersey, para ser procesadas. Por su parte, los investigadores Fagan y Moran señalan que el primer viaje que hicieron los ingenieros de la Victor para hacer grabaciones *in situ* en Latinoamérica ocurrió aproximadamente en 1905, y fue a la ciudad de México. Curiosamente, también existe la versión de que las primeras grabaciones de música cubana se hicieron en La Habana en 1904 con Antonio María Romeu al piano y una pequeña orquesta de danzones.

El primer disco que se hizo en México fue grabado por el trío Garnica-Ascencio, según consta en un artículo de Eduardo Baptista publicado en 1927. Después surgió otra empresa, la Brunswick, mientras que la Odeon se extendió a Brasil y posteriormente a Argentina. En 1934 entró también en el mercado la Decca Records Corporation.

Hasta entonces la grabación y la reproducción del sonido se hacían con sistemas acústico-mecánicos, con el resultado que la re-

ETIQUETAS DE DISCOS DE 78 RPM, 1928

producción era aún muy deficiente; incluso así, las pianolas y las victrolas se impusieron fácilmente en el mundo. La pianola era un artefacto en donde se combinaba el piano con el organillo callejero: unos rollos perforados que al ser accionados por pedales hacían correr el rodillo, reproduciendo el sonido. En el organillo, el rollo se hacía girar mediante una palanca. Las victrolas también funcionaban mecánicamente: al accionar la palanca se le daba cuerda a un plato en que giraba el disco. Una aguja con un diafragma recorría los surcos de los pesados discos de grafito, llevando el sonido a través del brazo hueco a una gran bocina que lo amplificaba.

En un largo proceso de luchas sobre las patentes que protegen los inventos, de difícil competencia y quiebras cuantiosas, de industrias que se consolidaron y otras que desaparecieron, fueron emergiendo dos grandes colosos en Estados Unidos: RCA Victor y Columbia, y varias compañías en Europa.

Como país productor de música, instrumentistas e intérpretes, Cuba tuvo acceso inmediato y bastante amplio a la industria reproductora del sonido, en comparación con otros países hermanos. Por supuesto, la cercanía geográfica a Estados Unidos y las históricas y extensas relaciones comerciales entre ambos contribuyeron a facilitar las cosas. Ese acceso fue aún mayor cuando en 1925 el disco dejó de grabarse acústicamente y empezó a grabarse y reproducirse eléctricamente. Surgió entonces otro momento crucial cuando la RCA Victor y la Columbia pusieron a la venta los primeros discos con la nueva calidad del sonido y la empresa Brunswick sacó al mercado los primeros fonógrafos eléctricos.

Era ya muy grande el flujo de música cubana y mexicana que llegaba a Nueva York para ser grabada y que después circulaba por todo el continente, especialmente por la cuenca caribeña, en discos de 78 rpm (revoluciones por minuto). Éstos se fabricaban en dos dimensiones, de 10 y 12 pulgadas (aproximadamente 254 y 305mm respectivamente); el primero tenía una duración de 3 minutos y el más grande de 4. Hechos de baquelita, una mezcla de laca y polvo de roca con fibra de algodón, y coloreados con negro de humo, durante muchos años el disco de 78 rpm reinó como único señor, pero en 1948 la Columbia Records lanzó al mercado el disco de larga duración o LP (*long play*), el llamado microsurco de 33-1/4 rpm, hecho de vinilo irrompible, el cual, junto con el pequeño disco plástico de 45 rpm que sacó al año siguiente la RCA Victor, desplazó a su antecesor, que para fines de los años 50 sólo se producía en algunos países. El pequeño disco surgió con el *juke box* o traganíqueles, vellonera, sinfonola, victrola o gramola, que todos estos nombres recibió en América y en España la máquina de discos Wurlitzer diseñada por Paul Fuller en 1946; con sus luces de colores, adornos metálicos de fantasía, aplicaciones abombadas y cobertura de madera moldeada, arrebató a la juventud de la época y determinó entre la gente de barrio la adoración de ídolos menores, adaptados a su idiosincrasia. A través de las gramolas algunos cantantes le dieron la vuelta a los arrabales latinos, explotando los turbios colores de la pesadumbre y la miseria, cuando no de la «mala vida», el licor, la cárcel y los bajos fondos; muchas letras, imbuidas de evidente misoginia, vociferaban infamias y pasiones inicuas.

A principios de los años 40, el cono sur estaba en gran parte dominado por la Odeon y otras marcas producidas en Argentina. México ya prensaba también sus propios discos, al igual que Colombia, y Cuba comenzó a hacerlo en 1944.

En 1942 surgió otro factor que influyó decisivamente en la proliferación de la industria discográfica latina: James C. Petrillo, dirigente sindical de los músicos norteamericanos, declaró una huelga general de músicos en los estudios de grabación que duró más de dos años, por disputas con los grandes sellos. Esto provocó que numerosas empresas pequeñas encontrasen la manera de burlar la disposición produciendo muchos discos de grupos reducidos, sobre todo de *jazz* y de música latina. La decisión de Petrillo fue en definitiva la causante, en gran parte, de la desaparición de las grandes bandas norteamericanas. En la misma medida, al no tener que atender a la producción discográfica de dichas orquestas, en esos años la RCA Victor dedicó más tiempo y dinero a las grabaciones de agrupaciones latinoamericanas, especialmente cubanas, ya que había un mercado que así lo exigía.

GRAMOLA DE LOS AÑOS 50

Otro inmenso problema: para mantener los derechos de autor, de ejecución y grabación, era necesario inscribir la obra musical en los correspondientes registros. Pero a medida que la legislación avanzaba en los diversos países, ese derecho de autor inscrito le daba a su dueño la potestad para ceder a cualquier persona el cobro de honorarios por la grabación y

la ejecución, o ambas. Esa relación de música-autor fue desarrollándose más complejamente en el mundo internacional del espectáculo y el entretenimiento, dando lugar al nacimiento de empresas que se dedicaron a editar las obras musicales para vender copias autorizadas, a velar por el cobro de los derechos, y a pagar al autor por el uso de sus composiciones.

El cantante o los músicos que grababan determinada pieza podían hacer uno de dos arreglos con el sello discográfico: percibir de una vez una suma alzada por la grabación, o recibir un porcentaje de lo que ese disco iba a producir, una pequeña suma determinada por cada disco vendido. Y a la vez había un tercer derecho, el del sello que había grabado determinado número y que tenía la potestad para que el mismo no fuese reproducido en otra grabación sin su consentimiento.

Para poder inscribir un número musical lo primero que debía hacer su autor era llevarlo al pentagrama. Sin embargo, la inmensa mayoría de los creadores de música popular no escribían sus números musicales porque no sabían música. Aun para los que sabían música, el trámite de inscripción era complicado, costoso y sin utilidad aparente a su juicio, de manera que muchas obras se quedaban sin inscribir. Y pasaban dos cosas: o bien venía un «listo» que inscribía la obra a su nombre y cobraba los derechos correspondientes, o sencillamente cualquiera la usaba sin pagarle a nadie. Sólo una élite de compositores cualificados hispanoamericanos se preocupaba de inscribir sus obras y proteger sus derechos, como fue el caso de Lecuona y de Lara.

Cuando el compositor se acercaba a una casa editora, la situación era bastante peor. Ésta podía comprarle los derechos de autor por una suma irrisoria; el cubano Gonzalo Roig vendió los derechos del bolero *Quiéreme mucho* en 1912 por sólo tres dólares. En realidad, hubo muchos aspectos turbios o confusos en toda aquella legislación, con el resultado de que, salvo unos pocos, la inmensa mayoría de los autores percibieron una miseria por sus creaciones.

Otro golpe terrible tuvo lugar al efectuarse el cambio del disco de 78 rpm al LP, lo cual significó la pérdida de aproximadamente el 80 u 85 por ciento del repertorio existente. Es decir, sólo una pequeña parte de la música popular latina fue convertida al nuevo formato. El resto quedó vegetando en archivos o simplemente se destruyó. Sin embargo, el porcentaje de recuperación fue mayor en los pequeños sellos latinos, por partir éstos de un catálogo menor y lógicamente usar más extensamente sus fondos musicales.

Cabe aquí mencionar con admiración la obra *Ethnic music on records* del investigador norteamericano Richard K. Spottswood, que recoge los datos de las grabaciones hechas en Estados Unidos entre 1893 y 1942. Considerada de incalculable valor para los estudiosos de la música popular, fue publicada en siete volúmenes por la Universidad de Illinois en 1990.

Si graves fueron los resultados de dicha conversión peor aún ha sido el salto del LP al disco compacto o CD (*compact disc*), que comenzó a circular a principios de los años 80. Según los cálculos del investigador Díaz Ayala, tan sólo de un 5 a un 10 por ciento de la música acumulada ha pasado a la regrabación. Además, los criterios que se han seguido para seleccionar los materiales de conversión al nuevo sistema no son convincentes en la inmensa mayoría de los casos; se han basado no en la calidad de la música sino en su comercialidad. Como en el mercado de habla hispana no se han mantenido jamás índices que reflejen la popularidad de las piezas, no existen criterios reales en que basarse; todo descansa en decisiones subjetivas disfrazadas de investigaciones de márketing. En Estados Unidos, la revista *Billboard* ha realizado esa labor durante varios decenios, por lo que la selección de música norteamericana se ha hecho muchas veces en función de la popularidad y de las cifras de ventas.

Todo lo cual nos lleva a la siguiente pregunta: ¿fueron grabados siempre los mejores boleros por sus mejores intérpretes? En consultas hechas por el autor a grandes coleccionistas y a varios investigadores e historiadores de la música popular, la respuesta siempre ha sido negativa, creando, por supuesto, nuevas paradojas.

4. LOS COMIENZOS DE LA RADIO

La popularización del bolero le debe mucho al desarrollo de la radio, ya que este medio llevó al interior de cada país y a menudo al exterior las canciones que surgían en la capital. Veamos el caso de los dos países clave.

Cuba Los orígenes del nuevo medio fueron eminentemente musicales: al inaugurar sus transmisiones la PWX de la Cuban Telephone Co. el 10 de octubre de 1922, después del saludo presidencial comenzó un programa musical organizado por el compositor Luis Casas Romero, que fue repetido por la noche y que incluyó al violinista Joaquín Molina, acompañado al piano por Matilde González de Molina, la cantante Rita Montaner y el tenor Mariano Meléndez. Ellos fueron, junto a la soprano Lola de la Torre y el barítono Néstor de la Torre, los primeros artistas que actuaron en la radio cubana.

En ese momento sólo había 40 aparatos receptores en La Habana, pero eso no importaba mucho dada la excitación general. Dos años antes se había establecido la primera planta transmisora del planeta en Pittsburgh, ciudad norteamericana altamente industrializada. Con el aumento gradual de radioyentes habaneros aparecieron los primeros anunciantes y la búsqueda de voces convincentes. Pero la música continuó siendo el eje central de la operación, dando trabajo, aunque muy mal remunerado, a infinidad de cantantes y músicos, entre los que se encontraba Julio Brito, autor de *Flor de ausencia* y *El amor de mi bohío*, melodías que alcanzaron gran popularidad a través de la radio.

Un año después, la PWX adoptó la habanera *La paloma* del vasco Yradier como tema identificativo; también comenzaron a transmitir otras estaciones y se narraron eventos deportivos que el locutor descifraba del telégrafo según se iban sucediendo. Cuba oficializó su radiofonía con unas variedades, las primeras que se transmitieron en español desde América, dos años después de que Inglaterra las iniciara en el mundo. Los espacios de variedades constaban de un diseño invariable: número cómico, boleros y guarachas, y animadores como Remberto O'Farrill y Raúl P. Falcón, ganador del primer título radial «El locutor de la voz de plata». Entre una pieza musical y otra a menudo se reproducía el sonido de un metrónomo para identificar la emisora: «Si usted oye el tic-tac de un reloj, está en sintonía con La Habana, Cuba». Mientras que Radio Lavín hacía hincapié con las orquestas típicas, la PWX se fue imponiendo al presentar grandes orquestas dirigidas por Gonzalo Roig y las voces de las sopranos Zoila Gálvez y Luisa María Morales. Por su parte, la Casa Salas tenía en su elenco a las cantadoras María Teresa Vera y Justa García.

Según la Oficina Telegráfica Internacional de Berna, a principios de 1933 Cuba se encontraba en cuarto lugar mundial en relación al número de emisoras de radio. Para 1934 contaba con 27 empresas en La Habana y otras 25 diseminadas por provincias y pueblos del interior. Del pujante movimiento estudiantil y obrero salieron editorialistas que se hacían cargo de los informativos, ya que la programación de las principales emisoras estaba compuesta por noticieros, horas políticas (de partidos y facciones), comedias, zarzuelas y dramas, charlas (opiniones más argumentadas sobre los mismos problemas políticos), espacios musicales (boleros y tangos), música selecta y clásica (instrumental), música popular (bailable), programas religiosos y humorísticos.

Entre los vocalistas de canciones románticas, el malogrado Pablo Quevedo fue muy admirado por las oyentes; quizá su temprana muerte en 1936 a los 28 años de edad le privó de hacer grabaciones como las de otro favorito del público femenino, Fernando Collazo, del que existe una muestra representativa. Una voz perdurable en la radio cubana fue la de Barbarito Diez (ver pág. 146), quien desde 1935, cuando se unió a la charanga de Antonio María Romeu, grabó decenas de discos; su serena y elegante voz cantó muchas de las creaciones de los trovadores tradicionales incorporadas a versiones danzonísticas.

México En 1923 se instaló la primera radioemisora mexicana, la CYL. El problema fundamental era que no había radioreceptores, ya que apenas se iniciaba su producción comercial. La radio no dejaba de ser un juguete novedoso, sin mucha utilidad práctica. En ese mismo año el presidente Álvaro Obregón inauguró la CYB, que en 1929 se convirtió en la XEB, «La Estación del Buen Tono». Desde sus inicios reunió un elenco extraordinario de figuras: los tenores Alfonso Ortiz Tirado, Juan Arvizu y José Mojica, y el pianista Agustín Lara. En 1933 se sumó a ellos el puertorriqueño Rafael Hernández, quien contratado por la compañía que vendía las sales de uva Picot realizó programas inolvidables con Margarita Romero y *Wello* Rivas.

La Radio Corporation of America (RCA) fundó en 1930 la XEW, «La Voz de América Latina», dirigida por Emilio Azcárraga Vidaurreta, abuelo del actual dueño de Televisa, contribuyendo notablemente a impulsar el desarrollo musical de la canción popular mexicana. La XEW fue un apoyo indispensable en la difusión del bolero, a través de programas como «La Hora Azul», que presentaba a los mejores artistas nacionales y extranjeros; también fue muy importante «La Hora Íntima de Agustín Lara», en donde el «Flaco de oro» estrenó la mayor parte de su repertorio en un programa que estuvo en antena cerca de doce años. Esta permanencia consolidó el estilo «Larista», dotando al género de innumerables piezas de calidad sentimental. También contribuyeron a destacar artistas noveles los programas «El Club de la Escoba y el Plumero» y «La Hora de los Aficionados», donde se forjaron voces muy importantes para la canción romántica.

La onda corta de la XEW se encargaba de transportar aquellos programas musicales a sitios muy lejanos, estableciendo una importante influencia y abonando el camino para que pudieran actuar innumerables artistas mexicanos en escenarios de Centroamérica, el Caribe y Suramérica. Años después, la vasta producción del cine mexicano sería otro vehículo clave en la popularización de los boleros de moda.

II PARTE

Los países que crearon los boleros

CUBA

Hacia finales del siglo XIX y comienzos del XX, los primeros trovadores desarrollaron su estilo en especies de gremios improvisados donde analizaban sus creaciones, y donde se transmitían estilos y formas de tañer o armonizar. Se acostumbraba también a hacer contestaciones, que eran glosas o réplicas a una tema de otro autor. A menudo hacían de la voz segunda una melodía independiente y a veces con textos distintos, dando lugar a contestaciones o segundas versiones con las melodías subordinadas a la segunda voz.

En varias partituras encontramos que las dos voces se armonizaban por terceras y sextas; este estilo, que bien pudiera definirse como contrapuntístico, había sido usado por el pionero Pepe Sánchez en *La rosa N.º 1* y la *N.º 2*. El propio Manuel Corona lo empleó, con independencia total de ambas voces, en *Una mirada*, mientras que Rosendo Ruiz lo aplicó en *Juramento* y en *Pasión loca*.

En estos ambientes gremiales, y como consecuencia de los aportes que surgían del intercambio entre los trovadores, se introdujo una nueva forma de acompañar la melodía con las guitarras, a base de un rayado rítmico muy segmentado y constante, con el que se producían curiosas distribuciones temporales; estos esquemas tendieron a acentuar el ritmo del texto, diferenciando así un estilo de canción de otro. De ahí se derivó que algunas antiguas habaneras, guarachas, claves y otros géneros de la canción se adaptaran al ritmo de bolero. Por otra parte, la denominación de muchos boleros incipientes como «bolero de Manzanillo», «bolero de Santiago de Cuba», o «bolero camagüeyano», que aparece en varias partituras, hace pensar en un posible interés por indicar características que los diferenciaban regionalmente, aunque este autor no ha podido establecer las razones.

La presencia de boleros en las obras cómicas del teatro habanero Alhambra da la medida de la creciente popularidad del género a partir de 1906; solían presentarlos en medio de la obra, como una variedad que cantaban los propios actores. Sin embargo, muchos números que fueron grabados por artistas del Alhambra no fueron editados, se quedaron en la matriz. Tampoco se reprodujeron cientos de boleros de los trovadores originales, que luego se popularizaron en otras voces a través de la difusión del disco. Sólo la activa cantadora María Teresa Vera, primero con Manuel Corona y después con Rafael Zequeira, grabó más de cien números antes de 1925, muchos de ellos boleros.

Dentro del estilo de principios de siglo se logró alcanzar una coordinación entre el acoplamiento de la letra con las acentuaciones rítmicas entre la melodía y la palabra, y el equilibrio entre las dos partes de la estructura formal. Se trataba ya de boleros con figuraciones semejantes en el uso del cinquillo regular, aunque algunos mostraban claramente, en la línea de canto, el cinquillo irregular, conocido como cinquillo cubano, con la melodía sincopada de un compás a otro.

El bolero ya había asimilado los elementos formales de la canción binaria, aunque se diferenciaba de ella por los elementos rítmicos a que había llegado su acompañamiento. Esta estructura se mantuvo hasta el auge del género del son, hacia finales de los años 20, cuando a menudo se le añadió al bolero un montuno o estribillo final de forma abierta, como en el conocido bolero-son *Lágrimas negras* de Miguel Matamoros.

Un antecedente

La figura altamente contradictoria pero a la vez culta y creativa de **Eduardo Sánchez de Fuentes** (1874-1944) constituyó un paradigma para el incipiente bolero cubano. Discípulo de Ignacio Cervantes (1847-1905), afamado pianista y creador de danzas inolvidables, y alumno del violinista y compositor mallorquín Carlos Anckermann (padre de Jorge, compositor muy criollo), Sánchez de Fuentes fue un personaje respetado en los círculos culturales de los tres primeros decenios del siglo XX. Fungió como presidente de la Sociedad de Autores Cubanos y también como presidente de la sección de música de la Academia de Artes y Letras, posición que aprovechó para escribir y disertar durante muchos años. Insistió tozudamente en la existencia de una música auténticamente indígena, el llamado areíto de Anacaona, cosa que logró refutarle el etnólogo Fernando Ortiz; el tal areíto resultó ser un poema español del siglo XVIII llamado el *Romance de don Gato*.

Aunque criollo hasta la médula, su fobia a todo lo que tuviese que ver con la cultura negra le impidió apreciar gran parte de los valores musicales que le rodeaban. Afortunadamente, otros compositores cubanos de vanguardia lograron sintetizar dichos valores e integrarlos en formas «cultas»: la obra de Amadeo Roldán y Alejandro García Caturla, sus contemporáneos, surgió como una afirmación de todo lo que negó Sánchez de Fuentes, siempre empeñado en demostrar la pureza indígena y europea de la música cubana, analizando puntillosamente cada género musical y llegando a «blanquear», es decir, a negarles elementos negros a todos los géneros musicales con excepción de la rumba y la clave. Afirma Cristóbal Díaz Ayala: «Para Sánchez de Fuentes no existía lo afrocubano, todo era africano». De hecho, se convirtió en la versión cubana del norteamericano Daniel Gregory Mason, el hombre que más odió y atacó el surgimiento del *jazz* por su origen negro.

A pesar de todo ello, que ya es bastante, Sánchez de Fuentes fue un crítico ponderado y bien informado. Y un prolífico aunque repetitivo escritor: a él se deben *El folklore en la música cubana*, aparecido en 1923, *Cuba y sus músicos, Influencia de los ritmos africanos en nuestro cancionero, La contradanza y la habanera, Ignacio Cervantes, Consideraciones sobre la música cubana, Viejos ritmos cubanos, La última firma de Brindis de Salas, La música aborigen de América* y *Folklorismo*, publicado en 1928.

De su labor como compositor hay que mencionar, aparte de varias óperas, ballets y cantatas, las canciones *Mírame así, Corazón, Vivir sin tus caricias, Linda cubana, Silenciosamente, Por tus ojos* y *La volanta*, así como varios lieds y habaneras. Fue un exponente de un intento no logrado de hallazgo del acento nacional dentro de una fidelidad formal a los moldes europeos. La más influyente de sus habaneras, *Tú*, de reconocida fama, compuesta originalmente para piano a la temprana edad de 18 años, fue publicada en 1892. Dos años más tarde editó una segunda versión con letra de su hermano, el poeta Fernán Sánchez:

> En Cuba, la isla hermosa del ardiente sol
> bajo tu cielo azul,
> adorable trigueña de todas las flores
> la reina eres tú...

Estructurada con el cinquillo regular, la habanera *Tú* fue la primera pieza de importancia que se exportó por el mundo; «Nuestro primer *best seller*», la calificó Alejo Carpentier. Años más tarde Sánchez de Fuentes presentó su delicada y lenta canción *Corazón*, una pequeña obra maestra del cancionero romántico que interpretó *Bola de Nieve* (ver pág. 108) varias décadas después:

> Corazón, que olvidaste mi consejo,
> sufrir más ya no te dejo
> si la dicha no concibes
> y te empeñas en sufrir,
> serás mártir de tus penas
> pues vivir entre cadenas
> corazón, como tú vives,
> no es vivir...

Muy conocedor del pasado musical de la isla, Sánchez de Fuentes solía reproducir en sus canciones ciertas fórmulas rítmicas olvidadas, comunicándoles una nueva vida. Así en *Cubana*, remozó los ritmos del *Sungambelo* de 1813. También dio a la habanera un sello propio, emancipándola de la contradanza. Melodista de fino instinto, escribió criollas como *Linda cubana*, destinada a inscribirse entre los mejores cantos de todos los países. Es lamentable que una actitud racista y su rechazo a prudentes advertencias hayan malogrado su producción mayor, pese a la rara dignidad con que llevó su condición de músico durante más de medio siglo. Eduardo Sánchez de Fuentes quedará como un exquisito autor de habaneras y canciones.

Alrededor de 1883 la canción romántica con sello cubano quedó sintetizada en los boleros que **Pepe Sánchez** (1856-1918) concibió. Constaban de dos partes de 16 compases cada una, separadas por un pasaje de las cuerdas que llamaban pasacalle, sobre una letra escrita en cuartetas o décimas. Con *Tristezas*, este mulato espigado, sastre de oficio y activista entusiasta de cuanto evento musical se organizara en Santiago de Cuba, inauguraba un género vocal y bailable que revolucionaría la música popular latinoamericana:

> Tristezas me dan tus quejas mujer
> profundo dolor que dudes de mí,
> no hay prueba de amor que deje entrever
> cuánto sufro y padezco por ti...

En carta autógrafa, el pionero del bolero cubano relató cómo estrenó *Tristezas* con su voz de barítono en una velada en casa del joven Sindo Garay. Valga anotar que esta melodía se cantaba en Yucatán en 1908, pues aparece en un cancionero de esa época; es más, el investigador mexicano Pablo Dueñas asegura que *Tristezas* fue el primer bolero que se grabó en tierras mexicanas, el 5 de julio de 1907, en las voces del dúo Abrego-Picazo, pero con el título de *Un beso*.

Dos años más tarde, en 1885, Pepe Sánchez presentó *Cristinita*, de estructura más elaborada, donde las claves contribuyen a lograr la fusión de factores hispanos y afrocubanos, que aparecen tanto en la melodía como en la línea de la guitarra acompañante, imponiendo la fórmula del cinquillo a las palabras, en un compás binario de 2x4. Por cierto, la fecha se tomó como referencia del nacimiento del género y para conmemorar su centenario Hall Estrada organizó el Primer Festival del Bolero en Miami en 1985, como ya se ha indicado al principio de este libro.

Hombre comprometido con la causa revolucionaria, Pepe Sánchez vertió su sensibilidad intuitiva en canciones tan bellas como difíciles de interpretar, especialmente *Rosa N.º 1* (también conocida como *Templadme la lira*), y *Rosa N.º 2*, y fue el autor de varias guarachas teatrales, género que los santiagueros de entonces denominaban bachata. A su alrededor se formaron algunos de los iniciadores de la trova tradicional: Alberto Villalón, Sindo Garay, Emiliano Blez, Salvador Adams, Pepe Figarola, Rosendo Ruiz Suárez y el portentoso Miguel Matamoros. Aunque no conoció la técnica musical, a todos brindó sus conocimientos guitarrísticos el alto y delgado bardo, quien en tiempos de entreguerras solía recibir en ágapes caseros a luchadores independentistas de la talla de los hermanos Antonio y José Maceo, Guillermón Moncada, Quintín Banderas y otros. Pepe Sánchez concibió el himno *Maceo, titán de bronce* y organizó el coro Oriente. En 1913 logró visitar La Habana con su Quinteto de Trovadores fundado en 1905, actuando en el teatro Payret y en la Acera del Louvre.

En los años en que surgió el bolero, se luchaba en Cuba contra la opresión política y por la libertad de los esclavos, mas los lazos de sangre con España eran muy fuertes. ¿Qué mejor caso que el del poeta José Martí, el líder independentista por antonomasia? Nacido en La Habana en 1853 de madre canaria y padre valenciano y además militar, situación que entrañaba una verdadera ofensa por parte del hijo rebelde, Martí había estudiado en Zaragoza mientras el gobierno colonial lo mantuvo deportado de la isla. El mismo pensador que afirmó en su artículo «Mi raza»: «Cubano es más que blanco, más que mulato, más que negro», escribió los siguientes versos que revelan que su cubanía no era antiespañola:

Para Aragón en España
tengo yo en mi corazón,
un lugar, todo Aragón,
puro, claro, fiel, sin saña.

Mito de carne y hueso, Martí fue un escritor síntesis, enraizado en las esencias culturales hispanas y greco-latinas; tuvo conciencia de su superioridad moral e intelectual, pero supo aceptarla con verdadera humildad. Hasta su irreparable muerte en combate en 1895, manejó toda una jerarquía de símbolos y mantuvo una visión quizá irrealizable de la nación cubana. De la obra poética de Martí se sacaron los hermosos versos de la conocidísima guajira *Guantanamera*.

Después del desastre de 1898 y de una primera intervención norteamericana que duró cuatro años, se estableció la nueva república el 20 de mayo de 1902. Varios cantadores, que así les llamaban entonces, de Santiago y otras ciudades, decidieron probar suerte en la capital, dando comienzo a un capítulo fascinante en los albores del bolero. La mayoría de estos creadores populares no llevaba sus canciones al pentagrama sino que se las trasmitían y analizaban entre sí, en un trabajo colectivo en que se influían mutuamente.

Manuel Corona (1880-1950), quien practicó el sistema de respuestas e incluso de dobles respuestas, como en el caso de *Timidez* de Patricio Ballagas, fue uno de los más prolíficos compositores intuitivos, pues no sabía música. Oriundo de Caibarién, en el centro de la isla, y de extracción muy humilde, Corona estrenó el bolero *Doble inconsciencia*, dedicado a la despalilladora de tabaco Leovigilda Ramírez en 1902:

> Cuán falso fue tu amor, me has engañado.
> El sentimiento aquel era fingido,
> sólo siento, mujer, haber creído
> que eras tú el ángel que yo había soñado...

Este bolero alcanzó enorme fama dentro y fuera de Cuba, conociéndose como *Falsaria* en México y otros países, aunque atribuido a otro autor. Manuel Corona sólo conoció pobreza y privaciones; en 1949 declaró a un periodista de la revista *Bohemia*: «Pronto voy a morir y me acompaña el dolor de no haber recibido el más pequeño estímulo para mi labor de artista. ¡Estoy en la miseria!»

De carácter tímido, Corona compuso sentidos boleros y canciones a las mujeres que amó y así surgieron *Mercedes, Longina, Santa Cecilia, Carmela* y muchos más que han ido a formar parte de lo mejor del repertorio cancionístico de la nación cubana. Tenía 31 años el alto y delgado mulato achinado cuando conoció a la joven cantadora María Teresa Vera, a quien tomó gran afecto, ayudándole a mejorar la técnica para manejar la guitarra. La frágil pero decidida mujer, que a su vez concibió bellas melodías, estrenó casi todas sus nuevas composiciones y seguramente le cantó completo su repertorio, incluyendo las rumbas, guarachas y sones recogidos en el *Cancionero de Corona*, aparecido en 1915, una publicación que alcanzó una profusa circulación en el área del Caribe por su calidad y variedad.

Sindo Garay (1867-1968) emigró a La Habana al finalizar la guerra de independencia en 1898. Realmente se llamó Antonio Gumersindo Garay García y se convirtió en el más longevo y posiblemente el más genial de los trovadores tradicionales santiagueros. Aunque no fue un guitarrista brillante ni tenía una gran voz, como segundo era insuperable por las evoluciones armónicas que lograba. Como muchos otros cantadores, no sabía música, pero su intuición le permitió concebir composiciones de gran riqueza melódica. Según el maestro Vicente González Rubiera *Guyún*, guitarrista y profesor de armonía: «Sindo vivía enamorado de la sonoridad que producía el acorde novena menor dominante».

Con aspecto de fauno menudito, ex-acróbata de circo, bizco, de gruesos lentes y un cigarrillo colgándole perennemente del labio inferior, Sindo Garay vivió 101 años y por sus venas corrieron las cuatro sangres que se amalgamaron en Cuba: española, indígena, africana y china. Dejó boleros como *Las amargas verdades, Retorna, Te equivocaste, La tarde, Ojos de sirena* y tantas otras composiciones donde desarrolló su habilidad en el uso de los cromatismos, utilizando melismas para, dentro del intervalo de segundos, lograr el alargamiento de los tiempos fuertes que tienen notas esenciales, a la vez que aceleraba los tiempos débiles. En 1928 Sindo Garay viajó a París junto a la cantante Rita Montaner y otros destacados músicos, y actuó durante tres meses en el teatro Palace en una revista musical que Rita tituló «Como perlas cubanas». A su regreso, su voz y su guitarra, acompañados por alguno de sus hijos, Guarina, Hatuey o Guarionex, se escucharon en varias emisoras de radio, tras lo cual grabó varios discos. De 1907 es *La tarde*, con letra de la puertorriqueña Lola Rodríguez de Tió, uno de sus boleros más famosos, dedicado al maestro Gonzalo Roig:

SINDO GARAY

> La luz que en tus ojos arde
> si los abres amanece,
> cuando los cierras parece
> que va cayendo la tarde...

Sindo Garay compuso páginas musicales tan bellas que el propio maestro Lecuona encontraba admirables en un hombre que había aprendido a leer ya de adulto, silabeando lentamente los anuncios de los almacenes de Santiago, y preguntando cómo se pronunciaban aquellas palabras, y que por consiguiente tampoco tenía el más mínimo conocimiento de la escritura musical.

Su vida fue un continuo peregrinar, recorriendo la isla en varias oportunidades, e igualmente la República Dominicana, Haití y Puerto Rico.

Sindo fue un compositor prolífico; el catálogo de sus obras reúne 290 títulos, de los cuales 120 corresponden a boleros. Entre sus mejores canciones se destaca la criolla *La bayamesa* (no confundirla con la canción homónima de Fornaris y Céspedes). En 1927 produjo *Rayos de oro, Labios de grana, Rendido, Adiós a La Habana* y *La alondra*. También concibió *Tardes grises, Ojos de sirena, Guarina* y *Perla marina*, así como la rapsodia *El huracán y la palma*.

Poco a poco, la capital se fue llenando de cantadores; llegó un momento en que tener una guitarra y saber cantar a dúo en armonía era un requisito indispensable. Sin embargo, con el auge del son, que rápidamente captó la atención de los habaneros, muchos de estos dúos y tríos fueron relegados a cafés y fiestas particulares. A Sindo se le podía encontrar cantando en el café Vista Alegre, en la calle Belascoaín cerca del malecón habanero, donde a menudo se daban cita otros trovadores trashumantes. Aquel local se convirtió pronto en un punto de reunión para bohemios, artistas e intelectuales con muchas ideas pero poco bolsillo. Con tal penuria cotidiana, los modestos trovadores fueron creando melodías, muchas de ellas perdidas para siempre porque no alcanzaron a ser grabadas o llevadas al pentagrama.

El compositor **Alberto Villalón** (1882-1955), guitarrista e intérprete del género cancionístico, también nació en Santiago de Cuba, y formó parte del grupo de los grandes de la trova cubana. Estudió música con su hermana América y comenzó a aprender guitarra al lado de Pepe Sánchez. Gracias a las propiedades de que disfrutaba su familia, en 1900 Villalón pudo cursar teoría de la música, solfeo y clarinete, aunque serían la guitarra y la sonoridad de la trova las que marcarían sus composiciones. En 1904 dirigió el teatro del Parque de Variedades de Palatino en la barriada de El Cerro en La Habana, y en 1906 estrenó su revista musical *El triun-*

fo del bolero en el afamado teatro Alhambra, logrando llamar la atención del gran público hacia el nuevo género.

De ejecución limpia y precisa, a diferencia del resto de los trovadores Villalón no rasgueaba la guitarra para el acompañamiento, sino que bordoneaba, logrando efectos melódico-armónicos que constituyeron su estilo peculiar. Fue el primer trovador que grabó en los primitivos cilindros fonográficos; también fue el primero de los discípulos de Pepe Sánchez en llegar a México cantando con Adolfo Colombo y Miguel Zaballa, como parte de la compañía de variedades de Raúl del Monte, e influyó decisivamente en el desarrollo posterior del bolero en aquel país. Alcanzó cierta fama al musicalizar en ritmo de bolero *Boda negra*, basado en los versos crípticos del venezolano Carlos Borges, un tema que María Teresa Vera hizo famoso años más tarde. Con versos propios, Alberto Villalón compuso la delicada *Mi único amor:*

> Nada quitó mi amor de tu belleza,
> ni el fuego intenso que en tus ojos brilla,
> ni la altivez que anima tu cabeza,
> ni las rosas que tiñen tus mejillas...

En 1927, entusiasmado por el son, el activo Villalón fundó el Sexteto Nacional en unión de Ignacio Piñeiro y Juan de la Cruz. En 1951 le fue concedida la medalla conmemorativa del Primer Centenario de la Bandera Cubana por su destacada obra musical. Entre sus canciones sobresalen *La palma, Yo reiré cuando tú llores, Penas y flores, Me da miedo quererte, Martí, La palma herida, ¿Recuerdas, morena mía?, Los muertos de esta tumba no están muertos, El ocaso* y *Con cuánto amor*. Compuso además varias guarachas, guajiras y rumbas.

La criollísima labor de **Miguel Matamoros** (1894-1971) fue un verdadero compendio del bolero, del bolero-son y del propio son. El 8 de mayo 1925 cumplía 31 años este guitarrista, cantante y compositor, que ya había creado algunos sones memorables; a la celebración, en una modesta casa de Santiago de Cuba, asistieron varios amigos, entre los que se encontraban Rafael Cueto y Siro Rodríguez. Tras varias botellas de cerveza y tragos de ron, el homenajeado recordaba su trayectoria desde los tiempos duros como reparador de líneas telegráficas, minero, monaguillo y agricultor, antes de formar el trío Oriental. Después trabajó como mecánico y chófer de una familia acomodada hasta su triunfo en 1928, cuando por fin pudo dedicarse por entero a la música. Con su sonrisa franca, Miguel contaba a sus amigos cómo había tocado sus primeros temas con una armónica y fabricado bongós con pequeños toneles de aceitunas españolas, antes de aprender a tocar la guitarra para irse a ganar la vida en la calle. Criado sin padre, desde muy temprano tuvo que luchar junto a sus hermanos para ayudar a mantener el hogar materno: primero vendiendo agua por la barriada y después, a los 9 años, trabajando en una fábrica de mosaicos, para pasar luego a un aserradero local.

En aquella reunión fue donde tocaron por primera vez juntos: Miguel en la guitarra puntera y los solos cantados, Cueto en la guitarra acompañante y solista, y también haciendo segunda voz, con el fornido Siro en las maracas y completando el coro. Aquello sonaba bien; acababa de surgir un trío que revolucionaría la música popular cubana y la de otros países de la cuenca del Caribe. Comenzaron a tocar serenatas en fiestas y salones de la empinada Santiago de Cuba. Fue en el teatro Aguilera donde conocieron a un tal Mr. Terry, un empresario norteamericano que les contrató para grabar una serie de temas en los estudios RCA Victor de Camden, Nueva Jersey, en 1928. De ese primer viaje surgieron *Promesa*, *Olvido*, *El que siembra su maíz* y otros sones y canciones inolvidables. Regresaron a La Habana con unos pocos dólares y convertidos en el grupo más popular de la isla. El resto ya es historia: sus discos de 78 rpm habían alcanzado altas cifras de ventas gracias a aquel fabuloso tema del año 1922:

> Mamá yo quiero saber
> de dónde son los cantantes,
> que los encuentro tan galantes
> y los quiero conocer,
> con sus trovas fascinantes
> que me las quiero aprender...

que se debió al escuchar accidentalmente Miguel a una niña haciéndole dicha pregunta a su madre a la entrada del teatro donde actuaba el trío. La frase «son de la loma» subraya precisamente el origen campesino del son mientras que «canta en el llano» lo identifica como realizado en la ciudad.

El trío permaneció unido durante 35 años. En 1928 debutaron en la capital, donde fueron contratados por el dueño de una cadena de cines;

era todavía la época de las películas mudas y las variedades en vivo. Con su proverbial energía, los tres santiagueros actuaban el mismo día en varios cines, contagiando de simpatía al público asistente, que no salía de su asombro. Recorrieron la isla esparciendo su sentido del humor dentro de narraciones de hechos cotidianos reconocibles por todos los cubanos, y al retornar a Santiago, tuvieron un gran recibimiento; al final de esa gira habían puesto en movimiento a todo el país. Más tarde volvieron a La Habana y participaron en las fiestas de la inauguración del Capitolio Nacional, sede del congreso y el senado. Viajaron después a Mérida, en la península de Yucatán, donde fueron vitoreados, y a su regreso a la isla realizaron nuevas grabaciones.

Miguel Matamoros no creó sones guajiros al estilo de Joseíto Fernández (el de la *Guantanamera*) y se mantuvo siempre alejado del tipo de son que Ignacio Piñeiro estableció como fenómeno habanero con su Septeto Nacional; su trío representó siempre una alternativa con su propia identidad musical. Era la época del crecimiento de la radio y Matamoros se las ingenió para que a través de las ondas sus temas olieran a caña rancia, a carreta de bueyes, a buchitos de café negro. Como creador-recreador-intérprete tomó de la melódica trovadoresca tradicional un modo de hacer que partía de raíces líricas españolas, pero adaptadas y reestructuradas mediante típicos cierres de frase e inflexiones que, junto a su forma de cortar los estribillos con pequeñas frases «montadas» e incompletas, o sílabas sólo sugeridas, lograron imprimir a su concepto sonero un cierto estilo de marchita.

Notable guitarrista, Matamoros fue de los primeros orientales en establecer un punteo vibrante con un estilo que arrancaba un sonido fuerte y limpio sin púas, ni siquiera empleando las uñas. Muy joven había comenzado a tocar la modesta guitarra que su madre regaló a un hermano mayor pero la encordaba al revés, ya que era zurdo; logró así establecer un rasgueado propio durante tres años. Después tuvo la difícil tarea de aprender a tocarla de nuevo, encordando y tocando de manera normal sin perder su originalidad.

Pronto el ya famoso trío recorrió casi toda América y varios países europeos. Visitó España por primera vez en 1932; aquí, su quehacer guitarrístico llamó mucho la atención por el rayado sumamente expresivo y los pasacalles introductorios e intermedios, así como por el modelo rítmico llamado «tumbao» que aportaba Cueto en el acompañamiento, consiguiendo una polirritmia que puso a gozar a todos los que asistie-

ron a sus conciertos. El contenido de los textos de los sones que grabaron se fue haciendo cada vez más sentencioso, recurriendo a la descrip-
ción de hechos y personajes importantes de la localidad, de circunstancias personales, de paisajes y frutas, incluso de desastres nacionales,
pero todo siempre empaquetado en el lenguaje popular del momento.

Miguel logró salpicarlo todo de una picaresca ironía; con el contra-
punteo de tres voces, dos guitarras y un par de maracas, reveló más sobre
la idiosincrasia del cubano que varios volúmenes de filosofía. Fue posiblemente el único compositor que llegó a autocriticarse jocosamente en otro
son repitiendo el estribillo: «¡*Ya Matamoros no sirve pa'ná!*». Su afinada
percepción de lo criollo no se limitó a niveles superficiales, como cuando
cantó la caída financiera de Wall Street de 1929, que arrasó a muchas na-

EL TRÍO
MATAMOROS:
RAFAEL, MIGUEL
Y SIRO

ciones débiles con su cola de miseria, un desastre que contribuyó a acre-
centar la desigualdad social en Cuba. O como cuando se hundió el vapor
«Morro Castle», cargado de familias norteamericanas y cubanas debido a
un incendio a bordo y se le ocurrió relatar la tragedia a ritmo de vals, posiblemente para sugerir el movimiento de las olas.

Miguel Matamoros siempre observó la realidad en que vivía para seguir experimentando con temas populares a menudo escritos en ácido
puro y simple, criticando incluso la apatía política que le rodeaba. También logró captar la dicotomía entre lo serio y el inevitable choteo criollo,
dejando en una suerte de oscilación dinámica esos dos estados de una alegría elemental que lleva al cubano a pretender resolver las situaciones

más difíciles entre carcajadas y comentarios irónicos aparentemente superficiales.

Sin perder emotividad, la mayoría de sus versos tienen una estructura poética rígida en la que predomina la rima y los moldes reiterativos e inalterables; también solía repetir el último verso de cada estrofa. El autor de melodías que constituyen piezas antológicas del cancionero romántico cubano, como *Juramento, Olvido, Reclamo místico* y *Dulce embeleso*, plasmó en el bolero-son *Lágrimas negras* un modelo difícil de seguir:

> Aunque tú me has dejado en el abandono
> aunque ya has muerto todas mis ilusiones,
> en vez de maldecirte con justo encono
> en mis sueños te colmo
> en mis sueños te colmo, de bendiciones...

En *Juramento*, Miguel empleó un vocabulario típico de su época, con un tejido musical que todavía huele a tragedia:

> Si el amor hace sentir hondos dolores
> y condena a vivir entre miserias,
> yo te diera mi bien por tus amores
> hasta la sangre que hierve en mis arterias...

Después de casi 20 años el trío se convirtió en una organización mayor, agregándole a veces una trompeta, una tumbadora y un bajo, y llamándose consecutivamente Cuarteto Maisí, Septeto Matamoros, Conjunto Baconao y Conjunto Matamoros. Es precisamente con esta última formación con la que debutaron en México en 1945, alternando con el Son Veracruz de Raúl de la Rosa el 21 de junio en el teatro Río Rosa. Llevaban una nueva voz de timbre muy alto que respondía al rimbombante nombre de Bartolomé Maximiliano Moré y que más tarde devino el Benny Moré que grabó varios números de corte bolerístico con Pérez Prado para la RCA Victor, después de cantar en la ciudad de los palacios con la orquesta de Rafael de Paz y con la del incomprensiblemente olvidado saxo santiaguero Mariano Mercerón, hasta su regreso definitivo a Cuba en 1950.

Matamoros falleció en Santiago de Cuba en 1971. Ya el trío se había retirado en 1960, despidiéndose de su pueblo durante un emotivo programa televisivo. Verdadero músico natural, espontáneo e intuitivo, como tantos otros cubanos talentosos, su versatilidad le llevó a concebir no sólo boleros sino también habaneras, valses, congas y *fox-trots*, alcanzando más de 200 composiciones propias. Fue un hombre sumamente ingenioso, aunque también un criollo de carácter difícil en ciertos momentos, pero logró mantener su propia concepción del bolero-son sin adulterarlo ni hacer concesiones.

En 1957 había entregado la que posiblemente fuera la última de sus canciones al tenor mexicano Pedro Vargas, quien la incluyó en un disco LP publicado en su homenaje, y que se realizó sobre los arreglos musicales de Adolfo Guzmán y Rafael Somavilla. Su título: *Triste muy triste*.

Aunque muchas de las composiciones de Alberto Villalón fueron convencionales, ése no fue el caso de un humilde mulato de Camagüey que gustaba de experimentar y que se distinguió componiendo en 4x4, el llamado compasillo, en lugar de 2x4 como la mayoría de los otros trovadores. Podría afirmarse que las canciones de **Patricio Ballagas** (1879-1920) son eminentemente rítmicas, estilo que impuso al formar el Cuarteto Nano junto a Bienvenido León, Tirso Díaz y Ramón León; en ellas no se aprecian los *ad libitum* ni tampoco el *tempo rubato*. En su corta vida logró crear una nueva forma expresiva en la música criolla: el contracanto en canciones de dos letras diferentes, es decir, superponiendo dos melodías distintas para la voz prima y la segunda, con exactitud cronométrica, que lograba cambiando las figuraciones rítmicas.

Injustamente marginado por la posteridad, con su imaginativa contribución Ballagas logró que la segunda voz abandonara su sintonía tradicional con la voz prima para convertirse en un valor melódico-armónico propio.

La canción *Timidez*, estrenada en 1914, es un excelente ejemplo de este tipo de composición. También son de destacar *Te vi como las flores* y *Nena*, *El trovador* y *No quiero verte*, que cantaba en dúo con Alejandro Montalván, pero como no lograron grabar hoy carecemos de su voz. El dúo de María Teresa Vera y Lorenzo Hierrezuelo le cantaron la difícil *Nena*:

> No sé, Nena, qué me sucedió
> cuando por primera vez te vi.
> Amor, fue lo que mi alma sintió,
> y eso sólo al hablarte te ofrecí, sí...

Surgido de una familia muy humilde, **Rosendo Ruiz Suárez** (1885-1983) aprendió solo a tañer la guitarra. En 1902 creó su primera canción, *Venganza de amor*, y en 1911 su famosa criolla *Mares y arenas*, estrenada por el trovador José Parapar, *el Galleguito*, en el teatro Martí de La Habana. Mientras se ganaba la vida en la capital con su oficio de sastre, en 1917 compuso el himno obrero *Redención*, posiblemente el primero de ese carácter escrito en Latinoamérica; en 1920 el gremio metalúrgico costeó una primera edición para voz y piano. Obtuvo medalla y diploma de honor por el son *De mi Cubita es el mango*, que interpretó el Septeto Habanero en la Exposición Iberoamericana de Sevilla de 1929. Dirigió el Cuarteto Cuba que integraban Matas, Ruiz y Corzo, y en 1934 formó el Trío Azul, junto a Rodríguez Fife y Vals. Rosendo Ruiz fue profesor de guitarra y dejó un valioso método de acompañamiento práctico que alcanzó más de doce ediciones. En México sus canciones tuvieron gran aceptación en las voces de las hermanas Garnica-Ascencio y en la de la orquesta de *Chamaco* Domínguez. *Violeta* es uno de sus boleros más conocidos:

> Son tantos los pesares que yo siento,
> rendida de dolor el alma mía,
> son tantas las angustias y causas de la vida
> que noto la nostalgia que agobia el corazón...

Entre sus obras más populares tenemos las canciones *Rosina y Virginia* (conocida por *Dos lindas rosas*), *Falso juramento* y *Confesión*, rápidamente popularizada por el mexicano Guty Cárdenas. Rosendo Ruiz fue el autor de *Cuba y sus misterios, Terina, Naturaleza, Presagio triste* y *Mujer ideal*, así como de la guajira *Junto a un cañaveral*, en la que recrea el paisaje y expresa la infelicidad del campesino, el son *La chaúcha* y el pregón *Se va el dulcerito*.

Miguel Companioni (1881-1965) perdió la vista a los 11 años, lo que no impidió que en su juventud trabajara como panadero, telegrafista y vendedor de productos farmacéuticos. Hacia 1902 comenzó a tocar en una armónica, de modo espontáneo, las melodías entonces en boga. Poco después se adentró en el aprendizaje de la guitarra, llegando a manejarla con eficacia; años más tarde estudió piano, flauta, violín y contrabajo, y se empleó en teatros y cines como pianista. Durante algún tiempo, Companioni mantuvo una orquesta que se hacía escuchar en la provincia de Las Villas, en el centro de la isla. También dirigió los coros pascuales de su natal Sancti Spíritus, en franca competencia con su coetáneo Rafael Gómez *Teofilito*.

Entre sus canciones y boleros más logrados se encuentran *La lira rota, Alhelí, Amelia, La fe, Por qué latió mi corazón* y singularmente *Mujer perjura*, que le grabó varias veces María Teresa Vera y que también es conocida en una versión de Los Guaracheros de Oriente:

> Si quieres conocer, mujer perjura,
> los tormentos que tu infamia me causó,
> eleva el pensamiento a las alturas
> y allá en el cielo, pregúntaselo a Dios...

Por su texto, estructura formal y rítmica, *Mujer perjura* es uno de los boleros más típicos de la cancionística de principios del siglo xx. La variedad temática de su autor parecía poder abarcar todo tipo de posibilidades, como sucedió con *La cleptómana*, basándose en los versos del conocido poeta Agustín Acosta. Entre otros premios, Companioni recibió de la Sociedad de Compositores Cubanos una medalla por sus 50 años de actividad creativa.

Rafael Gómez *Teofilito* (1889-1971) ganó su apodo por ser hijo del violinista Teófilo Gómez. Además de guitarra, Angel Rafael Gómez Mayea tocaba flauta, clarinete, acordeón y timbal. En 1919 formó filas en la Sociedad Filarmónica Los Lirios, dedicada a divulgar la música cubana en su pueblo natal, Sancti Spíritus, donde también participó en la Banda de Música como clarinetista. Una vez en La Habana, dirigió en el barrio de Jesús María el coro la Clave de Oro, que se presentaba durante las fiestas pascuales y para el que compuso un buen número de temas.

Sus canciones incluyen *Si volvieras a mí, Temo al olvido, Yo no sabía, Deja que me ilumine, Esfuerzos nulos, En tus labios y en tu rostro, Ayer pensando en ti, No sé por qué* y *Pensamiento*, un tema que se destaca por su delicadeza:

> Pensamiento,
> dile a Fragancia que yo la quiero,
> que no la puedo olvidar.

> Que ella vive en mi alma,
> anda y dile así;
> dile que pienso en ella
> aunque no piense en mí...

Compuso además valses, guarachas, claves y varios danzones, entre éstos *Nenita I*, que le instrumentó el pianista Antonio María Romeu. Entre 1915-19, los boleros de *Teofilito* hicieron época en Mérida, contribuyendo a desarrollar el estilo mexicano. Hasta los años 60 actuó en conciertos trovadorescos al frente de su trío Pensamiento, completado por Miguel Companioni y Augusto Ponte.

EMILIANO BLEZ (SENTADO) CON FLORO ZORRILLA, PEPE FIGAROLA Y JUAN CRUZ

Uno de los iniciadores del movimiento de la trova, **Emiliano Blez** (1879-1973) fue quien cooperó en la transcripción al pentagrama de las obras del precursor Pepe Sánchez, que de otro modo se hubieran perdido para la posteridad. Hacia 1900 formó dúo en Santiago de Cuba con Sindo Garay y luego con Eduardo Reyes *Dorila*. Después integró el Quinteto de Trovadores Santiagueros junto a Pepe Figarola, Bernabé Ferrer y Luis Felipe Portes y el propio Pepe Sánchez, y compuso los boleros *Idilio, Corazón de fuego, Si al olvido me lanzas* y *Besada por el mar*.

¿Dónde se hacían de guitarras los trovadores santiagueros? La guitarra criolla no se empezó a fabricar hasta principios del siglo XIX. Primero tuvo que entrar por las costas de Oriente la oleada de inmigrantes franceses que huían de la feroz rebelión de esclavos en la cercana Haití; con ellos llegaron a Cuba el minuet y el rigodón, la contradanza francesa, el cultivo del café y un tal monsieur Alexis, un hombrecito taciturno, violoncelista de la compañía de ópera cómica y hábil conocedor del arte de fabricar instrumentos de cuerdas. Un buen día monsieur Alexis trabó amistad con un ebanista negro, aficionado a la comedia francesa, que tenía su taller a pocas calles del teatro en Santiago de Cuba. Admirado por los exquisitos trabajos del cubano Juan José Rebollar, el francés se decidió a enseñarle los secretos en la confección de instrumentos de primera calidad. Con el tiempo, las guitarras fabricadas en el taller de Rebollar rebasaron las posibilidades de la región debido a sus altos precios. Como los trovadores necesitaban guitarras buenas, algunos operarios y aprendices aventajados comenzaron a fabricarlas a escondidas; así, con réplicas de las plantillas utilizadas por el ebanista, decenas de guitarras fueron elaboradas y vendidas a bajo precio a los trovadores de El Tivolí, Los Hoyos y otros barrios santiagueros.

Aunque nació en Palmira, **Eusebio Delfín** (1893-1965) vivió luego en Cienfuegos, donde se graduó como contable, profesión que siempre ejerció en entidades bancarias. Sin embargo, sus grandes aptitudes musicales lo llevaron a cosechar el éxito como cantante y compositor. Aprendió a tocar la guitarra y en 1916 hizo su primera presentación en público como barítono en el teatro Terry de Cienfuegos. Eusebio Delfín fue el primer solista de categoría que cantó boleros dentro de un estilo rítmico muy particular, ya que hasta entonces el nuevo género se acompañaba rasgueando la guitarra; al hacerlo en una forma semiarpegiada, causó sensación entre el pequeño círculo de trovadores. En 1923 compuso *La guinda* sobre los versos del poeta español Pedro Mata, autor de un pequeño poemario titulado *Para ella y para ellas* que circuló por todo el Caribe. En el mismo año le puso música a *Aquella boca*, con versos de Rogelio Sopo Barreto:

> Qué dulce fue el beso con que nuestra boca
> encendió de amores una boca en flor,
> cuando con el beso toda el alma loca
> milagrosamente palpitó de amor...

Desde 1921 Eusebio Delfín fue artista exclusivo de la RCA Victor, con cuyo sello dejó grabada una buena parte de su repertorio. En 1922 ofreció varios conciertos con Eduardo Sánchez de Fuentes y cantó también con Tito Schipa cuando éste estuvo en La Habana en 1926; el célebre tenor italiano le interpretó *Cabecita rubia* y *La guinda*, dos de sus canciones más románticas.

Su pieza más cantada por el pueblo cubano se tituló inicialmente *¿Y tú qué has hecho?*, con versos que había encontrado en un almanaque en 1921, pero el público la rebautizó como *En el tronco de un árbol*:

> En el tronco de un árbol una niña
> grabó su nombre henchida de placer,
> y el árbol conmovido allá en su seno
> a la niña una flor dejó caer...

Otras canciones de Eusebio Delfín incluyen *Migajas de amor*, de 1924, escrita por Gustavo Sánchez Galarraga, el libretista de las mejores zarzuelas de Lecuona; *Con las alas rotas*, de 1926, con letra de Mariano Albaladejo; y *Ansias locas*, de 1933, también de Sopo Barreto, un tema que causó sensación en su época por su bello erotismo:

> Tengo un ansia infinita de besarte la boca,
> de morderte los labios hasta hacerlos sangrar.
> De estrecharte en mis brazos con furores tan locos
> que más nunca en la vida me puedas olvidar...

El guitarrista y compositor **Salvador Adams** (1894-1971) hacía un dueto con Miguel Matamoros en Santiago de Cuba antes de que éste formara su famoso trío en 1925; después fundó el suyo junto a *Che* Toronto y Rufino Ibarra. En su casa se reunían asiduamente los cantadores y aficionados a la música tradicional. Hacia 1952 compuso *Estudios*, un método para guitarra. Fue el autor de la criolla *Altiva es la palma,* de las canciones *La gitana negra* y *El jilguero* y de los boleros *Me causa celos* y *Sublime ilusión*:

> He visto una boca
> que sólo ha dejado
> perturbada mi mente
> desde que la vi,
> qué boca tan linda
> de labios de grana,
> qué dientes más finos
> de puro marfil,
> besarla quisiera
> y luego morir...

que en los años 80 volvió a popularizar la voz de Pablo Milanés en el volumen 1 del álbum *Años*.

Al compositor **Oscar Hernández** (1891-1967) se deben canciones y boleros que se cantan incesantemente: *Rosa roja*, *Ella y yo* (también conocida como *El sendero*), *Mi ruta* y *Para adorarte*. Ésta es la introducción a la primera:

> En la triste mañana de un día invernal
> una rosa roja yo vi en su rosal,
> yo quise ofrendarla en prueba de amor
> y al ir a tocarla la rosa me hirió...

Había recibido lecciones musicales de Félix Guerrero (padre), y al entrar al mundo de la canción trovadoresca formó trío con Manuel Corona y Juan Carbonell. En 1919 se deshizo la agrupación y se unió a otros trovadores, luego se dedicó sólo a la composición. En 1955 obtuvo el primer premio en el Concurso de la Canción Cubana con *Justicia de amor*.

Enmarcado dentro de la canción trovadoresca, el prolífico compositor e intérprete **Graciano Gómez** (1895-1980) estudió flauta a los 14 años, luego guitarra y en 1912 ya había formado un cuarteto que completaban Floro Zorrilla, Miguel Zaballa y Juan Cruz. Por los años 20 era uno de los cantadores bohemios que interpretaban sus composiciones en el café Vista Alegre de La Habana, en compañía de Sindo Garay y otros. Constituyó el Conjunto Matancero en 1929, viajando por el Caribe y grabando discos para la RCA Victor; al frente de esa misma formación trabajó desde 1930-34 en el hotel Plaza. En 1938 llevó su música a Nueva York y de regreso a la isla integró el cuarteto Selecto con las voces y guitarras de Barbarito Diez, Isaac Oviedo y Rolando Scott, presentándose durante años en el cabaret Montmartre. Graciano Gómez gustaba de musicalizar poemas de Sánchez Galarraga, quien le entregó, entre otros, *Yo sé de una mujer*:

> Yo sé de una mujer que mi alma nombra
> siempre con la más íntima tristeza,
> que arrojó por el fango su belleza
> lo mismo que un diamante en una alfombra...

El barítono Adriano Rodríguez le cantó *En falso* (1933) con una tesitura dramática muy acorde con el contenido de dicha canción. Graciano Gómez fue el autor de los pregones *Crocante maní* y *El tomatero*, grabado por el grupo Sierra Maestra en los años 80 con gran acierto. También compuso la criolla *Flores*, la guajira *Habanera ven* y el bolero *Cita en tinieblas*, entre otros.

Símbolo de una época de grandes contrastes sociales y económicos, la cantadora **María Teresa Vera** (1895-1965) fue una verdadera excepción en un ambiente dominado por hombres. Como señaló el investigador Cristóbal Díaz Ayala: «Lo tiene todo para no triunfar: es mulata, es mujer y es pinareña. Para cantar en los cines no basta ser trovador, se ha de tener la voz fuerte, porque no hay micrófono y es en consecuencia, una profesión de hombres. No sé cómo lo logró, pero en cuatro años ya era imprescindible en los programas y haciendo dúo con (Rafael) Zequeira viaja varias veces a los Estados Unidos a grabar».

Sabemos que María Teresa Vera debutó a los 16 años en el teatro Politeama Grande con *Mercedes* de Manuel Corona; que cantaba desde los 5 años y que era difícil encontrarle una segunda voz, porque ella siempre vocalizó en prima con su guitarra sonando en segunda, aunque no cantó con una voz estructurada ni de registros extensos, ya que no tuvo escuela que no fuera su propio oído. Fumaba puros habanos en la intimidad de su casa y se bebía un par de copas de coñac para aclararse la voz antes de iniciar una actuación. Le gustaban los potajes bien hechos y su vino en la mesa; solía decir que como hija de asturiano tenía sus costumbres bien arraigadas. Nunca gritaba ni decía tacos. La Vera no fue una mulata hermosa, era pequeña y de estructura frágil, con una sonrisa entre bondadosa y sutilmente irónica. ¡Pero qué temple!

Gran organizadora, en 1925 fundó el Sexteto Occidente con Miguelito García de segunda voz, Manolo Reynoso, bongosero, Julio Viart en el tres y Francisco Sánchez en las claves y coros; a Ignacio Piñeiro, el creador de tantos sones famosos y amigo personal, María Teresa le enseñó

MARÍA TERESA VERA

cómo sacarle mejor sonido al contrabajo. Y así se embarcaron los cinco hombres y esta mujer delgada y sensible para Nueva York, donde celebraron la Navidad ese mismo año grabando discos para la Columbia. Aprovechando su estancia en el frío norte y cambiándole el nombre al sexteto, grabaron también para la Odeon y Brunswick.

Con Manuel Corona había cantado ya en 1918, cuando se apareció en La Habana un representante de la RCA Victor de Nueva York, que instaló un estudio de grabación en una habitación del segundo piso del hotel Inglaterra y contrató al tresero negro Carlos Godínez para que formase un grupo típico de son. Nuestra heroína aportó su voz prima y tocaba las claves, esos palitos sonoros que marcan el ritmo del cinquillo cubano.

En 1935 María Teresa compuso *Veinte años*, siguiendo el compás de la habanera:

> Qué te importa que te ame
> si tú no me quieres ya,
> el amor que ya ha pasado
> no se debe recordar.
> Fui la ilusión de tu vida
> un día lejano ya,
> hoy represento el pasado
> no me puedo conformar...

Fiel hija de Ochún, la hermosa deidad yoruba que encarna la sensualidad, María Teresa recibió un *itá* o letra de santo que le prohibió continuar cantando. ¡Qué crueles pueden ser los dioses! Deshizo su sexteto Occidente y su voz se apagó, obedeciendo el dogma religioso; ahí está la otra parte de su dualidad racial y cultural: la fuerza africana que le imponía una conducta estricta. Estuvo tres años sin cantar.

A partir de 1935 se reincorporó a la actividad musical e integró, con el oriental Lorenzo Hierrezuelo, un dúo muy popular que se escuchó durante 27 años. Durante aquellas largas sesiones en Radio Cadena Suaritos, la etapa más destacada de su carrera, María Teresa y Lorenzo grabaron directamente en placas de acetato, cubriendo varios programas en cada jornada; esto le permitía a Suaritos acumular discos para complacer peticiones de los números que más gustaban. Hierrezuelo fue la guitarra y la segunda voz que pudo seguir la idiosincrasia única de la Vera; si la versatilidad en las cuerdas tuvo un nombre, ese fue Lorenzo Hierrezuelo. Cuando ella se retiró, Lorenzo se unió a su primo Francisco Repilado para cubrir la primera etapa del dúo Los Compadres (de donde surge lo de «Compay Segundo», bien conocido en España), con el que hizo un son de sabor oriental pero diferente al de Matamoros.

María Teresa Vera interpretó cientos de canciones y compuso algunas memorables con letras de Emma Núñez y Guillermina Aramburu: *Por qué me siento triste, No me sabes querer, Yo quiero que tú sepas, Virgen del Cobre, Esta vez tocó perder, Sólo pienso en ti* y *Ya no puedo amarte,* entre otras.

Jorge Anckermann (1877-1941) fue el autor de las habaneras *El arroyo que murmura, El quitrín* y *Flor de Yumurí,* y se convirtió en uno de los creadores más prolíficos del teatro lírico. Había iniciado su formación musical a la edad de 8 años con su padre, el mallorquín Carlos Anckermann. Con sólo 15 años se fue a México como director musical de la compañía de bufos de Narciso López; visitó varios estados mexicanos y extendió luego la gira a California. Residió varios años en la capital mexicana dedicado a la enseñanza musical; de vuelta a Cuba fue director musical en los principales teatros, para los que produjo partituras de zarzuelas, revistas y juguetes cómicos. Asociado durante años al teatro Alhambra, Anckermann colaboró con el libretista y director de escena Agustín Rodríguez, que era gallego, y en la dirección musical fue compañero del autor Manuel Mauri, nacido en Valencia de padres cubanos.

El teatro Alhambra fue algo más que un edificio y el cúmulo de gentes que en él se ganaba la vida: se convirtió a través de sus 30 años de existencia en un vibrante microcosmos de la transculturación musical cubana. Clausurado por la dictadura de Gerardo Machado, su éxito atrajo innumerables talentos, con producciones que hicieron reír a mucha gente y convirtiéndose en un crisol de dichos y melodías que el pueblo hacía suyos. Desde un punto de vista sociológico, el pequeño local tuvo mucho que ver con la consolidación de la idiosincrasia del habanero. En su escenario se estrenaron todo tipo de obritas, verdadera continuación del teatro bufo que llenó la segunda mitad del siglo XIX. Allí surgieron importantes nombres de la lírica cubana como Luz Gil, Blanca Becerra y Hortensia López, así como los talentosos Arquímides Pous y Ramón Espigul. El subido tono picaresco del teatro lo convirtió en feudo de hombres solos, que compartían los raudales de ingenio, buen humor y gracejo criollo que se gastaban diariamente en el escenario. Allí hubo de todo, desde racismo y tergiversación de ciertos valores culturales hasta vocablos africanos que originariamente definían a ciertos tambores o bailes y que se convirtieron en equivalentes de orgías ruidosas, baraúnda, bullanguería, escándalo o enredo. Así aparecieron voces que gradualmente asumieron un sentido despectivo: cumbancha, changüí, fandango, guateque, zarabanda, jelengue, zafacoca, sambeque, tángana, tajona, timbeque o titingó.

Quizá por eso denunció el poeta Gastón Baquero en 1974: «Se mantenía al negro 'en su sitio' gracias a la burla, al chiste, a una comicidad que no sé por qué parece consustancial al negro. A medida que la sociedad cubana (blanca) tomaba mayor conciencia de sí, ajustaba más sus dardos endulzados contra el negro».

Bajo el techo del Alhambra se experimentó y desarrolló bastante música popular cubana; fue el habitáculo donde Jorge Anckermann logró producir partituras de una soltura de estilo admirable y con ideas de buena calidad. Escribió música para obritas que presentaban en forma satírica temas de actualidad política nacional: *La casita criolla*, *La danza de los millones* (estrenada en 1916, durante la primera guerra europea, que disparó el precio del azúcar cubano), *Los grandes de Cuba*, *El rico hacendado*, *La isla de las cotorras* (en que se burlaba del tirano Machado) y muchas otras. Lo mismo compuso trepidantes danzones que manejó con igual elegancia el punto, la clave, la habanera, la guaracha o el bolero; Anckermann fue además el creador de la canción guajira. Supo rodearse de otros talentos musicales del calibre de Jaime Prats, Eliseo Grenet y el flautista Luis Casas Romero. Del teatro Alhambra salieron algunos de los músicos e intérpretes que a partir de 1910 fueron a realizar las primeras grabaciones en Nueva York.

Jorge Anckermann creó obras fundamentales en diversos géneros cubanos, incluyendo boleros de insuperable elaboración para la época, como *Un bolero en la noche* y *Después de un beso*:

> Tus labios tentadores me enardecen
> y tanto tu sonrisa me provoca
> que yo no sé, mujer, lo que daría
> por recibir un beso de tu boca...

Doce años mayor que Ernesto, y la primera que le enseñó los secretos de las 55 teclas del piano, **Ernestina Lecuona** (1882-1951) escribió canciones y boleros exquisitos. Había realizado estudios de piano en el Centro Asturiano de La Habana, que más tarde perfeccionó bajo la supervisión de madame Calderón, profesora del Conservatorio de París. Ernestina ofreció innumerables conciertos tanto en Cuba como en varios países de América. Entre sus mejores canciones y boleros se encuentran *Anhelo besarte, Ya que te vas, ¿Me odias?, Jardín azul, Cierra los ojos, Junto al río* y *Ahora que eres mía*:

> Ahora que eres mía voy a decirte
> lo que para mi vida has sido tú,
> amor que nunca pude soñar que hubiera
> bajo el inmenso manto del cielo azul...

que le grabó Fernando Albuerne. Ernestina Lecuona escribió las letras de todas sus canciones, aprovechando siempre la ocasión para expresar sin ambages los hitos de su sensibilidad.

Si la escuela del bolero mexicano nunca tuvo otra personalidad como la de la María Grever, compositora que aunó su dominio de las notas musicales con calidades poéticas tan nobles y precisas, dentro del panorama cubano quizá la única excepción haya sido su contemporánea Ernestina Lecuona. Dotadas ambas para el ejercicio lírico puro, sus composiciones surgieron siempre a propósito de necesidades afectivas perentorias, dejándonos una brillante concentración de variantes y matices alrededor de una temática original.

El camagüeyano **Luis Casas Romero** (1882-1950), quien tuvo un papel señalado en los primeros tiempos de la radio, había cursado sus estudios en las Escuelas Pías, donde comenzó a los 9 años su formación musical; tres años después tocaba la flauta en la orquesta de la Sociedad Popular Santa Cecilia. En 1895, al reanudarse la guerra independentista, se unió al ejército mambí; cuando terminó la contienda en 1898 regresó a su ciudad natal y allí organizó la banda infantil, formando parte, paralelamente, de una orquesta de baile. Por esos años trabajó como tipógrafo para cubrir sus necesidades económicas. En 1904 se trasladó a La Habana, contratado para dirigir la orquesta del teatro Martí. Fue primer flautista en casi todas las agrupaciones de los teatros habaneros de principios del siglo XX, incluyendo la del teatro Payret.

Con las canciones *Carmela, Hortensia* y *Dolores*, Casas Romero estableció el género de la criolla alrededor de 1910. Con algo del viejo bambuco colombiano y de la clave cubana, la criolla tiene una languidez y un sentido íntimo que la hace ideal para el canto romántico. A menudo su letra alude a temas relacionados con la campiña, aunque su génesis y desarrollo fueron mayormente de carácter urbano. Su criolla *Soy cubano* se hizo famosa en la voz de Mariano Meléndez, gran intérprete de habaneras y uno de los vocalistas promovidos por Lecuona.

A partir del mismo año, Casas Romero viajó por México, República Dominicana, Estados Unidos y Canadá. A su regreso a la isla trabajó como profesor de flauta, teoría musical, solfeo, armonía y composición. En 1913 asumió la subdirección de la Banda del Estado Mayor del Ejército, y la dirigió a partir de 1933. Aunque Casas Romero compuso marchas, oberturas, zarzuelas, danzas y revistas musicales, siempre será recordado por sus criollas *El mambí, Mi casita, Camagüeyana*, y sobre todo por la sensible *Si llego a besarte*:

> Dicen que tus caricias no han de ser mías,
> que tus amantes brazos no han de estrecharme,
> y yo he soñado anoche que me querías
> y aunque después me muera quiero besarte...

La canción criolla logró desprenderse de la atadura de la décima y cromatizó con mucha gracia en compositores de oficio, enriqueciendo sus acordes y siempre a la búsqueda de la tónica. Influyó notablemente en los trovadores de principios del siglo XX, como en *La Bayamesa* de Sindo Garay, aunque a mediados del siglo XIX el avanzado contradancista Manuel Saumell ya había sugerido el *tempo* de criolla en *La celestina, La asesora* y *El cataclismo*. La criolla se escribió también en combinación con el bolero, que suele aparecer en su segunda parte. Casas Romero dejó algunos artículos sobre la música en revistas nacionales; por su continuada labor creadora se le otorgaron varios premios nacionales.

El compositor, director de orquesta y flautista **Jaime Prats** (1883-1946) nació en Sagua la Grande y murió en La Habana. Comenzó sus estudios musicales a los 7 años; más tarde llegó a tocar el clarinete, el violín, el contrabajo y el piano. Pasó a la ciudad de Cienfuegos en 1897, donde continuó sus actividades musicales y a la vez terminó el bachillerato. Ubicado en la capital a partir de 1899, ocupó la plaza de primera flauta en la orquesta de la compañía de ópera de Azzali, con la que realizó una extensa gira por varios países americanos. De regreso, desempeñó el puesto de director de la Banda Municipal de Sagua la Grande. Se graduó en 1904 en el conservatorio Peyrellade, tras lo cual fundó en Santa Clara una academia de música incorporada a dicho conservatorio. Desde 1906 dirigió las orquestas de varias compañías teatrales y con ellas viajó de nuevo a México y Centroamérica. Jaime Prats se graduó en farmacia en la Universidad de La Habana en 1913; un año más tarde ofreció un importante concierto de música cubana con orquesta en Nueva York. En 1922 fundó la primera Cuban Jazz Band. Fue el autor de canciones y boleros de exquisita factura, como el conocido *Ausencia*:

> Ausencia quiere decir olvido,
> decir tinieblas, decir jamás,
> las aves suelen volver al nido,
> pero las almas que se han querido
> cuando se alejan no vuelven más...

El gusto del cubano por valores melódicos de tipo sentimental de alta calidad creó una verdadera demanda que raramente fue satisfecha. Aunque algunos compositores cultivaron la canción, la guajira, la criolla y el bolero con elegancia, no todo lo que se entregaba tenía suficiente originalidad; todavía pesaban sobre muchos autores los efectos de la ópera italiana y en particular las melodías de origen napolitano. Sin embargo, como síntesis vocal de la canción cubana, con su fusión de factores hispanos y afrocubanos, que aparecen tanto en la línea acompañante de la guitarra como en la melodía, la evolución de estos géneros cantables traspasó fronteras, y al desarrollarse el bolero, fascinó a varias generaciones.

Hay músicos que nacen con la batuta en la mano. Ése fue el caso de **Gonzalo Roig** (1890-1970), autor de la criolla-bolero *Quiéreme mucho*, estrenada en 1911. Incansable fundador de orquestas, la presencia de Gonzalo Roig en el podio impresionaba a los ejecutantes porque a la vez reconocían en él a un director de peso que no escatimaba esfuerzos para conseguir la calidad que buscaba. De carácter más bien seco, Roig tuvo que labrarse muy temprano su propio porvenir debido a la muerte de su padre. De fuerte estirpe nacionalista, como Lecuona, fue un adicto al teatro lírico y sus interminables devaneos amorosos le llevaron de un tema a otro. En 1932 estrenó en el teatro Martí su gran acierto, la zarzuela *Cecilia Valdés*, y la grabó por primera vez en 1948; el libreto fue obra de Agustín Rodríguez y José Sánchez Arcilla. La rápida contradanza de la escena del baile posee una vitalidad que perdurará como un hermoso ejemplo del género.

Gonzalo Roig dedicó gran parte de su talento a labores sindicales en favor del sector musical; también escribió varios artículos sobre la música criolla. Entre sus mayores logros quedará el ejemplo de 20 años de actividad al frente de la Orquesta Sinfónica

LECUONA, MIGUEL MATAMOROS Y GONZALO ROIG

de La Habana, que con pocos recursos económicos y gracias al tesón y los arreglos musicales del propio maestro y los profesores que la componían, estrenó cientos de obras de autores nacionales y extranjeros.

Como compositor abordó casi todos los géneros musicales. La primera estrofa de *Quiéreme mucho*, la famosa criolla-bolero compuesta cuando tenía 21 años, fue escrita por Ramón Gollury y la segunda por Agustín Rodríguez:

> Quiéreme mucho, dulce amor mío,
> que amante siempre te adoraré,
> yo con tus besos y tus caricias
> mis sufrimientos acallaré...

Esta pieza fue grabada por primera vez por Tito Schipa para el sello RCA Victor en 1926 y desde entonces ha gozado de una extraordinaria difusión universal. El prestigio de Roig como compositor, director y arreglista superó las fronteras cubanas: estuvo en México en 1917 con la compañía de María Guerrero y en 1930 la Unión Panamericana lo invitó a dirigir varios conciertos en Estados Unidos, ocasión que aprovechó el incansable maestro para dar a conocer la riqueza rítmica de la música cubana. Hacia 1944 concluyó *Fantasía sobre dos temas del cocoyé*, suite orquestal de gran belleza, basada en un tema haitiano de origen dahomeyano llevado a Santiago de Cuba por los franceses. Con *Fantasía cubana*,

Mosaico musical cubano y *Hoy son día de Reye*, forma cuatro pequeñas obras maestras basadas en temas folclóricos.

Gonzalo Roig también dirigió programas radiales y compuso música para películas, entre otras *Sucedió en La Habana*. En 1945 fue elegido presidente de la Sociedad Cubana de Autores. Escribió hermosas canciones como *Ojos brujos* (1918), *Yo te amé* (1923), que es una contestación a *Quiéreme mucho*, *Yo tuve un sueño azul* (1933), *Lamento negroide* (1943) y una melodía que luego hizo historia cantada como bolero por el barítono venezolano Eduardo Lanz: *Estás en mí*. Poco antes de fallecer había estado ensayando el bolero *Nunca te lo diré* (1949) con la mezzo Esther Borja, la misma que se lo estrenó en 1950:

> No me preguntes por qué estoy triste
> porque eso nunca te lo diré.
> Mis alegrías las compartiste
> pero mis penas, no ¿para qué?...

Conocido mundialmente como el autor del pregón-son *El manisero*, en el campo de la canción romántica **Moisés Simons** (1890-1945) dejó una hermosa melodía que ha estado en el repertorio de las mejores voces: *Marta*, uno de los números más representativos de los tenores Nicolás Urcelay y Néstor Chayres. Nacido Moisés Simón Rodríguez en La Habana, después le agregó una *s* final a su apellido paterno y le cambió el acento. Había comenzado los estudios musicales con su padre vasco, y a los 9 años ya era organista en la iglesia de su barriada. En 1906 fundó su propia orquesta con la cual amenizaba las tandas y variedades de algunos teatros, entre ellos el Martí, donde dirigió los estrenos de varias comedias musicales de Lecuona. Posteriormente, el maestro español Vicente Lleó le contrató para dirigir la orquesta de su compañía de zarzuela y opereta que se presentaba en el teatro Payret.

La romanza *Marta* fue grabada por vez primera por el barítono colombiano Carlos Julio Ramírez en 1934:

> Linda flor de alborada
> que brotaste del suelo,
> cuando la luz del cielo
> su capullo besaba...

Moisés Simons escribió la línea musical de *El manisero* en 1928, en la servilleta de una cafetería, con unos versos que le improvisó Gonzalo G. De Mello. Ya en partitura, se la dio a Rita Montaner, que viajaba a la sazón a Nueva York para grabar. De hecho, muchas de sus composiciones de aquellos años formaron parte del repertorio de «La Única»: *Palmira*, *La trompetilla*, *Así es mi patria*, *Rumba guajira*, *Sereneta cubana*, *Vacúnala* y *Chivo que rompe tambó*. En 1930 estrenó en el teatro Calderón de Madrid su comedia *Niña Mercé*; siguió luego a París, donde descubrió que su pregón-son ya era interpretado por varias agrupaciones y vocalistas. A propósito de este clásico, con el que la voz de Antonio Machín y la orquesta de Don (Modesto) Azpiazu encantaron a los habaneros, nos dice Díaz Ayala: «Tiene que tener algo este *Manisero* (vendedor callejero de cacahuetes tostados) para que sucesivas generaciones de músicos norteamericanos lo hagan suyo; desde el jazz sofisticado de John Kirby y Raymond Scott hasta las orquestas sacarinas de Percy Faith y Frank Pourcel, para llamar por igual la atención de un organillo de México, una *steel band* de Trinidad, de Pedro Vargas, de Imperio Argentina, de Miguelito Valdés con la orquesta Casino de la Playa, del salsero Oscar D'León y para que Machito, septuagenario, se llevase un premio Grammy en 1986».

Simons vivió algún tiempo en Francia pero como sentía nostalgia por su tierra regresó a ella. Encontró un ambiente musical muy diferente al que había conocido en Europa, así que decidió volver a la capital francesa, donde triunfaba cuando comenzó la Segunda Guerra Mundial. Cuando París cayó bajo el dominio de los alemanes se fue a vivir a una villa al sur del país, que llamó «Cubanacán»; allí lo detuvieron los invasores nazis creyendo que era judío. Liberado a finales de 1942, Moisés Simons retornó a Cuba enfermo y en precaria situación económica. Al considerar muy limitadas las posibilidades de trabajar, decidió regresar nuevamente a París al final de la contienda, en 1945, pero la muerte lo sorprendió el 28 de junio, cuando pasaba por España. Está enterrado en Madrid.

Un número que sintetiza de manera genial la esencia del bolero, y la autoría del pregón-son *Frutas del Caney* (grabado en 1928 por el Trío Matamoros), bastan para incluir a **Félix B. Caignet** (1892-1976) en la historia de la música popular cubana. Con el enunciado melodramático de *Te odio* Caignet logró expresar el amor perdido, el engaño, la traición amorosa, los celos, la duda, el conflicto amoroso... en fin, los ingredientes de incontables boleros:

> Te odio y sin embargo te quiero,
> te odio y no puedo olvidarte,
> no puedo, vida mía explicarte
> cómo es que si te odio, te quiero
> y te adoro y padezco por ti...

Posiblemente Barbarito Diez fue quien mejor se la cantó mientras que Ernestina Lecuona le contestó con *Me odias,* donde aparece la frase «*...y yo a ti te desprecio...*», adelantándose en muchos años a los boleros andrófobos que hicieron famosa a La Lupe y a la mexicana Paquita la del Barrio. Más escritor que compositor, Caignet fue el autor de novelas radiofónicas que provocaron torrentes de lágrimas, especialmente *El derecho de nacer*, el éxito mayor que haya obtenido novela alguna en América Latina, llevada al cine dos veces, a la televisión y editada en folletines populares en varios países.

El versátil compositor y gran animador del teatro lírico **Eliseo Grenet** (1893-1950) estrenó con Lecuona la importante zarzuela *Niña Rita* en 1927, con libreto de Aurelio Riancho. A ella pertenece el famoso tango congo *Mamá Inés,* un personaje que casi tiene 80 años, inmortalizado primero por Rita Montaner con el conocido estribillo: «*Todos los negros tomamos café».*

Extraordinario pianista, Grenet concibió danzones populares como *La mora, Si muero en la carretera* y *Si me pides el pescao.* Con 16 años ya dirigía la orquesta del Politeama habanero, donde destacó por su audacia. En 1926 recorrió la isla al frente de la orquesta de la compañía teatral de Arquímedes Pous, y partió poco después con un grupo de músicos y artistas hacia diversos países hispanoamericanos. Grenet musicalizó las películas *Escándalo de estrellas, Milonga de arrabal, Conga bar, Estampas coloniales* y muchas obras teatrales. Trabajó en España, Inglaterra y Francia, donde tocó en la orquesta del trompeta Julio Cueva. En 1936 se fue a Nueva York: desde allí hizo una labor de divulgación de la música cubana e introdujo el género de la conga callejera. Inspirándose en temas campesinos ganó con *El Sitierito*, en 1948, el primer premio del concurso «Día de la canción cuba-

Aunque el bolero es una manifestación genuinamente popular, hay que admitir que algunos lindan con el concepto de *kitsch*, término alemán que se extendió por toda Europa en los años 60 y designa todo aquello que está fuera de lugar y proporción, o que es de mal gusto. La expresión se ha incorporado a otros idiomas precisamente por ser intraducible, aunque está emparentada con el español *cursi*, con el francés *gaffe*, con el venezolano *pavoso* y el cubanísimo *picúo*.

Un análisis de lo *kitsch* en literatura fue hecho por el alemán Walther Killy, quien observó en varios textos la intención de «provocar un efecto sentimental», o de «ofrecerlo ya provocado, confeccionado», o de «fabricar premeditamente» una atmósfera usando expresiones que conllevan una carga poética o seudopoética, para lo cual se abusa de la adjetivación y la redundancia. El novelista Hermann Broch definió el *kitsch* como una forma de mentira artística, pero al mismo tiempo planteó que sin unas gotas de *kitsch* no podría existir ningún tipo de arte. Umberto Eco relacionó el *kitsch* con el concepto de *midcult* (cultura media o seudocultura), elaborado por el sociólogo norteamericano Dwight MacDonald.

Admitamos que hay letras de boleros de mal gusto, a veces ingenuos y hasta divertidos, que podrían definirse como «boleros de gramola». Se escuchaban en bares de mala muerte y desde luego en los burdeles, donde seres marginados, envalentonados por el alcohol, pregonaban su machismo. Pero aún podríamos preguntarnos si hay algo de *kitsch* en muchos boleros. ¿Cómo asimilar que haya versos que insistan en que «*te quise con alma de niño*», o «*el cuartico está igualito*», o hable de «*los aretes que le faltan a la luna*»? La razón es que los boleros se nutrieron del habla popular de la época, de la poesía de mayor difusión entonces, de las lecturas del autor, incluyendo la prensa, y de lo que le llegaba a través de otros medios como la radio o el cine.

na»; al año siguiente repitió el éxito con *Mi bandera*, un punto guajiro de primera categoría.

Eliseo Grenet concibió las canciones de cuna *Mercé, Belén* y *Drume negrita*, que le interpretó *Bola de Nieve* con gran acierto, y otras de denuncia social como *Lamento cubano* (letra de Teófilo Radillo), *Lamento esclavo* (letra de A. Riancho), *Facundo, Tabaco verde* y *Boquita azucarada*. Sus pregones *Rica pulpa* y *El tamalero* han sido grabados por diversos artistas, incluyendo a Elena Burke. De su repertorio de canciones románticas hay que destacar *Las perlas de tu boca*:

Esas perlas que tú guardas con cuidado
en tan lindo estuche de peluche rojo,
me provocan, nena mía, el loco antojo
de contarlas beso a beso enamorado...

Con versos de Nicolás Guillén, este aladino de la música cubana compuso con su hermano Emilio, *Motivos de son.* Hacia el final de su fructífera vida, Grenet creó el ritmo del sucu-sucu, con temas como *Felipe Blanco* y *Domingo Pantoja,* basados en el folclor de la Isla de Pinos (hoy Isla de la Juventud).

RODRIGO PRATS

El compositor, violinista, pianista y director de orquesta **Rodrigo Prats** (1908-80) se adentró en el estudio musical con su padre Jaime Prats y con el profesor Emilio Reynoso a los 9 años, concluyendo su formación básica más tarde en el Conservatorio Orbón. A los 13 debutó como violinista en la Cuban Jazz Band bajo la dirección de su progenitor; casi simultáneamente ingresó en la Orquesta Sinfónica de La Habana. Su primer empleo como director de orquesta fue en la compañía teatral del actor Arquímides Pous. Autor de numerosas zarzuelas: *La perla del Caribe, María Belén Chacón, La Habana que vuelve, Amalia Batista, Guamá* y *Soledad,* también escribió sentidas canciones como *Una rosa de Francia,* creada cuando tenía 15 años con letra de G. Gravier:

Una rosa de Francia cuya suave fragancia
una tarde de mayo su milagro me dio,
de mi jardín en calma aún la llevo en el alma
como un rayo de sol...

Esta obra está considerada como una pieza clásica del cancionero tradicional cubano. Rodrigo Prats dirigió varias orquestas importantes y compuso otras canciones románticas como *Aquella noche, Miedo al de-*

sengaño, Espero de ti, Tú que no sabes mentir, Creo que te quiero y *Eres rayo de sol*; también produjo los pregones *El heladero, El tamalero* y *El churrero*.

Ernesto Lecuona (1895-1963) fue el músico más brillante que ha tenido Cuba. Su creatividad se manifestó a tres niveles: como pianista, compositor y director de orquesta. Mostró un genuino interés en mezclar lo culto en música con un sabor eminentemente popular y produjo composiciones que reflejan el carácter cubano en su más elaborada expresión. Absorbiendo elementos del folclor africano y español en la isla, Lecuona logró crear una simbiosis de calidad sonora permanente, sin caer en intelectualismos ni en soluciones fáciles.

Se podría afirmar que musicalmente fue tan cubano como español: abordó temas hispánicos con una sensibilidad extraordinaria, hasta tal punto que muchos le consideran un autor nativo. Nacido como Rita Montaner, *Bola de Nieve*, Mario Fernández Porta, los hermanos Bolet y el pianista José Echániz, en el municipio de Guanabacoa, uno de los más negros y misteriosos del país, Lecuona debe de haber apreciado manifestaciones de coros de clave y coros de rumba, o toques de bembé a medianoche, mientras se hacían sacrificios de animales. A un nivel más depurado, seguramente escuchó muchas veces las charangas de músicos mulatos que interpretaban danzones en sociedades y salones de baile. Lecuona se fue llenando de todo aquel mundo seductor, absorbiendo valores rítmicos que no encontraba en ninguna otra parte; después los volcó de manera elegante en esas sublimes creaciones que son sus danzas afrocubanas para piano y en infinidad de boleros de factura superior.

A los 12 años tuvo que salir a la calle para contribuir al sustento de la familia; su padre, periodista y director del diario *El Comercio*, había fallecido repentinamente en 1902 mientras se encontraba de visita en Santa Cruz de Tenerife. Curioso destino el de nuestro músico, que en 1963 murió también en las islas Canarias.

Entre sus maestros tuvo en primer lugar a su propia hermana Ernestina, 12 años mayor que él, autora de canciones de exquisita factura literaria y melódica. Estudió después con Carlos Peyrellade, Joaquín Nin y el holandés radicado en La Habana, Hubert de Blanck. Aquel joven no parecía tener límites para resolver las dificultades técnicas: su temperamento e intensidad revelaban una técnica y una memoria asombrosas; regularizaba el funcionamiento de su instrumento y ponía especial cuidado en las transiciones musicales y en dominar las octavas y las décimas.

Tenía 17 años cuando compuso *La comparsa*, una danza que marcó un hito, no sólo en su propia producción sino en todo el panorama musical concebido para piano hasta entonces. Muchos años después, en una entrevista publicada en la revista *Carteles* el 22 de marzo de 1942 declaró: «Creo justo señalar que mis danzas negras inician lo afrocubano. Yo llevé por primera vez el tambor de la conga al pentagrama y al teclado».

Varios investigadores consideran que Lecuona fue el primero en usar el término «música afrocubana» para calificar sus danzas con ese carácter, aunque en realidad el vocablo había sido lanzado en 1906 por el etnólogo Fernando Ortiz. Pero lo que no puede negarse es el hecho histórico y estético que significan sus obras con temas negros en momentos en que prevalecía en Cuba un rechazo casi total a la exaltación del aporte cultural africano. Los títulos de algunos de sus mejores números para voz dan fe de lo anterior: *Negra macuta*, *Canto negro*, *Triste es ser esclavo* (de la zarzuela *El cafetal*), y entre sus obras para piano: *Danza negra*, *Danza de los ñáñigos*, *Danza lucumí*, *Conga de medianoche* y *La negra bailaba*.

Se le achacaba a Lecuona que no abordara las grandes formas de la sinfonía, de la sonata germana, de la ópera. Compositor de lenguaje hispánico, Lecuona se sentía liberado de las grandes formas instrumentales; solía comentar que Debussy tampoco había compuesto sinfonía alguna. La estructura musical de sus zarzuelas, con brillantes libretos del poeta Gustavo Sánchez Galarraga, quien murió joven en 1934, son evidencia suficiente de la corriente española que había asumido. Compuso las zarzuelas *El cafetal* (1928), *María la O* (1930), *Rosa la china* (1932), todas con temas muy cubanos; llegó a escribir 81 obras para la escena lírica y 97 composiciones orquestales, casi todas inéditas, sin olvidar las 11 películas que musicalizó. Entre las canciones se encuentran algunas de sus creaciones más emotivas: *Siempre en mi corazón*, *Siboney*, *Recordar*, *Como arrullo de palmas*, *Se fue*, *Tus ojos azules* y *Aquella tarde*. El vals *Damisela encantadora* sigue siendo un favorito de todos los públicos junto a algunas de las 73 danzas para piano que dejó: *Ahí viene el chino*, *Danza negra*, *La comparsa*, *Malagueña* y la profunda *Danza lucumí*.

Enamorado de la melodía romántica, compuso *Tengo un nuevo amor*, *Celos*, *Juventud*, *No hay perdón*, *Devuélveme el corazón*, *Te he visto pasar*, *Quisiera creerte*, *Mi vida eres tú*, *No quiero acordarme*,

Amor fugaz y muchas más. El boricua Charlie Figueroa logró el éxito con *Arrullo de palmas* y el cubano Fernando Albuerne le cantó el bolero *Siempre en mi corazón*:

> Estás en mi corazón
> aunque estoy lejos de ti,
> y es el tormento mayor
> esta fatal separación...

Partiendo de la obra del pianista Ignacio Cervantes (1847-1905), Lecuona fue más allá en la creación de un universo nacional: logró unificar, con óptica cubana y un oído sintonizado en África, características de los géneros «chico» y «grande» de la zarzuela modelo. Esta cubanización de la zarzuela se produjo en ambas vertientes, la musical y la teatral, sin olvidar su decisivo aporte al desarrollo de la danza, particularmente en *María la O*. Lo patriótico en sus libretos tuvo siempre un carácter positivo, pues propone la liberación total del colonialismo y la esclavitud. En la Biblioteca Nacional «José Martí» de La Habana se conservan muchas de sus obras aún desconocidas, escritas a lápiz con rasgos menudos y nerviosos, a la espera de ser investigadas, analizadas, catalogadas y grabadas algún día.

LECUONA, AUTOR DE *NOCHE AZUL*

En 1932 Lecuona realizó una gira por España donde dio a conocer a su orquesta, formada a partir de un grupo de músicos que se habían separado de la de los hermanos LeBatard. Cuando el maestro enfermó y decidió regresar a La Habana, dejó la agrupación a cargo del pianista habanero Armando Oréfiche, el cual le cambió el nombre por el de Lecuona Cuban Boys; sus músicos intercambiaban instrumentos, hacían elegantes coreografías y montaban un verdadero espectáculo en que combinaban la suavidad europea con el arsenal percusivo cubano. Como el ritmo que más impactaba entonces era la rumba, durante años divulgaron el bolero con el nombre de *slow-rumba*, con la que dejaron una estela de triunfos impresionantes. Recorrieron muchos países hasta que la guerra les obligó a regresar a la isla. Al surgir ciertas dificultades con el nombre de la orquesta, en 1946 Oréfiche la rebautizó como los Havana Cuban Boys. Luego de nuevas temporadas por los teatros y cabarets de cuatro continentes, regresaron a Cuba en 1960, pero el famoso pianista decidió radicarse definitivamente en España. Esta orquesta realizó una importantísima labor de difusión de la música cubana ante públicos muy diversos, y en particular en el ámbito del Caribe. También promovió a importantes artistas nacionales y de otros países, que llegaron a ocupar lugares prominentes en la interpretación musical.

A Lecuona jamás le interesó narrar fidedignamente un episodio o anécdota, ni tomar directamente los elementos dispersos que hallaba entre las fuentes hispana y africana. Sentado al piano, resolvió sus composiciones con gran audacia, con un estilo inigualable; él no pudo evitarlo: su música siempre halaga los oídos.

El maestro forjó a un considerable número de vocalistas: Tomasita Núñez, Hortensia Coalla, Raquel Domínguez, Esther Borja, América Crespo, Hilda García, Carmela de León, Graciela Remírez, Zoraida Marrero, Viola Ramírez y tantas otras voces de renombre.

El 10 de octubre de 1943 Lecuona se presentó en el Carnegie Hall de Nueva York con un espectáculo que tituló «Festival de Yara», en el que estrenó la difícil *Rapsodia negra*, bajo la dirección de su gran amigo, el maestro Gonzalo Roig. Le acompañaron Carolina Segrera, Carmelina Delfín, Luisa María Morales, Esther Borja y su hermana Ernestina, en un programa emitido por la NBC y retransmitido en Cuba por la emisora Radio Salas.

Durante largos años, importantes musicólogos cubanos liderados por Alejo Carpentier se dedicaron a atacar ferozmente la trayectoria musical de Lecuona; el afamado novelista no tuvo el sentido común de incluir un análisis sobre la obra de Lecuona en *La música en Cuba*, publicado en México en 1946, un libro valioso que constituye referencia obligada para todo interesado en el tema. ¿Cómo pudo Carpentier ignorar al creador más profundo y fructífero que haya dado la isla?

A Ernesto Lecuona se le pueden criticar muchas cosas: su evidente indolencia criolla, el descuido en que siempre mantuvo sus partituras, la falta de revisión de las ediciones, que aparecen cargadas de errores, despistando a intérpretes ingenuos. Podría agregarse que quizá Lecuona debió haber reflexionado más sobre los valores intrínsecos y perdurables de su obra y menos sobre el espectáculo como entretenimiento.

Su ímpetu al tocar el piano era excepcional, nunca supo lo que era estar contraído. Algunos estudiosos de la destreza del maestro indican que la mano izquierda presionaba las teclas como si tocase un tambor. No ha habido músico popular de alguna relevancia en las Américas que no admirase profundamente la obra de Lecuona, o que estuviese de alguna manera influido por su virtuosismo.

En 1952 se le ofreció un homenaje nacional y en 1954 celebró sus Bodas de Oro con la música con un magno concierto en el teatro Payret. Con Gonzalo Roig fundó en 1955 la Sociedad Nacional de Autores de Cuba, pensando siempre en la protección de la obra de músicos cubanos. En 1953 estrenó en Madrid sus zarzuelas *El cafetal* y *María la O*. En su penúltima visita a España en 1958, ofreció varios conciertos de música cubana, así como actuaciones en la radio y la televisión. Lecuona era miembro afiliado de la Sociedad General de Autores de España (SGAE), y el único compositor extranjero que por sus recaudaciones se equiparó a autores tan importantes como Federico Moreno Torroba o Jacinto Guerrero. Además, tenía editadas más de 200 obras en el mercado norteamericano.

Asqueado por la entrega de la revolución a los comunistas y afectado por la miopía voluntaria de teóricos envidiosos, protegidos del régimen castrista, Ernesto Lecuona abandonó definitivamente la isla en el verano de 1960. Después de residir por un tiempo en Tampa, Florida, gravemente enfermo decidió trasladarse a España, donde se le agravó el asma que siempre lo acosó. Quiso conocer la tierra de su padre y viajó a Canarias: allí le sorprendió la muerte en el hotel Mencey de Santa Cruz de Tenerife, el 29 de noviembre de 1963. Trasladado su cuerpo a Madrid, se le ofreció una misa solemne organizada por la SGAE, con la actuación de la Orquesta Sinfónica de Madrid y un coro de 200 voces; el féretro estaba cubierto por una bandera cubana. Fue finalmente inhumado por su familia en el cementerio de Westchester en el estado de Nueva York, en espera de poder cumplir el deseo del compositor de llevar sus restos a una Cuba libre.

El pianista **Nilo Menéndez** (1902-87) nació en Matanzas, ciudad al este de La Habana, donde vivió la adolescencia y aprendió a tocar su instrumento, pero en 1924 se fue a estudiar música a Nueva York. Allí se enamoró en 1929 de Conchita Utrera, una hermosa y delicada rubia de ojos claros. Una noche le pidió a su amigo, el poeta Adolfo Utrera, hermano de la chica, que le pusiera letra al tema *Aquellos ojos verdes*, que acababa de esbozar, dando inicio con esta melodía a la línea moderna dentro del género romántico:

Fueron tus ojos los que me dieron
el tema dulce de mi canción,
tus ojos verdes, claros, serenos,
ojos que han sido mi inspiración...

La primera grabación de esta canción la hicieron en 1930 el propio Nilo Menéndez y Ernesto Lecuona en sus respectivos pianos, acompañando la voz de Adolfo Utrera. La canción prendió rápidamente: lo mismo se escuchaba en los barcos que hacían cruceros del Caribe a Nueva York que en las grabaciones de diversas orquestas, incluyendo la de Jimmy Dorsey, con los cantantes Bob Eberle y Helen O'Conell; en 1940 le aportó a su autor unas regalías de 40.000 dólares de entonces. El primer cantante de categoría que la grabó fue el mexicano Juan Arvizu en 1933 para la RCA Victor, con acompañamiento de guitarras. Otra grabación memorable fue la que realizó el tenor venezolano Alfredo Sadel en los años 60.

NILO MENÉNDEZ

Nilo Menéndez musicalizó varias películas y fue el autor de canciones muy escuchadas en las décadas del 30 y el 40: *Perdóname, Aunque no pueda vivir* y *Tenía que suceder*, pero en ninguna logró superar lo que vibra en *Aquellos ojos verdes*. Falleció en Burbank, Los Ángeles. En cuanto a Adolfo Utrera, una enfermedad contagiosa le hizo quitarse la vida en 1931. Dejó a su hermana como recuerdo un cuaderno con sus poemas, que desafortunadamente desapareció en un incendio. De más está añadir que Conchita y Nilo nunca vivieron juntos.

Graciela Párraga (1905-71), **Cristina Saladrigas** y **Cora Sánchez Agramonte** lograron canciones conmovedoras por su lirismo y calidad de factura. La primera provenía de una familia de alta posición económica, lo cual no fue impedimento para que aprendiera a tocar la guitarra y el pia-

Algunos críticos han señalado una franca decadencia de la música romántica cubana durante los tres primeros decenios del siglo XX, lo cual resulta un error porque es precisamente en esos difíciles años cuando aparecieron muchas de las más bellas canciones de la trova tradicional, que fueron seguidas de una etapa conocida como la trova intermedia. Comienzan entonces a producirse innovaciones armónicas y melódicas que ampliaron las posibilidades musicales del bolero dentro de un proceso de modernización alejado por completo del tradicional cinquillo. Posiblemente producto de la influencia recibida del impresionismo francés enarbolado por Claude Debussy, música que había pasado a los Estados Unidos cabalgando en las sonoridades negro-blancas del *jazz*, a través de músicos norteamericanos que habían vivido en Francia como oficiales y soldados durante la primera guerra europea, se dio inicio en Cuba a otra manera de concebir canciones. Podría asegurarse que a partir de *Aquellos ojos verdes* se hizo usual que en las melodías y esporádicamente en la armonía de los nuevos boleros aparecieran elementos del impresionismo debussiano, factor que influyó decisivamente en el desarrollo posterior del género.

no magistralmente, y escribiera canciones como *Te besaron mis ojos* o *Como mi vida gris*:

> Cuando tus negros ojos mi vida ensombrecieron
> de unas pupilas verdes busqué la claridad,
> mas fue como un relámpago su luz fosforescente
> y de nuevo en mi alma reinó la oscuridad...

que le cantó Barbarito Diez con el acompañamiento de la charanga de Antonio María Romeu. Graciela realizó también una carrera como cantante profesional y en 1941 dobló la voz de Rita Hayworth en la película *Sangre y arena* con Tyrone Power. La canción *Verde luna*, del guitarrista español Manuel Luna fue posiblemente la que alcanzó más popularidad en su voz.

La habanera Cristina Saladrigas también perteneció a una familia de la aristocracia capitalina. De entre sus obras sobresale el bolero *Ojos malvados*, estrenado en 1940 por Walfredo de los Reyes con la orquesta Casino de la Playa:

> Si pensaba en ti para mí no era vida,
> si pensaba en ti para mí era sufrir,
> tú bien sabías mi amor que yo te quería,
> tú bien sabías mi vida que yo era así...

Por su parte, Cora Sánchez Agramonte escribió numerosas canciones entre las que destaca el bolero *Brisa tropical*, que logró bastante éxito en Hispanoamérica en la voz de notables cantantes:

> Noche cálida y sensual,
> noche tropical de mi Cuba,
> noche callada y con brisas
> que invita a soñar...

Otras autoras de la época, que sobresalieron con boleros importantes fueron Olga de Blanck, Celia Romero, Coralia López, Juana González y Trini Márquez, además de grupos vocales como las Hermanas Martí, las Hermanas Lago, las Márquez y las De Castro. Sin olvidar los boleros originados por las orquestas femeninas Anacaona y la Ensueño, que amenizaron durante años los aires libres frente al Capitolio habanero, lugar bastante conflictivo donde supieron mantener una ética intachable.

ARMANDO VALDESPÍ

La trayectoria del singular compositor **Armando Valdespí** es bastante desconocida. Se sabe que nació en La Habana, que realizó estudios en el conservatorio de dicha ciudad, y que falleció solo y completamente olvidado en San Juan, Puerto Rico. Residió durante muchos años en Nueva York, donde escribió numerosos boleros, 50 de los cuales fueron grabados por la RCA Victor a partir de 1935 por notables vocalistas como Fernando Collazo, Antonio Machín y Johnny Rodríguez. En los años 40 se unió a su estupenda orquesta Miguel de Gonzalo, quien se destacó en el

bolero romántico; considerado como uno de los precursores del estilo filin, este sensible vocalista actuó en la RHC Cadena Azul y en la CMQ,
así como en importantes programas televisivos, falleciendo en 1975. De
entre los mejores boleros de Valdespí, el dúo boricua Pérez-Rodríguez le
hizo popular *Miedo*, aunque el título original de esta canción fue *Nocturno tropical*. Avanzados los años 50, Tito Gómez le cantó *Alma de
mujer*, respaldado por la orquesta Riverside, con un marcado ritmo de
chachachá:

> Te quise con alma de niño
> y tan grande fue mi cariño
> que nunca creí que pudieras haber ofendido
> este amor tan sagrado que te ofrecí...

De este fecundo y misterioso bolerista son también *Sola y triste, Una
muñeca como tú, No tienes corazón, Como una rosa, Has querido olvidarme, Beso loco, Soñé contigo, Sólo por ti, Ayer, Como tú* y *Duerme corazón*.

Aunque nació en Güines, provincia de La Habana, y en la universidad capitalina se graduó de abogado, el pianista y compositor **Mario Álvarez**
(1898-1988) podría considerarse tan mexicano como cubano, ya que llegó a México en la década del 40 como pianista de la compañía de Lecuona y allí decidió establecerse. Entre sus boleros más difundidos están *Tú
no mereces, Temor sublime, Luna de plata, Y eres culpable, Ansias, Rumbo perdido, Aprende a olvidar, Estás mintiendo* y *No esperes*. El boricua
Daniel Santos y el dominicano Alberto Beltrán le grabaron *Vuélveme a
querer*, escrito en 1941, y *Sabor de engaño*:

> Sabor de engaño siento en tus labios
> cuando me besas,
> sabor de engaño tienen tus ojos
> cuando me miras...

Arsenio Rodríguez (1911-70), fue conocido profesionalmente como «El
ciego maravilloso» debido a que perdió la vista a los 13 años; unos dicen
que su verdadero nombre fue Ignacio Loyola Rodríguez y otros mantienen que fue Ignacio Arsenio Travieso Scull. Durante la década del 40,

este tresero y compositor de familia de origen congolés tuvo renombre entre los bailadores que cada domingo acudían a los jardines de la cervecería La Tropical en busca del ritmo de su conjunto. En su adolescencia había comenzado a tocar la guitarra y el tres en Güira de Macurijes, provincia de Matanzas; al mudarse a La Habana en los años 30 se unió a los soneros del Sexteto Boston, pasando más tarde al Bellamar. Alrededor de 1940 fundó su propio conjunto, y ampliando la base instrumental de las agrupaciones soneras le agregó el piano y una tumbadora. Arsenio fue quien enseñó al pianista Luis *Lilí* Martínez Griñán los acordes soneros en contrapunto que él hacía en las cuerdas del tres, estableciendo así un estilo que sentó pautas no sólo en Cuba sino en todo el Caribe. De su conjunto surgieron el trompeta Félix Chappotín y los vocalistas René Scull y Miguelito Cuní. Arsenio fue el autor de *Bruca maniguá*, un son lento que confirmó a Miguelito Valdés, conocido como *Mr. Babalú* desde que popularizara el afro *Babalú* de Margarita Lecuona, como un especialista de lo afrocubano.

Aunque fue básicamente un autor de sones, los boleros que Arsenio concibió le ganaron merecida fama: *Cárdenas, Zenaida, En su partir, Camagüey, Feliz viaje, Acerca el oído, Nos estamos alejando* y uno, especialmente uno titulado *La vida es un sueño*, que conmueve por la declaración tan patente de que «*la realidad es nacer y morir*»:

> Después que uno vive
> veinte desengaños
> qué importa uno más.
> Después que conozcas
> la acción de la vida
> no debes llorar...

Abrumado por la carencia de un clima propicio para su trabajo, y buscando cura para su ceguera, Arsenio Rodríguez marchó a Nueva York en 1949, donde sostuvo un conjunto cubanísimo y contribuyó a formar a toda una serie de músicos que más tarde emergieron cuando la salsa neoyorquina brotó en los años 70. Murió en la pobreza en Los Ángeles, California.

El compositor e intérprete **Marcelino Guerra *Rapindey*** (1904-96) surgió de las entrañas mismas del pueblo para exaltar a su tierra y a los

amores que conoció. Cuando *Rapindey* despuntaba, ya los sextetos de
son se habían apoderado de las pistas de baile habaneras. Natural de
Cienfuegos, a La Habana llegaría en 1931 este músico autodidacta, lleno de ambiciones y esperanzas, absorbiendo el son del santiaguero Rafael Rebufeiro, integrante del Sexteto Cauto, quien le enseñó a tocar la
guitarra en medio de la revuelta popular de 1933 contra la dictadura de
Machado. Huérfano a los 5 años, criado por su abuela materna junto a
varias hermanas, *Rapindey* ganó su sobrenombre por los recados que
realizaba a toda prisa. En Sancti Spíritus pasó algunos años de su adolescencia, siempre buscando la manera de acariciar una guitarra. Dota-
do de una buena voz, corpulento y jovial, ese mismo año se incorporó
al Septeto Habanero en la academia de baile Havana Sport; poco después, Ignacio Piñeiro lo mandó a buscar porque necesitaba aquella fabulosa voz de segundo para su Septeto Nacional.

El ambiente que encontró *Rapindey* en la capital no podía ser mejor
para sus propósitos; estaban pasando de moda los boleros donde simplemente se poetizaban palabras acomodándolas a la fórmula del cinquillo.
Ya en 1932 le habían presentado a Julio Blanco Leonard, quien además
de ser bailarín tenía una vena poética; juntos sacaron muchos números
como *La clave misteriosa*, estrenada por Pablo Quevedo en la CMQ con
la orquesta de Cheo Belén Puig. Por eso no es de extrañar que *Rapindey*
compusiera *Convergencia* en 1938, con letra del músico y poeta bohemio
Bienvenido Julián Gutiérrez, alcanzando un grado de refinamiento musical que ha ganado página aparte en la creatividad de la canción romántica. Pablo Milanés la grabó hace algunos años con el malogrado insomne
Emiliano Salvador al piano, pero a un tiempo más vivo que el acostum-
brado:

> Aurora de rosa en amanecer
> nota melosa que gimió el violín,
> novelesco insomnio do vivió el amor
> así eres tú, mujer,
> principio y fin de la ilusión,
> así eres tú en mi corazón,
> así vas tú de inspiración...

Para entonces, *Rapindey* ya había formado parte del Septeto Siboney, que amenizaba las noches del Casino Nacional bajo la dirección del

MARCELINO GUERRA *RAPINDEY*

bajista Alfredito León. *Rapindey* pasó luego al Sexteto Cauto, que dirigía Manuel Borgellá, cantando junto a Panchito Riset en el cabaret Sans Souci. En aquellos años, el grupo femenino Anacaona le grabó el bolero *Maleficio* y su amigo Antonio Machín le cantó *Buscando la melodía.* Otro bolero de aguda inspiración fue *A mi manera*, de 1939, con letra de Panchito Calvo, un veterinario que nunca quiso se supiera que era de su autoría; tuvo su primera grabación con Mariano Mercerón y sus Muchachos Pimienta. En los años 50 lo hizo famoso el sonero mayor Benny Moré:

Dicen que no es vida
esta que yo vivo,
que lo que yo siento
no parece amor...

En 1938 nuestro autor cantaba en el conjunto del invidente Arsenio Rodríguez, que tenía un programa todas las tardes en la radioemisora Mil Diez. También trabajaba como segunda voz en el conjunto vocal Siboney con Isolina Carrillo y el piano de Facundo Rivero. En 1944, cuando *Rapindey* se marchó de Cuba para grabar varios números propios en Nueva York, su ausencia se hizo notar inmediatamente, porque faltaba la mejor segunda voz en los estudios de grabaciones. De ahí en adelante los nuevos conjuntos explotarían básicamente la voz prima del solista, abandonando la vieja práctica sonera de cantar en armonía. Con algunas excepciones, como ocurrió en varias grabaciones del conjunto Casino, las producciones a partir de 1945 reflejaron esa limitación.

En Manhattan, sus composiciones fueron interpretadas por diversos grupos. Allí conoció al recién formado trío Los Panchos, quienes hicieron suyo el tema *Me voy pa'l pueblo*. También lo llamó Frank Grillo *Machito*, quien había formado su segundo AfroCubans debido a la demanda, y *Rapindey* se convirtió en voz líder de la orquesta; esta gran agrupación había sido fundada en 1941 por el trompeta Mario Bauzá, el decano de los músicos cubanos en Nueva York. Más tarde, *Rapindey* formó su propia banda para actuar en La Martinique del East Side, donde estrenó otros boleros y sones. Era 1948, año en que su amigo, el percusionista Chano Pozo, murió acribillado a balazos en un bar de Harlem.

Después de una etapa muy dura en que para sobrevivir tuvo que embarcarse en la marina mercante, *Rapindey* volvió a renacer en 1976 con la salsa que arrebataba a Nueva York. El Grupo Folklórico y Experimental Nuevayorquino le grabó *Dime la verdad*, un bolero-son que revivió el sabor de los viejos septetos cubanos, con un fabuloso solo de tres del puertorriqueño Nelson González y la trompeta de Alfredo *Chocolate* Armenteros. Marcelino Guerra *Rapindey* se había casado con una española y a la hora de jubilarse dejaron Nueva York y se establecieron en Campello, un pueblo al norte de Alicante, donde falleció sorpresivamente en 1996. Un año antes, el sello madrileño Nubenegra le había grabado un CD con 17 números, con la participación activa del artista y otros destacados músicos cubanos.

Julio Brito (1908-68) cursó sus primeros estudios con el maestro Pedro Sanjuán, y a los 16 años ingresó como saxofonista en la orquesta de Don Azpiazu, pero más tarde comenzó a tocar la batería y aprendió además a tocar la guitarra y el vibráfono. Se dedicó durante casi toda su vida artística a la dirección orquestal y también musicalizó varias películas, entre otras *Tam Tam* y *Embrujo antillano*. Julio Brito fue uno de los pioneros de la radiodifusión cubana, interpretando sus canciones en programas noveles. Sus primeras composiciones románticas fueron *Tus lágrimas* y *Florecita*. En 1931 *Ilusión china* le dio cierta popularidad; más tarde compuso *Trigueñita, Oye mi guitarra, Mira que eres linda, Serenata guajira, Si yo pudiera hablarte,* y en 1937 presentó *El amor de mi bohío*. Quizá su mejor composición fue *Flor de ausencia*, que le grabaron Panchito Riset y Ramoncito Veloz:

> Como rosa que pierde su aroma
> así era mi vida,
> como nave que está a la deriva
> sin rumbo y sin calma...

Lily Batet (1916) realmente se llamaba Elisa y estudió piano y guitarra con la profesora Clara Romero en la capital. Hacia 1938 formó dúo con

Margot Blanco, actuando en Estados Unidos, México y Canadá. En La Habana se presentaron en emisoras de radio, centros de recreación y en teatros. Desde 1960 reside en Miami, donde se dedicó por mucho tiempo a la enseñanza de la guitarra. Lily Batet es la autora de boleros interesantes, entre ellos *Sueño navideño* y *Alma de roca*:

> Quisiera sólo un beso de tu boca
> de esa boca que adoro con locura,
> para ver si con toda mi ternura
> logro al fin conmover tu alma de roca...

Este bolero conserva el lírico candor de los primeros trovadores cubanos, especialmente en la interpretación de Los Guaracheros de Oriente, un pequeño grupo formado inicialmente por Ñico Saquito (Antonio Fernández, 1902), que se convirtió en los herederos musicales del Trío Matamoros por su estilo sonero.

Muy cantado en España, **Osvaldo Farrés** (1902-85) fue uno de los grandes del bolero. Mirado en perspectiva, hay como una especie de vacío musical en Cuba a finales de los años 30 y principio de los 40. Fue una época en que la gente quería cantar o tararear: los jóvenes enamorados, la mujer haciendo sus labores... Y aunque hubo cancioneros populares, como el *Picot* o la revista *Cubamena,* que traían las letras de las canciones, e incluso existieron algunos comercios, sobre todo peluquerías, que repartían unos pequeños anuncios impresos en papel amarillo con canciones, en realidad se notaba la ausencia de verdaderos compositores románticos que dieran respuesta a la producción de ese extraordinario mexicano que fue Agustín Lara y otros compositores aztecas como Gonzalo Curiel y Abel Domínguez.

Lo curioso es que la persona que vino a abrir la brecha fue un dibujante publicitario que cultivaba la música por afición. De hecho, el primer éxito de Osvaldo Farrés no fue una canción romántica, sino un tema guajiro, un género en el que es difícil triunfar en cualquier época: *Mis cinco hijos* («Pedro, Pablo, Chucho, Jacinto y José») que se escuchó de un extremo al otro de la isla, y que como canción simple, lo mismo la interpretaba Miguelito Valdés con la Casino de la Playa, que encajaba en la voz de una vocalista arrabalera, o que la podía cantar un humilde trovador con su guitarra. Fue genuina música de pueblo y por eso tuvo éxito.

Muchas canciones hermosas le seguirían, pero una en particular cautivó de repente a los enamorados, y tuvo magníficas versiones en las voces de Fernando Torres, Juan Arvizu, el trío Los Jaibos, Tito Rodríguez y por supuesto, Antonio Machín, *Toda una vida*:

> Toda una vida me estaría contigo
> no me importa en qué forma
> ni cómo, ni dónde, pero junto a ti...

Diferenciándose notablemente de quienes se dedicaron a la música desde pequeños, Farrés comenzó cuando tenía 35 año. Fue un autodidacta musical al igual que el puertorriqueño Pedro Flores. El compositor Fernando Mulens, que también iniciaba su carrera en aquellos años, le pasaba al pentagrama sus primeras composiciones. En 1947 la mexicana *Chela* Campos le pidió una canción y ante las evasivas de Farrés le insistió: «Pero maestro, si con tres palabras usted hace una canción». Y el resultado fue *Tres palabras,* que con el nombre de *Without you* apareció en la película *Make mine music.*

Es lógico suponer que fue del boleroson de Miguel Matamoros de donde Osvaldo Farrés extrajo alientos verbales y rítmicos para abrirles rumbos distintos a sus canciones. Si bien previamente las había urdido conmovedoras (*Lluvia de lágrimas, Fidelidad, Pregunta, Yo te perdono, Piensa*

OSVALDO FARRÉS

bien lo que me dices, A eso llegarás, Soy para ti, Déjate querer) o sensuales (*Esta noche o nunca, Acércate más, Acaríciame, Tres palabras*), en la mayoría de sus piezas restantes (*No me vayas a engañar, Espérame, ¡Qué va!, Para que sufras, Estás equivocada, No, no y no, Que sí, que no, Quizás, quizás, Ni que sí, ni quizá, ni que no*), Farrés terminó siendo una suerte de antipoeta con temor al ridículo, que en vez del desgarramiento afectivo eligió la reticencia o la sonrisa irónica. Evitando tensiones y apremios, juzgando irrisoria cualquier gravedad, impuso un nuevo estilo «ligero» que algunos confundieron con el mero buen humor, hasta diluir al bolero en una de sus formas decadentes, aunque sabrosa de bailar: el bolero-mambo, aquel que cambia a una marcada cadencia en su segunda parte y que Benny Moré inauguró grabando en México con varias orquestas.

Los principales intérpretes de las creaciones de Farrés fueron Antonio Machín, Leo Marini, Carlos J. Ramírez, Fernando Albuerne, Bobby Capó, Toña la Negra, René Cabel, Hugo Romani y el trío Los Panchos. Traducidas a otros idiomas, sus canciones se escucharon en las voces de Nat King Cole, Bing Crosby, Maurice Chevalier, Tony Martin, Edith Piaf, Josephine Baker, Doris Day, Eydie Gorme y varios más. Grandes orquestas han hecho arreglos estupendos de algunas de sus composiciones más famosas: la BBC de Londres, Mantovani, Henry Mancini y Romie Aldrich; música que apareció en varias películas prácticamente antes de que se secara la tinta de la partitura. En 1954 Farrés compuso *Madrecita*, que pronto se convirtió en el himno de las madres cubanas en la voz de Fernando Albuerne; una paradoja porque para esa época la madre de Farrés era sorda...

A finales de 1940 el fecundo autor inició el programa radial «El bar melódico de Osvaldo Farrés», donde presentaba a todos los artistas extranjeros que llegaban a Cuba y también a los jóvenes talentos que iban surgiendo en la isla. A partir de 1950, el programa fue llevado a la televisión.

En 1962 Farrés decidió salir definitivamente de Cuba y se estableció en North Bergen, Nueva Jersey, donde murió a los 83 años. Su inspiración animó a un buen número de compositores a escribir cosas bellas, dotando a Cuba de un novísimo repertorio de boleros.

¿Tiene algo de «camp» el bolero? En España, este término, inventado por la novelista norteamericana Susan Sontag, empezó a entenderse como algo del pasado que volvía a estar de moda. Podría asegurarse que el bolero nunca ha pasado de moda; se ha transformado y su mensaje romántico se sigue escuchando, a pesar del pistoletazo que le asestó la balada. Pudo absorber casi todas las transformaciones que lo asediaron debido a su poder cautivador para subyugar sin violencia, una vocación órfica que es sólo parte de su significación más profunda.

Entre las autoras cualificadas más elocuentes quedará por siempre **Isolina Carrillo** (1907-96), con aquel bolerazo de 1948, grabado por Daniel Santos al año siguiente acompañado de la Sonora Matancera y que le ha dado la vuelta al mundo, *Dos gardenias*, dedicado a su marido Guillermo Arronte, barítono de la ópera nacional:

> Dos gardenias para ti,
> con ellas quiero decir
> te quiero, te adoro, mi vida.
> Ponle toda tu atención
> que serán tu corazón y el mío...

El aroma musical de *Dos gardenias* se esparció por México en las voces de Pedro Vargas, Toña la Negra, Jorge Negrete, María Luisa Landín y otros, convirtiéndose en algo parecido a un himno nacional. Gracias a él Isolina Carrillo obtuvo el premio Ariel en 1952 por mantenerse en el primer lugar dos años consecutivos. Nat King Cole también la grabó.

ISOLINA CARRILLO

A Isolina le gustaba relatar que cuando tenía 9 años su padre la había sentado frente al piano de un cine y desde entonces su vida fue sólo la música. «Recuerdo que en ese tiempo en la mayoría de las casas había un piano. Donde no lo hubiera o no lo tocaran era una casa vacía, mustia», declaró mucho después. «Había cierto prejuicio entre los pobres con los varones y el estudio del piano. Entonces no había radio ni televisión; había tertulias en las casas, un día en una y al siguiente en la otra. Debuté profesionalmente en el cine silente. No era fácil, sobre todo al principio, cuando aún no había comenzado la película y el público pedía música: tocábamos danzones para entretener a los espectadores. Después, todo era improvisado, de acuerdo con el tema que se desarrollaba en las películas».

¿Cómo imaginar la música cubana sin ella, y sin *Sombra que besa* o *Increíble*? Isolina comenzó a componer a instancias de Amado Trinidad, propietario de la RHC Cadena Azul. Había empezado allí en 1937, y la conocían como «la negrita de los 600 pesos», contratada para formar artistas, entre los que se encontraron las noveles Celia Cruz y Olga Guillot. Fue ésta quien le cantó su primer bolero, *Miedo de ti*; después surgieron

Yo jamás, Soy tu destino, Qué mal te portas, Cuando menos lo pienses y otros. Isolina fue la primera en escribir *jingles* comerciales para la radio: no le pagaban mal cuando inventaba aquello de «*Camay embellece, desde la primera pastilla...*», o las cuñas musicales de Palmolive, el chocolate La Estrella, Milo, Max Factor y muchos otros productos. Desde ese momento, los anuncios radiofónicos se convirtieron en otra fuente de trabajo para algunos músicos.

Aunque el número de creadoras nunca fue equivalente al de autores masculinos, en términos de calidad y simpatía siempre supieron ganarse el pan con dignidad, ofreciendo una alternativa que causaba sensación. Así lo recordaba Isolina Carrillo, quien fundó las Trovadoras del Cayo, uno de los primeros septetos femeninos en 1932, donde tuvo que tocar piano, trompeta, güiro, bongó y hasta contrabajo; como de costumbre, la mujer trabajó más duro que el hombre. Cantó en el cuarteto de Facundo Rivero y realizó una constante labor como pianista acompañante, incluyendo el programa radial «La Corte Suprema del Arte». Se distinguió también como directora de coros: fue ella quien formó la primera orquesta gigante típica de danzones para la RHC Cadena Azul en 1942, y posteriormente el cuarteto de voces Siboney, donde cantaba junto a tres mujeres y su esposo blanco. En sus últimos años trabajó como repertorista en el Instituto Cubano de Radio y Televisión. Entre las múltiples grabaciones de *Dos gardenias* hay que mencionar, por supuesto, la que hiciera Antonio Machín poco antes de fallecer.

El notable pianista **Ignacio Villa *Bola de Nieve*** (1911-71) comenzó actuando en un cine mudo de Guanabacoa. En 1933 trabajó en México, acompañando a Rita Montaner; fue en aquel escenario donde «la Única» lo presentó con el apodo que le acompañaría el resto de su vida, a pesar de ser más negro que una noche sin luna. *Bola* elevó el tango congo a nivel de concierto al interpretar piezas de Eliseo Grenet como *Espabílate* y la canción de cuna *Drume negrita*. Hizo famosos *Quirino con su tres, Yambambó* y *Vito Manué,* tres números con sabor humorístico de Emilio Grenet, hermano del anterior. Gilberto Valdés le entregó *Baró*, lamento de un calesero africano, y los pregones *El botellero* y *Ecó,* un nombre negro para un manjar hecho de la masa del maíz, que los blancos llaman tamal y que cuando se ofrece en el altar de algún oricha se conoce como *olelé*. Del mismo autor grabó varias versiones de *Ogguere*, canción de cuna en tiempo afro muy lento.

Con un estilo inconfundible y una vocecilla de tiple, su versatilidad le hizo interpretar obras en catalán (el villancico *Lo desembre congelat*), francés (*Les feuilles mortes*), italiano (*Monsterio de Santa Chiara*), portugués (*Bahía*, de Ary Barroso) e inglés (*Be careful, it's my heart*, de Irving Berlin), siempre acompañado de su piano. *Bola* explicaba que al interpretar una canción ajena, no la sentía así, porque la hacía suya. Buena prueba de ello es su interpretación de *La flor de la canela* de la peruana Chabuca Granda.

Camilo José Cela creía que «Bola de Nieve era un poeta franciscano pasado por el trópico, un espíritu delicadísimo y elemental que sonreía siempre con dulzura», y el poeta chileno Pablo Neruda afirmó: «Se casó con la música y vivía con ella en esa intimidad de pianos y cascabeles, tirándose por la cabeza los teclados del cielo».

Bola de Nieve escribió canciones preciosas, incluyendo *Tú me has de querer, Ay amor, No dejes que te olvide* y *Si me pudieras querer*:

> Despertaste nueva vida en mí
> para ser faro de mi querer,
> y hoy me tienes medio loco
> porque ya siquiera un poco
> has de alumbrar mi ilusión...

BOLA DE NIEVE

Gran conversador, se le recuerda junto al piano, mirando de soslayo mientras se reía, ante un público que siempre lo recibió como a un hechicero que podía hacer lo que se le antojara. La noche del 21 noviembre de 1948, en el auditorio del Carnegie Hall de Manhattan, los vítores le obligaron a salir a saludar nueve veces; la prensa neoyorquina se rindió ante aquel cubano de 37 años al que comparaba con Maurice Chevalier y Nat King Cole: un *diseur* de la canción.

A principio de los años 60 grabó con notable sensibilidad *Tú no sospechas*, de la sutil autora Marta Valdés. Entre otras interpretaciones antológicas se encuentran *Corazón* de Sánchez de Fuentes, *No te importe saber* de René Touzet, *No puedo ser feliz* de Adolfo Guzmán y *Tres motivos de son*, con versos de Nicolás Guillén y música de Emilio Grenet. *Bola de Nieve* falleció en México durante una gira artística.

Juan Bruno Tarraza (1912), oriundo de Caibarién, comenzó estudiando trompeta y luego se adentró en el aprendizaje del piano. Vivió en México durante los años 40, acompañando a Toña la Negra y actuando en varias películas. Es el autor de las canciones *Alma libre, Besar, Penumbra, Sentir, Soy tuya*, que le cantó Olga Guillot, *Mi corazón, Eso y más, Cantar y llorar. Soy feliz*, de 1949, se convirtió en un éxito enorme en la voz de María Victoria. De su autoría son también *¿Qué vamos a hacer?, Me dijeron ayer, No sé qué pasa, Qué poco conoces, Por eso estoy así, Palabras calladas* y otros boleros conocidos en toda Latinoamérica:

> Siempre estoy en ti pensando
> y tú de mí no sabes nada,
> hace tanto tiempo que te quiero
> y me callo las palabras...

Entre 1952-59 se presentó en innumerables espectáculos haciendo impresionantes dúos pianísticos con Felo Bergaza. Establecido en México desde hace varias décadas, en ocasiones ha acompañado a Amparo Montes en su famosa Cueva. Juan Bruno Tarraza mantiene una vida musical muy activa y ha colaborado con René Touzet y Mario Fernández Porta en los conciertos para varios pianos que se celebran todos los años en Miami.

Ricardo García Perdomo (1917-96) fue el autor del bolero *Total*, una melodía que ha sido interpretada por vocalistas de casi todos los países hispanos. Natural de Santa Clara, creció en Cienfuegos, donde hizo estudios de secretariado, mientras dedicaba sus ratos de ocio a escribir versos, hasta que decidió ponerle música a algunos. Su primer bolero fue *Entristecida* (1940), que le grabó René Márquez con el respaldo de la orquesta del trompeta Julio Cueva. Establecido en la capital desde 1942 continuó concibiendo canciones que le grababa Ñico Membiela. En 1948 apareció el ya mencionado *Total*, que ha sido su número de más éxito:

> Pretendiendo humillarme pregonaste
> el haber desdeñado mi pasión,
> y fingiendo honda pena imaginaste
> que moriría de desesperación...

Celio González, quien para entonces cantaba con el conjunto de Luis Santí, se interesó en llevar *Total* al disco, pero cuando supo que ya Membiela lo había grabado, lo descartó; años después lo logró grabar con la Sonora Matancera. Otras canciones de García Perdomo son *Qué te cuesta*, en la voz de Gina León, *He vuelto a encontrarte* y *Todo se paga*, que le grabara Lino Borges, *Brindis de amor* por Daniel Santos, *Déjame odiarte*, un gran éxito de Fernando Albuerne. *Entonces para qué* la llevó al disco el colombiano Nelson Pinedo, mientras que Nelo Sosa le interpretó *Invierno en el corazón*. El bolero *Total* tiene el envidiable récord de contar con más de cien versiones grabadas.

La atracción ejercida por los elementos musicales del mambo, y su evidente popularidad a partir de la segunda mitad de los años 40, incitaron a varios compositores de talento extraordinario a crear obras que marcarían un nuevo estilo del bolero. **Julio Gutiérrez** (1912-90) fue el autor que introdujo la modalidad del bolero-mambo con *Un poquito de tu amor, ¿Qué es lo que pasa?* y *Así, así*. Estas obras constituyeron modelos que fueron seguidos y enriquecidos por otros autores: *La última noche* de Bobby Collazo, *Quizás, quizás* de Osvaldo Farrés, *Celosa* de Juan Bruno Tarraza, *Encantado de la vida* de Jústiz Barreto, *Camarera del amor* de José Dolores Quiñones, *Amor sin fe, Dolor y perdón* y *Mi amor fugaz*, de Benny Moré, popula-

JULIO GUTIÉRREZ

rizadas en la interpretación del propio autor, y *Cómo puedes pensar* de Francisco Escorcia.

El manzanillero Julio Gutiérrez ya sabía tocar piano a los 6 años y a los 14 dirigía su orquesta. En 1940, la orquesta Casino de la Playa realizó una gira por el oriente de Cuba y con ella iba Miguelito Valdés, quien conoció a Julio y al apreciar sus facultades extraordinarias, le sugirió que se fuera para La Habana, en donde tendría más posibilidades de prosperar. Meses más tarde Julio Gutiérrez se vinculó a la Casino de la Playa como pianista al retirarse Anselmo Sacasas, situación que le permitió dar a conocer su capacidad musical. Entretanto, adelantó estu-

dios superiores de violín y piano en el Conservatorio de La Habana, y fue seleccionado por Lecuona para participar en los conciertos con varios pianos que encabezaba el propio maestro. En ellos estrenó sus dos canciones cumbres: *Llanto de luna*, tema con el que surgió el argentino Leo Marini como vocalista extraordinario y que también interpretara brillantemente Fernando Álvarez, e *Inolvidable*, canción que estrenó René Cabel y que fue popularizada por Gregorio Barrios y por el dúo Pérez-Rodríguez. Ambas melodías también fueron éxitos en la voz de Tito Rodríguez y volvieron a ser populares en 1992 en la interpretación de Luis Miguel, especialmente *Inolvidable*:

> En la vida hay amores que nunca
> pueden olvidarse,
> imborrables momentos que siempre
> guarda el corazón,
> porque aquello que un día nos hizo
> temblar de alegría
> es mentira que hoy pueda olvidarse
> con un nuevo amor...

Aunque su primer éxito fue *Un poquito de tu amor*, Julio Gutiérrez también logró darse a conocer con *Desconfianza, Están enamorados, Arriba, Se acabó, Mírame más, Pruebo* y *Luna sobre Borinquen*. Siempre demostró su afán innovador. «El más polifacético de los músicos cubanos», lo definió certeramente Díaz Ayala.

En 1948 fundó su propia *jazz band*, con la que trabajó en radio, televisión y en varios cabarets. Hizo entonces una gira por República Dominicana, Brasil, Venezuela, Colombia, Chile, Uruguay, Argentina y España. A su regreso a Cuba fue nombrado director musical del canal 4 de televisión. Por aquella época, la cantante mexicana *Chela* Campos hizo una versión clásica de su bolero-mambo *¿Qué es lo que pasa?* que todavía se escucha. En 1960 Julio Gutiérrez abandonó Cuba vía México, donde dirigió musicalmente la revista del Tropicana azteca, y más tarde se estableció en Miami; cinco años de consagración en Eden Rock lo llevaron a la cumbre por su talento especial para producir espectáculos y revistas musicales. Durante largo tiempo estuvo haciendo espacios musicales en el famoso Victor's Cafe de Manhattan, con la compañía de dos violinistas, hasta su muerte en 1990.

René Touzet (1916) es el autor de un bolero antológico donde aparecen conceptos musicales distintos, que tuvo en Bing Crosby y en Frank Sinatra versiones memorables, y del cual Pedro Vargas, Esther Borja y Alfredo Sadel hicieron un éxito rotundo, posiblemente por los contrastes armónicos que presenta: *No te importe saber* escrito en 1937 y estrenado por René Márquez:

> No comprendo me dices
> cómo es que siento,
> este amor tan vehemente
> sólo por ti.
> No concibes que pueda quererte
> con todas las fuerzas del alma,
> porque tengo un pasado...

Touzet estudió piano desde los 4 años en el Conservatorio Falcón, conocimientos que perfeccionó con los profesores César Pérez Sentenat, Joaquín Nin, Mario Castelnovo Tedesco en Hollywood y más tarde con Hall Overtone en Nueva York. René Touzet ya había organizado su propia orquesta en 1930, con la que actuó durante cuatro años en el Montmartre Night Club. El primer vocalista que le grabó *No te importe saber* fue Miguelito Valdés con la Casino de la Playa.

Otra de sus más conocidas creaciones fue *Tu felicidad*, un hit en la voz de la mexicana María Luisa Landín. También son de su inspiración la música y la letra de *Cada vez más, Cuando tú quieras* y *Estuve pensando*, boleros que alcanzaron gran popularidad en interpretaciones dramáticas de Olga Guillot. El maestro Touzet, que estuvo casado con la Guillot, es también el autor de *Anoche aprendí, Déjame creer, Milagro de amor, Has dudado de mí, Parece mentira, Me contaron de ti*, y así hasta más de cien números muy conocidos. *La noche de anoche* es una de sus composiciones más sugestivas:

RENÉ TOUZET

> La noche de anoche
> qué noche la de anoche,
> tantas cosas de momento sucedieron,
> que me confundieron...

Gran arreglista y orquestador, en 1946 se fue a Los Ángeles, donde actuó en centros de categoría; regresó a Cuba sólo para salir esta vez hacia Nueva York, donde permaneció varios años; allí logró desarrollar su habilidad como pianista con las afamadas orquestas de Xavier Cugat, la de Enric Madriguera, la de Carlos Molina y la del actor cubano Desi Arnaz. Ganador durante cuatro años consecutivos del Disco de Oro en Los Ángeles, el alto artista volvió a Cuba en 1957 para dirigir la orquesta que el empresario Gaspar Pumarejo presentaba entonces en sus programas televisivos. Después de que Castro tomara el poder, Touzet se radicó en Los Ángeles hasta 1978 y luego se trasladó a Miami, donde ha residido desde entonces. A partir de 1989 inició en esta ciudad la presentación de magnos conciertos con varios pianos, al estilo de los que organizaba Lecuona en La Habana.

El maestro Touzet ha grabado 21 álbumes de boleros inolvidables. También ha escrito música de corte selecto: *Danzas cubanas*, la *Suite de Danzas románticas, Impromtu No.1 y 2, Nocturno, Preludio No.1 y 2, Zapateo cubano, Fantasía española, Ginasteriana, Guajira, Canción de cuna* y otras obras que han sido interpretadas por importantes pianistas. En 1984 compuso la obra teatral *Caperucita roja*. René Touzet ha recibido distinguidos premios y condecoraciones por su brillante labor musical.

Pedro Junco (1920-43) y **Adolfo Guzmán** (1920-76) aparecen reunidos aquí por ninguna otra razón que por haber nacido el mismo año y para comentar boleros cruciales que los llevaron a la fama. Ambos fueron pianistas y compositores de fina factura, pero muy diferentes. Pedro Junco nació en Pinar del Río en un hogar bastante solvente y en su adolescencia llevó una vida disipada que lo llevó a contraer una enfermedad mortal por aquel entonces, la tuberculosis, consumiéndose lentamente. En los últimos meses de su vida compuso el bolero *Nosotros*, canción de despedida a su novia:

El bolero siempre ha demostrado sus posibilidades de adaptación a la música de los marcos orquestales de la banda cubana, que tuvo su origen en los *jazz bands* norteamericanos de los años 40, con la diferencia de que en la sección de percusión, además de la batería o *drums*, se incluyen instrumentos cubanos como tumbadoras, bongó, cencerros y timbales; a este formato se añaden uno o varios cantantes que simultáneamente tocan las claves, maracas, etc. Así se han conocido en Cuba orquestas de elevada calidad interpretativa y de fama nacional e internacional, las cuales han incluido multitud de boleros en su repertorio. Entre estas formaciones están la de los Hermanos Castro, Hermanos Avilés (de la ciudad de Holguín), la importantísima Casino de la Playa con sus cantantes Miguelito Valdés y Walfredo de los Reyes, los Lecuona Cuban Boys/Havana Cuban Boys con su cantante Fernando Torres, la orquesta Cosmopolita o la Riverside y su vocalista estelar Tito Gómez. Este último popularizó uno de los boleros más característicos en este formato, *Alma con alma*, debido al arreglo de su autor y virtuoso guitarrista Juanito Márquez, quien vive en Miami desde hace muchos años.

Otras bandas importantes fueron la de Dámaso Pérez Prado, con la presencia en un período del inigualable Benny Moré. También la Orquesta Sabor del destacado pianista y orquestador Bebo Valdés, padre de Chucho el de Irakere, residente en Suecia desde hace varios decenios. La del propio Benny Moré y su Banda Gigante (también conocida como «La tribu»). La orquesta de Ernesto Duarte, fallecido en el exilio madrileño en 1988, en la cual se proyectaron voces y estilos tan importantes para el bolero como los de Rolando Laserie, quien popularizó *Sé muy bien que vendrás* de Antonio Núñez y *Mentiras tuyas* de Mario Fernández Porta. Con los arreglos de Ernesto Duarte triunfaron Tata Ramos en *¿Qué te pedí?* de Fernando Mulens, y el carismático vocalista Rolo Martínez en *Esto sí se llama querer* de *Lilí* Martínez, sin olvidar *Soy tan feliz* de José Antonio Méndez en la ronca voz de Celeste Mendoza, la «Reina del guaguancó».

La gran ventaja del formato banda es la orquestación, que ofrece al vocalista un respaldo sonoro más pleno, armónico y tímbrico, con mayor densidad instrumental en comparación con el resto de los grupos de la música popular bailable cubana, independientemente del estilo y la época en que haya sido creado el bolero. Otros grandes orquestadores no mencionados antes han sido Mandy Visoso, Generoso Jiménez, René Hernández, Adolfo Guzmán, Rafael Somavilla, Humberto Suárez, Armando Romeu, Pedro Jústiz *Peruchín*, Joaquín Mendível, Fabio Landa, Rey Montesinos, Osmundo Calzado, Tony Taño, Francisco García Caturla, Alfredo Pérez Pérez y muchos más que harían interminable la relación.

Atiéndeme,
quiero decirte algo
que quizá no esperes
doloroso tal vez...

En el hospital, muy grave por haber sufrido una hemoptisis violenta, solicitaba que le cantaran la canción. La familia buscó a René Cabel, quien conmovido por la triste situación prometió interpretarla en el programa que hacía esa noche. En la habitación de Pedro Junco colocaron una radio para que pudiera escucharla y falleció poco después. Compuso otros boleros, siendo los más conocidos *Soy como soy* y *Ya te lo dije*.

Adolfo Guzmán fue otra cosa, un caballero y trabajador ejemplar. Compositor, instrumentista y director de orquesta, este habanero comenzó sus estudios a los 8 años. Trabajó como pianista acompañante y realizó su primera gira por el interior del país en 1939, dirigiendo durante años la orquesta del cabaret Zombie Club, y absorbiendo mucha influencia del *swing* norteamericano. En 1944 acompañó al cantante argentino Alberto Gómez en gira por la República Dominicana. Fue director de la orquesta Riverside y trabajó en el Canal 4 de televisión. Hombre de confianza del régimen castrista, en 1960 fue nombrado presidente del Instituto Cubano de Derechos Musicales y organizó con Isolina Carrillo el coro gigante de la Confederación de Trabajadores de Cuba (CTC). Fue miembro de la delegación que actuó en la Expo'67 de Montreal y en 1970 dirigió la orquesta del Instituto Cubano de Radiodifusión y la del Festival Internacional de la Canción de Varadero. También actuó como jurado y director musical del festival de música cubana celebrado en 1975 en Varadero, una de sus últimas actividades antes de morir.

De su labor como compositor sobresalen los boleros *Cuando tú me quieras, Lloviendo, Al fin amor, Profecía* (que le grabó Fernando Albuerne), *Libre de pecado* (que le cantó Luis Téllez con Marta Justiniani, posiblemente la voz más afinada de Cuba), *No es posible querer tanto, Te espero en la eternidad, Es tan fácil mentir*, todos con letra propia,

ADOLFO GUZMÁN

incluyendo *No puedo ser feliz,* el tema que lo consagró, especialmente inolvidable en la voz de *Bola de Nieve*:

> No puedo ser feliz
> no te puedo olvidar,
> siento que te perdí
> y eso me hace pensar
> que he renunciado a ti,
> ardiente de pasión,
> no se puede tener
> conciencia y corazón...

La delicadeza y originalidad de las composiciones de **Mario Fernández Porta** (1918-96) están reflejadas en su bolero *Qué me importa* (1944), que le cantaran Leo Marini y la cubana Elizabeth del Río, con arreglo y orquesta dirigida por Humberto Suárez. Este bolero fue posiblemente el primero en usar una frase repetidamente, cosa que harían después otros compositores, como el mexicano Armando Manzanero. Nacido en Guanabacoa, Fernández Porta nunca hizo estudios serios de piano, lo cual no le impidió convertirse en uno de los más destacados teclistas y compositores de la década de oro del bolero cubano. Aunque se inició como bailarín en México todavía adolescente, a su regreso a La Habana comenzó su labor de compositor, interpretando sus propias canciones. Estaba presentando un espacio radial titulado «Un mensaje para ti» cuando el empresario Gaspar Pumarejo lo llevó como artista exclusivo a la CMQ, donde realizó un programa estelar; de esta época son sus mejores canciones. Fernández Porta siempre buscó ese equilibrio tan difícil entre el texto y la música, como en *Mentiras tuyas* (1942), que le popularizaron Toña la Negra en México, y en Cuba el «guapachoso» Rolando Laserie (1923-98), un renombrado percusionista a quien nadie hizo caso hasta que tuvo la oportunidad de demostrar su originalidad entonando ante el micrófono:

> Mentiras tuyas,
> tú no me has olvidado
> y si no me has buscado,
> es por falta de valor...

A mediados de 1960 salió de Cuba definitivamente. Realizó presentaciones en el hotel Escambrón y luego en el Normandie de Puerto Rico; de nuevo Pumarejo lo llevó al programa que ya tenía organizado allí. Siempre defendiendo la vigencia del bolero, en 1964 se estableció en Miami, y durante varios años participó en un espectáculo artístico impresionante con cinco pianos.

Compositor de sutil línea melódica que se fija en la memoria del oyente, Mario Fernández Porta dejó centenares de bellos temas, entre los que se encuentran *No vuelvo contigo* (1947), que fue un exitazo en México, *Ya no me acuerdo*, *Un minuto nada más*, *Yo no vuelvo a querer*, *Vivo en ti*, *Todavía* y *Llegaste*. Trabajó gran parte de su vida en el exilio de Miami, logrando estrenar la comedia musical *Pasión tropical* pocos días antes de su muerte.

Luis Marquetti (1901-91) fue un modesto maestro rural que comenzó a componer canciones románticas cuando tenía 40 años. De origen humilde, había nacido en Alquízar, provincia de La Habana. Poco se sabe de él pero lo cierto es que tuvo una sensibilidad exquisita para el bolero de tipo arrabalero, aunque de temática original, bien estructurado, que todavía goza de vigencia. *Deuda* tuvo éxito en la personalidad de Leo Marini; *Allí donde tú sabes* se escuchaba interpretado por el trío Oriental y también en la aguda voz de Panchito Riset. El trío La Rosa y Los Tres Diamantes le grabaron *Amor qué malo eres* y el boricua Daniel Santos le cantó como nadie *Un pedazo de pan*. *Plazos traicioneros* fue un éxito en las voces de Johnny Albino y su trío San Juan, y en Cuba, Vicentico Valdés alcanzó gran popularidad con dicho número. El puertorriqueño Bobby Capó y Barbarito Diez le grabaron *Entre espumas*:

> Una noche se sentó a mi mesa
> y en las copas bebí todo su amor,
> transcurrieron sólo dos semanas
> tras las cuales mi vida se llevó...

Marquetti siempre mostró una tendencia a elaborar temas barriobajeros, de indudable calor popular. Otros boleros que tuvieron gran divulgación en su día fueron *Este desengaño*, *Me robaste la vida*, *Trago amargo*, *Denúncieme señora*, *Porfiado corazón*, *Boletera*, *Desastre* y *Debemos decidir*.

El pianista, compositor, arreglista y director de orquesta **Fernando Mulens** (1920-86) nació en San José de los Ramos y murió en Puerto Rico. Compuso infinidad de boleros, entre ellos *De corazón a corazón*, con letra del argentino Roberto Lambertucci, que alcanzó gran popularidad en las voces de Gregorio Barrios y de Pedro Vargas. *Qué te pedí* se lo cantó La Lupe en Nueva York en los años 70, antes de su debacle personal:

> Qué te pedí
> que no fuera leal comprensión,
> que supieras que no hay para ti
> otro amor como mi amor...

Su nombre completo fue Fernando Luis Miguel Mulens López. En 1937 llegó a La Habana para unirse como pianista a un programa de la cervecería La Polar que dirigía Osvaldo Farrés, con quien mantuvo una gran amistad, y al que ayudó a llevar al pentagrama sus primeras canciones. Acompañó al tenor René Cabel en los programas de la cadena Kresto, así como a los artistas mexicanos que llegaban a Cuba en aquellos días: Chucho Martínez Gil, Juan Arvizu, Alfonso Ortiz Tirado y Pedro Vargas. En 1949 Mulens acompañó a María Luisa Landín, con quien contrajo matrimonio; juntos regresaron a México hasta 1951 cuando, ya separados, Mulens se unió a la orquesta del maestro Lecuona y lo acompañó en una gira por España. Luego viajó a Argentina y allí se estableció hasta 1958; fue precisamente en esa época cuando se vinculó al letrista Lambertucci. Ese mismo año regresó a La Habana y entró a formar parte del elenco de la CMQ y del cabaret Tropicana.

Al cambiar el régimen en 1959 le fue asignado trabajar en el hotel Habana Libre (antes Hilton). Allí acompañó a María de los Ángeles Rabí, con quien también se casó. Pero como ya no podía escoger su trabajo, con el pretexto de cobrar regalías en el exterior, salió para España y aquí vivió dos años. Después se estableció en Nueva York hasta 1975, siguiendo luego a Miami, y por último se radicó en Puerto Rico. En su repertorio se encuentran boleros muy populares: *Hablemos claramente*, *Quisiera ser tu canción*, grabada por Eduardo Farrel; *Yo no sé qué me pasa* en la voz de Pedro Vargas; *Para ti* fue un éxito en la voz de Esther Borja. También recordamos *Arenas de cristal*, *Bésame*, *Ábreme la puerta*, *Tropicana*, *A pleno sol* y *Para ti cantaré mi canción*.

Orlando de la Rosa (1919-57), compositor de extraordinaria sensibilidad y temperamento romántico, dejó temas inolvidables en sus pocos años de vida profesional. *No vale la pena*, *Vieja luna* y *Anoche hablé con la luna* fueron canciones que interpretaron los mejores boleristas de la época. Siguiendo la pauta de Corona y Ballagas treinta años antes, Orlando de la Rosa escribió *Nuestras vidas* (1940), un modelo de estructura que encaja perfectamente con *Mi corazón es para ti*, en las voces de los dos cantantes de la Orquesta América de Ninón Mondejar, una charanga formada en 1942:

Quiero decirte cuando estemos solos
algo muy profundo, íntimo más bien.
Es para hablarte sobre nuestras vidas,
vidas fracasadas por la incomprensión...

Mi corazón no puede estar sin ti
por qué te empeñas en herirlo así.
Mi corazón que pudo ser feliz
sufre una amarga decepción por ti...

CELIA CRUZ, PEDRO VARGAS Y
ORLANDO DE LA ROSA

El habanero Juan Orlando de la Rosa y Valenzuela provenía de una familia de antecedentes musicales que influyeron notablemente en su desarrollo profesional. A los 9 años comenzó a estudiar piano con su madre y aprendió solfeo con profesores particulares. Ya en su época de bachillerato tocaba el piano en un programa radiofónico. Aun cuando su familia lo presionaba para que hiciera una carrera universitaria, él siguió su maravillosa vocación. Se le consideró como uno de los pianistas populares más virtuosos de toda Latinoamérica, y participó en los conciertos que con varios pianos organizaba Lecuona en teatros habaneros. También trabajó como teclista acompañante de René Cabel, quien le estrenó casi todos sus boleros. En 1948 Orlando formó el cuarteto De la Rosa con Elena Burke, Adalberto del Río, Roberto Barceló y Aurelio Reinoso. Ya se había dado a conocer en 1939 con *Mi primera canción*; después siguieron *Ya sé que es mentira, Tu llegada, Cansancio, No vayas a pensar, Eres mi felicidad, Qué emoción* y otras acertadas composiciones.

Poco se sabe de **José Dolores Quiñones** (1918), un compositor imaginativo que dejó páginas antológicas. Natural de Artemisa, de su inspiración
surgieron temas como *Vendaval sin rumbo* y *Cien mil cosas*, en la voz de
Celio González con el acompañamiento de la Sonora Matancera, y *Los
aretes de la luna*, que le cantó Vicentico Valdés como nadie:

> Los aretes que le faltan a la luna
> los tengo guardados para hacerte un collar,
> los hallé una mañana en la bruma
> cuando caminaba junto al inmenso mar...

Camarera del amor de Quiñones es otro buen ejemplo de la modalidad bolero-mambo, entre varias obras que aparecieron entre 1948 y 1952.
Esta modalidad presentaba una estructura formal binaria, con una primera
sección donde los diferentes elementos musicales se comportan dentro del
estilo del más auténtico bolero, mientras que la segunda parte adopta un
carácter rítmico lento y muy marcado, tipo «mambeado». En su evolución,
el bolero-mambo fue asimilando una estructura morfológica, como ya había sucedido antes con su antecesor el bolero-son del modelo de *Lágrimas
negras* de Miguel Matamoros. *Celosa* de Juan Bruno Tarraza y *Dolor y
perdón* de Benny Moré son también buenos ejemplos de este estilo.

¿Quién no conoce la canción cumbre del siempre sonriente **Bobby Collazo** (1916-89)? *La última noche* fue originalmente estrenada como tango
por el mexicano Pedro Vargas en Buenos Aires en 1947, y ha tenido hasta
el momento más de treinta versiones:

> La última noche que pasé contigo
> la llevo guardada como fiel testigo
> de aquellos momentos en que fuiste mía
> y hoy quiero olvidarla de mi ser...

Orlando Guerra *Cascarita* (1920-75) se la grabó en el mismo año ya
como bolero, acompañado de la Casino de la Playa; se trata de un bolero
mambeado con arreglo de Pérez Prado, que le permitió a *Cascarita* im-
provisar. Entre otros intérpretes de este número antológico se encuentran
Fernando Torres, Los Panchos, María Luisa Landín, Eydie Gorme, Vicentico Valdés, Olga Rivero, Rita María Rivero y Los Condes.

En 1938 Bobby Collazo había compuesto su primera canción, el bolero *Retornarás,* y en 1940 se presentó a un concurso que patrocinaba la RHC Cadena Azul en el que obtuvo el segundo premio con el tema *Rumba matunga* que le interpretó Aurora Lincheta. Fue también el autor de *Esto es felicidad, Tenía que ser así, Serenata mulata, Vivir de los recuerdos, Qué te has creído, Raro hechizo, Nostalgia habanera* (que le grabó Celia Cruz, convirtiéndose en un himno de los exiliados cubanos en el mundo), *Mi desgracia* y *Tan lejos.* Bobby Collazo participó en los conciertos que organizaba el maestro Ernesto Lecuona con más de ocho pianos. Aprovechó los últimos diez años de su exilio neoyorquino para compilar el libro *La última noche que pasé contigo. 40 años de farándula cubana,* un curioso anecdotario que recoge recuerdos dispersos, extraídos de revistas y periódicos cubanos acumulados en varias bibliotecas de Estados Unidos.

EL ÉXODO DE ARTISTAS

Ya había sucedido antes con la revolución bolchevique de octubre de 1917, que originalmente puso en marcha una década prodigiosa en todos los territorios de las artes, las letras y las ciencias rusas, antes del reflujo estalinista y la llegada de la «dictadura del proletariado», con su persecución de disidentes. En sus inicios también la revolución cubana suponía una enorme capacidad de convocatoria para la actividad creadora. La Habana se convirtió en los años 60 en la capital receptora de la inteligencia progresista universal y en un foco irradiador de una conciencia latinoamericana abierta a todas las revoluciones posibles del espíritu y del fusil. ¿Qué sucedió entonces para que tantos músicos escaparan rápidamente de aquel «paraíso»?

Con el triunfo militar de Fidel Castro en 1959 comenzaron los problemas para los artistas: el acoso y las persecuciones a menudo terminaban en acusaciones, encarcelamientos y condenas, sin las debidas garantías para el acusado. En infinidad de tumultuosas asambleas salieron a la luz viejos rencores, como excusa para atacar a todo el que no compartiera las ideas del gobierno, cuyos partidarios fueron conminados a apoderarse de centros de trabajo como los principales cabarés, que funcionaron a medias, «intervenidos» por el gobierno, mientras otros fueron cerrados.

Todos los casinos de juego fueron clausurados y muchas gramolas de bares destruidas, so pretexto de que propendían a crear focos de prostitución y malas costumbres. Como insistía aquel sonsonete de Carlos Puebla: «Y *se acabó la diversión, llegó el Comandante y mandó a parar*». Y mientras se acababa la diversión, como cada año, una considerable cuota de artistas continuaba viajando por el mundo: entre muchos otros, el flautista Fajardo y sus Estrellas hacían temporada en el Waldorf Astoria de Nueva York, la cantante Xiomara Alfaro era aplaudida en el Moulin Rouge de París, donde también estaba en cartelera la pianista Numidia Vaillant. Armando Oréfiche seguía triunfando en Europa con sus Havana Cuban Boys. La lista sería larga. Sin embargo, en la isla comenzaba el éxodo, discreto pero imparable, de cientos de profesionales de la música.

En las calles, las milicias marchaban en repetidas concentraciones y desfiles. Y cantaban. Pero no cantaban congas populares como en otros tiempos, sino enardecidos himnos revolucionarios. Pocos ciudadanos vislumbraron entonces las profundas crisis que comenzarían a generarse después de esta primera etapa de euforia e ilusiones desmedidas.

Al recrudecerse ese fenómeno de polarización que significa un profundo proceso revolucionario, una situación que impide la neutralidad o los términos medios, infinidad de artistas se vieron coaccionados a tomar posiciones radicales o a hacer declaraciones. En 1959, el presidente de la Asociación de Artistas fue expulsado sumariamente, y su sustituto, elegido por mayoría de votos, obligado a renunciar en una agitada asamblea. Debido a su obvia visibilidad y nivel social, muchos músicos optaron por abandonar el país, lo que significó dejar fama, bienes materiales y familia en Cuba para lanzarse a un mercado totalmente desconocido, a menudo dominado por el idioma inglés. ¿Qué artista en su sano juicio deja atrás la mitad de su vida? Y a pesar de todo, a medida que el control de visas de salida se hacía particularmente severo, la desesperación por abandonar el infierno era mayor.

Con la intervención estatal de los órganos de prensa, radio y televisión, se provocó una transformación profunda de la conciencia nacional. El mismo empuje revolucionario sirvió para detener la presencia de la iglesia católica, que desde 1960 había asumido una actitud crítica ante la radicalización brutal del proceso. Las universidades tampoco se salvaron: fueron anuladas las elecciones para cargos directivos de la Federación de Estudiantes Universitarios y se situó a jóvenes decididamente fieles a Castro. La dinámica de los hechos, todos ellos trascendentales, desplazó la capacidad de asimilación reflexiva de aquella intensa y conflictiva realidad.

Los sindicatos obreros miembros de la Confederación de Trabajadores de Cuba, ya limpia de antiguos líderes adeptos al dictador Batista, tampoco lograron evadirse de una meticulosa mediatización que venía implantada a la fuerza: los dirigentes electos, revolucionarios y a la vez enfrentadamente anticomunistas, fueron gradualmente arrinconados y acusados de traidores, y las siguientes elecciones violadas, hasta que se designó una nueva directiva en 1960, a cuyo frente Fidel Castro impuso a un viejo líder comunista. Una de las primeras «reivindicaciones» de esta nueva directiva fue ¡la renuncia al derecho a la huelga de los trabajadores cubanos!

Cuando Cuba rompió relaciones diplomáticas con Estados Unidos en enero de 1961, otra oleada de músicos decidió abandonar el país, y aumentaron las situaciones tragicómicas, porque el artista hasta entonces alabado por los agentes del régimen desaparecía pocos meses después, o bien asilado en una embajada o con la excusa de salir al extranjero a cobrar derechos de autor. Y lo peor no era sólo tener que reemplazarlo, sino estar obligados a retirar todas sus grabaciones de la radio, los rutilantes nombres de las marquesinas, destruir los cancioneros con sus fotos, etc. Artista que se iba era un artista muerto, musicalmente hablando. Y así fue como comenzaron a aparecer los enormes «agujeros negros» dentro de la música cubana, y desaparecieron las grabaciones de artistas o agrupaciones otrora estelares, o se cubrió de silencio el trabajo de cualquier compositor, trío o vocalista.

A la nacionalización de fábricas y empresas siguió la retirada de anunciantes, lo que causó el empobrecimiento gradual de la programación televisada. El turismo extranjero se vio fuertemente afectado y por ende, todo tipo de actividad lúdica. Se hizo una intensa campaña publicitaria con aquello de «Conozca a Cuba primero y al extranjero después», pero los músicos y artistas ya conocían a Cuba. Y lo que estaba sucediendo no les hacía ninguna gracia.

Afirma Díaz Ayala: «Son años de intensísima producción disquera. Aunque algunos de los sellos están intervenidos, como Panart, que es inicialmente operada por la Imprenta Nacional, surgen nuevas marcas privadas que se dedican febrilmente a la producción, como Rosy, Neptuno, Titán, Maype, Mambí, Velvet, Sonolux, Modiner, Minerva y Meca». De hecho, en 1962 fue nacionalizada a la fuerza la fábrica del sello Puchito, la única que siguió funcionando bajo la EGREM. Este organismo estatal proclamaba con orgullo en 1971 que podía hacer discos estereos, cosa que ya hacía el sello Panart en 1958, un año antes de que Fidel Castro entrara triunfante en la capital rodeado de sus barbudos. Entretanto, continuaba el éxodo de músicos importantes.

Lo transformaron todo. El «Casino de la Alegría», uno de los programas televisivos de mayor audiencia nacional pasó a llamarse el «Círculo de la Alegría». El trovador comunista Carlos Puebla realizó una primera gira que sirvió de modelo a las que, progresivamente, hicieron artistas de la Cuba socialista. Ya no se permitía eso de centenares de músicos diseminados por el mundo, viajando por su cuenta, esparciendo los ritmos cubanos. De ahí en adelante todo fue propaganda oficial organizada: prioritariamente se obligó a muchos músicos a que ofrecieran espectáculos en sindicatos, uniones obreras, grupos agrarios de pequeños pueblos, etc. Fueron giras de contenido político más que artístico pero los titulares en la prensa castrista exageraban los «grandes éxitos»: «Actuaron ante una enorme multitud en el pueblo tal», cuando en realidad la presencia había sido de un centenar de personas.

La rigidez vertical del Estado no permitía discernir quién era bueno y quién era original, sino quién era adepto al régimen, y quién era dócil y prefería no largarse.

HASTA LA LOTERÍA DESAPARECIÓ

Aun así, la isla continuó siendo un vivero de talento musical y surgieron algunas figuras notables, pero éstas tuvieron que demostrar, de una forma u otra, su apoyo incondicional al sistema.

A través de 1960, las relaciones entre La Habana y Washington siguieron degradándose con la confiscación de tierras, industrias y propiedades de ciudadanos norteamericanos en la isla. Lo mismo sucedió con la apropiación de empresas y tiendas de miles de ciudadanos españoles, y la expulsión abrupta del embajador español por sus protestas.

A cada retroceso de la influencia norteamericana en Cuba, correspondió un paso adelante de la Unión Soviética, con la consecuencia de que las compras de azúcar y las ventas de armas pasaron de un amo a otro que era peor. A la ruptura de relaciones cubano-norteamericanas, el 4 de enero de 1961, siguió, dos días después, el anuncio soviético de que «Cuba es miembro del bloque socialista». A raíz de la frustrada invasión de Bahía de Cochinos, el 25 de abril de 1961 los Estados Unidos decretaron el embargo comercial a Cuba, mantenido desde entonces.

Los músicos que se quedaron en la isla tenían sus razones: o bien apoyaban los primeros logros y promesas del gobierno o no querían dejar su terruño por la incógnita de un destino que los separaría de una madre anciana. Quizá dudaran de su capacidad artística para comenzar de nuevo a competir en otros lares, o tenían un hijo a punto de alcanzar la edad reglamentaria para cumplir los tres años del servicio militar y se resistían a abandonarlo. Muchos otros optaron por jubilarse para no tener que servir al régimen.

A consecuencia de algunas demostraciones ocasionales de protesta en el extranjero que encontraron los artistas enviados oficialmente por el gobierno cubano, éste decidió que el momento no estaba maduro para embajadas culturales a países no socialistas. Debido a los convenios con los países de Europa del Este, por largos años el músico cubano se vio obligado a viajar básicamente a países donde no entendían ni su idioma ni su música, porque nunca les había llegado.

La apatía y la desgana lo invadieron todo. Téngase en cuenta que en la Cuba socialista se eliminaron los derechos de autor de un plumazo. Y no es fácil actuar o componer sin motivación ni verdadero aliento. El fuertemente establecido sistema de «estrellas», basado en la relación musical radio-televisión-cabaré-disco, se vio directamente afectado. Durante los primeros años del triunfo revolucionario, el régimen siguió a regañadientes con el sistema, pero con el sobresalto constante de que se le fueran los artistas más conocidos, en la plenitud de sus éxitos.

Para entonces ya había comenzado la caza sistemática de gays y lesbianas, que fueron internados en prisiones rurales llamadas eufemísticamente «Unidades Militares de Ayuda a la Producción» (UMAP). Entre sus alambradas miles de jóvenes sufrieron terribles vejaciones.

Mientras se trataba por todos los medios de incrementar el movimiento de aficionados, una militancia en el partido, sincera o no, le abría posibilidades al músico profesional. Los que no estaban «integrados políticamente» quedaban rezagados y no podían concursar ni obtener becas para estudios superiores. Pero no todo iba a ser negativo para los jóvenes con talento: en 1962 se estableció la Escuela Nacional de Música de Cubanacán, como sección de la Escuela Nacional de Arte (ENA), dedicada a formar ejecutantes de instrumentos de cuerda, viento y percusión, así como vocalistas de alto nivel; a lo largo de varios decenios, los planes de estudios de la ENA han sufrido bastantes altas y bajas.

Por otra parte, la celebración de festivales como estímulo al desarrollo musical también tuvo un efecto positivo a todos los niveles, como es el caso del de la Canción de Varadero, además de los festivales anuales de aficionados.

Visto en perspectiva, hay que admitir que si algún sector pudo haberse desarrollado en los primeros años de la revolución, dando empleo a cientos de músicos y técnicos, ese sector fue el de la industria disquera. Con todas las matrices de los sellos intervenidos y contando con tanto talento, se habría podido crear una importante fuente de divisas, además de la obvia ventaja propagandística para el régimen. Pero lamentablemente el propio sistema acabó con la industria: en menos de un año, las fábricas administradas por el Estado estaban totalmente inoperantes. El mercado interior de discos se fue reduciendo, así como la lista de intérpretes disponibles, ya que una parte sustancial del catálogo correspondía a artistas que habían abandonado el país.

En cierta etapa inicial del proceso, cuando todavía se suponía que no era una revolución comunista sino «verde como las palmas», se intentó firmar convenios de edición con otros países, mediante el pago de *royalties*. ¿Y qué pasó? Que Castro denunció los derechos de autor como una rémora de los tiempos capitalistas. De ahí que todo el mundo le haya copiado música a Cuba sin pagar un duro, y que en detrimento de los músicos cubanos, algunos productores extranjeros se hayan aprovechado de esta imposición absurda.

PRIMER PREMIO FESTIVAL DE LOS DERECHOS DEL HOMBRE

FILME PRODUCIDO EN EL EXILIO, QUE DENUNCIA LA PERSECUCIÓN DE HOMOSEXUALES EN CUBA (1984)

Mientras la vida nocturna de La Habana se extraviaba por avenidas todavía luminosas, aunque ya escaseaba de todo (bebida, ropa, leche, coches y comida), la revolución había logrado provocar el entusiasmo de intelectuales y utópicos del mundo entero. Toda aquella música tenía un aire de fiesta, nada que ver con la austeridad que se desprendía de los países del Este europeo o de China; pocos visitantes sabían que esos ritmos contagiosos habían estado allí mucho antes de que llegara la revolución.

Con las presiones políticas y el temor a equivocarse, los músicos se estancaron en una retórica burocrática en la que proliferaron el oportunismo y la mala leche, así como la aparición de bailes y ritmos efímeros cuyos nombres apenas nadie recuerda: el mozambique, el upa-upa, el guachipupa, el dengue, el cha-onda, el mozanchá, el chiquichaca y tantos otros, destinados a distraer a un pueblo que sufre agobiantes y crecientes estrecheces. Desde un punto de vista cualitativo, esta proliferación no aportó ningún avance en comparación con la producción bailable de la década 1950-60.

LA INCANSABLE CELIA CRUZ

A pesar de su evidente éxito en Cuba, infinidad de artistas y músicos decidieron abandonar la isla por motivos políticos, y algunos continuaron desarrollándose y triunfando a un ritmo frenético en el exilio. Entre muchos otros, el bajista *Cachao*, o el trompeta *Chocolate* Armenteros, o la bolerista Olga Guillot, o el cantante Willy Chirino, o esa negra maravillosa, amada por todo el pueblo que por algo la denominó «La gran guarachera de Cuba» en los años 50: Celia Cruz lleva muchos años deleitando a generaciones de hispanoamericanos y europeos; sus estrafalarios tacones han bailado en los escenarios de casi todos los países. Verdadera activista contra el régimen de la isla, con ella podría repetirse aquella frase del novelista checo Milan Kundera: «La lucha contra el comunismo es, en gran parte, el producto del esfuerzo por que la memoria supere al olvido».

A partir de 1993 los músicos de la isla se lanzaron al mercado internacional para buscar dólares que llevar a casa. La estrepitosa caída del comunismo soviético había dejado al país en una situación dramática: ya no había quien mantuviera a flote aquel desastre económico, ni las zafras azucareras, que cada año iban (y van) a peor. Así fue como un buen día el régimen redescubrió el turismo y la industria discográfica. Y aparecieron las jineteras y otros males.

Con un ambiente musical que había permanecido bastante aletargado durante muchos años, las cosas empezaron a verse de forma distinta. El «redescubrimiento» de la música cubana se ha debido, en gran parte, no sólo a ambiciosas empresas mexicanas o españolas, sino también a nuevas generaciones de músicos con alta preparación técnica que estaban listos para lanzarse a vivir de su arte. Al legalizarse la circulación del dólar y al liberalizar el gobierno cubano los términos de contratación, permitiendo que el músico reciba una parte de los ingresos y a la vez reteniendo el régimen un porcentaje considerable, las cosas cambiaron. Se estima que en 1996 salieron más de tres mil músicos de gira fuera de Cuba; esto ya se parece al flujo constante anterior a la revolución de 1959, aunque entonces no tenían que rendirle cuentas a nadie. Además, cada año se quedan algunos que no quieren regresar a la isla y buscan trabajo afanosamente en el exterior.

A consecuencia de todo lo anterior, la influencia del bolero disminuyó considerablemente en la isla. Aunque surgieron algunos números importantes, en general los músicos se refugiaron en temas archiconocidos. El filin tendió a dominar la escena, dando pronto paso a los cantautores de la nueva trova, favoritos de la generación española que vivió el momento trascendental de la transición política.

Para entonces ya habían surgido grandes agrupaciones musicales: Los Van Van, NG La Banda, Irakere de Chucho Valdés, la orquesta Revé, así como conjuntos de calidad, como Adalberto y su Son o el Sierra Maestra.

Hay que preguntarse, sin embargo, ¿por qué prefieren en España a los artistas viejos y tradicionales antes que a las ruidosas bandas? La reacción favorable del público ante estos intérpretes delgados y canosos es inmediata. Desde la confianza que destila *Compay Segundo*, que se llama Francisco Repilado y nació en 1907, hasta el grupo de Elíades Ochoa y la modestia de los cinco miembros de la Vieja Trova Santiaguera, estos veteranos han robado el corazón de todos con su gracejo, sabiduría y melodías reconocibles. Se mueven en escena con acierto y lo más importante, hacen sentir al público buena parte del repertorio cancionístico romántico entre sones sabrosones.

Estos artistas son prominentes entre los 21 socios cubanos más recaudadores de la Sociedad General de Autores y Editores de España

(SGAE), aunque los que más cotizan son Silvio Rodríguez, Pablo Milanés, *Compay Segundo*, los herederos de Lecuona y Miguel Matamoros. A ello se suma el éxito de *Buena Vista Social Club*, que ha supuesto un espectacular espaldarazo a la promoción de la música cubana. Si en 1993 todos estos músicos recaudaron 78 millones de pesetas por derechos de autor, en 1999 alcanzaron el doble. La SGAE abrió una oficina en La Habana en 1997: en la actualidad, unos 800 artistas cubanos están inscritos en ella, de los cuales el 90% son músicos.

Dada la difícil situación económica, al Estado le conviene promocionar la música cubana y convertirla en un buen negocio. En los últimos años se han instalado varios estudios de grabación, incluyendo Abdala, el más moderno que hay en toda la isla, montado por Silvio Rodríguez en 1998. Cuentan que le costó cien millones de pesetas, cinco años de quebraderos de cabeza y gestiones ante el mismísimo Castro. Aparecieron nuevos sellos discográficos: la empresa Artex con el sello Bis Music y Abdala con Unicornio, y se abrieron las puertas a compañías musicales extranjeras como Caribe Productions, Magic Music o Eurotropical.

Entretanto, la juventud cubana siguió escuchando y bailando la música prohibida: la norteamericana. Una verdadera incongruencia porque sería lógico suponer que una exaltación exagerada del nacionalismo produciría un renacimiento profundo de la música, sobre todo entre la gente joven, teóricamente no contaminada con la excesiva influencia de la música extranjera comercial. Pero no ha sido así. En 1976, uno de los mejores musicólogos que ha dado Cuba, el pianista Odilio Urfé se quejaba: «El danzón y el bolero están muertos y enterrados desde hace rato». Por su parte, Enrique Jorrín, el creador del chachachá, declaró en 1977: «Nuestra juventud baila un treinta por ciento de música cubana, el resto es internacional». La explicación a sus quejas está condicionada por el divorcio que existe en Cuba desde hace varias décadas entre el público y la oferta musical: si la radio y la televisión no ponen la música que la juventud quiere, ésta la escuchará por onda corta, emitida desde la Florida.

¿Por qué ese rechazo a la música nativa y tradicional? Para no parecer «atrasados» los jóvenes prefieren lo peor de afuera a lo mejor de la isla, que lamentablemente identifican con el régimen.

Desde el exilio han surgido nuevas voces, instrumentistas, arreglistas y autores importantes, y mientras Celia Cruz sigue siendo el gran símbolo de la Cuba anticastrista, Gloria Estefan es hoy por hoy la figura de origen cubano más popular en el mundo. Hay que agradecerle que no manifieste el revanchismo de tantos cubanos de Miami; de hecho, sus opiniones sobre el futuro de la isla resultan sorprendentemente equilibradas: «No creo que sea bueno que el péndulo oscile hasta el otro extremo, que se pase del comunismo al capitalismo salvaje; entiendo que los cubanos del interior tengan miedo de esos líderes del exilio que están dispuestos a borrar todo lo que el régimen ha hecho en estos años». En otros tiempos, el expresar tales sentimientos hubiera sido considerado casi como una traición por los extremistas. Pero Gloria es la cabeza más visible de la comunidad cubana en Estados Unidos y tiene una probada reputación anticastrista.

Como corolario, valga recordar lo que más de una vez afirmó Fernando Ortiz, el sabio etnólogo cubano: que cada conmoción social de Cuba tuvo su repercusión en la música. A través de conferencias y libros profundos en que estudió el folclor y la aportación negra a la cultura cubana, Ortiz mantuvo una visión muy propia, basada en el principio de que la formación y la trayectoria histórica del pueblo cubano están expresadas en su música.

Ernesto Duarte (1923-88), excelente compositor, arreglista y director de orquesta, fue el autor de infinidad de sones, danzones y boleros que lanzaron a la popularidad a varios vocalistas, incluyendo a Rolando Laserie, Celeste Mendoza y Fernando Álvarez. *Cómo fue* (1953) en la voz de Benny Moré alcanzó récords de venta en América y con Antonio Machín en España. El tema parecía olvidado, hasta que su inclusión en el filme *Los reyes del mambo cantan canciones de amor* (1989) lo volvió a poner de actualidad. Más recientemente, la película *Calle 54* de Fernando Trueba muestra una interpretación jazzística de Cómo *fue* a cargo del trompeta boricua Jerry González (tocando el fiscornio), con Chano Domínguez al piano, Javier Colina en el contrabajo y Guillermo McGill en la batería. Alrededor de 1955 Vicentico Valdés le cantó *Bájate de esa nube*:

> Bájate de esa nube
> y ven aquí a la realidad,
> no mires a la gente
> con aire de superioridad...

Otros boleros muy conocidos de Ernesto Duarte son *Anda, dilo ya, Codicia* y *No lo digas*. Fue de los primeros en componer danzones para el formato *jazz band*, del estilo que marcó *Cicuta tibia*. También se recuerdan sus sones *Nicolasa, ¿Dónde estabas tú?* y *El baile del pingüino*. Falleció en el exilio en Madrid, donde había trabajado como director artístico del sello RCA Victor.

Juan Arrondo (1914-79) fue integrante de sextetos de son y autor de canciones que lograron gran difusión en las décadas del 40 y el 50. El boricua Felipe Rodríguez, conocido como *La Voz*, y Nelo Sosa le grabaron *Más daño me hizo tu amor*, mientras que Clara y Mario interpretaron *Quién, pero quién*. El sonero mayor Benny Moré le popularizó *Qué pena me da* y *Fiebre de ti*, que se convirtieron en grandes éxitos:

JUAN ARRONDO

Este amor tan fatal
que atenaza mi mente,
esta fiebre de ti,
estas ansias vehementes...

Más tarde estrenó piezas como *Ése que está allí, Si en un final, Mi juramento* y *Como lo soñó Martí*.

El compositor y pianista **Rey Díaz Calvet** (1919) trabajó muchos años como acompañante de distintos vocalistas y dirigió varias orquestas, realizando una labor como instrumentista de diversos géneros de la música popular. Su bolero *Me gustas* fue concebido en 1944 y es uno de sus números más conocidos:

Me gustas, tú sabes que me gustas,
tú sabes que te quiero,
que yo no puedo vivir sin ti...

un tema interpretado por el Conjunto Kubavana con la voz de Alberto Ruiz (1913-78), quien estableció el estilo de cantante de bolero con conjunto que después siguieron Roberto Faz, Nelo Sosa y otros muchos.

Ramón Cabrera (1925-93) nació en Bayamo, en la zona oriental, y se convirtió en el autor de varios sones de calidad que le cantó Tito Gómez con el respaldo de la Riverside: *Santiaguera, Banes, Oriente querido* y *Bayamo*. Pero su época de mayor popularidad le llegó cuando Benny Moré interpretó sus sones lentos *Guantánamo, Santiago de Cuba, Manzanillo, Palma Soriano* y *Marianao*. Ramón Cabrera fue también un destacado compositor de boleros; entre los más conocidos se encuentra *Tu voz* (1952), que le cantó Celia Cruz como nadie, con el acompañamiento de la Sonora Matancera:

> No sé qué tiene tu voz que fascina,
> no sé qué tiene tu voz tan divina,
> que en mágico vuelo
> le trae consuelo a mi corazón,
> no sé qué tiene tu voz que domina
> con embrujo de magia mi pasión...

Desde 1965 Cabrera residió en Madrid, donde falleció. Su bolero-chá más conocido es *Esperanza*, que han interpretado diversos vocalistas incluyendo a Charles Aznavour; en España se ha escuchado mucho este número en las voces y guitarras de los ancianos de la Vieja Trova Santiaguera.

El compositor, arreglista y guitarrista **Juanito Márquez** (1929) estudió música con su padre, que fue profesor de la Banda Municipal de Holguín, su ciudad natal. En 1948 ingresó en la formación Hermanos Avilés y comenzó a hacer arreglos para la gran orquesta Riverside de Pedro Vila. Es el creador del ritmo pa'cá y el autor de conocidos boleros-chá. Entre otros clásicos del bolero destaca *Alma con alma*, que le cantó Tito Gómez. Otro número que lo consagró fue *Como un milagro*:

> En silencio me llegó tu amor
> tan sutil como el abrir de una flor,
> casi fue como un milagro
> capricho raro de una deidad...

Guitarrista de gran talento, en los años 70 Juanito Márquez trabajó en España en calidad de director musical del sello Hispavox. También realizó una notable labor como músico y arreglista de varios artistas españoles, como Paloma San Basilio, y grabó varios LP con un grupo dirigido por él. El extraordinario saxo Paquito D'Rivera grabó temas suyos en 1982 y 1991. Actualmente vive en Miami, donde compuso y produjo varios números del disco *Mi tierra* (1993) de Gloria Estefan. Ese mismo año participó en los *Master Sessions* del bajista *Cachao* y los *40 Years of Cuban Jam Sessions* de D'Rivera.

Aunque posiblemente no fue un compositor prolífico, **Urbano Gómez Montiel** escribió la música de *Canta lo sentimental*, un bolero con letra de Y. Fuentes que causó un gran impacto cuando apareció en los años 50, en pleno apogeo del filin, en la voz de Elena Burke:

> Esta tristeza se niega al olvido
> como la penumbra a la luz,
> quiera el destino que puedas volver
> un día para recordar...

Alrededor de 1952, en pleno auge del chachachá, Rafael Lay, el líder de la orquesta Aragón (fundada en 1939 en Cienfuegos por el contrabajista Orestes Aragón), aportó otra modalidad al insertar un bolero en varios números. Esta «innovación» provenía de los danzones cantados de Barbarito Diez con Antonio María Romeu, aunque ahora aparecía en las voces de Pepe Olmos y Felo Bacallao, vocalistas estelares de la afamada orquesta. Los boleros que seleccionó Lay pertenecían a diferentes épocas y los autores no fueron sólo cubanos: *Abrázame así* de Mario Clavell, *Ya no alumbra*, del célebre Miguelito Valdés *Mr. Babalú*, *Envidia* de Alfredo y Gregorio García Segura y *Si te contara* de Félix Reyna, entre otros. En la misma modalidad surgió *Canta lo sentimental* de Urbano Gómez Montiel y *Cobarde* de Rosendo Rosell, actor cómico, compositor y periodista exiliado en Miami desde 1960, y que aparece en el danzón-chá *Caimitillo y marañón*, del mismo autor. Esta fusión del bolero con el chachachá y el danzón-chá contribuyó a consolidar la presencia de la canción romántica en la música bailable, en un período de revolución danzaria provocado primero por el mambo y poco más tarde por el propio chachachá.

El autor de *Cosas del alma* fue **Pepé Delgado** (1923-90), que con este bolero se colocó entre los creadores más originales de la década del 50. Nacido en el pueblo de Las Tunas, a los 18 años ya estaba en La Habana trabajando como pianista del conjunto Niágara. Más tarde figuró en los conjuntos Jóvenes del Cayo, Casino y Colonial, y realizó una importante labor como arreglista. Al triunfar la revolución abandonó el país y se radicó en México, luego vivió en Puerto Rico y finalmente en Estados Unidos; en 1962 tenía un excelente grupo que amenizaba las noches de Les Violins de Miami, contando con la voz de Roberto Ledesma. Tito Gómez le grabó *Quédate conmigo* con instrumentación de Pedro Jústiz *Peruchín* para la orquesta Riverside:

> Nací para amarte, nací para ti
> y no estoy contigo,
> si nadie en el mundo te ha querido así
> quédate conmigo...

Otros boleros muy difundidos de Pepé Delgado son *Dueña de mi corazón, Dime la verdad, Tus ojos, Cuando tú me quieras, No pienses así* y *Culpable.*

El escultor **Pedro Vega** (1920), muy vinculado al movimiento creador de la década de 1950, estuvo relacionado con la editorial Musicabana y luego fundó una productora de discos. Fue el autor, entre otros boleros importantes, de *Bellos recuerdos, Hoy como ayer* y *Herido de sombras*:

> Herido de sombras por tu ausencia estoy
> sólo la penumbra me acompaña hoy,
> perdido tu amor no podré disfrutar
> de felicidad...

Con su imagen de sonero mayor, resulta difícil imaginarse a **Benny Moré** (1919-63) como un sutil creador de boleros. Sin embargo, nos dejó algunas piezas de su inspiración, que él mismo interpretó, y que contribuyeron a aumentar la leyenda de este hábil vocalista, especialmente *Ahora soy tan feliz, Conocí la paz* y el bolero-chá *Amor fugaz*:

> Para qué perder el tiempo
> para qué volvernos locos,
> si tú sabes que nosotros
> no nos comprendemos ya...

Considerado uno de los artistas más geniales que ha producido la música popular del Caribe, Benny Moré brilló en todos los géneros. Oriundo de Santa Isabel de las Lajas, a quien dedicó un número sabroso de bailar, su verdadero nombre era Bartolomé Maximiliano Moré. En 1940 se trasladó a La Habana, donde estuvo cantando por cafés y parques, pero ya en 1945 se encontraba en México con el conjunto de Miguel Matamoros; fue allí donde grabó más tarde con la orquesta de Dámaso Pérez Prado y filmó películas, para regresar definitivamente a Cuba en 1950. Al coincidir con una de las estancias en la isla de Mariano Mercerón y su orquesta, ambos se pusieron de acuerdo de inmediato para aceptar un largo contrato con la Cadena Oriental de Radio para el programa «De fiesta con Bacardí», transmitido desde Santiago de Cuba; durante dos años los futuros vocalistas Fernando Álvarez y Pacho Alonso le hicieron coro a Benny. De vuelta a la capital, fue contratado por Amado Trinidad, dueño de la emisora RHC Cadena Azul, una de las radios más poderosas de la época, para tratar de hacer popular el nuevo ritmo batanga, creado por el pianista y arreglista Bebo Valdés. Más tarde fue llamado a Radio Progreso, haciéndose acompañar por la orquesta de Ernesto Duarte; a partir de entonces, el bolero cubano fue adquiriendo un estilo nuevo, irrepetible para otros intérpretes.

BENNY MORÉ

En 1953 Benny Moré organizó su primera Banda Gigante, la legendaria «tribu», como le gustaba llamarla. Gracias a la gran audiencia del programa «Cascabeles Candado» de CMQ Radio, la nueva agrupación fue conocida de inmediato en toda Cuba, y los contratos para amenizar bailes y verbenas no se hicieron esperar. Lo mismo aparecía en Radio Progreso que en el «Show del Mediodía» y el «Cabaret Regalías» del Canal 6 de televisión. Por entonces grabó, en un dúo fabuloso con el tenor mexicano Pedro Vargas, *Solamente una vez* de Agustín Lara, *La vida es un sueño* de Arsenio Rodríguez, y *Perdón* y *Obsesión* de Pedro Flores. Más tarde vocalizó con el carismático tenor venezolano Alfredo Sadel el bolero *Alma libre* de Juan

Bruno Tarraza. Todavía se recuerdan sus dúos ocasionales con Roberto Faz y Rolando Laserie en el Alí Bar Club. Y aquel otro con Paulina Álvarez, la «Emperatriz del danzonete», ante las cámaras de televisión en 1960, o el histórico con Joseíto Fernández, en un programa radial en que coincidieron, ambos improvisando alrededor de la tonada guajira *Guantanamera*.

Los sones de Ramón Cabrera *Manzanillo, Palma Soriano, Guantánamo* y otros, lo llevaron a la cima de la popularidad. Con arreglos de Ignacio Cabrera *Cabrerita*, de Pedro Jústiz *Peruchín* o de Generoso Jiménez, la «tribu» continuó grabando para la RCA Victor y apareciendo en los fastuosos teatros habaneros Warner y América. Desde mediados de 1954 Benny Moré comenzó a ser conocido como «El bárbaro del ritmo», el sobrenombre con el que lo anunciaba el locutor Ibrahím Urbino.

Ya dentro del período revolucionario, en 1959 y 1962 Benny Moré participó en el Festival de la Cultura Cubana y actuó en el cabaret Night & Day a través de 1960. También se presentó en multitud de bailes populares en varias provincias, y en 1961 obtuvo resonantes éxitos en el Salón Mambí del cabaré Tropicana. Su última actuación fue el 16 de febrero de 1963.

TRES AGRUPACIONES DE PRIMERA

El conjunto es un tipo de agrupación de música bailable surgido alrededor de 1940, como resultado de la ampliación del septeto de son, principalmente con las innovaciones realizadas por el tresero y compositor invidente Arsenio Rodríguez. Dedicado fundamentalmente a la interpretación de boleros, sones y guarachas, lo conformaron originalmente un piano, contrabajo, dos o más trompetas, guitarra, bongó, una tumbadora y tres cantantes, uno solista y los otros manejando las maracas y las claves.

Conocido como el «ciego maravilloso», Arsenio se las arregló para que el piano hiciera figuraciones armónicas combinadas con arpegios y «tumbaos», un esquema acompañante que provenía de las cuerdas del tres, con la función específica de acentuar el baile. Aun hoy sorprenden esos tumbaos por su vitalidad y originalidad, no sólo en Cuba y en Nueva York, sino en toda la cuenca del mar Caribe, influyendo en pianistas del rango del norteamericano Larry Harlow y del extraordinario Papo

Lucca, de Ponce, Puerto Rico. El veterano Rubén González hizo patente ese estilo con las teclas en el disco *Buena Vista Social Club*, la compilación de Ry Cooder aparecida en 1996.

La aportación de Arsenio como autor de boleros imborrables motivó obras de autores tan relevantes como Marcelino Guerra *Rapindey*, Lilí Martínez, Bienvenido Julián Gutiérrez y otros, que tendieron a enmarcarse en la modalidad de bolero-soneado. Valga aclarar que el conjunto de Arsenio y el Casino abrieron nuevas brechas y fueron muy distintos en la ejecución del género, a pesar de contar con la misma distribución de instrumentos.

El **Conjunto Casino** estuvo integrado a partir de 1950, su momento de mayor auge, por Roberto Espí (director, cantante y coro), Roberto Faz (cantante), Agustín Ribot (guitarra y coro), Alberto Armenteros, José Gudín y Miguel Román (trompetas), Roberto Álvarez (piano), Cristóbal Dobal (contrabajo), Orlando Guzmán (bongó) y Carlos *Patato* Valdés (tumbadora).

Fundado en La Habana en 1940, el Casino fue estableciendo un estilo propio a partir de varios viajes al exterior y una gira que realizó por toda la isla en 1947, que fue cuando comenzó su etapa de mayor popularidad. Fueron muchas las grabaciones discográficas y las actuaciones exitosas de esta agrupación. Trece años permaneció el cantante **Roberto Faz** (1914-66) con el conjunto Casino, al que se unió en 1943. Faz había nacido en el pueblito de Regla, al otro lado de la bahía habanera, y comenzó cantando con un grupo juvenil; luego aprendió los secretos del son con dos sextetos. Se inició como profesional en 1932 con la orquesta Continental, y pasó más tarde a la orquesta Habana, los Hermanos Palau, la Cosmopolita (fundada en 1938 por Vicente Viana y dirigida por Humberto Suárez, durante 20 años fue la formación del teatro América), la de los hermanos LeBatard, la de Osvaldo Estivel y en el conjunto Kubavana antes de ingresar en el Casino.

Alcanzó gran popularidad interpretando sones montunos, guarachas y boleros. En *Cosas del alma* y *Dueña de mi corazón*, de Pepé Delgado, Roberto Faz dejó registrada la memoria musical del momento. También con la melodía de José Antonio Méndez, *Quiéreme y verás*:

> Quiéreme y verás
> que de quererme nunca te arrepentirás,
> porque en mi alma
> vida mía encontrarás el verdadero amor...

CUBA   **139**

Faz contribuyó a fijar al bolero como modalidad bailable a la vez
que lo enriqueció estilísticamente. Decidió separarse en 1956 del Casino y
formar su propio conjunto, con el que continuó deleitando al público
hasta su muerte diez años más tarde.

Otras voces que distinguieron el estilo Casino fueron la de Roberto
Espí en *Luna cienfueguera* y muy especialmente la de **Orlando Vallejo**
(1919-81) con la guajira *Alborada* y muchas otras melodías románticas.
Sin duda uno de los más grandes boleristas que ha dado el país, Vallejo
falleció, como muchos otros músicos, en el exilio de Miami. También pasaron por el conjunto Casino los vocalistas Nelo Sosa, Orlando Contreras, *Laíto* Sureda y Fernando Álvarez con sus brillantes interpretaciones
de *Llanto de luna* de Julio Gutiérrez, y *Cada noche que pasa* y *Humo y
espuma* de Rolando Rabí.

Además de la Sonora
Matancera, el Conjunto
Casino ejerció cierta in-
fluencia en el Caribe, aunque bastante menor. En
Puerto Rico actuó en dos
ocasiones; también viajó a
Nueva York en 1953, en
una presentación algo tor-
mentosa porque varios mú-
sicos latinos se opusieron a
su presencia alegando que
no estaban debidamente
inscritos en la unión local
para poder actuar en Man-
hattan. En realidad, existía el temor de que los conjuntos, con menos músicos, pudieran hacer la competencia a las orquestas con más personal,
que lógicamente tenían mayores gastos y un precio más elevado de contratación.

ORLANDO VALLEJO

Del Casino surgió también uno de los percusionistas más contundentes que ha dado Cuba: Carlos *Patato* Valdés; el sobrenombre de «Patato» identifica a un hombre de baja estatura. Su habilidad y la callosidad
de sus pequeñas manos le han permitido convertirse en uno de los mejores congueros entre los cubanos exiliados en Estados Unidos, junto a
Mongo Santamaría.

Al seguir el estilo impuesto por el conjunto Casino, sobresalieron otras agrupaciones de este tipo de formato, entre otras, las de Nelo Sosa, Alfonsín Quintana y Los Jóvenes del Cayo, el conjunto Saratoga, que contó entre sus cantantes estelares a Ñico Membiela y a Lino Borges, el de Senén Suárez con sus tumbaos pianísticos, el Rumbavana con Raúl Planas, Orestes Macías y Fernando González, el Musicuba con Orlando Contreras y posteriormente con José Tejedor, así como Los Latinos con Ricardito Rivera y Los Chuquis con Orlando Reyes. Algunos de estos conjuntos incorporaron un trombón, enriqueciendo armónicamente con una cuarta voz la sección de metales, aunque a menudo se ha usado en grabaciones una cuarta trompeta, modulando el valor tímbrico para alcanzar bloques sonoros de mayor homogeneidad orquestal.

LA SONORA MATANCERA (1956)

La **Sonora Matancera**. Reconocida en todo el ámbito del Caribe como el conjunto que más identificó a la música cubana durante varios decenios a través de la radio, esta agrupación se formó originalmente en 1924 en la ciudad de Matanzas para competir con los sextetos Habanero y Boloña. Fue llamada sucesivamente Tuna Liberal, Septeto Soprano y más tarde Estudiantina Sonora Matancera, hasta que finalmente la bautizaron como Sonora Matancera en 1932.

La Sonora se impuso con un estilo característico e inconfundible, con arreglos que hacían sobresalir las dos trompetas (Calixto Leicea y Pedro Knight), tocando pasajes a dos voces, con intervalos simultáneos de terceras, sextas y octavas. Entre sus dos perennes cantantes de coros predominó el timbre agudo brillante (la llamada «voz de vieja»): Rogelio Martínez, director del conjunto, marcando en la guitarra, y Carlos Manuel Díaz Alonso, el conocido *Caíto* en las maracas. Ambos reforzaban la base rítmico-armónica del piano (Lino Frías), el bajo (Elpidio Vázquez), la tumbadora (Angel Alfonso Furias *Yiyo*) y la rápida percusión de las pequeñas pailas (José Ramón Chávez *Manteca*), tocadas con baquetas cortas de cabeza redondeada, ofreciendo un arsenal rítmico muy estable. La manera de acompañar los boleros, con las trompetas interviniendo entre frase y frase del solista, sin interferencias, mientras el resto del conjunto formaba una alfombra sonora en un segundo plano, contribuyó a cimentar una interpretación impecable. En su etapa más brillante, mucho le debió la Sonora a Severino Ramos, arreglista de riguroso talento que paralelamente era director musical de la emisora Radio Progreso.

La agrupación ha cumplido 76 años de existencia, durante los cuales ha hecho más de 1.000 grabaciones originales. Cuarenta instrumentistas han mantenido su identidad. Doce sellos disqueros han acogido dichas grabaciones, que cubren 51 ritmos musicales distintos. Además, han trabajado en 29 países y aparecido en 9 películas.

Más de 50 cantantes de varios países latinoamericanos han pasado por la Sonora Matancera, entre los más famosos Celia Cruz, que se convirtió en la «Gran Guarachera de Cuba» y ha dejado grabados decenas de hermosos boleros, entre otros *Tu voz* de Ramón Cabrera y *Lamento Jarocho* de Agustín Lara; el carismático boricua Daniel Santos con *Dos gardenias* de Isolina Carrillo, *Noche de ronda* de Agustín Lara o *Virgen de medianoche* de Galindo Galarza; el cubano Bienvenido Granda con *Angustia* y *En la orilla del mar*, de Orlando Brito y José Berroa respectivamente; el argentino Leo Marini con sus versiones de *En la palma de la mano* y *Luna lunera*, de Tony Fergo; Carlos *Argentino* Torres con *Cuando tú seas mía*; el colombiano Nelson Pinedo en *Corazón sin puerto* de Gonzalo Giralt, *Desesperación* de Antonio Mata, *Indiferente* de Pablo Lango y *Te engañaron corazón* de Sally Newman; el dominicano Alberto Beltrán con *Aunque me cueste la vida* de Luis Kalaff y *Todo me gusta de ti* de Cuco Estévez. La voz de Celio González agregó varios boleros que alcanzaron notoriedad: *Total* de Ricardo García Perdomo, *Vendaval sin rumbo* de José Dolores Quiñones, *En el balcón aquel* y *Mi súplica* de Leopoldo Ulloa, *Amor sin esperanzas* de Luis Kalaff, y finalmente Vicentico Valdés con sus versiones de *Lo añoro* del rumbero Calixto Callava y *Sólo por rencor* del versátil autor Humberto Jauma.

Esta constelación de cantantes estelares reafirmó la importancia de la Sonora Matancera como conjunto insignia dentro del bolero bailable, que tuvo su inevitable imitación en otras agrupaciones en Cuba y en el exterior. Su especialidad fueron los boleros pero también las alegres guarachas popularizadas por la radio cubana de los años 40 y 50, debidas a autores como Pablo Cairo, José Carbó Menéndez, Alberto Caissé, Jesús Guerra, Oscar Muñoz Buffartique y otros, estableciendo lo que se ha dado en llamar la «matancerización» de la música cubana en Latinoamérica.

Félix Chapottín Los logros alcanzados por el estilo interpretativo del conjunto de Arsenio Rodríguez los asumió y continuó su medio hermano, el formidable trompeta sonero Félix Chapottín (1909-83), quien al marchar Arsenio hacia Estados Unidos en 1949 se hizo cargo de la dirección de la agrupación a partir de 1950. Chapottín ya había pasado por el sexteto Habanero, por el Munamar en su primera etapa de 1930 y por otras agrupaciones más de inestable duración; su prestigio fue en ascenso hasta llegar al conjunto de Arsenio. Con el nuevo nombre de conjunto de Félix Chapottín y sus Estrellas, y partir de sones como *El carbonero* y *Quimbombó que resbala*, empleando escalas de la época del *swing*, Chapottín comenzó a hacer unas improvisaciones y solos de embocadura, llamados «lloraos», que establecieron su originalísimo estilo. La voz ronca de **Miguelito Cuní** (Miguel Angel Conill, 1920-84) brindó la continuación de la línea estilística del bolero-soneado

MIGUELITO CUNÍ

do que cultivó su antecesor, deleitando a los bailadores que asistían cada domingo a los jardines de la cervecería La Tropical.

Miguelito Cuní realizó innumerables grabaciones discográficas y figuró en el filme *Nosotros la música*, así como en varios documentales cubanos. Su voz estará por siempre ligada a boleros como *Convergencia* de Marcelino Guerra *Rapindey*.

LOS MEJORES INTÉRPRETES

René Cabel (1914-88) ha sido una de las voces más prestigiosas que ha tenido el bolero en Cuba. El nombre de este habanero fue José de Jesús

Cabezas Rodríguez, y desde muy joven demostró aptitud para cantar. Estudió durante ocho años con Arturo Bovi, quien llegó a la isla como director de los coros que acompañaron a Caruso en 1919. René Cabel debutó en 1930 y tres años después cantaba en Radio Salas. A partir de 1934 fue acompañado por la orquesta Hermanos Castro en grabaciones y programas radiofónicos. Invitado a participar en uno de los conciertos del maestro Lecuona, interpretó *Yo quiero que tú sepas*, que tuvo que repetir cinco veces. Viajó a México en 1937 y grabó algunos temas en el sello Peerless; allí conoció al boricua Rafael Hernández y cuando este autor fue a La Habana grabó para el sello RCA Victor cuarenta de sus canciones inéditas en la voz romántica de Cabel, y dirigiendo la orquesta de Alfredo Brito. Entre estas composiciones estaban *Despecho*, *Pobre gitana*, *Inspiración*, *Un besito de amor*, *Mares y arenas* y *Lejos de ti*:

> Lejos de ti qué tristeza
> lejos de ti qué dolor,
> lejos de ti mi alma llora
> porque sola está muy sola,
> sin tus besos, sin tu amor...

EL TENOR RENÉ CABEL

Fue el empresario Gaspar Pumarejo quien lo bautizó con el nombre de René Cabel. El jovial vocalista también grabó con las orquestas Havana Riverside, la de Tito Rivero y con la Casino de la Playa; en 1944 y con esta última agrupación dejó para la posteridad el bolero *Inolvidable* de Julio Gutiérrez.

Conocido como el «Tenor de las Antillas», Cabel actuó en Estados Unidos y en casi todos los países latinoamericanos. En 1941 estuvo en Colombia, auspiciado por la Cadena Kresto. Su voz varonil, su porte y un estilo romántico clásico, lo hicieron destacar entre los intérpretes caribeños, lo que le permitió estrenar casi todas las creaciones de los autores cubanos de esa época dorada del bolero. Desde 1964 vivió en Bogotá.

La voz melodiosa de **Fernando Albuerne** (1920) dejó una impronta imperecedera en la farándula cubana. A pesar de ser graduado en ingeniería agronómica y dedicarse durante años a la industria jabonera, su estilo inconfundible lo hizo triunfar desde aquel día que lo escucharon cantar en Radio Cadena Suaritos y lo contrataron como artista exclusivo desde 1941 hasta 1954. Albuerne, que realmente se llama Juan Bautista Álvarez de la Sierra, inició sus presentaciones personales en el teatro América, el más lujoso de la época, y en 1947 realizó su primera gira internacional. En Buenos Aires grabó para la Odeon el vals *Dices que tengo celos*, de Santos Menéndez, su pianista acompañante, un tema que vendería más de un millón de ejemplares y que le mereció el primer Disco de Oro de su larga carrera artística. De Adolfo Guzmán es *Profecía*, uno de los boleros que más lo identificaron ante el público cubano:

No quiero verte más,
me voy muy lejos.
Olvídame, será mejor así,
yo sé que tú también
lo has deseado,
no hay solución,
digámonos adiós...

FERNANDO ALBUERNE

Fernando Albuerne se presentó triunfalmente en Río de Janeiro, Montevideo y Santiago de Chile, iniciando cada programa con *Madrecita* de Osvaldo Farrés. Durante dos años consecutivos obtuvo el galardón del Cantante más Popular y del Cantante más Querido del Público, distinciones que le otorgó la Asociación de la Prensa Interamericana. Sus canciones quedaron en el sello Panart y Odeon, y para Suaritos grabó más de 250 temas. Tuvo la sensibilidad de escoger cada canción que grabó: *Alma vanidosa, Nunca jamás, Quiéreme mucho, Imprescindiblemente, Siempre en mi corazón, Ya que te vas* y muchas más. En 1960 salió de Cuba definitivamente; vivió muchos años en Caracas hasta que se estableció en Miami, donde continuó triunfando.

Una de las primeras vocalistas femeninas que dio a conocer las composiciones del maestro Lecuona es **Esther Borja** (1913), nacida en la capital, donde se hizo maestra al mismo tiempo que estudiaba música con Manuel Elósegui. En 1932 conoció a Ernestina Lecuona y con ella organizó su primer recital; vinculada poco más tarde al maestro, debutó en la opereta *Lola Cruz*, en cuya obra estrenó el conocido vals *Damisela encantadora*, que aquella noche tuvo que cantar varias veces. En 1936 viajó con ambos hermanos a Buenos Aires y allí se quedó varios años, después de haber contraído matrimonio. En 1937 participó en la película *Adiós Buenos Aires* cantando la conga *Para Vigo me voy* de Lecuona. Durante aquella época también se presentó en Montevido, Lima, Río de Janeiro, Valparaíso y Santiago de Chile. Al regresar a la isla en 1942 fue contratada por la CMQ, desde cuyas ondas realizó programas memorables alternando con René Cabel. Viajó a Estados Unidos en 1943 con el maestro Lecuona y allí se presentó en el Hall of America y en el Steinway Hall de Nueva York, donde la escuchó Sigmund Romberg. Este conocido compositor de operetas la presentó en el Carnegie Hall con tal éxito que firmó un contrato para realizar una extensa gira por 44 estados norteamericanos entre 1943-48. Nadie ha cantado *Te he visto pasar* de Lecuona como esta mezzosoprano, o mejor dicho, una soprano con un grave extenso y de mucho color, cuya ductilidad le permitió recorrer sin esfuerzo aparente, manteniendo la misma intensidad expresiva, el espacio comprendido entre el teatro lírico y la melodía popular:

> Te he visto pasar, indiferentemente,
> y ni una emoción se apoderó de mí.
> Te he visto pasar, y ni un recuerdo vago
> vibró en mi corazón, cansado de ti...

De regreso a La Habana, Esther Borja trabajó en radio y más tarde en televisión. Fue seleccionada en 1955 y 1957 por la Crítica Asociada de la Radio y la Televisión como la mejor vocalista del año.

Aunque su voz fue indispensable en el género de la zarzuela y el teatro lírico, años que vivió intensamente, también participó del apogeo que tuvo el bolero en Cuba después de 1940. Sus varios LP son hoy verdaderas joyas de coleccionista: el primero fue *Rapsodia de Cuba* (1953), con el respaldo de la Orquesta de Cámara de Madrid bajo la dirección de los maestros Fernando Mulens y Daniel Montorio. En 1955 grabó a dos, tres y cuatro voces ejecutadas por ella misma y en 1957 apareció *Éxitos de Ernestina Lecuona*, disco compartido con la excelente soprano América Crespo (1922-95). Más tarde, Esther Borja grabó *Ayer y hoy*, un LP que

es una recopilación de boleros realmente exquisitos. Con el acompañamiento del pianista Nelson Camacho, grabó en 1975 para la EGREM
tres discos con canciones de Lecuona: *Tengo un nuevo amor, No hay perdón, Aquella tarde, Te vas juventud, A la antigua, Mi vida eres tú, No
quiero acordarme, Tus ojos azules, Quisiera creerte, Amor fugaz, El jar-
dinero y la rosa, Devuélveme el corazón* y otras.

A comienzos de 1959 centralizó la producción «Así es La Habana»
en el cabaré Caribe, del otrora hotel Havana Hilton. Después viajó a un
festival en Quito con el brillante recitador Luis Carbonell. Durante años
cantó en los conciertos «Lecuona *in Memoriam*» que se celebraron en La
Habana. A partir de 1961 y hasta 1986 condujo el programa televisivo
«Álbum de Cuba», contribuyendo a promover la mejor música cubana y
a figuras jóvenes. Cantó en la URSS y en China, y en 1963 fue invitada
al Festival de la Canción de Sopot, Polonia. Durante más de cincuenta
años, Esther Borja ha deleitado a varias generaciones con su voz impecable.

La voz que hizo creer a muchos cubanos que los danzones se cantaban
perteneció a un hombre delgado, con una dicción clara y una actitud muy
formal. Se llamó **Barbarito Diez** (1909-95) y formó parte del trío de Graciano Gómez y el tresero Isaac Oviedo en el café Vista Alegre desde 1931
hasta diciembre de 1958. El local del café, demolido a principios del siguiente año, tenía entrada por tres calles y servicio durante 24 horas, y lo
frecuentaba gente de dinero; allí le apodaron «El negro lindo». Graciano
Gómez recordaba la respuesta de Barbarito cuando le propuso unirse al
trío: «Yo no sé tocar claves, ni maracas y mucho menos guitarra»; pero
como el autor necesitaba un cantante, ese día encontró al mejor. En 1935,
Barbarito entró en la orquesta típica del pianista Antonio María Romeu,
trabajando en la emisora Radio Progreso, agrupación con la que permaneció largo tiempo, imponiendo la moda del danzón cantado; al morir el
«Mago de las teclas» en 1955, Barbarito se hizo cargo de la orquesta junto al hijo del «Viejo», como llamaban a Romeu. El modesto y pulcro Bárbaro había nacido en el pequeño pueblo de Bolondrón, Matanzas, y trabajó como mecánico de un central azucarero, pero cuando se inició en la
radio le suavizaron el nombre con el diminutivo. En 1930 se trasladó a
La Habana, amenizando veladas artísticas y fiestas particulares. Cantó 28
años con el trío antes mencionado. Barbarito Diez grabó once LP, entre
los que se encuentran verdaderas joyas del acervo bolerístico cubano: *Las*

perlas de tu boca, Ojos malvados, Longina, Tú no comprendes, Olvido, Ausencia, Lágrimas negras, En falso de Graciano Gómez y *Mercedes*, hermosa canción de Manuel Corona:

> Mercedes, la que mi alma
> consuela sin cesar,
> que siempre me ha querido
> con férvida pasión...

Barbarito Diez se presentó en 1957 en República Dominicana y en 1959 en Nueva York con la Orquesta Fajardo. En Venezuela grabó varios LP. Cuenta Díaz Ayala que «Ya muy mayor, septuagenario, conservaba la frescura y fuerza de su voz, haciendo buena plaza en Venezuela interpretando géneros de ese país, bien distintos al bolero cubano, con mucho éxito. Una vez le pregunté cómo lo hacía, y me contestó con un viejo refrán cubano: '¿Usted no sabe que la necesidad hace parir mulatos?'»

Al cumplir 80 años se le tributó un merecido homenaje en el Gran Teatro de La Habana. Cuando la orquesta comenzó a ejecutar *Perla marina* de Sindo Garay, Barbarito le pidió a su hijo que lo ayudara a ponerse de pie, y ante el asombro de todos cantó a viva voz, en el tono de la orquesta, sin equivocarse. Allí recibió la más sonora y emocionada ovación de aquel público que agradecía el preciado regalo de su voz cubanísima.

«El bigote que canta» llamaron popularmente a **Bienvenido Granda** (1915-83), vocalista que trabajó con el Septeto Nacional y el grupo Caney, y las orquestas Hermanos Castro, LeBatard, Riverside, la de Chepín, El Secreto Oriental, la de Mariano Mercerón, con la de Rafael de Paz en México, con Pérez Prado, antes de consagrarse en todo el continente con la Sonora Matancera, de la que fue cantante de plantilla, junto a Daniel Santos y Celia Cruz.

Bienvenido había quedado huérfano de padre a los 6 años, empezando la dura

BIENVENIDO GRANDA

lucha por la subsistencia cantando en autobuses habaneros. A los 12 ya había alcanzado categoría profesional. Con una voz grave y pausada grabó con la Sonora *En la orilla del mar* de José Berroa, *Soñar* del panameño Arturo *el Chino* Hassan, *Por dos caminos, Señora, Soñando contigo, Celos que matan, Corazón sin fe, Encontré mi amor, Espérame un rato más, Florecilla de amor, Nostalgia, Otra copa* y esta sencilla pero dramática composición de Orlando Brito, *Angustia*:

> Angustia de no tenerte a ti,
> tormento de no tener tu amor.
> Angustia de no besarte más,
> nostalgia de no escuchar tu voz...

Por desacuerdos con su director Rogelio Martínez, Bienvenido Granda se separó de la Sonora Matancera en 1951. Viajó entonces a Barranquilla, Colombia, donde grabó un LP para el sello Tropical. Luego se fue a México y allí se estableció definitivamente.

Francisco Hilario Riser Rincón, mejor conocido como **Panchito Riset** (1910-88), se estrenó con el Conjunto Esmeralda, donde cantaba y tocaba la marímbula, luego trabajó con el Sexteto Atarés, y después con el Sexteto Cauto y con otras agrupaciones especializadas en el son. En 1928 cantaba con el famoso Sexteto Habanero, el cual musicalizaba los bailes de la Academia Havana Sport. Integraba el Septeto Caney en 1933 cuando fue contratado por la orquesta de Don Antobal en Nueva York para reemplazar a Antonio Machín en el cabaret Madison Royal. Al año siguiente grabó con el cuarteto de Pedro Flores las canciones *Sin bandera* y *Abandonada*, con las que logró un éxito considerable. También colaboró en el cuarteto Victoria de Rafael Hernández.

Panchito Riset formó su propia orquesta en 1936. Debutó en el Trocadero de Hollywood con el actor y músico cubano Desi Arnaz en una segunda temporada. En 1937 volvió a Nueva York, donde grabó con el Cuarteto Caney de Fernando Storch *Flores negras* de Sergio de Karlo, mientras actuaba en el cabaret La Conga de Eliseo Grenet. Luego pasó al Club Versalles, donde estuvo actuando durante once años, interrumpidos por el servicio militar.

Su estilo original en la interpretación del bolero le ganó el favor de la colonia latina de Manhattan. Panchito Riset representó los sentimientos de la gente marginada, de la gramola del bar de la esquina, a través de una voz gorjeante y entrecortada, cuya pintoresca textura repele a veces por estridente. De su extenso repertorio recordamos *Blancas azucenas*, *Allí*, *Abandonada*, *Flor de ausencia*, *Allí donde tú sabes*, uno de los mejores boleros de Luis Marquetti, así como el tema que más lo identificó: *El cuartito*, de Mundito Medina, bolero que grabó en 1947:

> ¿Por qué ríes así?
> Tú no tienes razón
> para amargar mi corazón.
> Tú sabes que te quiero
> que en el cuartito espero
> llorando por ti.
> ¿Por qué no vienes a mí?...

Panchito Riset tuvo que soportar la amputación de ambas piernas a causa de la diabetes, y aún así continuó cantando. Murió ciego, sin piernas y en el cuartito de un asilo.

De madre madrileña y padre gallego nació en La Habana el vocalista con tesitura de tenor **Tito Gómez** (1920), de larga trayectoria en la música popular. Su verdadero nombre es José Antonio Tenreiro Gómez y de jovencito era un fanático del malogrado Pablo Quevedo (1908-36), el «Divo de la voz de cristal». Tito Gómez fue cantante estrella durante mucho tiempo de la formidable orquesta Riverside, con la que grabaría infinidad de boleros. *Alma con alma* de Juanito Márquez, una melodía que combina una letra sensual con un sabor más moderno, algo mambeado, fue uno de sus grandes éxitos:

> Todo lo que sueño es tan dulce,
> tan dulce como tú.
> Sueño con cositas tan lindas,
> tan lindas como tú...

Intérprete de más de 600 composiciones, en Cuba se le identificó siempre con *Vereda tropical* de Gonzalo Curiel, en arreglo de chachachá por Rafael de Paz. La grabó como relleno de uno de sus discos, ante la insistencia del dueño del sello Puchito, sin imaginar su éxito posterior: se vendieron más de dos millones de copias. La tez blanca y los ojos azules de Tito Gómez contribuyeron a cautivar en el hotel Nacional con la orquesta Sevilla Biltmore, con la que permaneció diez años. En 1942, cuando todavía tenía contrato con el hotel, le propusieron cantar con la Riverside (con la que estuvo hasta 1975) en el cabaré Montmartre; al final cantó en ambos centros: cada noche hacía más de veinte números, lo cual le fortaleció como intérprete.

La importancia de Jesús Gorís, propietario del sello Puchito desde 1952, fue clave en el devenir del desarrollo bolerístico del país, comenzando por producir discos de 78 rpm con los conjuntos Jóvenes del Cayo y el de Senén Suárez. Gorís tuvo un instinto increíble para lograr éxitos en poco tiempo, como sucedió cuando se arriesgó con el conjunto Casino. El empresario dio oportunidades a excelentes voces y supo mezclar piezas al parecer incongruentes, pero que gozaron de gran aceptación comercial. Así sucedió con otra orquesta tipo *jazz band* que competía con la Riverside, la afamada Hermanos Castro y su excelente vocalista **Carlos Díaz** (1930), afincado en Miami después de años trabajando en Venezuela, que cantó *Cuando ya no me quieras,* bolero de los Cuates Castilla:

> Cuando ya no me quieras
> no me finjas cariño,
> no me tengas piedad,
> compasión, ni temor...

«La Reina del Bolero» nació en Santiago de Cuba y desde muy pequeña comenzó a cantar con su hermana, ya residiendo en La Habana. **Olga Guillot** (1922) se inició interpretando tangos en la famosa «Corte Suprema del Arte» en 1938. La compositora Isolina Carrillo se dedicó a pulir aquel diamante, haciéndola parte de su Cuarteto Siboney en 1944 como segunda voz. Fue precisamente Facundo Rivero, el pianista del grupo, quien descubrió las posibilidades de Olga como solista y la hizo debutar en 1945 en el Zombie Club. Olga viajó a Nueva York al año siguiente con Miguelito Valdés, donde actuó en teatro y cabaré y realizó sus primeras grabaciones para el sello Decca. Estrenó en 1946 *La gloria eres tú* de José Antonio Méndez, con arreglo de Bebo Valdés, y obtuvo su primer gran éxito con su versión de *Lluvia gris (Stormy weather)*. Ese mismo año la ACRI la seleccionó como la cancionera más destacada de Cuba, después de aparecer en varias emisoras de radio importantes.

El tenor René Cabel la llevó a México en 1948 y allí filmó *La Venus de fuego*, grabando varias canciones para el sello Anfión, acompañada por la orquesta de Gonzalo Curiel. Más tarde viajó por Centro y Suramérica, Puerto Rico, República Dominicana, y en 1951 sus admiradores cubanos la hicieron la «Reina de la Radio», en concurso patrocinado por el periódico *Mañana*. Comenta Díaz Ayala: «Sigue su rápida carrera ascendente, pero todavía ni ella ni nadie había logrado colocarse a la par con los cantantes masculinos, como lo habían logrado sus colegas de México». En 1954 Jesús Gorís creyó en ella y le grabó varias canciones, advirtiéndole al director de la orquesta Hermanos Castro que dejara a Olga darle rienda suelta a su estilo, a su manera de *decir*. El resultado fue estupendo, incluyendo *Miénteme*, del mexicano Armando *Chamaco* Domínguez, que se convirtió en un hit extraordinario:

> Voy viviendo ya de tus mentiras
> sé que tu cariño no es sincero,
> sé que mientes al besar
> y mientes al decir «te quiero»...

OLGA GUILLOT

De ahí en adelante, todo lo que grabó Olguita se convirtió en un verdadero éxito. Sobrevivió a un continuo trajinar de presentaciones, giras por las Américas y muy aplaudidas actuaciones en teatros y cabarés, así como oportunidades en los mejores horarios televisivos. En 1961 se domicilió en México, invitada por el maestro José Sabre Marroquín, tras lo cual continuó su carrera en varios países e intervino en doce películas. Fue la primera artista hispana en presentarse en el Carnegie Hall de Nueva York en 1964, y en mayo de 1965 cantó junto al trío Los Panchos y Miguelito Valdés en el teatro Paramount. En 1968 actuó por segunda vez en Madrid, y obtuvo el premio Olé en Barcelona con el tema *Adoro* de Manzanero. Para el sello CBS grabó en España *Me muero... me muero* de la mexicana Lolita de la Colina; desde entonces fue considerada como la pionera de la canción erótica. El sello Orfeón de Buenos Aires le grabó un álbum en vivo en 1978 y más tarde realizó otro en México; después volvió a la Argentina en 1980, donde grabó para el sello Interdisc, y en 1982 ofreció dos memorables recitales en el Carnegie Hall de Nueva York.

La larga carrera de la gesticulante, carismática y aplaudida Olga Guillot siempre contó con el asesoramiento de compositores y directores tan diestros como los Hermanos Castro, Isolina Carrillo, René Touzet (con quien estuvo casada) y Juan Bruno Tarraza, a quien le grabó *Soy tuya*:

> No tengas miedo
> soy tuya por amor,
> sin condición ni tiempo...

Muy querida del público español, Olga tiene un absoluto dominio de su voz para insinuar, negar o suplicar, y una total maestría en el lenguaje del cuerpo. Con un estilo de cantar y actuar que han copiado varias vocalistas, la Guillot siempre ha sabido escoger su repertorio; cuando el bolero decayó comenzó a incluir baladas y *rock* lentos en sus programas. Ha participado en un total de 16 películas y 52 discos registran su voz y su estilo característico; ha acumulado 20 Discos de Oro y dos de Platino, así como innumerables trofeos y condecoraciones. En 1988 celebró sus Bodas de Oro con la canción romántica, pero continúa cantando.

Aunque fue una vocalista de formación académica, Rita Montaner (1900-58), conocida como «La Única», terminó consagrándose casi por entero a los ritmos afrocubanos. Por desgracia, no logró grabar suficientes boleros debido a su desaparición prematura, pero dejó una extensa parentela de voces mulatas, cálidas, nasales, roncas y pastosas, que dispusieron de arreglos profesionales en la década de 1950 y aun después, entre las cuales destacan Hilda Nieves, Emma Royer, Omara Portuondo, Eva Flores, Berta Dupuy, Carmen Romano, Farah María, Soledad Delgado y desde luego, la extraordinaria Olga Guillot.

En el ambiente de una familia dedicada a la música creció **Vicentico Valdés** (1921-95). Tenía 16 años cuando se inició con el Septeto Nacional que dirigía Ignacio Piñeiro, y donde su hermano Alfredo era el vocalista principal. Más tarde se unió a la charanga de Cheo Belén Puig, a la orquesta Cosmopolita y a la charanga de Belisario López. Se fue a México en 1944 con una revista musical y allí vivió varios años, y aunque grabó para el sello Peerless, no pasó nada con sus discos. En 1949 decidió buscar otros derroteros en Nueva York: allí cantó en el teatro Hispano de Harlem con la orquesta de Marcelino Guerra *Rapindey*, y en otros escenarios. Vicentico Valdés se unió más tarde a la orquesta de Noro Morales, permaneciendo con el imaginativo pianista hasta 1950, cuando pasó a la del también puertorriqueño Tito Puente hasta 1953; con «El rey del timbal» grabó *Tus ojos* y *Quiéreme y verás*, de José Antonio Méndez. Un año después formó su propia orquesta, animando los legendarios bailes de fin de semana del Palladium de Broadway y ganándose el fervor del ambiente latino. Grabando para el sello Seeco en 1955 ganó popularidad con los boleros *Añorado encuentro* y *Derroche de felicidad* del binomio Piloto y Vera, así como con *Plazos traicioneros* de Luis Marquetti.

Grabó *Los aretes de la luna*, *Una aventura más* y *Lo añoro*, en un álbum antológico con la Sonora Matancera en 1956. Volvió a México un año después para actuar durante una larga temporada en centros nocturnos, teatros, radio y televisión, hasta que en 1960 decidió regresar a Nueva York, donde formó otra orquesta, con la que grabó *La montaña*. Seguramente su mayor éxito fue *Envidia* de los hermanos Alfredo y Gregorio García Segura, que grabó en 1961:

VICENTICO VALDÉS

> Envidia
> tengo envidia de los valles,
> de los montes y los ríos,
> de los pueblos y los valles
> que has cruzado tú sin mí...

Vicentico Valdés fue bautizado «La voz elástica de la canción»; su discografía consta de más de 30 álbumes que recogen todas las modalidades del bolero. Poseedor de un timbre agudo, muy característico, se recordará su talento en otros temas como *La gloria eres tú, Cómo fue, No tengo nada, Piénsalo bien, La noche, Todo en la vida pasará* y *Me faltabas tú*. A partir de 1965 en que grabó la canción paraguaya *Mis noches sin ti* en tiempo de bolero, trabajó solo, sin orquesta propia.

Lino Borges (1936) obtuvo un resonante éxito con una versión bolerística del vals venezolano *Vida consentida* de Homero Parra, acompañado por el conjunto Marino. Conocido en Cuba como «La voz del bolero», su verdadero nombre es Severo Alberto Borges Abreu, y en su carrera profesional se convirtió en una segunda edición de la de Ñico Membiela. Durante años cantó con diversas agrupaciones, antes de ingresar en el Conjunto Saratoga, fundado en 1952 por el trompeta Pedro Balseiro, y donde permaneció dos décadas, grabando discos y presentándose en programas de radio y televisión.

Uno de los mejores cantantes que se quedaron en la isla después del triunfo revolucionario, ha logrado notoriedad con *Morir soñando* y *Corazón de cristal* de Enrique Pessino, *Ebrio de engaño* de José M. Larrazaga y *Moriré de amor* de Leopoldo Ulloa:

> He querido encontrar en otros labios
> el calor que los tuyos me brindaban,
> he buscado tu aliento en otras bocas
> para calmar las ansias que tu amor me provoca...

Según el investigador Jaime Rico Salazar, aparentemente Lino Borges no ha tenido nunca interés en viajar al extranjero, o el régimen no se lo ha permitido. Lo cierto es que ha logrado grabar nueve LP y durante varios años estuvo actuando en el Rincón del Bolero del hotel Capri en La Habana, permanencia que lo dio a conocer en otros países a través de los turistas que visitaban el lugar.

Conocido como «El guapachoso», **Rolando Laserie** (1923-98) le imprimió un sello característico al bolero. Había sido baterista de varias orquestas, incluyendo «la tribu» de Benny Moré, y nadie creía en sus posibilidades como cantante, por poseer un estilo marcadamente sincopado. Su verdadero nombre da una idea de la complejidad del personaje: William Newton Calazán Rolando La Serie Rodríguez. En 1956 tuvo su oportunidad en un programa televisivo donde actuaban Olga

Entre los muchos valores que abandonaron la isla a raíz de la llegada al poder de Fidel Castro, hay que mencionar a Luisa María Güell (1940), quien se inició cantando en radio, televisión y teatro durante la década del 60. En 1968 vino a España, donde ganó el primer premio en el Festival de la Canción de Málaga con *No me vuelvo a enamorar* de Manuel Alejandro. En París ganó el primer premio en el concurso Edith Piaf. Luisa María Güell ha grabado más de veinte discos y reside en Miami.

También desde el exilio en Miami, Concha Valdés Miranda ha compuesto temas atrevidos desde los años 70 como *Orgasmo, Las cosas buenas de la vida, Hacerte el amor, Cariño mío* y *Tápame contigo,* tema de una película del actor mexicano Mauricio Garcés. En 1989 su canción *El que más te ha querido,* grabada entre otros por Dyango, ganó el primer lugar de las canciones latinas en Estados Unidos, mientras que la argentina María Marta Serra Lima le convirtió *El viaje* en un soberano éxito.

Otra notable cantautora es Marisela Verena, quien residió parte de su adolescencia en España; con un estilo más sofisticado, a menudo con ribetes de fino humor, tiene piezas muy bien logradas como *Tu compañera,* una sólida canción en pro de los derechos de la mujer. Todavía en Miami, las hermanas De Diego, que comenzaron como dúo de cantantes, se dedican totalmente a la composición, escribiendo para varios artistas latinoamericanos.

Chorens y Tony Álvarez. Pronto los hermanos Álvarez Guedes, del sello Gema, lo pusieron a grabar el bolero *Mentiras tuyas,* de Mario Fernández Porta, quien al principio se enojó muchísimo hasta que se enteró de la venta de 30.000 copias del disco en pocas semanas. Dos años después ya competía en popularidad con su antiguo jefe. Dejó su marca en *Inolvidable, Hay que saber perder, lágrimas negras, sabor a mí, Un poco más, Nostalgia habanera.* Años después volvió a sorprender con tres melodías del argentino Palito Ortega: *Sabor a nada, Lo mismo que usted* y *Hola, soledad.* Del mexicano Federico Baena es *Que te vaya bien* (1942):

ROLANDO LASERIE

No me importa que quieras a otro
y a mí me desprecies.
No me importa que solo me dejes
llorando tu amor...

Laserie debe haber grabado más de 30 discos. En Buenos Aires impresionó cantando a su aire varios tangos clásicos. Fue un verdadero «fuera de serie», como se dice en Cuba. Se largó del país a principio de los años 60 y transitó su dinámica figura por varios países del Caribe. Poco antes de fallecer estuvo grabando con el gran *Cachao* en Miami.

Fernando Álvarez (1928) nació en Santiago de Cuba y se inició en orquestas populares como Armonía Tropical, Hermanos Giro y la de Mariano Mercerón. Contratado por la orquesta de Benny Moré para formar parte de su coro, se instaló en la capital a principios de la década del 50, y más tarde pasó al conjunto Casino. Años después Fernando Álvarez se convirtió en un solista afamado, moviéndose estilísticamente dentro del filin, grabando y actuando en televisión y centros nocturnos. Vocalizó *Cada noche que pasa* y *Humo y espuma* de Rolando Rabí y en 1957 grabó *Llanto de luna*, un bolero precioso de Julio Gutiérrez, con arreglo de Rolando Baró:

Llanto de luna en la noche sin besos
de mi decepción.
Sombras de pena, silencios de olvido
que tiene mi hoy...

Es curioso observar la obsesión que han tenido algunos compositores cubanos con el resplandeciente satélite; en rápido balance: *Luna de Varadero, Luna de México, Luna de Camagüey, Luna de Copacabana* y *Luna de Quisqueya*, todas ellas de Bobby Collazo; *Vieja luna* y *Anoche hablé con la luna* de Orlando de la Rosa; *Luna cienfueguera* de José Ramón Gutiérrez; *Luna yumurina* de Ramos-Reyes; *Sonámbula luna* y *Luna lunera* de Tony Fergo y *Los aretes de la luna* de José Dolores Quiñones. El propio Julio Gutiérrez fue el autor de *Luna de Shangai*.

La voz de **La Lupe** (1936-92) incorporó al cancionero caribeño un canto marginal, malicioso, a veces hasta hiriente. Sin embargo, a partir de los años 80, su desamparada vida artística se desdibujó, y fue desapareciendo gradualmente en una confusa desilusión. Aunque también se le conoció como la *Yiyiyi*, la *Too much*, o *The Queen of Latin Soul*, su nombre original fue Guadalupe Victoria Yoli Raymond y había nacido en Santiago de Cuba. Se preparó para maestra y en sus comienzos, según afirmó un periodista, hacía una desmelenada imitación de Olga Guillot. Cuando formaba parte del trío Los Tropicuba tuvo que salir del grupo por indisciplinada, aunque ella siempre argumentó otras razones. Sin embargo, una noche de 1960 el responsable de un cabaret descubrió sus aptitudes y en poco tiempo fue famosa; la televisión le abrió las puertas y también tuvo la oportunidad de grabar su primer LP: *Con el diablo en el cuerpo*.

Era un verdadero espectáculo. Le encantaba salirse del camino trillado y cantar a su manera, acompañada del pianista Homero, a quien solía pegar con un zapato; combinaba algunas exhibiciones de mal gusto con un innegable talento como *show woman*. Su irreverente estilo levantaba ronchas, pero le creó adeptos que la siguieron a La Red, pequeña boite de una Habana que acababa de estrenar la revolución. La transformación de un programa nacionalista en un socialismo estilo soviético creó terribles tensiones en el país, y fue La Lupe quien mejor logró reflejar las ganas que tenía el pueblo de gritar, de mandarlo todo al carajo, de arañarse y llorar de rabia.

Se largó de la isla en 1962 y fue a trabajar a México, de donde la sacó el percusionista Mongo Santamaría, para presentarla a gente clave en Nueva York. Con el aislamiento musical de Cuba, Manhattan se convirtió rápidamente en el escenario donde convergieron diversas migraciones de músicos cubanos, puertorriqueños y dominicanos que pusieron a gozar a los bailadores. Así surgió la salsa.

Lo cierto es que La Lupe grabó números en inglés y en español, y se presentó muchas veces con la orquesta de Tito Puente a partir de 1967, cuando todavía no se había producido el *boom* de la salsa (valdría la pena discutir quién se convirtió en el salvavidas de quién), con arreglos del dominicano Héctor de León. El primer LP que realizaron juntos se titula *Tito Puente swings. The exciting La Lupe sings*, que les mereció un Disco de Oro, con los temas *Esas lágrimas son pocas*, *Going out of my head*, *Yesterday* y *Si vuelves tú*. Su frenesí llenó el Carnegie Hall en 1969; después se presentó en el teatro Apollo de Harlem y en el show de Merv Grifth, espectáculo televisivo de costa a costa, convirtiéndose en una leyenda viva de excentricidad y pasión. En su repertorio llevaba entonces

Qué te pedí de Fernando Mulens, *La mentira* de Angelita Rigual, *Si tú no vienes*, varios *boogaloos* y canciones en inglés como *Fever*.

Entre 1968-70 apareció con tres bolerazos impactantes, creados por el puertorriqueño Catalino *Tite* Curet Alonso, que pusieron súbitamente a la mujer en un papel contestatario, acusando las veleidades masculinas con gesto inequívoco, tendencia que han seguido otras intérpretes, como la mexicana Paquita la del Barrio. La Lupe recogió *La tirana* (con que comenzó en 1968 la carrera de *Tite* Curet, por medio del productor discográfico Pancho Cristal), *Puro teatro y Carcajada final*, las estrujó y se las arrojó al público, con una extraordinaria capacidad escénica y una voz penetrante, como de vecina alterada por una grave discusión conyugal:

LA LUPE

Igual que un escenario
finges tu dolor barato,
tu drama no es necesario
ya conozco ese teatro...

Las canciones del introvertido compositor rompieron belicosamente con el tono idílico y florido de los boleros caribeños y mexicanos de treinta años atrás, conectando con una onda revanchista que enfrentaba al oyente con el drama infecundo de una crispada relación amorosa.

Su tiempo estelar transcurrió de país en país y de escenario en escenario: televisión, cabarés de primera, hoteles de lujo. Años después, Pedro Almodóvar incluyó su inconfundible voz en la película *Mujeres al borde de un ataque de nervios*, entonando *Puro teatro*. Carmen Amaya le otorgó el calificativo de «gitana negra» y la novelista Susan Sontag llegó a definirla como «la primera *punk*».

La Lupe llevó una vida agitadísima, demasiado violenta. Fue una de las tantas víctimas de la droga; lo tuvo todo y todo lo perdió, encadenada fanáticamente a la santería, que la consumió. Sufrió humillaciones y tales desastres económicos que se vio forzada a vivir de la seguridad social para alimentar a sus dos hijos. Ya se le habían cerrado casi todas las puertas cuando un ex-marido le propinó una paliza que por poco la mata. En 1984 un accidente casero le inmovilizó la columna vertebral;

poco después, un incendio destruyó sus pocas posesiones. Terminó en las iglesias hispanas y calles del Bronx propagando la fe de una secta evangelista. Cantando diáfanamente y con elegancia, la feligresía religiosa pudo escucharla en Puerto Rico en varios conciertos masivos. Entonces se transformó en la reina del «God Soul». Un infarto cardíaco cerró su vida.

La Lupe seguirá por ahí, arañando angelitos blancos y angelitos negros, porque en definitiva, a pesar del angustioso desorden de su vida, en el cielo siempre habrá más alboroto por el regreso de un pecador que por la llegada de 99 justos.

Celio González (1924) comenzó a cantar profesionalmente con el Conjunto Casino, después pasó a la formación de Luis Santí y más tarde a los Jóvenes del Cayo; con los tres realizó grabaciones que tuvieron éxito: *Plazos traicioneros, Sólo corazón, Encantado de la vida* y *Monterrey*. En 1955 recibió la oferta de trabajar con la Sonora Matancera, con la que permaneció hasta 1959. Se consagró con temas como *Total, Cien mil cosas, En el balcón aquel, Demanda el corazón, Es mi súplica, Baja venganza, Sin pensar en ti, Corazón herido, Quémame los ojos, Quimera fugaz, Amor sin esperanza* y *Vendaval sin rumbo*, de José Dolores Quiñones:

> Vendaval sin rumbo
> que te llevas tantas cosas de este mundo,
> llévate la angustia que produce mi dolor
> que es tan profundo...

Durante los dos últimos siglos en Cuba se creó toda una cultura de sobremesa: azúcar, café, tabaco, ron y música. Cada una de ellas fue a incidir sobre las otras desde diversos ángulos económicos y culturales, pero resulta curioso observar cuáles son las que se han convertido en problemas relacionados con la salud, mientras que hay una que continúa siendo el mejor antídoto contra la pereza y la depresión, convirtiéndose en un vehículo de gozo, de solidaridad y de comunicación humana de primer orden. Entre el sudor, el látigo del negrero, la caña, las cuerdas y el tambor, surgió una sensualidad que impregnó la atmósfera y convirtió a sucesivas generaciones en receptores y manantiales de ritmos, creando una formidable y sandunguera cultura pélvica, aunque también se creó mucha música para el intelecto y el corazón.

El delgado vocalista fue llamado a México por el sello Orfeón en 1959 para realizar varias grabaciones y decidió quedarse definitivamente en aquel país, estableciéndose en Veracruz.

El santiaguero **Pacho Alonso** (1928-82) estudió magisterio y al mismo tiempo se estuvo presentando en la Cadena Oriental de Radio. Sus primeras satisfacciones le llegaron con el bolero *Lástima de ti*. Su nombre verdadero fue Pascasio Alonso Fajardo. En 1946, con el estímulo y ayuda de José Antonio Méndez, se presentó en la radio Mil Diez de la capital, y algunos años más tarde formó parte de la orquesta del saxo Mariano Mercerón. Formó su primer conjunto en 1954: Pacho Alonso y sus Modernistas, que después de 1957 se convirtió en Pacho Alonso y sus Bocucos.

Entre 1958 y 1961, el estilo peculiar de Pacho Alonso quedó consolidado dentro del movimiento llamado filin, especialmente en ambientes intimistas como los clubes LeMans y Scheherezada. Allí cantaría muchas noches *Me faltabas tú* de José Antonio Méndez:

> Me faltaba amor, me faltaba paz,
> me faltabas tú.
> Cómo iba a pensar que hoy pudiera amar
> más hondo que ayer...

El simpático y estelar cantante dejó registradas una larga lista de boleros: *Necesitaste amar*, *Cada noche que estás sola* y *Soñé que de mi sueño hice un sueño* de Enrique Bonne, *Esta nueva emoción* de Tomás de Jesús González, *Cuando pasen los años* de Frank Domínguez, *Este sentimiento que se llama amor* de José Antonio Méndez, *No seas imprudente* de Ricardo Díaz, *No sé adónde ir* de René Barrera, *Mi alguien* de Julio César Fonseca, *Mejor concluir* de Juan Almeida y *Por mí no lo hagas* de Luis Roja. De su propia inspiración fueron *Tema para alguien feliz* y *Cuando tú llegues a entender*. Un año antes de fallecer le habían otorgado la medalla por la Cultura Nacional.

Blanca Rosa Gil (1937) grabó *Vuélveme a querer* de Mario Álvarez cuando comenzaba su vertiginosa carrera que pronto la situó a la par que las mejores cancioneras cubanas. Como señala Díaz Ayala, «toda la apremiante tristeza, toda la infinita ternura de esta canción, están en su voz»:

> Cuando me asalta el recuerdo de ti
> siento en mi alma mortal soledad,
> y aunque quiera sonreír
> siempre acabo por llorar...

La atractiva artista hizo su debut en 1956 en el cabaret Alí Bar pero no le fue fácil llegar al disco, porque los sellos temían que su estilo, algo parecido al de la Guillot, no pegara. A partir de aquellas críticas Blanca Rosa Gil se dedicó a cantar un tipo de canción tremendista: en 1959 grabó *No me vendo*, un número de ese corte, pero la Comisión de Ética Radial consideró que el número tenía frases opuestas a la decencia y la prohibió. Afortunadamente, con una adaptación en tiempo de bolero del pasillo ecuatoriano *Sombras*, de Rosario Sansores y Carlos Brito, logró un éxito rotundo:

> Cuando tú te hayas ido
> me envolverán las sombras,
> cuando tú te hayas ido
> con mi dolor a solas,
> evocaré este idilio
> con sus azules horas
> cuando tú te hayas ido
> me envolverán las sombras...

En su voz también se recuerdan *Si Dios me quita la vida* de Luis Demetrio y *Pecado mental*. La «Muñequita que canta» estuvo trabajando en la televisión venezolana y de regreso a La Habana en 1957 actuó en cabarés, radio y televisión; después hizo una gira por México, Colombia y República Dominicana, para abandonar Cuba en 1962. Vivió por un tiempo en México hasta que marchó a Puerto Rico; posteriormente se dedicó a cantar únicamente en iglesias. Su hermana Rita ha formado parte del elenco de artistas presentes en el Festival Boleros de Oro que se celebra cada verano en La Habana, organizado por José Loyola.

Otra de las buenas voces del bolero bravo fue **Orlando Contreras** (1930-1997), quien comenzó simultáneamente con el conjunto Casino y con la orquesta gigante del pianista Neno González, entre 1952-56. Agregándole a la voz trémulos y melismas propios del flamenco, pero de una forma moderna, Orlando Contreras grabó varios boleros morunos, al estilo español, que gustaron en su día. En 1961 el sello Maype lo contrató como solista y grabó su primer disco sencillo *Por un puñado de oro* (1958) del mexicano Carlos Gómez Barrera, que se escuchó en todas las gramolas habaneras:

> Después de haber rodado tanto
> vagando sin rumbo por negros caminos,
> al fin regresas a implorarme
> fingiendo un cariño que nunca has sentido...

ORLANDO CONTRERAS

Al año siguiente grabó el LP *Este es Orlando Contreras*, donde impuso en tiempo de bolero el tango *En un beso la vida* de Carlos Di Sarli. Alternó durante algún tiempo con Benny Moré, Fernando Álvarez y Orlando Vallejo en las noches del Alí Bar, hasta que en septiembre de 1965, desesperado con el régimen opresivo, se lanzó al océano en un bote hasta llegar a Miami.

Entre 1966-70 cantó en un trasatlántico portugués. A partir de entonces trabajó en Miami y pasaba temporadas actuando en Medellín, Colombia, donde se le apreció mucho. Otros álbumes importantes son *La voz del momento: lo mejor de Orlando Contreras* del sello Kubaney, y *Boleros, ritmo y romance con Orlando Contreras*, editado por Velvet. Pero quizá sus mayores éxitos están en el álbum Teca: *Orlando Contreras. Esta es tu canción*, con el que obtuvo un Disco de Oro en 1972.

Elizabeth del Río comenzó a destacarse como intérprete en los años 40, especialmente a partir de la grabación de una antología de autores cubanos. Actuó en radio, televisión, teatro y cabaré, y grabó para el sello cubano Meca. Tomó parte en los filmes *Siete muertes a plazo fijo*, y *Tiros, locuras y mambo*, donde tocan Bobby Collazo y también cantan Vilma Valle y Manolo Fernández; valga subrayar que Cuba contaba en 1950 con aproximadamente 400 cines, entre ellos el recién inaugurado Blanquita con 6.600 butacas.

Su bella interpretación de *Qué me importa* de Mario Fernández Porta recreó la dulzura de este bolero antológico:

Los ojos del sol se han cerrado
y con ellos se ha ido la luz,
de violeta se viste la tarde,
porque pronto la noche vendrá...

En 1946 Elizabeth del Río fue elegida «Reina de la Radio» de Cuba, y en 1947 y 1953 fue premiada como la Cancionera más destacada por la ACRI. En 1947 se casó con el director y brillante arreglista Humberto Suárez. Reside en Estados Unidos.

ELIZABETH DEL RÍO

Gloria Estefan (1957) representa un fenómeno único, y aunque no tiene nada que ver con la época dorada del bolero, ha logrado reverdecer los mejores valores del género desde Miami, antiguo hábitat invernal de septuagenarios norteños y refugio de cientos de miles de cubanos que huían de Castro, por lo que en varias décadas la ciudad ha logrado una economía impresionante. Los que llegaron de niños, como Gloria, o nacieron en esa ciudad de padres cubanos, pasaron su adolescencia escuchando por igual música cubana y norteamericana y son totalmente bilingües.

Gloria, cuyo apellido de soltera es Fajardo, es un refrescante producto de esa novedad social; aunque sostenida por fabricantes de música y espectáculo, con un sesgo de bandera política, no hay dudas de que su voz, dúctil y algo susurrante, se alinea en una larga tradición de la que formaron parte Eva Garza y Virginia López, aunque con una dicción excelente. Esto la ha convertido en una modalidad necesaria y espléndida, cantando un bolero refinado, casi espontáneo, pero firmemente arraigado en los cánones del género. Cuenta también a su favor con una instrumentación límpida, excelentes músicos, el adecuado uso de recursos electrónicos y los discretos textos de sus canciones.

A los dieciocho años se unió como vocalista al grupo Miami Latin Boys, que dirigía su posterior esposo Emilio Estefan, músico aficionado que toca el acordeón. A partir de 1976 el grupo se llamó Miami Sound Machine y experimentó bastante con un repertorio de *soft rock* y baladas en español. Gloria ha declarado: «Con la Miami Sound Machine ayudamos a restablecer la reputación de la ciudad. El cine y la televisión han difundido la idea de que Miami es sólo narcotráfico y violencia. Demostramos que también es un centro creativo importante, donde la mayoría de los latinos se dedican a trabajar honradamente».

Dr. Beat es un número en inglés de un álbum producido en 1984 y que tuvo gran éxito, no sólo en Norteamérica sino también en Europa. En 1986 lanzaron el disco *Primitive love*, del que pegaron *Bad boy* y sobre todo *Conga*, con sendos videoclips que se hicieron muy populares y que ocuparon frecuentemente los primeros lugares del Hit Parade norteamericano; Paquito Hechavarría, poseedor de uno de los mejores tumbaos, es el piano del tema *Conga*. Repitió con la guapa Gloria en *Oye mi canto* (1989) y *Mi tierra* (1993). Se trataba de penetrar tanto en el mercado pop estadounidense como los amplísimos campos de la música latinoamericana, el difícil *crossover* para todo artista de origen hispano, usando a fondo la personalidad y versatilidad de la vocalista.

Si la menuda Gloria es la sensibilidad artística, Emilio es la capacidad organizativa, la visión para los negocios, el hombre que sabe valorar el talento de los demás. El grupo abrió los Juegos Panamericanos de Indianápolis en 1987; para 1989 habían vendido más de cinco millones de discos y realizado varias giras importantes. Pero poco después Gloria sufrió un grave accidente y necesitó largos meses de operaciones, duros ejercicios y bastante descanso, hasta que se reincorporó al trabajo. Ganó entonces el premio Lo Nuestro al artista *crossover* del año que otorgan la revista *Billboard* y la cadena Univisión; millones de televidentes en Estados Unidos, América Latina y España recibieron la sorpresa de ver a Gloria dirigirse a recibir su premio caminando desenfadadamente del brazo de Emilio.

GLORIA ESTEFAN

Sus padres salieron de La Habana cuando Gloria era apenas una criatura; llegaron a Miami con poco dinero y con la esperanza de poder volver a Cuba algún día. Enrolado en el ejército, su padre regresó de Vietnam con el sistema nervioso envenenado por el pesticida tóxico conocido como el agente naranja; la madre trabajaba para mantener a la familia mientras Gloria cuidaba del enfermo. En aquellos días, cantar con una guitarra se convirtió para la chica en una forma de desahogo. Cuando su padre finalmente falleció, acababa de cumplir 16 años. Lentamente, la tímida adolescente comenzó a salir del cascarón, hasta que en una boda, empujada por amigas, subió al escenario para cantar. El director de la banda era un joven llamado Emilio Estefan. Ahí comenzó el cuento de hadas.

En 1991 grabaron *Into the light*, comenzando una gira por España y otros países europeos que terminó en Puerto Rico a principios de 1992. Ese mismo año SONY le produjo *Éxitos de Gloria Estefan*, donde aparecen varios números de su propia inspiración, como *No será fácil* y *No me vuelvo a enamorar*.

Si entre los artistas Celia Cruz es el gran símbolo de la Cuba anticastrista, Gloria Estefan es hoy por hoy la figura de origen cubano más popular en el mundo. Se agradece que no manifieste el revanchismo de tantos coetáneos de Miami; de hecho, sus opiniones sobre el futuro de la isla resultan sorprendentemente equilibradas.

Con *Mi tierra*, que se distribuyó en 1993, una vuelta total a la música tradicional cubana, Gloria apareció acompañada de una constelación de grandes: *Cachao*, Paquito D'Rivera, Arturo Sandoval y Tito Puente, entre otros; un disco con el que ganó el premio Grammy. El bolero *Mi buen amor*, letra y música de Estéfano, es un hermoso ejemplo de su talento para enternecer:

> Hay amores que se esfuman con los años,
> hay amores que su llama sigue viva.
> Los inciertos que son rosa y son espina
> y hay amores de los buenos como tú...

En 1995 los Estefan lanzaron otro ambicioso proyecto, *Abriendo puertas*, con música latinoamericana con énfasis en la colombiana, siempre contando con los arreglos del genial Juanito Márquez y empleando músicos *ad hoc*, como el acordeonista de vallenato Cocha Molina.

Ya han logrado 50 Discos de Platino y tienen en su haber, entre muchos otros trofeos, la Medalla del Congreso de los Estados Unidos y el título de doctor *honoris causa* conferido a Gloria por la universidad de Miami. Pero la vida «Gloriosa» no es una vida fácil: entre su intenso trabajo de giras y grabaciones y su papel de madre (tiene una hija llamada Emily y un chico llamado Nayib), ha tenido bastantes problemas. La pareja cuenta con un estudio de grabaciones con los últimos avances tecnológicos, el Crescent Moon, Inc., con excelentes ingenieros de sonido y una sofisticada organización de marketing y promoción como no la ha tenido ningún artista del mundo musical latinoamericano. También han sido los artífices del lanzamiento de nuevos talentos, incluyendo a Jon Secada, Ricky Martin y el debut internacional de la carismática guajira Albita Rodríguez.

Sin embargo, la sofisticación de tal aparato de producción no siempre ha cuajado: el álbum *Alma Caribeña,* realizado por Emilio Estefan, que se vendió profusamente en el 2000, no está a la altura de los anteriores, a pesar de que Gloria aparece cantando con Celia Cruz y José Feliciano, y de los extraordinarios efectos que logra en las cuerdas el puertorriqueño Yomo Toro.

Gloria Estefan es la voz cubana que más se escucha en el planeta. Gracias a ella la gente joven ha conocido algo de la riqueza musical caribeña: llena los auditorios en sus presentaciones y busca sus discos. Gloria tiene talento y arrastre, y el mérito de que sus mejores boleros siguen siendo una muestra exquisita del poder del género para enamorar.

Asentado en México desde hace años, **Francisco *Pancho* Céspedes** (1956) no puede quejarse: lo han apoyado en su carrera Miguel Bosé y Alejandro Sanz, introduciéndolo al público español. Ya Luis Miguel, ese rey Midas del bolero, le había grabado varias piezas cuando en 1997 Pancho participó en el Festival de la Canción de Viña del Mar, representando a México, y quedando en segundo lugar.

Desde El Candelero, el local donde solía actuar, interpretaba textos melancólicos con una estructura muy moderna y una voz desgarrada. Se exilió con su madre, su mujer y su hija en 1992: «Me fui de Cuba porque quería que mi música trascendiera. Allí te dan las armas para que pienses, pero no salidas». Ahora vive en Miami.

Sus letras románticas, que deben bastante al filin, al *blues* y al *soul,* han arrebatado desde que publicó el álbum *Vida loca.* «Soy un bohemio empedernido que hace canciones tratando de respirarlas. Las hago para poder vivir, entenderme e inventarme», ha afirmado. Produce boleros sensuales y emocionantes, donde la palabra clave siempre es «vida»; no son melodías pegajosas pero poseen un encanto y profundidad muy especial, particularmente en su propia voz.

La bella cantante **Lucrecia**, afincada en Barcelona desde principios de los años 90, tiene una de las mejores voces y sandunga de las últimas décadas, además de unas piernas largas y las trenzas más coloridas que han visto las cámaras de televisión. Ha producido ya varios discos y su carrera continúa en envidiable ascenso desde aquel *Me debes un beso* que grabara al instalarse aquí. En La Habana fue solista de la orquesta femenina Anacaona, y contó con el apoyo de Carlos Embale, Isolina Carrillo, César Portillo de la Luz y el crítico musical Rafael Lam; pocos saben que antes Lucrecia había terminado estudios de piano clásico. El periodista Ricardo Aguilera considera que está tocada por el duende de la cercanía, de la facilidad de conexión con el público, por la espontaneidad que derrama en sus abarrotados conciertos. Guaracheando o soneando es cuando Lucrecia da lo mejor de sí, aunque es un verdadero placer escucharla interpretando boleros que llegan al alma.

Todavía en España, hay que mencionar el álbum *Boleros de toda una vida*, aparecido en 1998, en la voz del veterano **Reinaldo Creagh**, uno de los miembros de la Vieja Trova Santiaguera, que incluye *No tienes corazón*, de Armando Valdespí.

Mara y Orlando es una pareja que ama el bolero pero no son conocidos en España. Mara Rauchman (Holguín, 1951) y Orlando González (Palma Soriano, 1952) salieron muy jóvenes de Cuba. Se conocieron en Estados Unidos, se casaron y desde fines de los años 70 se dedicaron presentar anualmente varios conciertos de calidad en Miami, uno dedicado a la obra de Ernesto Lecuona y otros espectáculos donde abordan la música latina en general, pero siempre realzando con sus voces las canciones cubanas más famosas. Después de los Festivales del Bolero que organizó Hall Estrada en 1985 y 1987, la pareja ha puesto en marcha otros eventos importantes, donde se han escuchado las voces de Tania Martí, Irene Farach, Ada Luque, Armando Terrón, Olga Díaz, Martica Ruiz y Olga María. Con estos artistas ha aparecido José Antonio *Chamaco* García (1938), quien se había iniciado con la orquesta Hermanos Castro y más tarde fue solista en el hotel Capri y el cabaret Tropicana habanero, hasta que en 1960 salió de gira hacia México, permaneciendo en Mérida durante diez años y radicándose en Miami alrededor de 1970.

• DÚOS, TRÍOS Y CUARTETOS CUBANOS

Hacia 1941 surgieron cantantes notables del bolero, como Carlos Alas del Casino y Pepe Reyes, que competían con las voces de América Crespo, Esperanza Chediak, Hortensia de Castroverde, y el dúo Primavera, formado por María Ciérvide y Georgina Dubouchet. En la misma época aparecieron Sarita Escarpenter e Idalmi García y otras voces masculinas, como Wilfredo Fernández y Manolo Fernández, que empezó cantando tangos.

En los años 50 se destacaron el dúo y trío de las Hermanas Lago y el de las Hermanas Martí, y muy especialmente el que formaron Olga Chorens y Tony Álvarez. Por el extraordinario ensamblaje de sus voces también se distinguió el Cabrisas-Farach, que se marchó en 1961 y en el exilio grabó para el sello Rhumba del actor cómico Guillermo Álvarez Guedes.

En la época brillante del bolero interpretado por tríos, no hubo en Cuba ninguno que llegara a alcanzar el prestigio de Los Panchos, de

LORENZO HIERREZUELO

Johnny Albino o de Los Tres Diamantes. Sin embargo, varios obtuvieron, de 1945 a 1960, cierta resonancia internacional, particularmente el de Servando Díaz, Los Guaracheros de Oriente, el Oriental, el trío La Rosa y los Hermanos Rigual, aunque en general se dedicaron más al son y la guaracha que al bolero romántico.

En 1935 la extraordinaria cantadora María Teresa Vera se unió a Lorenzo Hierrezuelo, un guitarrista delgado que nunca había cantado de segundo. Se mantuvieron juntos 27 años, grabando infinidad de sones y boleros. Paralelamente, el talentoso Hierrezuelo formó el dúo Los Compadres con Francisco Repilado *Compay Segundo,* y al separarse de éste cantó con su hermano Reynaldo.

Siempre alerta a los últimos dúos que aparecían en el panorama musical, Radio Cadena Suaritos contrató al de Celina y Reutilio a partir de 1948. Con sones elaborados en una vena campesina inyectada de marcadas influencias lucumíes, este dúo también interpretó algunos boleros. Entretanto, el original trovador Guillermo Portabales se convirtió en el creador de la llamada guajira de salón, bien cantando solo o con su trío típico.

Por el año 1937, **Servando Díaz** (1912-85), un trovador que tocaba muy bien la guitarra, organizó un trío con Otilio Portal, también guitarrista, y Octavio Mendoza, que hacía la segunda voz y tocaba las maracas. Realizaron numerosas actuaciones porque se salían del estilo tradicional y grabaron infinidad de discos, siendo conocidos como «Los trovadores sonrientes». Más adelante entraron al trío, sucesivamente, Mario Recio, José A. Pinares y Ángel Alday. Fueron ellos quienes estrenaron en Cuba el bolero *Bésame mucho* de Chelo Velázquez, partitura que la compositora le había entregado a Servando en una gira que habían hecho por México. En Nueva York estuvieron cuatro meses en el famoso cabaret La Conga, que animaba Eliseo Grenet; también se presentaron en el Waldorf Astoria, en el teatro Hispano y en los programas latinos de la NBC. Desde 1960 se establecieron en Puerto Rico. Uno de sus números más recordados es *Besos salvajes*, música de E. Fontanal y versos del venezolano Rufino Blanco Fombona:

> Hay besos que producen desvarío
> de amorosa pasión ardiente y loca.
> Tú los conoces bien,
> son besos míos,
> inventados por mí, para tu boca...

El trío de Servando Díaz creó a principios de los años 50 el chachachá *Me lo dijo Adela*, que le representó bastantes dólares a Otilio Portal cuando llegó exiliado a Estados Unidos, donde se había convertido en *Sweet and gentle* y ganado popularidad gracias a una afamada escuela norteamericana de baile.

Los Guaracheros de Oriente habían perdido en 1950 al legendario Ñico Saquito, quien se quedó en Venezuela en una gira y luego regesó a Cuba en 1960. Así se convirtieron en trío, pero uno muy especial, pues su voz prima, *el Gallego*, en vez de tocar las tradicionales maracas tocaba unos pequeños timbales, cosa muy difícil de lograr mientras se canta. Se mantuvieron en el favor popular durante largos años, y se establecieron en Puerto Rico desde 1962. Esta formación estuvo integrada por Florencio Santa *Pícolo*, voz segunda y guitarra, Gerardo Macías *el Chino*, guitarra y tercera voz, y Félix Escobar, *el Gallego*. Interpretaron mucha música de Matamoros, el patriarca del son y el bolero-son, e hicieron una versión muy característica de *Dulce embeleso*:

> El beso de tu boca tentadora
> que me diste embriagada de ilusión,
> yo lo guardo como llama animadora
> en el fondo de mi pobre corazón...

Otro grupo que se destacaba por los años 40 fue **el trío Oriental**, integrado por Maximiliano Sánchez *Bimbi* (1901-91), Tico Álvarez y Pedro Feliú. Formado en 1935, durante quince años viajó por varias naciones caribeñas y grabó más de un centenar de discos. En 1950 se establecieron en Nueva York, y allí se especializó en guarachas de doble sentido y en boleros impresionantes, como *Allí donde tú sabes* de Luis Marquetti. Posteriormente, *Bimbi* se mudó a Puerto Rico y finalmente a Tampa, donde falleció:

> Te espero, allí donde tú sabes
> lo quiero, porque tenemos que hablar.
> Oye, concédeme un ratico nada más
> que bien vale la pena si ha de ser
> para querernos más...

El trío La Rosa fue más famoso fuera de Cuba que dentro, especialmente en Colombia y Venezuela. Se le escuchó mucho en la década de los años 50 con *Amor qué malo eres* de Luis Marquetti, *Aunque me cueste la vida* de Luis Kalaff, *Mar y cielo* de Julio Gutiérrez, *Triste camino, Blancas azucenas* y otros más. Surgido en Santiago de Cuba, estuvo formado por Juan Francisco de la Rosa, Julio León y Juan Antonio Serrano. En algunas de sus grabaciones apareció la impresionante voz de Luisa María Hernández, la «India de Oriente», en boleros escuchados en gramolas de bar. El estilo del trío La Rosa fue muy característico, fácilmente identificable por la cadencia bien marcada del ritmo. Hicieron una bellísima interpretación de *Derrotado corazón* de Walfrido Guevara, trovador nacido en 1916 en Santiago de Cuba:

> Ay, qué tristeza más grande
> embarga mi alma,
> vago errante por la vida
> sin hallar un consuelo a mi dolor...

Carlos, Mario y *Pituko* integraron **el trío Hermanos Rigual,** formado en algún momento de los años 40. Su calidad interpretativa de la canción cubana y latinoamericana los llevó a México, donde figuraron en películas y grabaron numerosos discos. Fueron los autores de piezas que alcanzaron nivel internacional: *Corazón de melón, Cierra los ojos, Te adoré más, Camino del puente* y especialmente el *rock* lento *Cuando calienta el sol,* que todavía se escucha en los veranos playeros.

Aunque ya desde 1932 actuaban las tres Hermanas Márquez, alrededor del mismo año surgieron las Hermanas Lago: Cristina, Esperanza y Graciela, quienes lanzaron un reto sorprendente: integrar voces femeninas en un trío con un montaje similar al de los Matamoros, es decir, cantando a dos voces. Años más tarde, Graciela realizó una innovación importante al incorporar una tercera voz, con lo que nació el primer trío armónico femenino de Cuba y de América Latina.

Posiblemente debido a la influencia norteamericana, en los años 40 surgieron varios cuartetos vocales notables. Después del conjunto vocal Siboney, el pianista Facundo Rivero organizó más tarde el grupo que llevó su nombre. Al separarse, como su líder se llamaba Abel Rivero continuaron llamándose **Los Rivero:** eran dos voces masculinas y dos femeninas, y se radicaron en España en la década del 60 hasta su disolución en 1980. Bobby Collazo también formó su cuarteto a finales de los años 40 y lo bautizó cuarteto Antillano, sólo de voces masculinas, mientras que el también compositor Orlando de la Rosa creó otro cuarteto excelente de voces mixtas. Algunos de estos grupos eran realmente unidades coreográfico-vocales que se movían con elegancia en escena, en tiempos en que no había micrófonos individuales y mucho menos micro manual, bastante hacían con los recursos existentes.

Dentro de la riqueza musical de la década del 50, junto al crecimiento del repertorio bolerístico surgieron otros cuartetos, como el del pianista y declamador Luis Carbonell, cultivador de la poesía afrocaribeña. Carlos Faxas formó uno de voces solamente masculinas, al igual que los Armónicos de Felipe Dulzaides. Después surgieron Los Cavaliers, Los Columbos, Las Hermanas Valdivia, Los Hermanos Benítez, Los Bucaneros y algunos más. Todos estos cuartetos tuvieron vida propia y ganas de inventar, y como unidades, con todas las implicaciones de creatividad que esto conlleva, lograron deleitar al público.

Otra esfera de significativa importancia en la ejecución de los conjuntos vocales la hallamos en el aspecto interpretativo del filin, que permitió el lucimiento del conjunto de voces desde el punto de vista vertical, gracias a sus estructuras armónicas. En diferentes períodos, el repertorio del filin encontró afinidad en cuartetos tan conocidos como el de Orlando de la Rosa, D'Aida, Carlos Faxas, Felipe Dulzaides, Meme Solís, Los Modernistas, Los Bucaneros y Del Rey, al que perteneció Pablo Milanés. En épocas más recientes aparecieron Génesis, Tema IV, Armonía IV, Gema IV y otros.

LOS MEJORES CULTIVADORES DEL FILIN

Hacia 1948 comenzó a brotar en el cancionero romántico cubano la modalidad filin (del inglés *feeling*, sentimiento). Hay que tener en cuenta de que para entonces no sólo flotaban muchos términos ingleses en el habla habanera debido a la obvia penetración comercial estadounidense, sino que también había infinidad de jóvenes músicos escuchando *jazz* y *blues*. Para la mayor parte de ellos, el término filin significó, ante todo, una manera de pensar y hacer música, de cantar y vestirse, de tocar la guitarra; pero la falta de divulgación y de una crítica consecuente impidió que en su momento el movimiento tuviera un cuerpo teórico de ideas o de análisis del fenómeno. Todo lo que se ha teorizado sobre el filin se ha hecho *a posteriori*, y eso ha enturbiado a menudo la visión. No creo que sus iniciadores se propusieran romper con nada, es decir, no fueron a buscar ni escuela ni teoría. Eran en su mayoría gente humilde, obreros, desempleados o artesanos, mezclados con algún que otro profesional, pero gente de pueblo que quería hacer música de una manera diferente.

El filin se apoya armónicamente en las disonancias complementarias de la tónica, en las agregaciones de la dominante y en los sonidos alterados; además, la expresividad del cantante es determinante en estas obras, donde los versos son de tono intimista.

No es un género en sí mismo, sino más bien una poderosa y sutil corriente musical que también empleó elementos de la trova tradicional. Incorporando influencias norteamericanas que ya habían asimilado elementos del impresionismo francés (léase en particular Debussy), los filinistas le imprimieron un nuevo impulso a la canción cubana en una época en que la avalancha de boleros de calidad originados en México había opacado la producción cubana. Al enriquecer a toda una nueva generación de creadores con armonías y acordes más amplios y ricos, el filin provocó una mayor atención al texto, puesto que lo dotó de más sinceridad y profundidad.

En sus inicios fue más un modo específico de hacer canciones que un estilo de hacer música: sus iniciadores fueron autodidactas que querían expresar ideas o vivencias, pero a su manera, lejos del piano y otras sonoridades dedicadas a la persecución de una perfección formal envuelta en un tono manido y algo escéptico, que le encajaba muy bien al bolero tradicional. Por eso, los autores del filin dieron rienda suelta a las cuerdas de la guitarra, manteniendo la continuidad histórica de la fecunda trova de principios del siglo XX. Téngase también en cuenta que una guitarra bastante buena costaba en 1950 unos diez dólares, o la construía el propio cantautor.

Abandonando la anterior retórica amorosa, el filin representó para Cuba y América Latina un cambio renovador en la historia de la canción romántica. Salvo raras excepciones, sus creadores escribieron siempre las letras de sus canciones, contribuyendo a renovar el género en cuanto a texto, melodía y posibilidades armónicas. No sujeto al ritmo fijo del bolero con la fórmula del cinquillo, ni atrapado por las claves o el bongó, la canción ganó así en intimidad e imágenes poéticas, a la vez que permitió amplia libertad de expresión al intérprete; en muchos casos, la voz adquirió más emoción y hasta cierta teatralidad. Aquellos primeros artistas podrían haber hecho suya la frase de *Bola de Nieve*: «Yo soy la canción que canto».

Cuando se hable de filin habrá que pensar en la obra musical del extraordinario **César Portillo de la Luz** (1922). Nacido en La Habana, a los 19 años comenzó a cantar como aficionado, siempre acompañado de su guitarra. En 1946 se estrenó en el profesionalismo presentándose en varias emisoras de radio, aunque ya desde 1938 había ofrecido canciones de su cosecha, como *Ave de paso* y *Más allá de tus ojos*. Más tarde actuó en los cabarés Karachi, Chateau Piscina, El Gato Tuerto y el St. John's. Varias de las canciones de Portillo de la Luz han sido interpretadas en películas; también ha trabajado como profesor de guitarra.

Cuando en 1950 apareció *Contigo en la distancia*, en un momento cumbre para el movimiento estilístico del filin, comenzó un largo recorrido que en el caso de Portillo de la Luz se concretó en *Noche cubana, Nuestra canción, Tú, mi delirio, Perdido amor, Realidad y fantasía, Canción de un festival, Es nuestra canción, Interludio* y muchas más. Al renovar el ámbito melódico y armónico de la canción, el filin hizo un aporte sustancial de carácter expresivo al cancionero cubano:

No existe un momento del día
en que pueda apartarte de mí,
el mundo parece distinto
cuando no estás junto a mí...

Si pudiera expresarte
como es de inmenso
en el fondo de mi corazón
mi amor por ti...

Odilio Urfé afirmó que detrás de su obra hay una reflexión profunda sobre la vida. Por otra parte, la labor de un músico-compositor que ha trabajado durante muchos años es, en cierto modo, cruel porque el camino se le va estrechando; definitivamente inconforme, el artista busca respuestas en una angustia que no cesa. Cuando Portillo de la Luz hace una canción parece como si tuviera una orquesta en la cabeza, cuando lo que ha tenido para imitarla no son más que seis cuerdas, y de ahí nacen los contracantos, la atmósfera y la base.

Con José Antonio Méndez, otra sensibilidad innovadora de aquella revolución estilística de principios de los años 50, César Portillo de la Luz ha contribuido grandemente a ampliar el marco del bolero, al dejar atrás la usual fraseología amorosa y sustituirla por un lenguaje más coloquial, directo y vital.

Frank Domínguez (1927) inició su actividad como creador de canciones siendo aún estudiante universitario entrada la década del 50. Hizo su primera presentación pública ante las cámaras de televisión en un programa de aficionados donde impresionó por su habilidad y buen gusto. Mientras que la mayoría de los compositores del filin son guitarristas, Frank Domínguez trabaja las teclas; sus boleros han dado la vuelta al mundo, interpretados por los más distinguidos intérpretes. Escúchese su obra romántica: *Tú me acostumbraste*, que primero popularizó René Cabel, *Refúgiate en mí*, *Pedacito de cielo*, *Luna sobre Matanzas*, *Cómo te atreves*, *Me recordarás*, *Si tú quisieras*, *El hombre que me gusta a mí*, *La dulce razón* y esa joya imperecedera que es *Imágenes*, creado en 1959 y recordado en la voz de Pacho Alonso con su personal estilo:

Como en un sueño, sin yo esperarlo
te me acercaste.
Y aquella noche maravillosa
tú me besaste...

Posiblemente el más jazzístico de los exponentes del filin, en 1956 Frank Domínguez integró un grupo que acompañaba a César Portillo de la Luz en el cabaré Sans Souci. Su primer álbum fue *Canta sus canciones* (1958) para el sello Gema; como solista, su voz quebrada le ha servido como el perfecto instrumento para contar los desvaríos del amor.

José Antonio Méndez (1927-89) Si alguien ha tenido un estilo realmente particular para *decir* sus canciones ése fue un compositor y guitarrista desaparecido en plena madurez de su carrera artística al ser atropellado por un autobús. José Antonio Méndez, conocido como el *King*, ha sido uno de los compositores más queridos y respetados por el pueblo cubano. No fue rebuscado en el momento de concebir sus melodías, ni se preocupó por hacer grandes disonancias, tampoco transitó por el intrincado campo de las modulaciones; lo que realmente caracterizó sus canciones fue el dominio de la forma, su fluidez melódica, la coherencia del texto y su correspondencia exacta con los acentos musicales.

JOSÉ ANTONIO MÉNDEZ

Entre sus más conocidos temas se encuentran *Si me comprendieras, Quiéreme y verás, Por nuestra cobardía, Sufre más, Ayer la vi llorar, Soy tan feliz, Mi mejor canción, Ese sentimiento que se llama amor, Decídete, Tú, mi adoración, Novia mía, Me faltabas tú* y *Si me comprendieras*:

Novia mía,	Si me comprendieras, si me conocieras,
desde el primer y fiel abrazo	qué feliz serías.
se hundió por siempre en el ocaso	Si me comprendieras, si me conocieras,
mi negra y cruel melancolía...	jamás llorarías...

Habanero, José Antonio Méndez se inició en el estudio de la guitarra y la composición alrededor de 1940; de naturaleza emotiva y chispeante, buscaba incesantemente una nueva forma de expresarse. El Loquibambia Swing fue uno de los grupos que empezaron a reflejar estas sonoridades y donde el *King* tocó por primera vez con el pianista invidente Frank Emilio Flynn y la cantante Omara Portuondo. En 1949 se fue a

México, donde actuó con éxito en centros nocturnos y en la radio; llevó consigo elementos clave del filin, que algunos compositores mexicanos reconocieron inmediatamente como un nuevo modo de hacer la canción sentimental. Quizá sin saberlo, con su influencia «exportó» a los medios musicales aztecas las nuevas ideas, repitiendo lo que había sucedido 35 años antes con los primeros trovadores cubanos que llevaron el bolero a México. Dejó grabadas su voz y su manera de tañer la guitarra en seis LP, uno de ellos acompañado al piano por Frank Emilio y su combo, bajo la dirección de Rafael Somavilla. Regresó a La Habana diez años después y no dejó de producir composiciones extraordinarias. Con el triunfo de la revolución llegó a ostentar cargos oficiales en la Asociación de Autores y en las comisiones de evaluación artística; sin embargo, nada más ajeno que la burocracia a la jocosidad innata de «El Ronco», llamado así por la tesitura de su voz, tan apropiada para las confesiones susurradas en sus canciones.

Cuando se estableció el nuevo estilo, José Antonio Méndez declaró: «Cada vez que uno ponía más de la tónica y la dominante establecida: una novenilla, una séptima, se decía: '¡Ah, esa cosa tiene filin!' Y es que nosotros buscábamos la espontaneidad, la condición, romper la monotonía».

Siempre será recordado burlándose de su ronquera, y rara vez decía que iba a cantar, sino a «ladrar un poquito». Su manera de afinar la melodía y de frasear influyó hasta en Pablo Milanés, como ha confesado el propio cantautor.

Tania Castellanos (1920) fue obrera metalúrgica y después textil, y desde 1939 militante del Partido Socialista Popular (comunista). Aunque su verdadero nombre fue Zoila, adoptó el seudónimo por razones de la lucha política como dirigente sindical. Recibió algunas clases elementales de música y pronto se sintió identificada con el grupo del filin, que cantaba en la emisora Mil Diez. A través de Tania llegó hasta el grupo el dirigente comunista Lázaro Peña, quien le dio un sentido de clase a algunos jóvenes cantautores y los agrupó en la Editora Musicabana para defenderlos de la explotación.

Tania escribió importantes canciones: *Inmensa melodía, Recordaré tu boca, Canción a mi Habana, Prefiero soñar, Me encontrarás, Vuélvete a mí* y *En nosotros*:

Cuando te vayas de mí
muy quedo
te seguirá mi canción
del alma...

Introducido en el ambiente musical por su padre, uno de los pilares del cancionero tradicional, **Rosendo Ruiz Quevedo** (1918) ha cultivado casi todos los géneros populares. Sirva como ejemplo la rumba *Rataplán-plan-plan*, que le grabó Paulina Álvarez con la orquesta del genial pianista Everardo Ordaz. También concibió *Senseribó*, canción-afro que le interpretó la charanga de Cheo Belén Puig. En 1945 compuso una canción que logró mucha difusión en Cuba y en el extranjero, *Hasta mañana vida mía*:

Hasta mañana, vida mía,
qué tristeza tenerte que dejar,
hasta mañana que mis labios
te puedan con un beso saludar...

Refiriéndose a los modestos inicios del filin, Rosendo Ruiz ha relatado cómo llegó por primera vez hasta el Callejón de Hammel, donde se reunían unos jóvenes que sentían profundamente lo que estaban cantando: «Aquella casa era la de Tirso Díaz, un respetado trovador que era amigo de mi padre, y que es el padre de Angelito Díaz. Bueno, aquella noche estuvimos allí, y la siguiente, y sin darnos cuenta ya éramos parte de aquel magnífico grupo... Aquello era un taller de creación».

El movimiento del filin dio lugar a varias parejas de compositores, pero sin dudas la más admirada del pueblo cubano fue la de **Piloto y Vera**, integrada por Giraldo Piloto (1929-67) y Alberto Vera (1929-96). Piloto murió con los pulmones quemados debido a un accidente de aviación, mientras que Vera continuó componiendo, sobre todo para la vocalista Annia Linares; también ejerció como director de música del Instituto Cubano de Radio y Televisión.

Las piezas de ambos comenzaron a sonar a partir de la década del 50. Entre ellas destacaron *En ti y en mí*, *Sólo tú y yo*, *Ni callar ni fingir*, *Fidelidad*, *Aquí o allá*, *Perdóname conciencia*, *Duele* y *Añorado encuentro*, que les grabó Vicentico Valdés en 1955 para el sello Seeco:

> Aunque lejos estemos tú y yo
> siempre unido estará nuestro amor,
> añorando tan sólo el momento
> de estrecharnos con loca y tenaz pasión...

Otro binomio que logró éxitos importantes paralelamente a los de Piloto y Vera fue el de Yánez y Gómez. Señala el investigador Cristóbal Díaz Ayala: «Como somos pueblo de paradojas, el filin es un nombre americano para una cosa muy cubana; es cierto que tiene sus bases en el *jazz*, pero de él tomó solamente lo que necesitaba para inventar algo nuevo. Toda nuestra música tiene un fuerte sustrato rítmico, aun en Sánchez de Fuentes o Lecuona».

Ela O'Farrill (1930) es la autora de canciones de contenido profundo y riqueza melódico-armónica. Desde hace muchos años radica en México. Entre sus obras más conocidas se encuentran *Cuando pasas tú* y la extraordinaria *Adios, felicidad* (1964) que entre otros vocalistas se la cantó Olga Chorens:

> Adiós, felicidad,
> casi no te conocí,
> pasaste sin mirarme,
> sin saber nada de mí...

melodía que le granjeó el odio del régimen castrista por convertirse en una especie de símbolo de los que no estaban de acuerdo con la dirección que tomaba la revolución. Ela O'Farrill estudió guitarra con Portillo de la Luz y perteneció a lo que podríamos definir como una segunda generación de filinistas, es decir, aquellos autores surgidos hacia finales de los años 50. En este período la poesía cambió su derrotero; es el momento en que surge la antipoesía, la poesía conversacional y la coloquial, en las cuales, presumiblemente, se «pierde» la musicalidad que acerca el poema a la canción.

«Desde el punto de vista del análisis musical», indica el flautista José Loyola, «existen en el filin elementos que sobresalen comparativamente, en relación con otras modalidades de la canción cubana. Como resultado de las influencias de la música de origen norteamericano, la estructura armónica es menos transparente, se complejizan las funciones armónicas del acompañamiento con acordes donde proliferan los de séptima de dominante, séptima disminuida, novena mayor y menor, tónica con sexta añadida, tónica con séptima, oncena, trecena y otras combinaciones intercaladas como interdominantes o dominantes auxiliares, según el centro tonal de la obra. La sucesión paralela de acordes disonantes también es muy característica».

Este autor estima que con **Marta Valdés** (1934) se cierra el concepto central del filin. Marta había estudiado filosofía y letras en la universidad habanera y realizó estudios musicales con distinguidos maestros, más tarde profundizó en armonía y composición con Harold Gramatges. La pianista Enriqueta Almanza le transcribía sus canciones cuando apenas sabía dibujar siquiera la clave de Sol. La autora de *Palabras* llegó al filin con mayor bagaje expresivo, y elaborando mucho este estilo, logró llevarlo a su máxima expresión, hasta que se vio en la necesidad de cambiar, de dar un vuelco a su creación.

Con la guitarra, ese mágico cofre que guarda en su entraña múltiples acentos definidores de la historia musical de las Américas, se ha acompañado siempre Marta Valdés. Sobre este instrumento ha declarado: «La guitarra es un universo infinito por descubrir; cada canción es un mundo, tiene que tener su arquitectura y su balance. El texto no es más importante que la música, hay que buscar incesantemente las posibilidades de la guitarra, que no tienen fin». Elena Burke le estrenó la mayoría de los números que ha compuesto, entre los que se encuentran *En la imaginación, Por si vuelves, Deja que siga sola, No te empeñes más, Hay mil formas, Aunque no te vi llegar* y la exquisita *Tú no sospechas*, que le interpretara tantas veces *Bola de Nieve*:

> Tú no sospechas
> cuando me estás mirando
> las emociones
> que se van desatando...

En una recopilación de 1995 la propia Marta Valdés comentó: «Al principio fueron años de éxitos: mis canciones y boleros saltaban, tibios aún, desde mi corazón hasta las manos de arreglistas de primera como Bebo Valdés o René Hernández, para sonar en seguida en las voces de moda de Vicentico Valdés o Fernando Álvarez. Luego, en los 60, precisamente cuando empezaba a encontrar caminos que harían madurar mi pensamiento musical, la suerte me fue adversa en el campo de las grabaciones, de manera que no pude ser contemporánea de mi generación sino de las posteriores, salvo en el terreno de la música para teatro, arte que me cobijó hasta que soplaron vientos mejores, permitiéndome al menos escuchar todo lo que salía de mi cabeza así como fortalecer el aspecto dramático de mis composiciones. En la EGREM no dejaban grabar mi música, incluso algunos intérpretes con *backgrounds* y todo fueron impedidos de hacerlo. Todavía no me explico muy bien qué pasaba conmigo».

Miriam Ramos le grabó en 1983 temas que habían sido tildados de «difíciles» en el LP *Canción desde otro mundo*, y en 1987 apareció *Elena Burke canta a Marta Valdés*, un disco que reunió a Frank Emilio, Carlos Emilio y a Enriqueta Almanza. Por su evidente popularidad, las canciones que le ha cantado Pablo Milanés son las que han tenido mayor difusión.

Marta Valdés debutó en España en 1996: «Mi obra ha llegado con mucho retraso a la gente. Mi labor ahora es dar a oír mis canciones». Martirio le ha cantado algunas con acierto y en aquel mismo año, con Omara Portuondo, subió al escenario para presentar *Ellas tienen filin*.

MARTA VALDÉS Y ELENA BURKE

Pablo Milanés (1943) nació en Bayamo, de formación esencialmente autodidacta. Una vez en La Habana, formó parte de los grupos vocales cuarteto Del Rey (1959) y Los Bucaneros, pero a partir de 1964 comenzó a trabajar solo, introduciendo un nuevo modo dentro de la canción cubana, ensamblando elementos procedentes de otras músicas y estilos, incluyendo el filin. Cursó estudios musicales bajo la guía del profesor Federico Smith y del compositor y guitarrista Leo Brouwer. Sus letras contienen altura poética y sus melodías son muestra de una sensibilidad excepcional.

Pablo Milanés logró desarrollar una expresión más dicha o declamante; estructuró canciones con fino contenido poético y se convirtió en un puente entre el movimiento del filin y el de la nueva trova, como en la antológica *Tú, mi desengaño*:

> Cuando siento que tu imagen se me esfuma
> mi tristeza ya logro disipar
> y es que era tu figura la causante
> de mi mal...

De 1965 es *Mis 22 años*, que combina dos formas expresivas diferentes: el filin en la primera parte y la guajira-son en la segunda, y que determinó un vuelco en lo que se había producido hasta entonces. Ha realizado también un importante trabajo de indagación y catálogo del bolero cubano, y por extensión, de los cantos anónimos, que ha tratado de salvar del olvido; sus versos y su música parten de ese sustrato popular que el cantautor lleva en la memoria. Sobre su fecunda actividad artística aparece más información en la sección dedicada a la nueva trova.

LAS MEJORES INTÉRPRETES DEL FILIN

Elena Burke (1928) es posiblemente la voz más identificada con el filin. Debutó en 1941 en un programa de aficionados y un año después apareció en varias emisoras de radio y en los cabarets Sans Souci y Zombie. Integró sucesivamente los cuartetos de Facundo Rivero, Orlando de la Rosa y D'Aida, con los que viajó a varios países. En 1959 abandonó el último para iniciar una brillante carrera como solista; muchos la recuerdan trabajando en el Salón Rojo del hotel Capri y después participó en la revista musical *Como a usted le gusta* del cabaré Caribe en el hotel Habana Libre. Sacó su primer LP en 1960, guiada por los maestros Rafael Somavilla y Adolfo Guzmán. Después ofreció conciertos en el museo de Bellas Artes y en el teatro Amadeo Roldán.

Conocida como «La señora sentimiento» o «Su majestad la Burke», viéndola cantar se apreciaba mejor su desbordante cubanía y su invención rítmica. Su verdadero nombre era Romana Burgues, y de pequeña le dio por imitar a la argentina Libertad Lamarque. El musicólogo Odilio Urfé escribió en 1963: «Elena Burke ha alcanzado la cima de la interpretación más decantada con ese estilo tan íntimo y profundo del cancionero criollo». Poco después, la artista apareció triunfante en el largometraje de

Rogelio París *Nosotros la música*. Más tarde mantuvo el breve espacio radial «A solas contigo», y representó a Cuba en infinidad de festivales internacionales.

Un diario mexicano comentó en 1970: «Alguien dijo que Elena Burke había sido una pérdida para el canto lírico. Su voz podría haber dado a Cuba una gran *prima donna*, pero Cuba habría perdido a su mejor cantante popular». Acaso bajo la influencia de norteamericanas como Ella Fitzgerald, extremó las evidentes afinidades del bolero con el *blues*, dándole nuevos alientos a base de transiciones bruscas y atonales, con rupturas sincopadas características del filin. En recitales, a menudo Enriqueta Almanza, su pianista acompañante, tenía que «cazarla» pues rara vez proyectó un número de la misma manera. La Burke es realmente una actriz de la canción, y como Olga Guillot, tiene ese don de emocionar al oyente. Siempre sabía hasta dónde llegar y tenía un instinto especial para no prodigarse demasiado.

Quizá sin ser consciente de ello, Elena Burke clausuró con cierto fulgor crepuscular el itinerario de un bolero cubano ya extenuado por su propia decadencia, el hostigamiento del régimen y la ingestión de conservas soviéticas. Persona organizada en los más mínimos detalles de lo cotidiano, supo resumir lo que piensa un verdadero artista sobre el fenómeno de la popularidad: «Tener siempre a alguien que piense en uno es algo que nos hace sentir el calor del pueblo».

Aida Diestro (1928-73) fue una pianista y arreglista genial, asociada a los «muchachos del filin» desde muy temprano. Dotada de grandes condiciones para la música, la «Gorda de oro» fue la fundadora del cuarteto que tomó su nombre en 1952, y que en su elenco original estuvo integrado por Elena Burke, Haydée y Omara Portuondo, y Moraima Secada *La Mora*, fallecida en 1989, quien se inició con la orquesta femenina Anacaona y había participado en el cuarteto de Meme Solís. El D'Aida fue el primer grupo femenino que cantó a cuatro voces, con un tratamiento que correspondía a las nuevas sonoridades en la música internacional. Muy exigente, Aida Diestro tenía un extraordinario sentido de la armonía, e insistía en que las chicas interiorizaran lo que cantaban; en los minutos que duraba una canción debía surgir una magia muy especial, porque creía que el bolero es un juego de verdades, no de mentiras.

Muy conocida por el público español, **Omara Portuondo** (1930) se inició como aficionada en Radio Cadena Habana, a raíz de lo cual el pianista

Frank Emilio la llevó a su grupo Loquibambia, que se escuchaba por la emisora Mil Diez. Más adelante se unió al espectáculo coreográfico de Alberto Alonso, al show de Rodney en Tropicana, al cuarteto de Orlando de la Rosa y estuvo un tiempo con la orquesta femenina Anacaona, donde le enseñaron a tocar la tumbadora y se ilusionó con aprender batería. Ya con una bien cimentada carrera, a partir de 1952 integró el cuarteto D'Aida con su hermana Haydée durante quince años. Como solista ha ganado reconocimiento dentro y fuera de Cuba, y ha llegado a ser una de las tres grandes de la canción filin junto con Elena Burke y Moraima Secada.

La «Novia del filin» nació y se crió en la popular barriada habanera de Cayo Hueso, de donde han salido muchos rumberos. Ha actuado con la orquesta de Música Moderna, donde Chucho Valdés (1941) tocaba el piano, y en 1997 grabaron el disco *Desafíos* para el sello madrileño Nubenegra. Fue precisamente este sello el que descubrió a la Vieja Trova Santiaguera, brindó apoyo a Gema y Pável y rindió sendos homenajes en CD a *Rapindey* y a María Teresa Vera.

Al margen de las piezas creadas para Omara por Alberto Vera, como *Lo que me queda por vivir*, están las canciones de Martín Rojas *Siempre es 26* y *Mujer del mundo tercero*, así como *Gracias a la vida* de la chilena Violeta Parra, *Vuela pena* de Amaury Pérez y *La era está pariendo un corazón* de Silvio Rodríguez, que interpretó en 1966, posiblemente la primera grabación que se hizo de un tema del cantautor. Sobre la responsabilidad del intérprete, Omara Portuondo ha enfatizado: «Nuestro trabajo consiste en transmitir ideas, mensajes, sentimientos, y si no llegan a los demás, si cantas para ti misma o para unos pocos, no cumples a plenitud el rol social que te corresponde».

Otras figuras importantes en la interpretación del bolero en la onda del filin han sido Miguel de Gonzalo, Meme Solís, Fernando Álvarez, Marta Justiniani, Roberto Sánchez, Doris de la Torre, Amado Borcelá, Edmundo *Mundito* González, Manolo del Valle, Luis García y el dúo que conformaron José Tejedor y Luis Oviedo. También se han destacado Gina León, María Elena Pena, Bobby Carcassés, Miriam Ramos, Anais Abreu, Argelia Fragoso, Emilia Morales, Annia Linares, Rita Gil y Beatriz Márquez. Entre las mejores compositoras hay que destacar la labor de Teresita Fernández, que también tiene en su haber excelentes canciones infantiles; ha musicalizado el *Ismaelillo* de José Martí y las *Rondas*, de la chilena Gabriela Mistral. La versatilidad de Soledad Delgado y sus conocimientos musicales la han colocado como una de las mejores voces de la canción cubana. El vocalista Luis Téllez (1951) llegó primero a España en 1993 con el espectáculo «Antología del Bolero», que recorrió más de 50 ciudades españolas; formado en el ambiente familiar de su nativa Santiago, es graduado de canto en el Instituto Superior de Arte (ISA) y durante años actuó en el cabaré Tropicana. Téllez tuvo como mentores a los compositores Isolina Carrillo y Adolfo Guzmán; ahora trabaja en Madrid.

LA CANCIÓN PROTESTA LATINOAMERICANA

Como consecuencia de un despertar político motivado por la agudización de los conflictos sociales, a finales de la década de 1950 surgió el germen de lo que posteriormente se denominó nueva canción latinoamericana. El folclor musical de la América hispana, apaleado tanto por los intereses comerciales disqueros como por su utilización por compositores «cultos» para crear obras de síntesis, cobró en varios países un nuevo sentido como arma política.

Aparecieron solistas y grupos jóvenes de notable calidad que lo elaboraron con sofisticación, como la chilena Violeta Parra, una de las primeras en componer canciones de contenido social; también se destacaron en Chile Isabel y Ángel Parra, junto a Víctor Jara, asesinado por los esbirros de Pinochet, así como los grupos Inti Illimani y Quilapayún.

En cuanto a la música urbana, se produjo paralelamente en Brasil una renovación sorprendente del samba: el bossa nova. Lanzado en 1958 a partir del álbum *Canción del amor demás* de Elizete Cardoso, el violinista Joao Gilberto presentó un nuevo tipo de síncopa que devendría característica del promisorio estilo. Un año después, con *Desafinado*, el mismo músico empleó el término bossa nova por primera vez. Para 1962, con la música cubana encerrada en la isla, el nuevo ritmo, gran deudor del *jazz*, llegó a Estados Unidos donde encontró hábiles promotores.

Entre los cultores de la nueva canción en Brasil hay que contar con Gilberto Gil, Caetano Veloso, Geraldo Vandré y Chico Buarque, que continuaron elaborando temas románticos y no sólo de carácter social. En Argentina y Uruguay la denuncia partió también de la música urbana como su principal nutriente como resultado de la dura represión gubernamental: así resurgieron, entre otros cantautores, Atahualpa Yupanqui y

Mercedes Sosa en Buenos Aires, totalmente comprometidos con la lucha política, mientras que Daniel Viglietti, Alfredo Zitarrosa y Los Olimareños cantaron desde Montevideo. Tania Libertad surgió en México casi al mismo tiempo que Judith Reyes y Los Folkloristas, Gloria Marín en Venezuela y Alejandro Gómez en Perú. En España aparecieron Luis Pastor, Elisa Serna, Hilario Camacho y Pablo Guerrero. Entre 1960 y 1974 la mayor parte de estos artistas abundaron en tonadas repetitivas referidas a las luchas de liberación, principalmente contra la guerra en Vietnam y en apoyo a Cuba comunista, en un tono épico disfrazado de elementos folclóricos locales. Cantos que llevaron a la Casa de las Américas de La Habana en agosto de 1967, como se verá más adelante.

LA NUEVA TROVA

Habría que estirar bastante el concepto de bolero para incluir este movimiento de la canción cubana dentro de sus parámetros. Sin embargo, su calidad musical y el contenido de sus números más románticos han hecho que la nueva trova se haya ganado un sitio significativo en el quehacer musical de las últimas décadas.

Silvio Rodríguez y Pablo Milanés se conocieron gracias a Omara Portuondo, que les presentó en 1968 en un estudio de televisión, donde se pasaron varias horas cantándose sus canciones. Ambos fueron cofundadores del movimiento, aportando su indudable talento a este cambio drástico del bolero tradicional, que revitalizó la canción cubana y la catapultó nuevamente al plano internacional. Han tenido la dicha de lograr hacer su propia revolución con sus composiciones, y reconocen que fue el pueblo español quien primero les tributó su simpatía y reconocimiento, y quien contribuyó a proyectar internacionalmente su música: en medio de la transición a la democracia, los jóvenes se identificaron con unos códigos que sonaban a esperanza; desde entonces, muchos de ellos siguen siendo sus incondicionales. Solos con sus guitarras o acompañados de Afrocuba o Irakere, esa meca del espectáculo que es México también acogió y difundió a la nueva trova sin prejuicio alguno.

Como sus hermanos del cono sur, Silvio y Pablo han cantado desde Cuba a la América de los hambrientos y explotados, de los discriminados, oprimidos o encarcelados, de los desaparecidos y masacrados; han logrado expresar sus ideas haciendo caso omiso de las evidentes contradicciones en su propio país. Maestros ilusionistas, han hecho creer a millares de admiradores que sus canciones se vierten desde un lugar donde la justicia social está firmemente implantada. Veamos.

Silvio Rodríguez (1946) ha revelado bastante sobre su vida en diversas composiciones que lo han convertido en uno de los principales creadores dentro del amplio ámbito de la nueva canción latinoamericana. Comenzó a cantar piezas originales, frescas y de calidad temática y melódica en 1967, poco antes de su estreno en el Palacio de Bellas Artes durante un recital organizado por el periódico *El Caimán Barbudo* en honor de la cantautora de filin Teresita Fernández. Ese mismo año se celebró el Primer Encuentro de la Canción Protesta organizado por la Casa de las Américas, en el que Silvio no participó ya que aún no era conocido; la nueva canción latinoamericana surgía con fuerza arrolladora en Argentina, Uruguay, Brasil y Chile, un fenómeno que se estaba gestando desde los años 50. Al finalizar el Encuentro, no hubo acuerdo en cuanto a la definición de canción protesta, social, política, comprometida o revolucionaria, pero sí en cuanto al objetivo central: «*La canción es un arma al servicio de los pueblos, no un producto de consumo utilizado por el capitalismo para enajenarlos*». Fue en aquella época cuando comenzó a escucharse más asiduamente la voz de Silvio en la radio, mientras hacía sus primeras apariciones en televisión y centros culturales. Pronto se sumó a los jóvenes cantautores que se reunían en la Casa de las Américas: entre ellos estaban Pablo Milanés y **Noel Nicola** (1946), hijo del profesor de guitarra Isaac Nicola, quien fuera maestro de Leo Brouwer. Noel ha musicalizado poemas de José Martí y César Vallejo y es el autor de *Por la vida juntos, Diciembre tres y cuatro, Para una imaginaria María del Carmen, Comienzo el día* y otras. Los tres jóvenes buscaban una nueva expresión que, partiendo de los valores de la trova tradicional y del filin, se acercara a una dimensión más humana y comprometida.

Pero ¿cómo comenzó Silvio? Es evidente que siempre ha logrado conservar su entusiasmo juvenil por la revolución, y por la poesía y la literatura fantástica de calidad. Ya desde el cambio político en 1959 perteneció a la Juventud Socialista (Comunista) de su pueblo, San Antonio de los Baños, y en 1960 se integró en la Asociación de Jóvenes Rebeldes. Como muchos otros jóvenes, Silvio creyó ciegamente en Castro. Creció aceptando el dogma de que ser revolucionario era ser fidelista; y ser fidelista era repetir a pies juntillas el discurso del comandante, apoderarse de sus palabras y devolvérselas con la fidelidad de un disco. A él no le sucedería lo que le repitieron tantas veces a la autora Marta Valdés, angustiada porque no le grababan su música: «Si no te gusta el sistema, vete del país». Pero al igual que otros muchos artistas, la compositora no quiso ni oír hablar del asunto porque ello hubiera supuesto, entre otras cosas, abandonar sus raíces y su ya madura carrera artística.

La familia de Silvio se mudó para Centro Habana a raíz de la separación de sus padres; su madre se volvió a casar y en la misma vivienda tenía una peluquería, y cosa irónica, el tímido jovencito se metía debajo de la cama a leer cuando el local se llenaba de mujeres. Cuando vio *Fantasía* de Walt Disney le cautivó la música de los clásicos; desde entonces comenzó a frecuentar la fonoteca de la Biblioteca Nacional «José Martí». Durante el bachillerato conoció a **Vicente Feliú** (1947), quien más tarde se convirtió en otro de los máximos exponentes de la nueva trova. Por aquel entonces posiblemente Vicente tenía una conciencia política más desarrollada que Silvio: con apenas 12 años se había unido a los Comités de Defensa de la Revolución (CDR), un organismo represivo creado para identificar a posibles desafectos del régimen, dedicado a vigilar los movimientos cotidianos de la gente que vive en una calle concreta. Una de sus víctimas fue el propio Pablo Milanés en 1965: lo internaron a la fuerza durante casi un año en una de las prisiones rurales llamadas UMAP porque los miembros del CDR de su calle decidieron que de algún modo oblicuo sus canciones ocultaban contrarrevolución, mariconería o ambas cosas a la vez. O sencillamente por vivir la «*dolce vita*» y no tener un trabajo fijo. A Pablo lo sacaron de aquella prisión para lavarle el cerebro, lo casaron con la hija de un capitán de la Seguridad y lo encerraron a vivir en un edificio. Hasta que cedió y resucitó como el Pablo Milanés que hoy conocemos. De aquella terrible experiencia surgió *Mis 22 años*.

En 1960, el gobierno declaró la guerra contra el analfabetismo: las escuelas cesaron su actividad durante un año y Silvio Rodríguez fue uno de los 100.000 jóvenes que se sumaron a las brigadas de maestros improvisados que convivieron entre 6 y 10 meses con familias campesinas; alejado de casa por primera vez, fue a hacer cosas por sí mismo, a su manera. A su regreso, siempre alentado por su padre, Silvio siguió cultivando su amor por la lectura y empezó a interesarse por el dibujo humorístico.

A partir de 1962, y ya con 16 años, entró a trabajar en la revista *Mella*, órgano propagandístico de la Unión de Jóvenes Comunistas; allí conoció a algunos poetas y escritores y amplió su percepción de autores importantes. Sumamente delgado y ya con poco pelo, usaba entonces unas gafas enormes. Un compañero dibujante le enseñó los primeros acordes en la guitarra. Alguien apareció una tarde con una grabadora checa y para divertir a sus amigos, tomó la guitarra e improvisó *El rock de los fantasmas*, su primera canción. Cercano a los 17 años, Silvio ampliaba sus labores de caricaturista con la ilustración y el diseño gráfico; también escribía poemas y enviaba colaboraciones a otras revistas. Comenzó a estudiar arte en la escuela de Bellas Artes y poco después pintaría un Fidel Castro a tamaño natural y vestido de verde olivo en una pared de la cocina de su casa; su obsesión era tal que llegó incluso a tallar la efigie del máximo líder en madera. Por la misma época estudió piano hasta que en 1964 tuvo que abandonarlo todo para incorporarse al ejército, cumpliendo su servicio de tres años y tres meses. Para él constituía un honor estar en el ejército, pero la rigidez de horarios y reglas le incomodaba. Consiguió una vieja guitarra, que pintarrajeó por completo, y comenzó a sacarle acordes. Después de varios fracasos durante el entrenamiento dada su débil constitución física, fue enviado a la revista *Venceremos*, instalada en un campamento militar; allí conoció a un compañero de unidad que tocaba la guitarra y que le enseñó nuevos acordes. «Empecé a hacer canciones para no aburrirme... Comencé a inventar melodías y a encaramarle textos por encima. Siempre quise hacer canciones diferentes a las que se oían, siempre quería cantar cosas que nadie hubiera escuchado», declaró en cierta oportunidad. Sus primeras creaciones se titularon *Saudade, La cascada, Te vas, La otra presencia* y *De qué valen mis razones*, principalmente de temática amorosa y de tono marcadamente pesimista. También le impresionaban los disturbios que ocurrían entonces en las escuelas sureñas norteamericanas contra los niños negros, tema en que la prensa oficial cubana insistía diariamente para debilitar la opinión positiva del imperio que tenían muchos jóvenes criollos. Como un acto impulsivo de solidaridad, la temática social brotó en él de manera espontánea con la canción *¿Por qué?*:

> Esta noche quiero alzar mi voz, mi voz,
> junto con mis hermanos, empezar, besar.
> ¿Por qué al hombre marcar?
> ¿Por qué, por qué?

Ya tenemos una imagen bastante clara del joven Silvio Rodríguez: avispado y original, con conciencia social, curiosidad intelectual, totalmente identificado con la revolución, amante de las palabras y de la música, y buscador de amores imposibles. Todos estos factores unidos tendrían una definitiva repercusión en su devenir artístico. Aceptado ya como hombre de confianza del régimen, en 1965 pasó a trabajar en la revista *Verde Olivo*, órgano del ejército, donde permaneció hasta terminar su servicio militar. En aquellas oficinas sostenía discusiones diarias con el director de la publicación: no aceptaba órdenes sin un razonamiento convincente en lo referente al diseño o la maquetación. Por aquel entonces conoció a la actriz Teté Vergara, quien le explicaba las vicisitudes que vivían los artistas en otros tiempos. En las aburridas noches de guardia recurría a su amante de seis cuerdas y con ella expresaba sus sentimientos. «Ya está el flaco jodiendo con su guitarrita», solían comentar otros reclutas; sin embargo, animado por sus compañeros, comenzó a participar en actividades culturales en otras unidades militares y en festivales de aficionados de las Fuerzas Armadas Revolucionarias. Formando un dúo con Luis López, también de la revista, fueron presentados en el teatro Amadeo Roldán e interpretaron dos canciones de Silvio; esa fue la única vez en su vida que el cantautor actuó de traje y corbata.

Una noche, el director de la revista lo sorprendió pasando a limpio unos poemas en una máquina de escribir, los leyó y comprendió que Silvio tenía talento. Tratando de influir en sus lecturas le puso en las manos *En la calzada de Jesús del Monte* de Eliseo Diego y *La semilla estéril* de José Z. Tallet. El sensible Silvio quedó muy impresionado al descubrir que podía haber poesía en cualquier tema o lugar; el problema residía en encontrarla. Conoció entonces a Emilia, una chica con inquietudes artísticas y literarias, un primer amor que fue muy importante en la formación del joven. Fue ella quien le dio a leer al peruano César Vallejo, cuya poesía tuvo posteriormente una importancia decisiva en su obra; por supuesto, la mayoría de las canciones de amor que escribió en los años siguientes estuvieron dirigidas a la muchacha. Entretanto, iba adquiriendo mayor destreza con la guitarra y hacía incursiones en ritmos de bolero, calypso y *rock*. «Sentía que había maneras de decir determinadas cosas que yo no encontraba en el panorama musical que me rodeaba», comentó mucho más tarde.

Aunque sus primeras referencias eran las de la música popular bailable, carecía de influencias concretas perceptibles. Le gustaba Charles Aznavour porque tenía otra dinámica diferente a la de los temas manidos que diariamente escuchaba; también se enamoraría de los Beatles. Durante un permiso descubrió en su casa un viejo disco del viejo trovador Sindo Garay: «Antes de conocer a Sindo yo tocaba la guitarra sin ninguna orientación, sin ningún vínculo», declaró en una ocasión. «De pronto oí sonoridades que tenían que ver con mis sonoridades».

Otra importante sorpresa de entonces fue descubrir que Vicente Feliú también había aprendido a tocar la guitarra y concebía textos con una perspectiva nueva, arrinconando los estereotipos machistas y cantándole a la mujer desde un sentimiento compartido e igualitario. Vinculándose a algunos jóvenes intelectuales entre las interminables colas y el disfrute de helados Coppelia, hallaba en ellos consejos para su creación. «En vez de cantarles mis canciones a músicos, lo hacía con poetas y narradores. Había un sentido crítico y me sugerían lo que era mejor; eso me permitió adiestrarme, ver la canción con una óptica poética», explicó posteriormente.

Más tarde conoció al pianista acompañante Mario Romeu a través de su amistad con su hija Belinda. Impresionado por las canciones que le escuchó, el músico le invitó a una prueba de grabación en el Instituto Cubano de Radio y Televisión; aquel día estaban presentes Adolfo Guzmán y otros músicos y cantantes consagrados.

SILVIO RODRÍGUEZ

Luego pasaron al estudio, donde Silvio se encontró con una orquesta esperándole. Romeu simplemente le dijo: «Siéntate aquí, coge tu guitarra y toca tus canciones».

Cuando le dieron de baja en el ejército se encontró de pronto confundido en una vida con múltiples caminos: al desmovilizarse tenía casi cien canciones y 20 años de edad. Mario Romeu logró presentarlo en televisión en el programa «Música y estrellas»; nervioso, con mucho miedo escénico pero sabiendo que sus canciones eran muy distintas y ya ante las cámaras, el delgado Silvio palideció cuando la presentadora anunció a «Un compositor e intérprete nuevo y con gran futuro: Silvio Rodríguez». Interpretó *Sueño del colgado y la tierra* y *Quédate*. Calzado con sus queridas botas militares, hizo penetrar a los espectadores en la dimensión cósmica que había imaginado en sus canciones, un mundo surrealista, seductor y misterioso, preludio de lo que sería una nueva forma de cantarle al amor y a los sueños.

Cuando murió el Che Guevara en octubre de 1967, Silvio se encontraba en Varadero realizando actuaciones en el marco del Festival de la Canción. Allí entró en contacto directo con el *jazz* a través del grupo Sonorama 6, al cual pertenecían Martín Rojas (1944) y Eduardo Ramos (1946). Fueron ellos quienes lo introdujeron a la música brasileña, a partir de Chico Buarque, Gilberto Gil, Milton Nascimento, Joao Gilberto y Tom Jobim. Se le abrieron más perspectivas aún por la influencia del *rock* y por el descubrimiento, poco más tarde, de la creatividad de los catalanes Joan Manuel Serrat, Raimón y Luis Eduardo Aute.

Entretanto, la canción contestataria de las nuevas generaciones cobraba auge a nivel internacional, y le debía bastante a cantantes libertarios como Léo Ferré, el francés que amaba las palabras y odiaba la autoridad. Los patrones y convencionalismos se venían abajo, los Beatles rompían los esquemas tradicionales y los jóvenes, como preámbulo del 68, se manifestaban por una mayor justicia social; crecían las protestas contra la guerra en Vietnam y Latinoamérica buscaba su propia expresión, como en la época dorada del bolero, esta vez entre el desgarramiento de recrudecidas dictaduras.

A Silvio le propusieron entonces conducir el programa dominical televisivo «Mientras tanto», dirigido por Eduardo Moya y escrito por Víctor Casaus, con escenografía de René Azcuy y contando con la asesoría de su amigo Guillermo Rodríguez Rivera; tiempo después declaró que aquel programa había sido «la primera trinchera que tuve para arrojar canciones». Y es que en su combativo corazón siempre ha reaparecido la pasión por lo militar. Era un momento de crisis en la canción cubana: la presión de los sectores conservadores del Partido Comunista se inclinaba por mantener la misma música de siempre, incluso tildaron a Silvio de extranjerizante. Quizá por eso aprovechó para presentar a gente notable en el programa, potenciando a jóvenes cantautores y también a varios trovadores tradicionales. Olvidaba el guión en el plató y se ponía muy nervioso, por lo que en una de las primeras emisiones, *Bola de Nieve* le aconsejó que tratara de adquirir más confianza en sí mismo.

Reunidos en la Casa de las Américas para ofrecer su primer recital conjunto en febrero de 1968, Silvio, Pablo y Noel no tenían ni idea de que estaban levantando los cimientos de un movimiento artístico que sirvió para ampliar el marco de la canción romántica. En un momento de su actuación invitaron a tomar parte a otros jóvenes trovadores que habían acudido como espectadores: Vicente Feliú, Eduardo Ramos y Martín Rojas. Aquello fue el estreno de la nueva trova, aunque aún no se le había dado ese nombre, que según Silvio surgió del tresero Pancho Amat o de Noel Nicola.

Silvio Rodríguez, autor de *Mientras tanto, El barquero, La víspera de siempre, La canción de la trova, Hay un grupo que dice, La era está pariendo un corazón, Canción del elegido, El papalote, El Mayor, Mariposas, Rabo de nube, En el claro de la luna, Sueño con serpientes, Pequeña serenata diurna, Te doy una canción, Testamento, Unicornio, Por quien merece amor, La masa, Resumen de noticias, Óleo de mujer con sombrero, Ojalá* y muchas obras más, ha afirmado que: «mi canto no pudo haber surgido sin esta revolución que lo sustenta y anima, y porque, gracias a ella, en el terreno artístico e ideológico puedo proponer mejores cosas que las que sustenta un mundo decadente».

A lo largo de su estancia en el Grupo de Experimentación Sonora del Instituto del Cine musicalizó varías películas, como *Testimonio* de Rogelio París, *Nombre de guerra: Miguel Enríquez* de Patricio Castilla y *Nace una comunidad* de Víctor Casaus.

En 1975 apareció *Días y flores*, su primer LP producido en Cuba, que en España se editó con dos canciones censuradas en su primera edición, y con el título de *Te doy una canción*. En la versión original aparecían once canciones, algunas con arreglos de Frank Fernández (1944), quien desde entonces comenzó a colaborar en todos sus discos como arreglista, pianista, director de orquesta, productor o supervisor.

La voz de Silvio Rodríguez no es cálida ni particularmente seductora, sino más bien aguda, de un timbre casi metálico y bastante frágil. Al escucharlo, uno llega a temer que en cualquier momento se le quiebre, y ese riesgo forma parte de su extraño atractivo. Pero es un verdadero poeta de la segunda mitad del siglo XX. Quizá el secreto resida en que siempre ha logrado transmitir una gran franqueza, un no aparentar lo que no es; su contribución ha sido una bocanada de aire fresco en un ámbito como el lúdico, por lo común tan especulativo como artificial. «Silvio Rodríguez es un poeta que canta», ha afirmado alguna vez el escritor uruguayo Mario Benedetti.

Lo que es cuestionable sobre Silvio y Pablo es su silencio ante la zozobra a que ha estado sometido el pueblo cubano durante más de cuatro décadas bajo el castrismo. Mientras que sus amigos de vanguardia, Mercedes Sosa, Daniel Viglietti, Inti-Illimani y otros valientes cantautores protestaban y denunciaban los atropellos y explotación de los mercaderes suramericanos, Silvio y Pablo cerraron los ojos al aparato de intimidación totalitaria de un régimen incapaz de satisfacer las necesidades más perentorias del pueblo cubano. Comulgando con la generación del entusiasmo, siguieron suscritos a los primeros avances positivos de la revolución. No han sido críticos en su propio patio. Pero ni Pablo ni Silvio son profetas: un profeta es el que ve y dice la verdad. «*No vivo en una sociedad perfecta*», nos repite Pablo Milanés, pero, ¿quién vive en una sociedad perfecta?

Cómo se organizó el movimiento

En diciembre de 1972 se creó oficialmente en Manzanillo, Oriente, el movimiento de la nueva trova, auspiciado por la Unión de Jóvenes Comunistas con el objetivo de «orientar» a los cientos de jóvenes que habían comenzado a expresarse por su cuenta bajo la influencia de Pablo, Silvio y otros cantautores. La decisión había surgido a raíz de un opresivo Primer Congreso Nacional de Educación y Cultura, celebrado un año antes en La Habana, en que se declaró: «*El arte es un arma revolucionaria*». Aquel encuentro en Manzanillo duró cinco días. Entre los fundadores del movimiento se encontraban Silvio, Pablo, Noel, Eduardo Ramos, Vicente Feliú, Martín Rojas, Augusto Blanca, Belinda Ramos, Jesús del Valle, Adolfo Costales, Tony Pinelli, René Mateo, Pancho Amat, Freddy Laborí y Ramiro Gutiérrez. Luego se incorporarían Sara González, Miriam Ramos, Pedro Luis Ferrer y otros. Es de notar que aquellos jóvenes no se habían desarrollado en un entorno universitario; amaban la música y habían crecido alfabetizando, recogiendo café o cortando caña de azúcar como «voluntarios». Actualizando la época de los viejos trovadores y de los filinistas, todos tenían en común el instrumento transportable que les permitía los mejores recursos rítmicos, armónicos y melódicos: la guitarra.

Ilusionados por la oportunidad de no encasillarse en un estilo, género o ritmo determinado, los jóvenes artistas asumieron una conciencia autocrítica creadora, con continuas alusiones al propio trovador, integrando elementos de la vida cotidiana que se transformaban en pequeñas epopeyas fundidas con el amor y la lucha revolucionaria, pero sin tocar ningún tema realmente escabroso para el régimen. Como excepción, Noel Nicola logró producir algunas piezas de crítica, si bien limitadas a la sátira contra la burocracia, los convencionalismos o el machismo. Reafirmaban los «troveros» la necesidad de que el artista fuese parte del pueblo, expresión de sus problemas y anhelos; rechazaron la extravagancia y declararon: «Debemos ir a nuestro folclore, recoger los aspectos positivos de nuestra música tradicional y utilizar lo mejor de la cultura universal sin que nos lo impongan desde afuera». Por supuesto, para entonces ya había bastantes cantautores de calidad en Estados Unidos, Francia, Inglaterra, España y varios países latinoamericanos que venían haciendo exactamente lo mismo.

Silvio y Pablo contribuyen religiosamente con los ingresos de sus giras y cuantiosas ventas de discos a los Estudios de Grabaciones y Ediciones Musicales (EGREM), una de las discográficas del mundo con mayor fondo musical propio. Arropada por el Instituto de la Música, que a su vez depende del Ministerio de Cultura, la EGREM es un organismo estatal surgido en 1964 tras la nacionalización de la firma Panart, el primer sello discográfico cubano cuyo quehacer se remonta a 1943. Su actual gestión ha posibilitado que, tal y como está la situación económica en la isla, Castro no tenga que destinar nuevos recursos y divisas para mantener el desarrollo de la actividad musical. Es decir, la EGREM se autofinancia y contribuye además con el 20 por ciento de sus ingresos al presupuesto nacional; lleva a cabo la producción de discos y casetes a través de los sellos Areíto y Siboney, fabrica instrumentos musicales, edita partituras y libros de música, y organiza las presentaciones públicas de más de 200 agrupaciones artísticas. Un verdadero negocio.

Con los años, el movimiento de la nueva canción latinoamericana ha tendido a institucionalizarse, pero seguirá teniendo presencia mientras haya opresión política y económica. Con el tiempo también, ya no suenan tanto los nombres de Sara y Nicola y los de otros fundadores de la nueva trova. Quedan Pablo y Silvio, aunque van surgiendo otras figuras que sí hacen una crítica más o menos velada al sistema, como Pedro Luis Ferrer y Carlos Varela, y hasta una tercera generación de nuevos troveros, como Gema y Pável, envueltos en una onda más existencialista, que desarrollan casi todo su trabajo en España y que prohíjan a su vez a una camada de jóvenes enmarcados antes bajo el nombre de Habana Oculta y que ahora se llaman Habana Abierta.

El cantautor **Pablo Milanés** (1943) nunca ha sido el *alter ego* de Silvio Rodríguez. De hecho, se formó mucho antes, desde que siendo muy joven y extremadamente delgado le dejaba oír sus obras a Aida Diestro, la que formó el cuarteto de voces femeninas más importante de Cuba, convirtiéndose en su chico mimado. Mucho ha llovido desde que su madre lo sorprendió, con sólo cinco años, cantando entero y sin desafinar *Juan Charrasqueado*, un popular corrido mexicano, y comprendió que su hijo iba a ser cantante. Están sus labores como tipógrafo, su debut profesional con el cuarteto Del Rey, con el que desarrollaría el oficio de vocalista, el encuentro con el filin, su antológica canción *Mis 22 años* (una balada filinesca que de pronto da paso a una guajira-son de tema filosófico), los vínculos con Silvio, Noel, Martín y los avatares con el Grupo de Experi-

mentación Sonora del Instituto del Cine (ICAIC), sin
olvidar las presentaciones
en la Casa de las Américas
en presencia de Haydée
Santamaría, directora de dicha institución, quien lo cobijó hasta suicidarse en
1980. Están su experiencia
chilena, así como los éxitos
en España, México, Brasil,
Venezuela y Argentina.

PABLO MILANÉS

A diferencia de Silvio,
Pablo Milanés ha cantado música de otros autores y además ha compuesto: *Ya ves, Tú mi desengaño, Estás lejos, Para vivir, Su nombre puede ponerse en verso, A Santiago, La vida no vale nada, Hombre que vas creciendo, Los caminos, Años, El breve espacio en que no estás* (inspirada en la actriz Lili Rentería Llerena), *Defiende el amor que te enseñó, Proposiciones, Quiero ser de nuevo el que te amó, Yolanda* (Yolanda Benet, madre de sus tres hijas mayores, su esposa entre 1969-73), entre muchas otras canciones. Su música ha recorrido el mundo en la voz de muchos intérpretes; sus letras contienen frases de altura poética y sus melodías son muestra de una sensibilidad excepcional.

A partir de su gira por Argentina en 1984 comenzó a disfrutar de mayor popularidad entre los propios cubanos, aunque ya una década antes era capaz de colmar estadios en otros países, con gente dispuesta a cantar al unísono todo su repertorio, cumpliéndose aquello de «ver para creer». Sobre esta evidente contradicción, Pablo ha declarado: «No es un secreto que hemos crecido en la preferencia nacional de afuera hacia adentro. De inicio, trascendimos a Europa en especial, con amplia difusión en España, luego de 1976, con la apertura democrática. Después llegamos a varios países de América y en la actualidad (1987) convocamos una buena cantidad de público en Cuba. Para esto fue esencial el documental que nos filmó Estela Bravo, al coincidir con Silvio y conmigo en Argentina».

Dentro y fuera de Cuba siempre ha existido una saturación de unas cuantas canciones de Pablo y de Silvio, cuando ambos tienen obras nuevas que presentar, a pesar de que las grabaciones y las continuas giras y compromisos les roban tiempo e intimidad para componer. En el caso de Pablo Milanés, un hombre con amplios recursos musicales, muchas veces ha tenido que recurrir a los ardides del oficio porque no ha estado en condiciones para propiciar el surgimiento de una obra. Suele crear de madrugada, tomando café; dejó el tabaco en 1980 porque afectaba a sus cuerdas vocales y todavía mantiene una excelente voz, pese a su exagerada gordura y el sufrimiento de los huesos. Entre sus composiciones preferidas ha señalado *Ya ves, y yo sigo pensando en ti* (con una estructura barroca que debe bastante a Bach), *Si el poeta eres tú* (tratando de ennoblecer la figura del Che Guevara), y su primera obra, *Cuando siento que tu imagen se me esfuma*. Al igual que Silvio, Pablo ha «disparado» infinidad de balas invisibles en sus canciones, esgrimiendo un fantasmal machete aguerrido y otros mitos guerrilleros cubanos, así como la queja por la pérdida del Chile de Allende, que rompería los planes de Fidel Castro para el cono sur. Temas que siempre ha logrado disfrazar con instrumentaciones estupendas, en que a menudo aparece el «tumbao» cubano, como en la canción a su hija Haydée. Con su programa televisivo «Proposiciones», título de una de sus más concisas y definitorias obras, logró reafirmar una pujanza que se mantiene a pesar del tiempo transcurrido.

Algunos críticos han sustentado un criterio polémico al plantear que Silvio es el compositor por excelencia mientras que Pablo es el intérprete integral. Más bien ambos se emulan para superarse a diario, y hasta ahora ninguno de los dos ha bajado la bandera.

En junio de 1969, al terminar su servicio militar, Pablo pasó a trabajar en el Instituto Cubano del Arte y la Industria Cinematográficas

(ICAIC), junto con Silvio, Noel Nicola y Eduardo Ramos. Allí integró el Grupo de Experimentación Sonora (GESI), que se formó a instancias de Alfredo Guevara, amigo íntimo de Castro y entonces director del ICAIC, con la intención de crear una nueva cultura sonora acorde con la política. Años más tarde se incorporaron Sara González y Amaury Pérez, mientras que Vicente Feliú sólo pasó esporádicamente por los estudios. También participaron originalmente los instrumentistas Sergio Vitier (guitarra), Leonardo Acosta (saxo alto, fliscornio, flautas) y tres jóvenes graduados de la Escuela Nacional de Arte: Pablo Menéndez (guitarra), Leoginaldo Pimentel (batería) y Emiliano Salvador (piano). En distintos momentos colaboraron Genaro García Caturla (flauta), Lucas de la Guardia (clarinete), Amado del Rosario (oboe), Norberto Carrillo (percusión), Carlos Averhoff y Manuel Valera (saxos). Las materias impartidas incluían solfeo con Juan Elósegui, armonía a cargo de Federico Smith, electroacústica por el ingeniero de sonido Jerónimo Labrada. **Leo Brouwer** (1939), compositor, director y guitarrista de fama internacional, enseñaba morfología, orquestación y estética musical, y les inició además, en palabras de Silvio, en «una materia un poco que él inventa y que pudiera ser quizás la ética del arte, ya que es demasiado general para denominarla».

Los objetivos del GESI eran tratar de renovar la música popular, recuperando sus raíces más auténticas, el estudio de las diferentes técnicas de composición y realización, y la elaboración de música para cine. Leo Brouwer planteó las siguientes líneas de trabajo: la música pop actual / elementos esenciales de la música cubana / la canción actual y su fuerza de comunicación social / el fenómeno beat en la música pop / la relación musical entre Brasil y Cuba / los formatos de sonoridad / el arte trascendente / el arte momentáneo / la experimentación electrónica aplicada a la música popular / el jazz / el arte abierto, el happening (arte casual) y su posible cohesión social. Brouwer ya había musicalizado varias películas cubanas, había creado más de cien obras para guitarra y pronto se convirtió en uno de los compositores y directores con mayor prestigio en Cuba y en el extranjero.

La labor del GESI desde 1973 se caracterizó por una mayor proyección del grupo hacia los recitales en vivo y por la grabación de seis LP representativos de su quehacer, aparte de algunas otras grabaciones compartidas con figuras y grupos destacados. También promovió giras a otras provincias, así como recitales en escuelas, en fábricas, ante unidades militares y en la sala de la Cinemateca del ICAIC.

La película *La primera carga al machete*, dirigida por Manuel Octavio Gómez, fue el primer filme que utilizó música de los jóvenes trovadores, en este caso de Pablo Milanés: la vieja y la nueva trova caminaron de la mano en esta reconstrucción de la memoria histórica.

En los años en que participó en el GESI, Pablo Milanés creó todo tipo de temas y géneros, como el guaguancó *Los caminos* o *Su nombre puede ponerse en verso*, dedicado al líder vietnamita Ho Chi Min, con texto de Félix Pita Rodríguez, la *Canción del constructor*, *América: tu distancia, Hombre que vas creciendo* y *Éramos*, sobre un texto de José Martí. Su creatividad parece no tener fin. El propio Silvio ha declarado: «Conocer a Pablo era conocer una maravilla, y oírlo cantar era recibir lecciones de musicalidad por sus composiciones y por la manera de cantarlas».

Quizá el movimiento de la nueva trova no ha significado una renovación literaria *per se*, sin que este juicio obste para afirmar que existen en su seno auténticos poetas. Los textos de Pablo y Silvio, particularmente los del primero, suelen mantener una discreta rima, preferentemente asonante, que crea esa recurrencia sonora indispensable para la canción. Por lo demás, sus versos más románticos narran, dialogan, deslizan la ironía, obligan a reflexionar sobre lo que estaba ante nuestros ojos y en nuestros corazones, y que de tanto mirarlo y vivirlo, no lo apreciábamos.

MÉXICO

LA MÚSICA YUCATECA

Como en el caso del danzón, el bolero cubano penetró en México a través de la península de Yucatán. El investigador mexicano Jesús Flores y Escalante considera que ambos llegaron vía Puerto Progreso, arribando simultáneamente a Campeche y Champotón, siguiendo el litoral hasta Alvarado y el puerto de Veracruz, para continuar después su viaje hasta Tuxpán y Tampico. Desde aproximadamente 1870, los vaporcitos de la línea Elder-Dempster llevaron grupos del teatro bufo habanero, disidentes políticos y músicos emigrantes en pos de mejores alternativas, siempre delineando el triángulo La Habana-Yucatán-Veracruz. Dada la importancia musical de lo que aconteció en dicha costa para el resto del país aparece esta introducción al folclor regional.

En el largo proceso cultural de México surgieron, a través de mezclas y fusiones, formas musicales como el huapango, la canción mexicana y el corrido. Cada canción, cada son instrumental, constituyó un elemento de unión y comunión entre sus habitantes. Así, la aguda flauta de seis orificios acompañada de varios tambores es todavía un elemento funda-

mental de cohesión entre el grupo chontal del estado de Tabasco, situado
junto al golfo de Campeche, entre las ciudades de Veracruz y Mérida. Los
chontales se diferencian muy poco de los campesinos mestizos de esa región del sureste; visten igual, se alimentan igual, sus viviendas son semejantes. Lo que los distingue como grupo es ante todo la lengua y la música chontal, ambas reflejo de una tradición cultural que tiene sus raíces en
la antigua civilización maya.

No sabemos con precisión cómo era la música indígena antes de la
llegada de los conquistadores, aunque hay tres tipos de fuentes históricas
para imaginarla: los hallazgos de instrumentos musicales, las representaciones de músicos e instrumentos en los códices, pinturas, vasijas y relie-
ves, y los relatos de los cronistas españoles del siglo XVI que presenciaron
las manifestaciones musicales en el imperio azteca. También se hace necesario reconsiderar el concepto de «mundo prehispánico», pues abarca
unos 5.000 años de vida sedentaria, y es de suponer que en un lapso tan
prolongado se produjeran infinidad de evoluciones, influencias, cambios,
florecimientos y decadencias. Por otra parte, no fue una sola la cultura
prehispánica de Mesoamérica, sino varias docenas, tan dispares entre sí
como pueden haberlo sido la celta, la romana o la visigoda hace 2.000
años en Europa. Grandes diferencias separaban aquellas civilizaciones: la
olmeca, la teotihuacana, la tolteca, la zapoteca, la mixteca, la perúpecha,
la maya y la azteca, por citar algunas. Incluso dentro de cada una de ellas
había diferencias entre la música «culta», producto de estudios formales,
y la producida en forma tradicional por el vulgo.

Los españoles llevaron a México, como también a la región del Caribe, romances y villancicos a varias voces junto con trompetas, sacabuches
y tambores para la música festiva. Aparecieron pífanos, flautas travesoras
y chirimías para la soldadesca, y el arpa, el laúd o la vihuela, junto a la
viola de gamba, el rabel y las flautas de pico para la música cortesana.

Trasladaron un buen número de negros de Cuba, y a pocos años
de establecida la Conquista, los colonizadores iniciaron la importación directa de esclavos africanos para explotarlos tanto en las nacien-
tes haciendas agrícolas y ganaderas como en las minas. Estos esclavos
fueron despreciados y considerados indignos; las frecuentes prohibiciones decretadas por los virreyes hicieron que sus creencias, ritos,
lenguas, bailes y músicas fueran considerados salvajes y atentatorios
contra la religión cristiana y las buenas costumbres. Otro factor de
gran importancia que produjo la desaparición casi total de lo africano

fue el fenómeno de un muy temprano mestizaje, tanto con españoles como con los nativos, que diluyó la mayoría de sus manifestaciones culturales.

Sin embargo, han sobrevivido pequeños elementos musicales negros, a veces casi intangibles, que le han dado un carácter muy peculiar a buena parte de la música popular mexicana. No se trata sólo de algunas palabras como *maracumbé, bamba* o *congo*, tan identificadas con el folclor de México, sino ante todo del uso muy extendido de la síncopa, del canto responsorial, de la riqueza rítmica, del *tempo* de muchas obras de música tradicional, de la velocidad con que se cantan las coplas en dichas piezas, hasta el punto de convertirse muchas de ellas en verdaderos trabalenguas. Igualmente importante es una cierta cadencia en los sones de las regiones que mayor influencia africana recibieron, como Veracruz, Tabasco y Campeche, así como en la Costa Chica del estado de Guerrero, en el Pacífico.

Mucho tuvo que ver con esa riqueza musical la relación casi ininterrumpida de la influencia negra a través de Cuba. Con las visitas anuales de compañías de bufos teatrales habaneros durante la segunda mitad del siglo XIX, penetraron en México la danza, la habanera, el danzón, la guaracha y el incipiente bolero. Este notable influjo afrocubano se dio menos en la música de tradición rural que en la llamada «música tropical», expresión que en México siempre ha indicado el origen caribeño.

Por errados orgullos nacionalistas se ha querido atribuir la invención de la marimba, uno de los más importantes instrumentos musicales en uso en México y Centroamérica, a alguna de las culturas mesoamericanas, específicamente a los mayas; sin embargo, no existe ningún documento arqueológico o prueba histórica que pueda respaldar tal argumento. La marimba es un xilófono, y en cierto modo el *teponaztli*, con sus dos lengüetas, se podría considerar como un xilófono rudimentario. Mas su origen africano se ve confirmado por las marimbas de la costa Pacífica de Colombia y Ecuador, precisamente en las zonas donde predominó la población negra. Todavía hoy se usa el *kindung* en Nigeria, marimba de catorce teclas y resonadores de cuernos de cebú, tocada por dos músicos con baquetas cubiertas en su extremo redondo por bolas de caucho; y en el Alto Volta se emplea ampliamente el *elong*, también de catorce teclas, pero con una caja de resonancia adaptada de calabazos.

A pesar de las continuas prohibiciones dirigidas a indios y negros, la creciente población mestiza se siguió divirtiendo a lo largo de varios siglos con la música y los bailes de moda. Hay suficiente evidencia de que ya desde el siglo XVII se habían establecido escuelas de danzar y tañer las cuerdas, donde se enseñaba a interpretar la chacona, la zarabanda y la pavana, así como la zambra, el contrapás y la contradanza, la mazurka y la polka, incluyendo el *laendler* alpino y el *schottisch* (o chotis, como se castellanizó). La música militar también se enriqueció: de sacabuche, pífano y tambor se fue transformando en pequeñas orquestas de viento, con flautas, clarinetes, oboes, trompetas, trombones, cornos y tubas, acompañados por tambores, timbales y platillos. Esta evolución tuvo lugar desde los días de la dominación de los Habsburgo, que controló el destino de México hasta que Maximiliano I fue depuesto y fusilado por los revolucionarios de Benito Juárez en Querétaro en 1867. Para entonces ya se cantaba *La paloma* del vasco Yradier, habanera que se había convertido en pasión de la absurda corte austriaca. Otra notable influencia del cambio a la música con instrumentos de viento se debió a su incorporación masiva en los ejércitos que libraron cruentas luchas defendiendo el enorme territorio que Estados Unidos le fue robando a México, y que copiaron de los gringos (término surgido de *green coat*, el uniforme verde de los norteamericanos). De ahí que por iniciativa de Benito Juárez y con apoyo de su sucesor Porfirio Díaz, se formaran las primeras «orquestas típicas».

MÚSICA INDÍGENA DE CUETZALÁN

En todo este complejo proceso, y como sucedió en Cuba, lo europeo fue adquiriendo rasgos que empezaron a distinguirse como mexicanos; los contenidos de las letras comenzaron a referirse al paisaje, la flora y fauna locales, y en el lenguaje poético se incluyeron indigenismos. Curiosamente, el arte contrapuntístico del barroco, desaparecido en Europa a partir del clasicismo y el romanticismo, se conservó con características propias en muchas regiones del inmenso país, mientras que los ritmos cadenciosos de origen africano también contribuyeron a alejar a la música mexicana de sus progenitores europeos.

Algunos fandangos sobrevivientes, como *Degolletes, Angaripolas, Jarabe gatuno, Toro grande*, etc, fueron los grandes sones yucatecos que cruzaron el siglo XIX y que luego perdieron su esplendor a comienzos del XX.

Al calor de las llamadas «vaquerías», fiestas en celebración de la cosecha agrícola y ganadera, aquellos viejos fandangos se multiplicaron en decenas de sonecitos de carácter regional. Todavía se recuerdan *El chuleb*, *La xochita*, *La cucaracha*, *El zapilote*, *La tuza*, *El pichito*, *La yuya*, *El xulab*, *La torcaza*, etc, como bisnietos de los fandangos españoles. Los yucatecos se enorgullecen de sus alegres jaranas, de ritmos movidísimos en compás de 3x4, que originaron los valseados, y de 6x8, derivado de los zapateados, con bailadores extendidos en dos filas. Y aparte de las vistosas figuras y de los variados estilos de baile de pareja suelta, han sobrevivido las bombas, en que los enamorados suelen decir sus sentires en ingeniosas coplas.

Muchas fueron las influencias que intervinieron en la canción romántica oriunda de Yucatán, incluyendo bambucos colombianos, llegados también a través de los barcos de cabotaje. Dentro del bambuco se reconocen dos variantes: el *curralao* o bambuco viejo, que era bailado por los negros de la costa del Pacífico, y el llamado bambuco *antioqueño*, conocido así porque varios poetas de Antioquia le dieron letra a los más bellos. El bambuco se baila colocándose las parejas una frente a la otra, ambos con un pañuelo en la mano, mientras la mujer, con las manos en las caderas, parece huir del bailarín que la asedia. Esta forma de bambuco antioqueño fue la que se trasplantó a Yucatán.

Gradualmente, todos los estilos, géneros y formas musicales llegados a México tomaron carta de naturalización y se convirtieron en parte del acervo mexicano de manera mixtificada, como ocurrió con el *chuchumbé*, el *zacamandú*, la *bamba* y los múltiples fandangos cubanos de origen español que a fin de cuentas se transformaron en el *huapango* y también en parte fundamental del *jarabe* mexicano, el zapateado y sones característicos como el jarocho, el huasteco, el tierracalenteño, el jaliscience y otros, involucrando en este proceso algunos aspectos y modos de la música pentáfona de los ancestros indígenas.

De igual manera, la contradanza, la habanera y el danzón cubanos, que en su momento formaron parte de aquellas influencias, después se convirtieron en bailes mestizos urbanos, como ocurrió con la danza y el danzón mexicanos. Estos ritmos tomaron una condición quizá exageradamente arrabalera, pero absolutamente válida que aquéllos que lo cultivaron, lo consintieron y lo bailaron, dándole una forma más popular.

En lo que toca al bolero cubano de Pepe Sánchez, Alberto Villalón, Manuel Corona, Sindo Garay y Rafael Gómez *Teofilito*, que se recibió masivamente entre 1912 y 1914, en un contacto similar al del danzón, cabe aclarar que fue devuelto a la isla a partir de 1930 ya con la prestancia y la personalidad impuestas por figuras como la de Agustín Lara, Juan Arvizu, María Grever, Emilio Pacheco y Joaquín Pardavé, entre una pléyade de compositores e intérpretes mexicanos.

Alberto Villalón fue el primero de los discípulos de Pepe Sánchez en llegar a México en 1902 y 1904, cantando con Adolfo Colombo y Miguel Zaballa, como parte de la compañía de variedades del empresario Raúl del Monte. Este temprano contacto influyó decisivamente en el desarrollo posterior del bolero: los troveros yucatecos abandonaron valses y danzas para crear bambucos colombianos, así como claves y boleros al estilo cubano.

EL CUBANO ALBERTO VILLALÓN

Yucatán comenzó a difundir su música a través de dos cancioneros editados en 1909: *El Ruiseñor Yucateco* y *El Cancionero*. En ellos fueron catalogadas por vez primera las canciones románticas de Cirilo Baqueiro y Fermín Pastrana, padres de la trova yucateca. A menudo los boleros se anunciaban como guarachas, pues quizá fue más fácil acoplarlos a este género, muy en boga en la Mérida de principios del siglo XX; curiosamente, en dicho renglón se encuentran algunos boleros hechos por *Chan Cil* (Cirilo Baqueiro) y un buen número de boleros cubanos conocidos en aquel territorio.

Uno de los primeros boleros de corte yucateco fue *Amor maternal* de Gasque, mientras que *Chan Cil* compuso el celebérrimo *Los hijos de la noche*. Una pieza escrita en 1921 y grabada en 1924, *Morenita mía*, es posiblemente el bolero mexicano más antiguo, aunque su autor, Armando Villareal Lozano, lo catalogó como «canción colombiana».

A estos comienzos prometedores siguió una sorprendente laguna de casi diez años, en donde el bolero pareció encontrarse en receso. Sin embargo, entre 1915 y 1919 los yucatecos comenzaron a interpretar insistentemente melodías cubanas como *Pensamiento* de Rafael Gómez *Teofilito* y *Mujer perjura* del invidente Miguel Companioni. El propio Alberto

Villalón alcanzó cierto renombre al musicalizar en ritmo de bolero *Boda negra*, basado en los versos crípticos del venezolano Carlos Borges. Pero la llegada entre 1920 y 1922 de dos piezas cubanas antológicas creadas por compositores cualificados, *Quiéreme mucho* de Gonzalo Roig y *Si llego a besarte* de Luis Casas Romero, logró renovar el interés inicial en el bolero.

Se dice que Mérida es una ciudad donde todas las penas se curan con canciones. Podría afirmarse que la buena racha del bolero mexicano empezó en 1920 cuando Luis Augusto Basulto compuso *Para qué quiero la vida* y Enrique Galaz estrenó *Para no darme cuenta de la vida*. También se destacaron composiciones de Ricardo Palmerín y Pepe Domínguez. Este último tuvo tal afán por difundir el bolero yucateco que creó el Quinteto Mérida para recorrer gran parte del territorio nacional, el Caribe y Estados Unidos, donde grabó boleros yucatecos por primera vez; Domínguez falleció repentinamente en Cuba en 1955, durante una gira con su compañía.

Por aquel entonces Mérida invadió la capital con otros dos boleros estupendos: *Ella* de Domingo Casanova y *Beso de muerte* de Pepe Martínez. Por la misma época se dio a conocer *Presentimiento*, del campechano Emilio Pacheco, y en 1926 Guty Cárdenas lanzó su extraordinario *Para olvidarte*. Con la obra muy posterior de Luis Demetrio, el bolero yucateco ya aparece totalmente mezclado con elementos puramente caribeños.

EL DANZÓN Y EL SALÓN MÉXICO

Conocido como la «Catedral del baile», el Salón México de la capital estuvo plagado de anécdotas y leyendas, convirtiéndose en un verdadero mito a partir de 1962, fecha en que cerró sus puertas definitivamente. Establecido cerca de la Plaza de Juan Carbonero, en un local que antes ocupó la panadería Los Gallos, aledaña a la periferia del Zócalo, entre calles angostas y empedradas que daban paso a cantinas y hoteluchos, el Salón México se impuso en un barrio bravo, cargado de recovecos para el convivio, la maldad, la espera o el romance.

Era tal la pasión por el rítmico baile originado en Cuba, que al aproximarse su inauguración en 1920, los periódicos anunciaron el acontecimiento con gran insistencia. La primera orquesta que allí tocó fue la del negro timbalero cubano Tiburcio Hernández *El babuco*, integrada en su mayoría por músicos veracruzanos, quienes interpretaron los danzones más conocidos de la época: *Teléfono a larga distancia, La negra, El pagaré* y *Ferrocarril Central*. Durante la década posterior a 1920 la ciudad vio crecer un buen número de salones de baile, entre ellos el Alhambra, el Casino y el Montesito. Aun así el Salón México continuó siendo el más concurrido, tal vez por el horario (cerraba a las 5 de la madrugada), por la calidad de sus orquestas, por su ubicación o por la amplitud de sus salas establecidas en semicírculo, y conocidas como Maya, Tianguiz, Azteca y Renacimiento, pistas que conservaron estos nombres hasta 1935 cuando el público las rebautizó como los salones «cebo», «manteca» y «mantequilla», quedando «la Renacimiento» sin clasificación, quizá porque se encontraba en la parte menos concurrida o porque finalmente se convirtió en pequeñas habitaciones.

Diez años antes de aquella época, el Salón México se había convertido ya en lugar de esparcimiento de diversos compositores y cantantes bohemios, incluyendo al joven Agustín Lara, un enamorado de los danzones que cuando terminaba de trabajar en algún prostíbulo iba a escuchar el manejo de las teclas que desplegaba *El Garbanzo,* gran pianista jarocho cuyo nombre era Rodolfo Rangel.

El danzón, ejecutado más lentamente en la ciudad de los palacios que en Cuba, se hizo leyenda por su erotismo y su color. También gozó de gran aceptación debido a agrupaciones de la calidad de *Acerina*, sobrenombre del percusionista cubano Consejo Valiente Robert, quien había llegado a Mérida en 1913.

LOS MEJORES COMPOSITORES

Un antecedente

Antes de comenzar con los boleristas, es importante mencionar a un compositor que contribuyó notablemente a enriquecer la historia de la canción romántica mexicana: se llamó **Manuel María Ponce** (1882-1948) y había nacido en Zacatecas. Aunque no estuvo a la altura de otros autores de producción «culta» de vanguardia, como su discípulo Carlos Chávez o el maestro Silvestre Revueltas, que también basaron su obra en las raíces populares, Ponce alcanzó una dimensión lírica muy significativa.

El musicólogo Mayer-Serra afirma: «Desde la aparición de Ponce los compositores mexicanos se dieron cuenta de que el camino a la universalización de un estilo nacional no parte de escrituras o técnicas ajenas, o sea, de la mera asimilación, sino de la cultura musical de su propia tierra, utilizada como materia prima y elaborada con los recursos técnicos universales de la época».

Habiendo demostrado una delicada precocidad musical, sus padres lo prepararon para ingresar al Conservatorio Nacional en 1901; después estudió en Italia y en Alemania. Rompiendo con las tradiciones de la gente adinerada de dedicarse a cultivar la música selecta, Ponce abrazó con entusiasmo la canción autóctona, por lo que fue muy criticado. Entre 1910-12 compuso *A la orilla de un palmar* y *Estrellita*, dos melodías que todavía se cantan con emoción, a pesar de ser testimonios de la influencia lírica italianizante de la época:

A la orilla de un palmar
yo vide una joven bella,
su boquita de coral
sus ojitos dos estrellas...

Estrellita del lejano cielo
que miras mi dolor
que sabes mi sufrir,
baja y dile si me quiere un poco
porque ya no puedo
sin su amor vivir...

A consecuencia del dramático proceso revolucionario que vivió el país durante aquellos años, Ponce se estableció por algún tiempo en La Habana, donde ofreció conciertos y fundó la academia Beethoven en colaboración con varios maestros cubanos. Regresó a México en 1917 para ser nombrado director de la Orquesta Sinfónica. enviado a París en 1925 para actualizar sus conocimientos musicales y allí vivió durante nueve años. En 1941 realizó una gira por Suramérica y en 1948 le fue otorgado el Premio Nacional de Artes y Ciencias, que le entregó el entonces presidente de la república, Miguel Alemán. Ponce falleció ese mismo año en medio de una triste pobreza.

Partiendo del romanticismo del siglo XIX, Ponce fue el iniciador del movimiento nacionalista, al que le siguieron Candelario Huízar, José Rolas, Carlos Chávez, José Pablo Moncayo, Blas Galindo y otros compositores.

Aparte de sus importantes obras sinfónicas, quedan de él unas 250 canciones, destacándose *Mañanitas mexicanas, Desterrado, Lejos de ti, Marchita el alma* y *Serenata mexicana*. Su amistad con el gran guitarrista Andrés Segovia le inspiró una buena cantidad de obras para ese instrumento, de las cuales el *Concierto para guitarra* ha alcanzado consagración universal.

Otro compositor que hizo aportes importantes a la canción popular mexicana fue **Ignacio Fernández Esperón**, más conocido como *Tata Nacho* (1894-1968). Durante su niñez en Oaxaca perdió casi toda su dentadura en una fatal caída, lo que le ocasionó dificultades para expresarse con claridad; sus amiguetes le decían que hablaba como un anciano, razón por la cual le pusieron el mote de «Tata». A las veladas que se celebraban en su casa asistían asiduamente los poetas Amado Nervo y Luis G. Urbina, que seguramente influyeron en despertar su interés por la rima. Aunque inició estudios de agronomía y de magisterio, los abandonó para llevar una vida bohemia en la capital. De esa época son *Adiós mi chaparrita*, y *La borrachita*, ejemplos claros de la predominante influencia lírica italiana.

Entre 1919-24 trabajó en el consulado de México en Nueva York y de vuelta a su tierra se empleó como recopilador de música vernácula. En visita a Mérida en 1927 conoció a Guty Cárdenas, animándolo para que se estableciera en la capital. Ambos participaron en el concurso de la Canción Mexicana de ese año, ganando Tata Nacho con *Menudita* y quedando Guty en segundo puesto con *Nunca*. Vino a Sevilla en 1929 como parte de la representación artística mexicana a la Exposición Iberoamericana, quedándose en París hasta 1937. A su regreso a México Tata Nacho se vinculó a la radioemisora XEW, organizando en 1940 la Rondalla Mexicana y más tarde el trío Veneno, con Alfonso Esparza Oteo y Mario Talavera. «Así es mi tierra» fue el programa de la XEW que organizó a partir de 1947, dedicado a promover la canción autóctona. En 1952 fue nombrado director de la Orquesta Típica de México.

Algunas de sus mejores inspiraciones fueron compuestas en sus estadías en Nueva York y en París, como *Quiera Dios, Otra vez, Capullito de rosa, Dime ingrata, Nunca, nunca, nunca, Morenita tapatía* y otras.

Al parecer, el bolero más antiguo que se compuso en México fue *Morena mía* (1921), debido al pianista y violinista Armando Villareal Lozano. Posteriormente se conocieron *Su mamá tuvo la culpa* de Alfonso Esparza

Oteo, *Beso de muerte* y en 1924 *Presentimiento*, con letra del poeta español Pedro Mata y música de Emilio Pacheco, canción que Juan S. Garrido anotó en su obra *Historia de la música popular de México* como el primer bolero compuesto en aquel país. **Guty Cárdenas** (1905-32) lo popularizó de tal forma que muchos creyeron que había sido él el autor.

Su nombre completo fue Augusto Alejandro Cárdenas Pinelo, pero había aceptado el diminutivo familiar. Nacido en Mérida, y de familia solvente, desde pequeño

GUTY CÁRDENAS

Guty demostró inclinación para la música, aprendiendo a tocar mandolina, contrabajo, saxofón, piano y guitarra, su instrumento preferido. En 1926 lanzó su extraordinario *Para olvidarte*:

> Para olvidarte a ti
> que no supiste
> comprender la ternura
> de mi alma....

Basado en versos de su paisano Ricardo López Méndez, lo compuso originalmente como bolero, pero *Tata Nacho* le sugirió cambiar el ritmo a clave cubana, lo que curiosamente, provocó airadas críticas periodísticas. Guty fue incluso tachado de «malinchista» (la Malinche fue la indígena que se unió a Hernán Cortés y traicionó a los suyos), por componer «ritmos extranjeros».

Nunca, la canción que le ganó el segundo lugar en el concurso de 1927 llegó a acaparar la atención pública y se hizo rápidamente popular:

> Yo sé que nunca
> besaré tu boca,
> tu boca de púrpura encendida,
> yo sé que nunca, llegaré a la loca
> la apasionada fuente de tu vida...

Esta melodía llegó a oídos de un pianista desconocido que se ganaba la vida tocando danzones en burdeles de mala muerte en las calles de Cuauhtemotzin, un hombre sumamente delgado que vestía elegantemente, llamado Agustín Lara. Él lo recordaba así: «Los concurrentes me pedían *Nunca*, ebrios de entusiasmo y de copas, y yo, en verdad, quería tocarla casi siempre, sin descanso. Incluso llegó a sugerirme mi canción *Imposible*, la primera con la que trascendí al público».

Sólo 27 años tenía Guty Cárdenas cuando murió a consecuencia de un pleito con dos hombres en un bar: de la agresión verbal pasaron a las armas y uno de ellos vació su pistola sobre el compositor yucateco. México perdió así a uno de sus artistas más prometedores. Dejó melodías maravillosas con letras escritas por otros: *Golondrina viajera, Hoy que vuelves, Aléjate, Dile a tus ojos, Un rayito de sol, Peregrino de amor, Lágrimas* y muchas más. En 1928 Guty grabó en Nueva York varios boleros para el sello Brunswick; allí estableció vínculos entrañables con los artistas cubanos Nilo Menéndez (el de *Aquellos ojos verdes*) y Adolfo y Conchita Utrera, con el colombiano Jorge Áñez y el argentino Gregorio Ayala. Gran admirador de Agustín Lara, Guty llevó al disco las primeras versiones de *Rosa, Mujer, Aventurera, Contraste* y *Sólo tú*. Lo cierto es que por un tiempo los dos actuaron juntos en varios escenarios de la capital. Podría afirmarse que sin proponérselo, Guty Cárdenas fue el detonador que abrió el camino a la fecunda inspiración del «Flaco de oro».

Agustín Lara (1897-1970) fue seguramente el compositor a quien más le han grabado en la historia de la canción y el bolero. Afirmaba el genial cantautor que había nacido en Veracruz en 1900, pero se ha logrado comprobar que realmente nació en ciudad de México en 1897; en el registro de su bautizo aparece como Angel Agustín María Carlos Fausto Alfonso del Sagrado Corazón de Jesús Lara Aguirre del Pino, pero afortunadamente nunca firmó sus obras con tantos nombres. Su también extensa trayectoria personal suena a típico melodrama de vecindad quintopatiera.

Desde muy pequeño, Agustín demostró poseer condiciones musicales especiales pero su padre se negó a que las desarrollara. A los 12 años se escapó del hogar debido a problemas relacionados con la conducta sumamente rigurosa de su progenitor; después de un año regresó pero encontró a su madre abandonada. Un amigo le consiguió la oportunidad de trabajar como pianista en una casa de mujeres de vida alegre; allí fue sorprendido una noche por su padre y obligado a ingresar en una academia militar, donde permaneció muy poco tiempo. Decidió entonces alistarse en las filas de la revolución mexicana, pero por su endeble constitución física pronto fue despedido de las tropas de Pancho Villa; entonces volvió a trabajar como pianista en un cabaré de Santa María de la Redonda por el año 1927. En aquel lugar, el filo de una botella rota, esgrimida por una mujer celosa, le desfiguró el rostro para siempre a la altura de la boca. Una marca horizontal al lado izquierdo de su cara que se puede apreciar en cualquier foto.

Posiblemente la canción *Imposible* surgió en aquel ambiente; la pieza se impuso a tal grado que la editora The Mexico Music Co., representante de los discos RCA Victor, se la compró por 48 pesos y en octubre de 1928 la grabó en Nueva York el trío Garnica-Ascencio. Al mismo tiempo empezaron a circular versiones en las voces de Pilar Arcos, José Moriche, Adolfo Utrera y José Rubio, grabadas en otros sellos. Curiosamente, en algunas etiquetas calificaron como danzón a este nuevo bolero.

En 1929 Lara trabajaba en el bar Salambó cuando lo conoció el tenor Juan Arvizu, quien ya era una figura de la canción, y lo contrató para que lo acompañara al piano en las presentaciones que hacía en los teatros de aquella época. En ese año compuso *Reliquia, Nunca te olvidaré, Boquita chiquita* y junto a la clave *Serenata*, un bolero extraordinario que le estrenó Julia Garnica en el teatro Degollado de Guadalajara: *Rosa*.

> Rosa deslumbrante
> divina rosa que encendió mi amor.
> Eres en mi vida
> remedo de la herida que otro amor dejó...

Su vida bohemia le trajo bastantes desdichas, que felizmente para sus admiradores, sublimó en páginas inolvidables: *Noche de ronda, Rival, María bonita* (a raíz de sus relaciones con la actriz María Félix), *Solamente una vez, Mujer,* y tantos otros temas. Recordando la creación de *Mujer,* Angelina Bruschetta, una de sus esposas, escribió: «Sin piano, realizó el milagro de componerla con un sistema que, aun viéndolo, me parecía increíble: lápiz y papel a cargo de la mano derecha; con los dedos de la izquierda tamborileando sobre la mesa, mientras que el ritmo corría por cuenta de los pies. Tarareando o silbando iba naciendo la melodía, mientras le adaptaba o asimilaba las palabras que iba escribiendo en el papel». Este bolero se estrenó en mayo de 1930 en la voz de Ramón Armengod, en la revista teatral *Cachitos de México*:

> Mujer, mujer divina,
> tienes el veneno que fascina en tu mirar.
> Mujer, alabastrina
> eres vibración de sonatina pasional...

Agustín Lara llenó casi medio siglo de boleros, inspirado en desconsolados amores imposibles. En 1930 se vinculó a la radio. La XEW, la Voz de la América Latina, le ofreció un programa que le abrió las puertas de la popularidad continental: «La hora íntima de Agustín Lara», le dio la oportunidad de estrenar muchas de sus composiciones. Actuó también en los cines Rialto y Monumental, así como en el teatro María Guerrero y posteriormente en el Iris, acompañando al tenor Pedro Vargas, que se convirtió en su principal intérprete. La consolidación de Lara como figura señera se logró en el mismo año, fecha en que apareció un artículo sobre su obra en la revista *Música*, una publicación de vanguardia que tuvo una vida breve, enfocada al nacionalismo artístico mexicano.

La Habana fue su primera gira al exterior. Viajó allí en 1933 con Pedro Vargas y Ana María Fernández, con tan mala suerte que llegaron en los días caóticos en que se derrumbaba la dictadura de Gerardo Machado; poco pudieron actuar, así que tuvieron que regresar a México en un barco carguero, no sin antes haber pasado graves dificultades económicas. Después de años de creatividad incesante, en 1941 Agustín Lara realizó una importante gira a Brasil y Argentina, llevando esta vez como intérprete a Ana María González.

En Buenos Aires, Agustín y Ana María se unieron a Pedro Vargas y a José Mojica, quien les comunicó su decisión de retirarse a la vida religiosa. El «Flaco de oro» produjo entonces una canción que dedicó al brillante tenor, *Solamente una vez*, estrenada en un programa de Radio Belgrano:

> Solamente una vez, amé en la vida.
> Solamente una vez y nada más.
> Una vez nada más en mi huerto
> brilló la esperanza, la esperanza
> que alumbra el camino de mi soledad...

Gracias al estilo «larista» que siguieron compositores consagrados y noveles, en la capital se estableció el cambio musical por un género más íntimo y urbano, con características antillanas. El tango fue desplazado por el bolero, el *fox-trot* tuvo dificultades para subsistir y los géneros españoles se olvidaron de momento. La tradicional danza como canción romántica y la canción del género lírico, tipo romanza, que habían estado presentes cerca de cinco decenios en el gusto musical mexicano tenían contados sus días. Incluso la ranchera y el corrido mexicano sufrieron el impacto de aquel talento inmenso.

Pianista de dedos ágiles que interpretaba muy bien los danzones cubanos, tenía una habilidad extraordinaria en la ejecución, como si hubiera cursado estudios superiores. Sin embargo, apenas sabía leer música. Pero al introducirse en el mundo del bolero, Agustín Lara estableció unas normas que se convirtieron en pautas para los compositores que vendrían posteriormente. Ya había planteado la fórmula básica en *Imposible*: 32 compases divididos en dos partes, los primeros 16 en tono menor y los otros 16 en tono mayor. Aunque no inventó nada en este aspecto, pues ya Pepe Sánchez lo había estructurado así en 1885 en Santiago de Cuba, su forma definida de composición y su extraordinaria armonización establecieron pronto un estilo novedoso.

AGUSTÍN LARA

Agustín Lara se describía a sí mismo como un músico autodidacta e instintivo, que componía sus canciones al piano como por milagro. En las letras de esas melodías se perciben algunos elementos literarios que van más allá de la simple cursilería. *Mujer* es un ejemplo perfecto de estilo, lleno de imágenes sorpresivas y asociaciones inesperadas, en tanto que *Rival* juega con las contradicciones freudianas:

> Mi rival es mi propio corazón
> por traicionero,
> yo no sé cómo puedo aborrecerte
> si tanto te quiero....

Es innegable que su principal fuente de inspiración fueron las mujeres con las que compartió su vida. Quizá por esa razón los defensores de la «virtud mexicana» no dejaron de atacarle; en 1936, un crítico comentaba: «Lara no ha escrito una sola canción mexicana. *Aventurera, Perdida, Cortesana*, son sus títulos favoritos. Sólo faltan *Horizontal* y *Ramera*».

Su figura desgarbada no fue impedimento para que actuara en el cine. Entre otras películas destacan *Novillero* en 1936, *Noche de ronda* en 1942, *Perdida* y *Coqueta* en 1949, y en 1950 *La mujer que yo amé*. Estos filmes debieron mucho de su éxito taquillero al aura de las canciones de Agustín Lara y a sus letras plenas de significado para un público dispuesto a conmoverse hasta las lágrimas.

En 1946, el entonces presidente de la República permitió el establecimiento de una corriente moralizante, que se denominó «Liga de la Decencia», promovida por el Obispado de México y otros organismos; los moralistas retomaron el papel de inquisidores, vetándose los temas sensuales y supuestamente eróticos en la canción popular. *Palabras de mujer* fue prohibido y retirado de la circulación por decir: «*Aunque no quiera Dios, ni quieras tú, ni quiera yo...*» Esta supuesta frase blasfema tuvo que ser cambiada por «*Aunque no quieras tú, ni quiera yo, lo quiso Dios...*»

Sin embargo, a pesar de todos los ataques, su actividad musical continuó siendo muy intensa. Lara parecía poseer un talento y una resistencia inacabables; lo absorbían varias giras dentro del país, otra vez al exterior, presentaciones en teatros de revista y programas de radio, mientras continuaba componiendo boleros imborrables. Por su admirable labor musical recibió en vida múltiples homenajes y distinciones, incluyendo la casa que le obsequió el dictador Franco en Granada en 1965, como homenaje de gratitud por las bellas melodías inspiradas en diferentes ciudades españolas: *Granada, Sevilla, Murcia* y *Toledo*, incluyendo el famoso chotis *Madrid*, registrado en 1948: «*Cuando llegues a Madrid chulona mía...*»

Su fina ironía le acompañó siempre. Cuando fue homenajeado en el Instituto de Bellas Artes por cumplir 25 años como compositor declaró: «No sé cómo he podido resistir tantas emociones, ¡seguramente por mi complexión robusta!», provocando una reacción de francas carcajadas en el público asistente. Entonces recordó que su melodía *Veracruz* había sido concebida en la habitación de un hotelucho frente al zócalo del puerto jarocho, totalmente «trompa» con el vate Luis Díaz-Castilla.

Aunque nunca tuvo pretensiones de ser cantante, Agustín Lara grabó en varios LP parte de su repertorio. A pesar de su voz, tan precaria y cascada, también tuvo éxito como intérprete de sus propias composiciones; fumaba y bebía demasiado y cuando tenía que grabar debía chupar unas pastillas que le aclaraban la voz momentáneamente.

A ambos extremos del bolero mexicano se pueden apreciar a dos figuras clave: Agustín Lara y Armando Manzanero. En ambos escuchamos sus composiciones, no sus voces. ¿Pudo alguien cantar las sensuales piezas de Lara sin ese ronco susurro, sin ese piano? El misterio del creador traspasó las fronteras de la estética sonora. Algo similar ocurrió con Manzanero, aunque en menor escala, tal vez porque Lara representó el abismo del *pathos*, mientras que Manzanero expuso la voz de lo cotidiano, aún en la pasión. Aquél fue noche, alcohol y terciopelo; éste, piso moderno, coche, calle.

Enamorado, bohemio, gran trabajador, amante de la fiesta taurina, aristócrata, elegante, amigo de todos y poeta incansable, Lara representó mejor que nadie la época dorada de México con sus estrellas populares. No olvidemos que a partir de 1940 cada país latinoamericano contaba, cuando menos, con una gran ciudad. La polaridad establecida por México, Buenos Aires y La Habana, se regó hacia grandes centros urbanos en los que la radio, las grabaciones de discos, la prodigalidad del cine mexicano, la prensa y luego la televisión, forjaron nuevas jerarquías para la popularidad: el músico y el cantante estuvieron más próximos a las masas.

Agustín Lara falleció el 6 de noviembre de 1970. Su sensibilidad creativa fue tal que sin ser un músico calificado había compuesto poco menos de 500 piezas musicales de varios géneros, incluyendo unos 170 boleros que todavía se cantan y bailan. Pocos saben que se le erigió una estatua en 1975 en la parte baja del madrileño barrio de Lavapiés, obra del escultor Humberto Peraza Ojeda.

Tímidamente comenzaron a aparecer boleros importantes en el repertorio musical mexicano. Cuando ya se conocían los de Guty Cárdenas y varios de Agustín Lara, es **Alfonso Esparza Oteo** (1894-1950) el que aportó en 1929 uno muy hermoso, *Silenciosamente*, que tuvo una extraordinaria versión en la voz de Juan Arvizu:

> Silenciosamente te amaré mi vida
> silenciosamente esconderé mi amor.
> Silenciosamente curaré la herida
> la sangrante herida de mi corazón...

Juan S. Garrido señala que en 1922 Esparza Oteo había presentado en una revista musical una canción con el título de *Mi viejo amor*, sin que tuviera ninguna trascendencia. Al año siguiente, Adolfo Fernández Busta-mante le puso a esta música otra letra, que es la que hoy se conoce y que muchos cubanos creen que fue compuesta en la isla. Se hizo inmensamen-te popular en Latinoamérica por la grabación que hiciera el tenor italiano Tito Schipa en 1927:

> Por unos ojazos negros
> igual que penas de amores,
> hace tiempo tuve anhelos,
> alegrías y sinsabores.
> Y al dejarlos algún día
> me decían así llorando
> no te olvides vida mía
> de lo que te estoy cantando...

Por sus conocimientos de la cancionística mexicana, Esparza Oteo fue nombrado director artístico de la empresa disquera Columbia, pasando más tarde a ocupar el mismo cargo en el sello Brunswick. Aparte de cancio-nes y valses, compuso muy buenos boleros: *Fue mentira* (1936), *Vivirás en mí* (1939), *Como tú quieras* (1940) y *Colegiala* (1941). *Cariñito, Sufro por ti* y la *Canción del viento* son de 1942, mientras que de 1944 son los temas *Mi pobre corazón* y el bolero-beguine *El rebozo de mi madre*.

Alfonso Esparza Oteo desarrolló una ingente labor para reunir y proteger los derechos musicales de sus colegas. Constituyó en 1935 la Asociación Mexicana de Autores y Compositores (AMAC). Cuatro años después fundó el Sindicato Mexicano de Autores, Compositores y Edito-res de Música (SMACEM) y por último la Sociedad de Autores y Compo-sitores de Música (SACM).

Nacido en Aguascalientes, su padre le dio las primeras lecciones de música, en las que demostró una gran habilidad para tocar el piano. Al iniciarse la revolución agraria de 1910, Esparza Oteo se alistó en las tro-pas de Madero, alcanzando el grado de Mayor. Tenía solo 52 años al fa-llecer de un ataque cardíaco, cuando se disponía a asistir a un homenaje en que le entregaban una medalla de oro en reconocimiento a su merito-ria labor como compositor y a los esfuerzos profesionales que había reali-zado por sus colegas.

En 1929 **Joaquín Pardavé** (1900-55) presentó *Negra consentida*, un bolero con el que Juan Arvizu, el «Tenor de la voz de seda», obtuvo otro éxito a nivel internacional:

> Negra, negra consentida
> negra de mi vida
> quién te quiere a ti,
> mira mi alma dolorida...

Joaquín Pardavé Arce nació accidentalmente en Pénjamo; sus padres, integrantes de una compañía de operetas y zarzuelas, viajaban hacia Guadalajara y el día que llegaron a aquella localidad nació Joaquín. Su primera ocupación fue la de telegrafista, pero llevaba en la sangre la herencia artística de sus padres, razón poderosa que lo condujo a iniciarse cuando tenía 18 años como actor. Sin dejar el teatro se vinculó a la radio en 1933 y luego al cine, participando en la película *Jalisco nunca pierde*; Pardavé actuó en 70 películas más. En 1942 la compañía Filmex lo nombró su director cinematográfico y tuvo a su cargo el rodaje de muchas cintas, realizando también un buen número de guiones. Téngase en cuenta que de 1940 a 1952 el cine mexicano inundó todo el continente con películas llenas de boleros. Llegó un momento en que para realizar un filme sólo hacían falta el título de un bolero de moda, una rumbera cubana, un trío mexicano y un director dispuesto a romper lanzas.

Una de las canciones más conocidas de Joaquín Pardavé fue *Varita de nardo*, que también interpretó Arvizu y que fue la primera obra con que se inició la industria fonográfica en México. Ya Guty Cárdenas le había cantado *Ventanita morada*. En 1931, Pardavé presentó el bolero *No hagas llorar a esa mujer* y un año después aparecieron *Falsa* y *Flores viejas*. En 1933 compuso varios *fox-trots* y poco más tarde la ranchera *La Panchita*, que se destacó en la voz de Lucha Reyes.

Otro compositor que dejó una huella en los comienzos del bolero azteca fue **Jorge del Moral** (1900-41), quien realmente no alcanzó a vivir el gran auge del género, ya que falleció muy joven. Del Moral formó parte del elenco artístico que participó en la inauguración de la XEW en 1930. Con Néstor Chayres realizó una gira a La Habana donde pudieron alternar con el maestro Ernesto Lecuona. También musicalizó varias películas en el inicio del cine sonoro e incluso actuó en una de ellas.

Dejó un hermoso ramillete de canciones: *Quisiera ser*, *Besos robados*, *Tu primera cita*, *Déjame que te bese*, *Ojos traicioneros*, *Divina mujer* y muchas más. He aquí los cuatro primeros versos de *No niegues que me quisiste*:

> Solo con mi tristeza
> con mi íntimo dolor,
> niégame que en tus besos me diste
> un poquito de amor...

Un nuevo concepto del romanticismo se despertaba entonces, más sensual, más atrevido, liberado ya de tabúes ancestrales. Ése fue el campo abierto que ayudó a forjar el bolero tal y como lo conocemos, y que vino a llenar las fantasías amorosas de las generaciones que crecían en esos años y de las que siguieron. Y como no podía faltar la corriente moralista y represiva de la época, la Secretaría de Educación Pública prohibió en 1936 que en las escuelas se cantaran las canciones de Agustín Lara, sin exceptuar el vals *Farolito*, convertido por obra y gracia de la imbecilidad en símbolo sexual de las adolescentes de secundaria. Hasta el viejo maestro Ponce hizo sentir su voz indignada, manifestando que «Las canciones de cabaret eran para los extranjeros que pasaban por París, o para las bajas capas sociales o para los bailes de criadas».

El repertorio de boleros de calidad era todavía muy reducido cuando comenzaron a aparecer delicadas composiciones de una mexicana llamada María Joaquina de la Portilla Torres. Nacida en Guanajuato, vivió la mayor parte de su niñez en España, de donde provenía su padre. Como demostró aptitudes musicales excepcionales la llevaron a París a estudiar piano con el impresionista Claude Debussy. Sus admiradores la conocen como **María Grever** (1885-1951) debido a su matrimonio en 1907 con el norteamericano Leon August Grever; aunque primero se instalaron en Jalapa, en 1922 se fueron a vivir a Nueva York, donde tomó vuelo su fecunda inspiración. Tuvieron tres hijos. En Estados Unidos María Grever ofreció conciertos interpretando música de compositores populares de su época. Cultivadora de la canción refinada, produjo *Ya no me quieres*, *Te vi*, *Muñequita linda*, *Yo canto para ti*, *Así*, *Inquietud* y *Cuando vuelva a tu lado*, un número que realzó no hace muchos años la norteamericana Linda Ronstadt, de padre alemán-mexicano:

Cuando vuelva a tu lado
no me niegues tus besos
que el amor que te he dado
no podrás olvidar, nunca jamás...

La voz operática de José Mojica le popularizó su profunda canción *Júrame* en 1926 y también *Cuando me vaya*, en la película *La melodía prohibida*. *Alma mía* y *Cuando vuelva a tu lado* también integraron el repertorio de Mojica. Juan Arvizu, que la había conocido en Nueva York, le grabó *Tú, tú y tú*. Carlos Mejía le llevó al disco el vals *Brisas* y Rodolfo Hoyos *El gavilán*. En 1930, María Grever fue llamada por la Paramount para escribir los fondos musicales de sus películas. Poco después, en los programas que hacía Alfonso Ortiz Tirado en la NBC de Nueva York, éste le cantó *Cobarde*, *Labios rojos*, *Florecita* y *Te quiero dijiste*:

Te quiero, dijiste, tomando mis manos
entre tus manitas de blanco marfil.
Y sentí en mi pecho un fuerte latido
después un suspiro y luego el chasquido
de un beso febril....

Néstor Chayres cantó casi todas sus melodías con gran éxito y fue para la genial autora posiblemente el mejor de sus intérpretes. Mientras que Luis Roldán popularizó su bolero *Así*, *Chucho* Martínez Gil le grabó *Volveré*. La argentina Libertad Lamarque también interpretó muchas canciones de la Grever y hasta hizo una película en 1954 sobre su vida: *Cuando me vaya*. Pero no todo fue ternura y pasión en la obra de María Grever; su inquietud no tuvo límites, como en *Tipitipitín* y aquel trabalenguas aderezado con mímica titulado *Lero, lero*, que Sigmund Romberg hizo interpretar a la cubana Esther Borja en una gira de 1946 por Estados Unidos.

La sutil compositora había sufrido en 1948 un derrame cerebral que le paralizó medio cuerpo y la obligó a permanecer en una silla de ruedas. En esta situación regresó a México en 1949, invitada por Emilio Azcárraga para presentarse en la radio XEW; durante nueve meses recibió varias condecoraciones y le rindieron múltiples homenajes y agasajos. Falleció en Nueva York, pero sus restos fueron inhumados en México.

MARÍA GREVER

El aporte de María Grever fue incalculable. Por primera vez en el continente americano las mujeres comenzaron a expresarse con intensidad aboluta: el bolero les permitió la confesión, el erotismo y la nobleza. Desde la realidad hacia esa ficción personalizada que es el bolero, las mujeres dilucidaron aspectos de su condición y su destino. El género constituyó así la primera literatura femenina de envergadura: literatura que se transformó en la sensualidad de la música, y que de algún modo respondía a la percepción de los compositores masculinos.

Entre los años 1934-36 surgieron compositores que durante largo tiempo dieron brillo al bolero: Chucho Monge, Alfredo Núñez de Borbón y Roque Carbajo entre otros. Todos ellos con un historial interesantísimo y valiosos por haber contribuido a dar la batalla al *fox-trot*, género de raíces afronorteamericanas que llevaba más de diez años arraigado en México.

¿Quién no conoce la melodía *Vereda tropical*? Compuesta para la película *Hombres de mar* (1936), la estrenó Lupita Palomera. Su autor había nacido en Jalisco y se llamó **Gonzalo Curiel** (1904-58):

> Voy por la vereda tropical
> la noche plena de quietud
> con su perfume de humedad.
> En la brisa que viene del mar
> se oye el rumor de una canción,
> canción de amor y de ansiedad...

El joven músico tuvo que luchar contra la oposición de su padre a que siguiera su inclinación por el arte, e incluso abandonó cuatro años de medicina por su pasión; desheredado, se marchó definitivamente del hogar. Llegó a la capital con 26 años y sus ilusiones se vieron colmadas cuando José Mojica le cantó *Dime* en el teatro Arbeu, una melodía que se convirtió en su primer triunfo; después pudo acompañar al piano a Alfonso Ortiz Tirado durante una gira por todo el país. Éste le dio a conocer *Mañanita fría, He querido olvidar* y *Calla tristeza*.

En 1932 Gonzalo Curiel entró a formar parte del elenco artístico de la XEW, en el programa «La Hora Azul». También organizó el conjunto Los Caballeros de la Armonía para actuar en los cines Alcázar y Olimpia. Su audacia lo llevó a constituir el cuarteto Ritarmelo y posteriormente, en 1934, dirigió El Escuadrón del Ritmo, agrupación que contribuyó efectivamente a que se adoptara el bolero por orquestas de metales y violines. *Chalo*, como conocía el pueblo a Curiel, causó sensación cuando llevó su orquesta a teatros, cabarés y bailes estudiantiles. En El Escuadrón colaboraron los hermanos Domínguez: Abel, Alberto y Ernesto, cuando ya la orquesta de Ernesto Riestra, otro innovador como arreglista orquestal, quizá con más conocimiento del asunto, se presentaba desde 1932 en la XEB. La calidad de la orquesta de Riestra contribuyó a que se establecieran pistas de baile en los hoteles de lujo.

Gonzalo Curiel también hizo incursiones en el campo de la música sinfónica. Compuso la *Fantasía Baobá*, con ritmos afrobrasileños, un estudio sinfónico y tres conciertos para piano y orquesta. Musicalizó, además, un gran número de películas mexicanas y extranjeras, y en varias trabajó como director de orquesta. El primer filme que musicalizó fue *Payasadas de la vida*, en donde actuó Toña la Negra. Y una anécdota curiosa: esta cinta era transportada de Medellín a Cali en Colombia en el mismo avión en que se mató el tanguista Carlos Gardel, el 23 de junio de 1935.

Cuando en 1939 se disparó la Segunda Guerra Mundial, México quedó aislado de un vecino que tanto influía con *swings* y *fox-trots*. Curiosamente, los años bélicos coincidieron con una proliferación considerable de boleros; tan sólo en el lapso de 1939 a 1945 se publicaron más de 164. Al parecer, los apagones que sufría la capital, el temor a un ataque aéreo y el lamento tétrico de las sirenas, sirvieron como extraños motivos de inspiración romántica.

Claudio Estrada Báez (1910-84) fue el autor del bolero *Contigo*, que impulsó la popularidad del trío Los Panchos en 1949:

> Tus besos se llegaron a recrear
> aquí en mi boca,
> llenando de ilusión y de pasión
> mi vida loca...

Aunque había nacido en el puerto de Veracruz, siendo muy pequeño sus padres se trasladaron a la capital. Allí aprendió a tocar muy bien la guitarra y en 1930 comenzó sus actividades como acompañante de Mario del Valle, intérprete de tangos, en una carpa en la que también iniciaba su carrera profesional el actor Mario Moreno, mejor conocido como *Cantinflas*.

Claudio Estrada no tocaba la guitarra, más bien la hacía hablar. A partir de 1958 presentó en el canal 2 de televisión «Cuerdas y guitarras», que solía abrir y cerrar con su firma musical:

> «Se va el trovador, qué triste se va,
> porque su dolor se lo guardará.
> Se va el trovador, qué triste se va,
> sus cantos de amor, también se callará»

La primera canción de Claudio Estrada fue *Compasión*; le siguieron *Todavía no me muero*, dedicada a María Luisa Landín y que también logró éxitos en la voz de María Victoria. *Albricias* es de 1954, popularizada por Ana María González en México y Leo Marini en Colombia. Entre sus principales intérpretes se destacan Pedro Vargas, Antonio Badú y Pedro Infante. Otro boleros suyos fueron: *Heridas de amor, Bendita seas, Tú qué más quieres, Ojos traviesos, Por capricho, Tu pena y la mía* y *Yo quiero*, estas últimas registradas en 1958. Casi toda su producción musical fue compuesta en Jalapa, donde vivió muchos años.

Estrada participó activamente en asociaciones dirigidas a la protección de los derechos de autor hasta que un infarto lo recluyó en su domicilio en 1983. Falleció un año después y fue sepultado, como muchos otros creadores, en el Lote de los Compositores del Panteón Jardín.

En 1931 se grabó *Adiós linda morena*, el segundo gran bolero a nivel internacional, del violinista catalán **Enric Madriguera**, quien hacía años dirigía su propia orquesta en Nueva York:

> Adiós, me voy linda morena
> lejos de aquí,
> a curar mis tristezas
> lejos de ti...

Madriguera fue posiblemente el director que grabó con más seudónimos diferentes durante su carrera. El ambiente bohemio que primaba entre los latinos de esa ciudad resultó ser propicio para crear obras de calidad. Por esos años se encontraban allí los yucatecos Guty Cárdenas y Carlos Renán *Chalín*, el colombiano Jorge Áñez, los puertorriqueños Rafael Hernández y Manuel *Canario* Jiménez, así como el cubano Antonio Machín. En franca camaradería intercambiaban ideas y tomaban elementos del *jazz* norteamericano para musicalizar sus obras: comenzaba la marea latina. Para 1932 el catálogo del editor de música E. B. Marks, uno de los mayores de Estados Unidos, contenía 600 piezas latinas: la mayor parte cubanas, mexicanas y puertorriqueñas.

Por aquella época, **Xavier Cugat** llegó a Manhattan desde Hollywood para la apertura del nuevo hotel Waldorf Astoria, convirtiéndose en una atracción fija del mismo. Su orquesta era un verdadero rastro musical, una mezcla de múltiples géneros, como señala el investigador Cristóbal Díaz Ayala. El propio Cugat declaró al retirarse de la vida profesional: «Para triunfar en Estados Unidos le di a los norteamericanos música latina que no tenía nada de auténtica». Nacido en Cataluña en 1900, tenía 5 años cuando su familia emigró a Cuba; allí se especializó en el violín y en hacer caricaturas. Pero logró su objetivo: difundir su versión de lo latino en Estados Unidos.

Mientras que en el *downtown* triunfaban las sofisticadas orquestas de Cugat y Madriguera, en el *uptown*, el barrio latino, se ofrecía música más auténtica en teatros, salones de baile y horas de radio. La intensa inmigración boricua propició que se presentasen grandes artistas puertorriqueños como José Escarpenter, Augusto Coén, *Davilita* y el pianista Noro Morales. Se formaron el cuarteto Caney, el Victoria del compositor Rafael Hernández así como el de Antonio Machín. La división entre los músicos no era inflexible; se intercambiaban cantantes, metales y percusionistas, sobre todo para las sesiones de grabación. Hubo trueques también con músicos norteamericanos blancos y negros. Dinah Shore grabó con la orquesta de Cugat y algunos músicos boricuas y cubanos formaron parte de las orquestas de *jazz* de Harlem, como el trompeta cubano Mario Bauzá, que tocó con la banda de Chick Webb, o el trombonista boricua Juan Tizol con la de Duke Ellington. Fue la época en que Cab Calloway grabó sus primeros números con verdadero sabor cubano.

El efecto que tuvo todo esto en México y en Cuba fue que el género del bolero se vistió de orquesta tipo *jazz band* con trompetas, saxofones y batería, creando un estilo más sofisticado y urbano, con más alcance internacional. En México el bolero «larista» sufrió el mismo cambio, que fue beneficioso, pues los arreglistas e instrumentistas se esmeraron en pulir su trabajo.

PATROCINADOR DEL BOLERO

En 1932 México recibió el bolero-son entre las primeras melodías que hizo populares el jibarito **Rafael Hernández**. *Lamento borincano, Capullito de alhelí* y *Silencio*, marcaron una nueva ruta, paralela a la romántica creada por Agustín Lara, ofreciendo un refrescante bolero festivo y despreocupado, sin hacer caso de desengaños ni despechos. La estancia de Rafael Hernández en el país azteca se prolongó por muchos años, hasta el punto de casarse con una mexicana y entregar allí quizá lo mejor de su producción a través de los popularísimos «Programas Picot» de la radioemisora XEB. En la sección dedicada a Puerto Rico aparece más información sobre Rafael Hernández.

Por supuesto, los primeros bolero-sones que tuvieron una enorme repercusión en México fueron introducidos por el cubanísimo trío Matamoros, que ya había grabado en 1928 en Nueva York varias piezas antológicas, dando inicio a la nueva era del bolero; Matamoros logró hacer un bolero bailable, emparentando este género con el son oriental. Tanto Agustín Lara como Miguel Matamoros completaron el ritual canto-danza que toda música popular necesita para subsistir; de no haber sido así posiblemente el bolero se habría extinguido hace tiempo.

De 1936 datan los primeros registros de canciones escritas por Abel, Alberto y Armando Domínguez, artistas y compositores de grandes quilates que aportaron boleros de sutil belleza. Procedentes de una familia numerosa nacida en San Cristóbal de las Casas, Chiapas, estos hermanos recibieron de ambos padres la enseñanza en la ejecución de la marimba, el vibráfono y el xilófono. De ahí pasaron al piano, la guitarra, el saxofón, el clarinete, la trompeta, el contrabajo y la batería. Abel, por ser el mayor, fue el encargado de dirigir la Orquesta Marimba de los Hermanos Domínguez, que en su pueblo natal fue conocida como Las Campanitas. Cuando sus padres se trasladaron a ciudad de México en 1925, buscando mejores oportunidades, le cambiaron el nombre a la orquesta por el de Lira San Cristóbal, aumentando sus integrantes con algunos músicos paisanos suyos. Fueron contratados para actuar en varios cines y en diferentes teatros de revistas, y llegaron a alcanzar cierta popularidad.

Abel Domínguez (1910-87) fue el autor de esa joya de bolero que se titula *Perdón*. Aunque tenía predilección por la música de cámara, componía y ejecutaba todo tipo de obras, como *Hay que saber perder*, que tuvo una maravillosa interpretación en la voz de María Luisa Landín:

> Cuando un amor se va
> qué desesperación,
> cuando un cariño vuela
> nada consuela mi corazón...

Otra composición suya, *Mi tormento*, se convirtió en el tema musical de la película norteamericana *Hombres de presa*, con la actuación de John Wayne.

Alberto Domínguez (1913-75) fue quizá el más destacado de los hermanos. Bastaron dos canciones para consagrarlo como un extraordinario compositor: *Perfidia* y *Frenesí*, boleros que traspasaron las fronteras de México para ser cantados en todo el mundo de habla hispana:

Nadie comprende lo que sufro yo,
canto pues ya no puedo sollozar.
Solo, temblando de ansiedad estoy,
todos me miran y se van...

Bésame tú a mí,
bésame igual que mi boca te besó.
Dame el frenesí que mi locura te dio...

Inquieto e inconformista, Alberto tocó con varias agrupaciones musicales tras abandonar sus estudios en el Conservatorio Nacional de Música. Con una de las orquestas típicas realizó una gira por Europa y a su regreso presentó en la radioemisora XEB los programas «El Duende de las Raras Melodías», «El Ladrón del Teclado» y «Mister Jazz». En 1937 se integró en la orquesta de baile que dirigía Gonzalo Curiel hasta que en 1939 formó su propia agrupación, manteniéndose durante varios años en el centro nocturno El Patio; de esta época son los boleros citados, que se hicieron famosos también debido a la película *Perfidia* de William Rowland. En la misma cinta se estrenó *Frenesí*, cantado por Lupita Palomera; durante varias semanas ambas canciones ocuparon los dos primeros lugares de popularidad en el Hit Parade de Nueva York. *Frenesí* contaba, a pesar de su evidente corte norteamericano, con un interés melódico y una capacidad de invención que le aseguraron su bien ganada popularidad; un equivalente podría ser *Aquellos ojos verdes*, del cubano Nilo Menéndez. Contratado por la NBC en 1941, Alberto recorrió durante seis meses varias ciudades de Estados Unidos y fue presentado en las mejores emisoras de radio. Su fuerte *Mala noche* y *Un momento* son de 1941, mientras que *Eternamente* es de 1943 e *Infierno* de 1955. Alberto Domínguez recibió innumerables trofeos y distinciones como reconocimiento a su labor musical.

ALBERTO DOMÍNGUEZ

Armando *Chamaco* Domínguez (1921-85) fue el menor de esta dinastía; llegó a dominar varios instrumentos pero su mayor virtuosismo lo alcanzó en las teclas, llegando a alternar con el famoso pianista norteamericano Carmen Cavallaro. *Chamaco* Domínguez fue el autor de páginas brillantes del cancionero romántico, incluyendo el bolero *Miénteme* (1950) que interpretaron con mucho éxito Los Tres Diamantes y en Cuba lo hiciera popular Olga Guillot:

> Voy viviendo ya de tus mentiras
> sé que tu cariño no es sincero,
> sé que mientes al besar
> y mientes al decir «te quiero»,
> me resigno porque sé
> que pago mi maldad de ayer...

Chamaco Domínguez dirigió durante muchos años la orquesta de El Patio y fue un tenaz innovador en los arreglos orquestales. También compuso *Romance, Ayer, Destino* y *Sin saber por qué*.

Ernesto Domínguez (1916) tuvo una sutil inspiración musical. Entregado a la labor de arreglista de la Lira San Cristóbal, compuso *Adiós en el puerto* en 1941, que tuvo versiones muy bien logradas de Mary Palomar y años después de Los Tres Diamantes. Pedro Vargas le popularizó *Luna de miel*, que es un bolero de 1942.

El lento bolero *Nocturnal* de **José Sabre Marroquín** (1910-95), es de 1937, con letra del tenor José Mojica:

> A través de las palmas
> que duermen tranquilas
> la luna de plata se arrulla
> en el mar, tropical.
> Y mis brazos se tienden hambrientos
> en busca de ti...

Sabre Marroquín nació en San Luis de Potosí y su padre le inició en el arte musical, llegando con su esfuerzo a destacarse como un excelente pianista, arreglista y director de grandes agrupaciones. A los 20 años ya dirigía la orquesta del Casino de Monterrey y poco después se convirtió en el pianista acompañante del Dr. Ortiz Tirado. En 1932 se incorporó al elenco de la XEW como director de orquesta, con la responsabilidad de impulsar a la fama a notables figuras de la canción. También musicalizó varias películas y compuso otros boleros que alcanzaron notoriedad: *Canción del mar, Te vas de mí* y *Así fue*. Alrededor de 1935 tuvo su propia agrupación con la que acompañó varias grabaciones de Pedro Vargas, Vicente Bergmann y el trío Ascencio-Del Río; entre sus mejores pianistas contó con Mario Ruiz Armengod, conocido como «Mister Armonía». Siempre destacaron sus orquestas por la limpieza en ejecución y sus arreglos modernos. Su vals *Sin palabras* obtuvo el primer lugar en el Festival de la Música Popular «Juventino Rosas». Por sus grandes conocimientos en este campo fue nombrado director artístico del primero y segundo Festival de la Canción Latina en el mundo, y fue asimismo presidente del jurado nacional y del jurado internacional en el Festival de la Canción Popular. Este talentoso compositor musicalizó durante 21 años la «Revista Musical Nescafé» en televisión.

CHELO VELÁZQUEZ

Consuelo *Chelo* Velázquez (1920) nació en Ciudad Guzmán, Jalisco. Tenía cuatro años cuando ya podía tocar al piano de oído cualquier melodía que escuchara. Años después realizó estudios académicos en Guadalajara y en México. Aunque su deseo inicial fue el de hacer una carrera como concertista, realmente se destacó en el campo de la composición de boleros muy hermosos. *Bésame mucho* (1941), fue su primera pieza, compuesta como *fox-trot* y luego refundida a bolero; durante once semanas consecutivas esta melodía ocupó el primer lugar en los éxitos de Estados Unidos, y fue incorporada además en ocho películas norteamericanas. En México se rodó una cinta con el mismo título:

Bésame, bésame mucho,
como si fuera esta noche la última vez,
bésame, bésame mucho,
que tengo miedo perderte, perderte después...

Chelo siempre sostuvo que el gran éxito de *Bésame mucho* comenzó con la grabación en 1944 de Andy Russell, que realmente se llamó Andrés Rábago, nacido en Los Ángeles en 1917. El disco fue distribuido en plena guerra mundial, cuando los muchachos se despedían de sus chicas para ir al frente.

Amar y vivir, compuesto en 1944, se convirtió en uno de los grandes éxitos del argentino Leo Marini y de Fernando Fernández. María Luisa Landín se hizo famosa con *Verdad amarga* (1948) mientras que Los Tres Diamantes obtuvieron un gran éxito con *Corazón* (1950). Toña la Negra le popularizó *Qué tontería* (1954), y en 1956 *Chelo* compuso *Que seas feliz*, canción con la que obtuvo el primer lugar en el desfile de éxitos de ese año, y que en el lapso de tres meses fue grabada por 21 intérpretes; con ella ganó un disco de Oro y el Premio Wurlitzer a la canción más popular. También compuso *Cachito* (1957), que tuvo como tema a su pequeño hijo y ha sido grabada en varios idiomas, pero se recuerda mejor en la voz de la italiana Katina Rainieri, quien la escuchó por primera vez en una visita a *Chelo*. Otros temas incluyen *Te espero*, éxito de Los Panchos, *Donde quiera* (1948), *Anoche* y *Ser o no ser* (1950). Y así hasta más de 250 composiciones.

Mejor conocido por *Maciste*, **Manuel Álvarez Rentería** (1896-1960) compuso más de 200 canciones de bellísima inspiración. Nacido en Tequila, *Maciste* llegó a la capital en 1912; pocos años después se marchó a Estados Unidos, donde se dedicó a la música. Sin dudas, su mejor acierto musical fue *Angelitos negros* (1946), con el elemento clave que aportaron los versos del poeta venezolano Andrés Eloy Blanco y que ha tenido magníficos intérpretes: Alfonso Ortiz Tirado, Toña la Negra, Leo Marini y por supuesto, el gran Antonio Machín:

> Pintor nacido en mi tierra
> con el pincel extranjero,
> pintor que sigues el rumbo
> de tantos pintores viejos...

Sus amigos le pusieron el apodo de *Maciste* por su corpulencia física. Fue íntimo de Agustín Lara, de Luis Arcaraz y de Pedro Vargas. También son de su autoría los boleros *Ojos de almendra*, de 1952, *Me sobra corazón*, de 1954, *No mereces nada*, de 1957 y otros no tan conocidos. Durante tres años en la XEW difundió su programa de radio «Una guitarra en la noche», que tuvo una gran audiencia.

Llamado el «Pintor musical» de México, **José *Pepe* Guizar** (1912-80) dejó, entre el vasto repertorio de sus hermosas canciones, un bolero que compuso en 1948, *Sin ti*, convertido de la noche a la mañana en uno de los temas que más popularidad le brindó al incipiente trío Los Panchos:

Sin ti,
no podré vivir jamás.
Y pensar que nunca más
estarás junto a mí...

Nacido en Guadalajara, José Guizar Morfín se hallaba en la capital estudiando la carrera de leyes cuando compuso *Guadalajara*, quizá

PEPE GUIZAR (ABAJO)

la más popular de sus canciones, que tuvo su primera grabación en la voz de Lucha Reyes. Otras canciones de gran éxito comercial fueron el *Corrido del Norte, El mariachi, Son de San Luis de Potosí*, etc. Se comenzó a interesar en la composición de boleros a partir de 1930, cuando Agustín Lara triunfaba en el teatro Politeama. En busca de fortuna se trasladó en 1936 a Monterrey; allí le conoció el empresario Emilio Azcárraga Vidaurreta, quien se lo llevó a México para ser estrella de la XEW. Con el inicio de la televisión en septiembre de 1950, *Pepe* Guizar montó los espectáculos «La feria del hogar», «Así es mi tierra» y «Noches tapatías».

Muy querido en Cuba, *Pepe* Guizar contribuyó a impulsar la difusión del folclor musical de México, labor que llevó con éxito al cine, la radio, el teatro y posteriormente a la televisión. Su mayor satisfacción fue escribir las 32 canciones que conforman todos los estados en el álbum *Geografía musical de México*.

Manuel *Wello* Rivas (1916-90) realmente se llamó Manuel Rivas Ávila y nació en Mérida, Yucatán. Fue el autor de un bellísimo bolero que hizo historia en la voz de Toña la Negra, *Cenizas,* aparecido en 1950:

> Después de tanto soportar la pena
> de sentir tu olvido,
> después que todo te lo dio mi pobre
> corazón herido...

Wello Rivas realizó sus primeros estudios en su ciudad natal y los continuó en la capital azteca, adonde llegó en 1934. Se vinculó entonces al «Programa Picot» de la emisora XEFO, con la orquesta de Rafael Hernández, a quien le estrenó un buen número de composiciones, a menudo haciendo dúo con Margarita Romero. En 1939 pasó al elenco de la XEW y alternó con las figuras más significativas del momento; actuó también en varios centros nocturnos y teatros de revista. En su faceta de compositor escribió *Quisiera ser golondrina*, que grabó Luis G. Roldán y que sirvió de tema para una película. *Wello* Rivas publicó en 1947 el bolero *Agonía*, mientras que *Llegaste tarde* es de 1954, tema que fuera un éxito en la voz de Amparo Montes. *Como golondrinas, Con las alas rotas, Callecita, Amor extraño* y *Obsesión* son otras de sus canciones más conocidas. Como cantante tuvo preferencias por el bolero tropical y la rumba.

Llamado el «Melodista de América», **Gabriel Ruiz** (1912), dejó un generoso repertorio de melodías perdurables ya que no es fácil determinar cuáles fueron sus mejores composiciones. Los Tres Diamantes le grabaron en 1951 *Condición* y *Usted*, dos verdaderos éxitos a nivel continental:

GABRIEL RUIZ

> Usted es la culpable
> de todas mis angustias
> y todos mis quebrantos.
> Usted llenó mi vida
> de dulces inquietudes
> y amargos desengaños...

Natural de Guadalajara, de niño empezó a tocar el piano. Cuando cursaba el segundo año de medicina en 1932, abandonó esta carrera para dedicarse de lleno al estudio del piano, graduándose en 1934 en el Conservatorio de Música de México. Volcó entonces su talento en la pedagogía musical como profesor en el Instituto Nacional de Bellas Artes y en el Politécnico Nacional, y en 1935 presentó su primer concierto en la XEW. *Amor, amor, amor*, se lo interpretó *Chela* Campos en 1940, año en que aparecieron también *Desesperadamente* y *Buenas noches mi amor*. Al gran Pedro Vargas le encantaba interpretar *Noches de Mazatlán*, bolero que Gabriel Ruiz registró en 1952. Su labor como melodista estuvo vinculada a letristas extraordinarios como Ricardo López Méndez, Gabriel Luna de la Fuente, José Antonio Zorrilla, Rodolfo *Chamaco* Sandoval, Elías Nandino y Xavier Villaurrutia.

Álvaro Carrillo (1921-69) fue el autor de *Amor mío*, un bolero preciosamente intimista, grabado primero por el trío Los Duendes en 1956 y que posteriormente el chileno Lucho Gatica impuso en Hispanoamérica:

> Amor mío, tu rostro querido
> no sabe guardar secretos de amor,
> ya me dijo que estoy en la gloria
> de tu intimidad...

Álvaro Carrillo nació en Cacahuantepec, Oaxaca. En 1940 ingresó en la Escuela Nacional de Agricultura de Chapingo y allí obtuvo el título de Ingeniero Agrónomo. Se estableció entonces en México. Desde años antes había sentido la necesidad de componer canciones; la primera que hizo se tituló *Celia*. En 1957 dio a conocer otros boleros: *Un minuto de amor*, *Sabrá Dios*, que también le popularizó Lucho Gatica, y *Ya vivimos*. En 1959 se apareció con el bambuco *Luz de luna*, que hiciera popular en Colombia la voz de Lucho Ramírez, y los boleros *No te vayas, no* y *Sabor a mí*, número éste que tuvo un éxito tremendo y que mantuvieron en su repertorio varios intérpretes de primera categoría como Olga Guillot y Los Tres Ases. La versión en inglés de Doris Day recorrió el mundo entero, mientras que la voz de Eydie Gorme con Los Panchos renovó más recientemente su popularidad en Latinoamérica. ¡Hasta en el Japón fue famosa en la voz de Yoshiro Hiroishi!:

> Tanto tiempo disfrutamos de este amor
> nuestras almas se acercaron tanto así,
> que yo guardo tu sabor
> pero tú llevas también sabor a mí...

Durante aproximadamente quince años actuó en programas de radio, televisión, teatros y centros nocturnos, en donde cantaba sus canciones y se acompañaba con la guitarra. Álvaro Carrillo recibió dos distinciones importantes, El Pípila y un Disco de Oro como reconocimiento a su talento. Falleció con su esposa a consecuencia de un accidente automovilístico.

El autor de *El reloj*, otro gran bolero que alcanzó una enorme trascendencia a partir de 1956, es **Roberto Cantoral** (1930), un tema que aunque tuvo muchos intérpretes identificó la voz de Lucho Gatica en su época más brillante:

> Reloj, no marques las horas
> porque voy a enloquecer,
> ella se irá para siempre
> cuando amanezca otra vez...

LOS TRES CABALLEROS

Oriundo del puerto de Tampico, al terminar sus estudios de bachillerato Cantoral inició los relativos a su formación musical, aprendiendo a tocar con maestría el piano y la guitarra. En 1947 formó con su hermano Antonio el grupo Los Cuatreros que interpretaba música regional. Viajaron luego a la capital, donde se establecieron por el año 1952, y empezaron su labor como compositores. Sus primeras creaciones fueron el huapango *El crucifijo de piedra* y *El preso No.9*.

Roberto Cantoral organizó poco después el trío Los Tres Caballeros, con Leonel Gálvez y Benjamín Correa, que se dedicó a la interpretación de música romántica en franca rivalidad con Los Panchos. Mientras tanto, su hermano siguió cultivando el género ranchero, pero desafortunadamente falleció a la edad de 36 años en 1964. Con Los Tres Caballeros, Cantoral emprendió una gira extensa por los Estados Unidos, y regresó a

México en 1956, incorporándose entonces al sello Musart; ese mismo año grabaron los boleros *El reloj* y *La barca*, compuestos durante dicha gira. Lucho Gatica los interpretó en 1957 con enorme éxito. Posteriormente se multiplicaron las versiones, incluyendo una bastante reciente de Luis Miguel en *La barca*:

> Dicen que la distancia es el olvido
> pero yo no concibo esa razón,
> porque yo seguiré siendo el cautivo
> de los caprichos de tu corazón...

Roberto Cantoral ha compuesto además otros boleros importantes: *Te perdono* (1954), un tema bien conocido en la interpretación del trío Los Embajadores; *Demasiado tarde* y *Tu condena*, ambos de 1957. *Déjame solo*, *El milagro* y *Regálame esta noche*, de 1958. *Me odio* es de 1959 y *Noche, no te vayas* de 1962. Cantoral publicó *Alitas rotas* en 1963 y en 1970 *El triste*, *Yo no comprendo* y *Soy lo prohibido*, estos tres últimos compuestos dentro de un estilo literario y musical evolucionado hacia la modalidad que la canción romántica había tomado entonces. En su larga trayectoria ha recibido numerosas distinciones como compositor e intérprete, incluyendo cuatro Discos de Oro.

Luis Demetrio (1931) nació en Mérida y, fiel a la tradición bolerística yucateca, inició su vida artística como cantante. Luego se decidió por la composición. Su primer gran éxito como vocalista fue interpretando el chachachá *Me lo dijo Adela*, del cubano Otilio Portal. Una composición suya que ha dado la vuelta al mundo es el bolero *La puerta*, grabado en las voces de excelentes intérpretes. Volvió a tener popularidad en 1992 en la voz de Luis Miguel:

LUIS DEMETRIO

> La puerta se cerró detrás de ti
> y nunca más volviste a aparecer,
> dejaste abandonada la ilusión
> que había en mi corazón por ti...

Entre las canciones de Luis Demetrio de más éxito están *El día* (1964), *Si Dios me quita la vida* (1965), que le cantaron Javier Solís y Blanca Rosa Gil, entre otros. *Voy* y *Copa de vino* son otras de sus más conocidas creaciones. En 1974 le fue otorgada la medalla Guty Cárdenas.

En Hispanoamérica, durante la época de su apogeo, cualquier canción romántica buscaba transmutarse en bolero. Así, reiteradamente, escuchamos como tales algunos tangos (*Pregonera, Volver, Otra noche, Niebla del riachuelo, Seis días, Tiempos viejos, Nuestro balance, Tristeza marina* o *En un beso la vida*) y valses argentinos (*Pequeña*), fragmentos de operetas (*Canción de amor indio*), *fox-trots* suaves (*Polvo de estrellas, Begin the beguine*, arreglado por María Grever), canciones *country* (*Camino abajo*, basado en *South of the border* y admirablemente adaptado por Pedro Flores), canciones francesas (*La vida en rosa* y *Si te vas*, con letras de Pedro Vargas y Xavier Cugat, *Nada quedó de nuestro amor, Las hojas muertas*) y sobre todo, *blues* (*Again* y *Mam'selle*, adaptados por Isolina Carrillo, *Sólo contigo, Candilejas, Bonita, Sobre un arcoiris, Azul* y *Luces en el puerto*). En este proceso de trasvase y transfusión desempeñaron papeles sobresalientes cuatro cantantes mexicanos: Tito Guízar, Luis Arcaraz, Pedro Vargas y Chucho Martínez Gil, y el cubano Wilfredo Fernández.

Emma Elena Valdelamar fue la autora de dos piezas que han tenido una notable trascendencia en la historia del bolero por su uso del lenguaje y melodías acertadas: *Mil besos* y *Mucho corazón*:

He encontrado en tu amor
la fe perdida,
y ahora tiene mi vida
una razón...

Di si encontraste en mi pasado
una razón para olvidarme
o para quererme.
Pides cariño, pides olvido...

La primera se la grabó inicialmente Amparo Montes y después fue popularizada en México por el dúo Los Bribones (Fernando Ocampo e Ignacio Irigoyen, que tocaba el órgano), y también por María Victoria, mientras que el trío ecuatoriano Los Embajadores la hizo llegar a toda Suramérica. *Mucho corazón* lo impuso el cubano Benny Moré, y más re-

EMMA ELENA VALDELAMAR

cientemente Luis Miguel lo volvió a poner en vigencia. El talento de Emma Elena Valdelamar se evidenció cuando compuso su primera canción a los 14 años; empezó desde entonces su preparación musical, aprendiendo a tocar guitarra y piano. Se presentó en varios concursos de aficionados y en 1946 proyectó su bolero *Te seguiré amando* en «La Hora del Aficionado», ganando el primer puesto; el propio público le cambió entonces el nombre por el de *Mil besos*. Después surgió *Devuélveme el corazón*, que también grabaron Los Bribones. *Cheque en blanco* es otra de sus canciones que se ha escuchado bastante en la voz de Lucha Villa. En 1957 presentó *Sin mañana ni ayer, Te quiero mucho* y *Amor sin pasado*, y dos años después *Volver a besarte, Dos soledades* y *El secreto de los dos*. Como intérprete de sus propios boleros, Emma Elena Valdelamar siempre recibió una eficiente colaboración del pianista Pepe Agüeros.

La autora de *Compréndeme* (1946) fue **María Alma** (1914-55), que tuvo en el barítono venezolano Eduardo Lanz a su mejor intérprete:

> Yo quiero que comprendas vida mía
> que tu amor y mi amor
> no pueden ser,
> que quiso ser sincera el alma mía...

Su nombre de pila fue María Luisa Bazurto Ríos y había nacido en Monterrey. Inició su carrera como cancionera en las estaciones XET y WEMA siendo aún casi una niña. En 1942 se estableció en México con su esposo, el compositor de rancheras Fernando Z. Maldonado (1917-96), y dio a conocer la primera de sus canciones: *Noche de mar*. Realizó sus primeras grabaciones en el sello Peerless y luego en discos Columbia: *Desilusión* (1941), *Tuya soy* y *Ya llegó el vapor* (1942). *Noche de Venecia* apareció al año siguiente, *Entre hamacas* (1944) y *Perdí el corazón* (1948). Fernando Fernández le popularizó *Brindemos por amor*. María Alma estuvo creando canciones hasta poco antes de su prematura muerte.

Aunque nació en República Dominicana, **Mario de Jesús** (1924) ha vivido la mayor parte de su vida profesional en México. En 1946 decidió dejar su San Pedro de Macorís por Nueva York, y en 1950 comenzó a trabajar en la editora de música Peer International hasta 1959, cuando solicitó su traslado a México, donde desempeñó la subgerencia de la Editorial Mexicana de Música.

Entre 1959 y 1966 obtuvo grandes triunfos con sus canciones y desarrolló una labor fascinante en el campo de la composición. Aunque en 1949 ya había publicado *Bendito sea Dios*, en 1952 obtuvo su primer hit con *No toques ese disco*, que le grabó el cubano Bienvenido Granda con el respaldo de la Sonora Matancera. Mario de Jesús ha compuesto unas 300 canciones, la mayor parte de ellas en ritmo de bolero. Quizá la más conocida de este fecundo autor es *Y*, éxito de los cantantes Javier Solís y la argentina Libertad Lamarque:

> Y qué hiciste del amor que me juraste,
> Y qué has hecho de los besos que te di,
> Y qué excusa puedes darme si faltaste
> Y mataste la esperanza que hubo en mí...

De 1954 es *Ya la pagarás*, éxito de Virginia López y *O*, tema que interpretaron Los Tres Reyes. En 1960 se apareció con *Ayúdame Dios mío*, que tuvo en la voz de María Elena Sandoval una bellísima interpretación:

> Ayúdame Dios mío
> ayúdame a olvidarla,
> arráncame del alma
> esta pasión tan loca...

De 1962 es *Que se mueran de envidia*, que interpretaron con éxito Marco Antonio Muñíz en México y Alberto Osorio en Colombia. En 1963 Mario de Jesús compuso *Qué manera de llorar*, que cantó Felipe Pirela. De 1966 es *El infierno*, popularizado por el ecuatoriano Julio Jaramillo. Mientras que Olimpo Cárdenas le grabó *La trampa*, la voz sensual de la puertorriqueña Carmen Delia Dipiní tuvo mucho éxito con *Besos de fuego*, con música de Angel Villoldo. Sin embargo, el número que le trajo mejores ventajas económicas fue *El chachachá flamenco*, que grabaron Joe

Valle, Caterina Valente y las Hermanas Navarro, y que todavía se toca en países europeos y en Japón, aunque no es realmente conocido en el mundo hispano. En 1968, Mario de Jesús fundó la Editorial Musical Latinoamericana (EMLASA) para trabajar en la defensa de los derechos de autor, actividad en la que posee gran experiencia. Ha recibido innumerables distinciones, premios y trofeos tanto por su propia actividad artística como por ser editor de música.

El importante compositor **Vicente Garrido** (1924) nació en la capital y tuvo aptitudes especiales para la poesía y la música; tenía 11 años cuando le publicaron un libro titulado *Destellos* con poemas infantiles; después, en la llamada Escuela Libre comenzó sus estudios de música y aprendió la ejecución del piano, haciendo sus primeras presentaciones en la emisora XEFO en 1944. En años posteriores actuó como pianista en el Ciro's, el Sans Souci y en 1956 con su propia orquesta en el hotel Hilton. Fue en esas fechas que Lucho Gatica le grabó el sentido bolero *No me platiques*, que se convirtió en un éxito, aunque la versión que hicieron Los Tres Ases también tuvo una excelente acogida:

> No me platiques más
> lo que debió pasar
> antes de conocernos,
> sé que has tenido horas felices
> aun sin estar conmigo...

Actuó durante tres años en la XEW dirigiendo el programa «Espere la media noche». Tuvo además varios espacios televisivos: «Media hora con Vicente Garrido» y «Duelo de pianos» con Consuelo Velázquez y Agustín Lara. Obtuvo en 1956 la máxima distinción del Disco de Oro por haber sido considerado el mejor compositor de ese año.

Se fue a Europa en 1964 buscando mejores posibilidades, realizando conciertos en Londres, Praga y Bruselas y actuando en la televisión española. Participó en varios festivales internacionales en Polonia, en el de la Canción y la Danza en Buenos Aires en 1970, y en París obtuvo el Primer Gran Premio Internacional de la Canción en 1972. Regresó a México y se estableció durante tres años en Guadalajara; luego estuvo algún tiempo vinculado a la Sociedad de Autores y Compositores de Música como director de relaciones públicas. Años después realizó giras por Suramérica, la URSS y Cuba, donde ha recibido cálidos homenajes en los festivales Boleros de Oro.

Su estilo de composición está muy vinculado al filin cubano, siendo uno de los impulsores de este movimiento en México junto a Armando Manzanero. Otras canciones importantes de su repertorio incluyen *¿Qué cosa tienes?*, *Quiero cantar*, *Segundas partes*, que interpretaron los Hermanos Martínez Gil. *Otra primavera* se conoció en las voces chilenas de los Cuatro Hermanos Silva. De 1958 es *Todo y nada*, grabado por Los Tres Ases y *Una semana sin ti*, que se escuchó en la voz de Virginia López. Una cantante que se apoyó en Vicente Garrido y Mario Ruíz Armengod es Irma Carlón, quien siguiendo la tendencia del bolero filin contribuyó a innovar el bolero tradicional mexicano a través del programa televisivo «Variedades de medianoche».

El año 1966 fue de **Armando Manzanero** (1935). El genial compositor e intérprete había nacido en Mérida, y había heredado de su padre, un auténtico trovador yucateco, su gusto y su pasión por la música. A los 10 años comenzó a estudiar música y a los 12 ya se ganaba la vida como pianista de revistas musicales y de circos que iban de pueblo en pueblo. Comenzó a trabajar en Mérida en 1951 como pianista del centro musical Los Tulipanes, pero sus ambiciones lo decidieron a trasladarse a la capital en 1957. Allí tocó en el bar Candilejas acompañando a notables figuras de la canción como Luis Demetrio, Carmela Rey y Rafael Vásquez; para entonces ya había escrito las canciones *Nunca en el mundo* y *Llorando estoy*. Pero la que le dio a conocer como un compositor de envergadura fue *Voy a apagar la luz*, la primera pieza que le grabó el chileno Lucho Gatica en 1958, en la época de su esplendor artístico. Sus facultades como pianista le permitieron realizar sus primeras giras al exterior en 1960, acompañando al propio Lucho Gatica, a Daniel Riolobos y a Angélica María.

En 1966 Manzanero compuso *Adoro*, el tema que le abrió definitivamente las puertas del éxito, y en los años siguientes aparecieron *Parece que fue ayer*, *Te extraño*, *Cuando estoy contigo*, *Esta tarde vi llover*, *So-*

ARMANDO MANZANERO

mos novios, y *Contigo aprendí,* números con bastante del estilo balada pero todavía con sabor de bolero, que se impusieron rápidamente en las voces de Olga Guillot, Marco Antonio Muñiz, Roberto Ledesma y otros.

Porque cuentan historias cotidianas de una manera tan especial, estos dos boleros de Manzanero serán antológicos:

Esta tarde vi llover,	Contigo aprendí,
vi gente correr, y no estabas tú.	que existen nuevas y mejores emociones,
La otra noche vi brillar un lucero azul	contigo aprendí
y no estabas tú...	a conocer un mundo nuevo de ilusiones...

En 1967 el compositor Rubén Fuentes le facilitó la forma de grabar su primer LP. Y a pesar de que su voz no tiene nada de extraordinario, logró transmitir un sentimiento muy especial a sus propias obras. Comenzó entonces una serie de giras al exterior, ya no como pianista acompañante de otros intérpretes, sino con su voz y sus canciones, logrando un gran éxito en los países que visitó, y que año tras año continúa recorriendo con esmerada vocación profesional.

Manzanero estima que le será muy difícil superar las canciones que le dieron sus primeros éxitos. No porque la calidad de las que compone actualmente sean inferiores, sino porque considera que la generación anterior fue más romántica y la actual ha cambiado notablemente la forma de manifestar el amor. Entre sus nuevas canciones hay que mencionar *Estúpido, Soy lo peor, Alguien, Mi problema* y *En este otoño.* De toda su obra la canción que más le gusta es *Contigo aprendí,* y su cantante preferido es el brasileño Roberto Carlos cuando canta *Yo te recuerdo.* Su extraordinaria salud le ha permitido mantener continuas giras por Latinoamérica y Europa, donde continúa siendo una gran figura. Su forma de ser, sencilla y cordial, y el pensamiento positivo que tiene de la vida auguran que su inspiración continuará produciendo más canciones hermosas.

Por sus méritos musicales Armando Manzanero ha recibido importantes distinciones: dos Discos de Oro en Hollywood, el Grammy por *Somos novios,* cuatro Calendarios Aztecas y dos veces el premio a la mejor canción en el Festival de Tokío. El Ayuntamiento de Mérida le otorgó la medalla Guty Cárdenas. En la década de los 90 tres canciones suyas alcanzaron extraordinaria popularidad en la voz de Luis Miguel: *Te extraño, Cómo imaginar* y *No sé tú.*

TRES TRÍOS DE PRIMERA

Aunque en todas partes siempre hubo pequeños conjuntos vocales, los cuartetos y sextetos, también conocidos como soneros, fueron característicos en la música popular cubana y puertorriqueña durante la década de 1930. Pocos años más tarde, los duetos y tríos lo fueron en la de México y comprometidos con el bolero propiamente dicho, produjeron un sonido más íntimo, más adecuado a la serenata que al baile.

Un verdadero fenómeno de concentración en la planicie azteca se produjo en el caso de los tríos de guitarristas. Aun cuando también fueron notables algunos cubanos, varios puertorriqueños y uno venezolano, los tríos principales fueron mexicanos, según lo corroboraría una nómina muy larga, de la cual hay que entresacar a Los Delfines, Caribe, Los Galantes, Los Tecolines, Los Tres Reyes, Los Duendes, Los Astros, Los Embajadores, Los Montejo, Los Zorros, Los Trovadores de México y el Tropicana. Sin embargo, aquellos tríos más dignos de interés, por su estilo y repertorio, su originalidad, su carácter representativo, su duración y ascendencia, y sin olvidar a Los Jaibos y a Los Tres Ases, fueron Los Panchos, Los Tres Diamantes y Los Tres Caballeros.

Los Panchos De todos los tríos y cuartetos que se formaron y comenzaron a grabar en los años 40 y 50 sin dudas el más famoso, por su calidad, uniformidad y longevidad, han sido Los Panchos, que hicieron su primera presentación el 14 de mayo de 1944 en el teatro Hispano de Nueva York. El nombre del trío se les ocurrió por su fácil pronunciación en inglés y por la asociación que el mismo suscitaba debido a las hazañas de Pancho Villa.

Formado originalmente por los mexicanos Alfredo Gil y Chucho Navarro, y el puertorriqueño Hernando Avilés, en principio les interesaba interpretar música folclórica mexicana, corridos, rancheras y huapangos. Al verse obligado el *Güero* Gil a ingresar en el ejército norteamericano en 1945, el trío sufrió un breve receso. De cómo hicieron la transición al género del bolero es una historia interesante.

Alfredo Bojalil Gil y Jesús *Chucho* Navarro procedían de otro conjunto mexicano de notable actividad en Nueva York: Felipe Gil y sus Caporales era el grupo que había contado con la guitarra del pequeño Alfredo, conocido también como el *Güero* por su cabellera rubia, entonces abundante. Procedía de una familia eminentemente musical aunque parezca mentira, puesto que su padre fue un emigrante libanés, radicado en México desde que tenía 16 años; allí contrajo matrimonio con Carmen Gil y tuvieron seis hijos. Alfredo aprendió el oficio de peluquero por disposición de su padre, pero por afición tocaba la guitarra desde los 9 años y poco más tarde aprendió también la ejecución de la mandolina.

Antes de Los Caporales, Alfredo Gil se había afiliado a dos primos con su hermano Felipe, formando el cuarteto de los Hermanos Martínez Gil. Llegados a ciudad de México en 1932, el *Güero* tuvo el honor de que el maestro Rafael Hernández, que lo había escuchado accidentalmente, lo invitara a participar en sus programas de la XEB como guitarrista de su orquesta. Mejorando su suerte, en 1937 el presidente de la NBC de Nueva York viajó a México, se entusiasmó con algunos de los conjuntos que actuaban en la emisora y entre los afortunados seleccionó al cuarteto de los Hermanos Martínez Gil. Estuvieron ocho meses en la ciudad de los rascacielos; se hospedaban en el hotel Belvedere, en donde por cierto, alojaron por un tiempo a un joven barítono que andaba buscando oportunidades y pasando mucho trabajo, un paisano suyo muy estiradito, de nombre Jorge Negrete. Por entonces el *Güero* se limitaba a puntear con la guitarra y era el encargado de los arreglos; grabaron una pequeña serie de números para el sello Decca, grabaciones que hoy son joyas para los coleccionistas. En 1940 se consumó la separación del cuarteto y se formó el grupo de Felipe Gil y sus Caporales, fundado con la colaboración de Jesús Álvaro Ancona como segunda voz y guitarra prima, y que se convirtió en trío cuando ingresó Jesús *Chucho* Navarro Moreno, como ellos, de origen mexicano.

Este *Chucho* Navarro era un estudiante de medicina que se ayudaba en sus estudios como cantante acompañado de su guitarra, y a quien Alfredo había conocido en la XEW. Su padre había muerto cuando él apenas andaba por los 4 ó 5 años, y su madre montó un modesto restaurante para atender a los diez hijos que quedaron del matrimonio; allí se desarrollaron sus aficiones, haciéndole dúo a su hermana Antonia en interpretaciones de todo género de música que realizaban para diversión de la clientela. Entretanto, adelantaba sus estudios preparatorios y se fue a México en 1933 para matricularse en la Facultad de Medicina. Aunque continuó sus estudios especializándose en el sistema nervioso central, terminando en 1939, ya vinculado al grupo Los Caporales, *Chucho* Navarro no hizo el internado médico y se marchó a Nueva York, por lo que no alcanzó a obtener su título. Al disolverse el grupo debido a la trágica desaparición de Felipe, Alfredo Gil y *Chucho* Navarro resolvieron su independencia en 1944, hallándose en dificultades pues ninguno de los dos hacía la voz prima. Al parecer, fue en una fiesta boricua donde hallaron en Hernando Avilés la voz que necesitaban para completar el trío, cuando le oyeron cantar el bolero *Sin bandera* del puertorriqueño Pedro Flores.

Su nombre completo era Herminio Avilés Negrón y también había tenido una trayectoria accidentada. Criado en el barrio de Trastalleres (cuna de los cantantes Daniel Santos y Andy Montañéz) en San Juan, Herminio había adquirido cierta fama de pendenciero; comenzó a cantar en fiestas escolares, aprendió a tocar la guitarra y en 1932 ya había formado su primer grupo. Hacia 1934 se dejó llevar por la onda argentina que dominaba el mundo cancionero del continente e integró el trío Los Gauchos. Se separaron años más tarde y ya con el nombre de Hernando, decidió arriesgarse como voz solista, viajando a Venezuela en 1939. Después pasó a Nueva York y trabajó con dos ecuatorianos al formar Las Tres Guitarras. Más tarde, en 1941, con Sotero San Miguel formó el dúo Azteca. Entre otras actividades, Hernando grabó en 1942 una serie de boleros, dichos con seguridad y limpieza, con ese gusto que habría de distinguirlo toda su vida. Siempre con crédito de solista, colaboró con varias bandas que animaban las noches latinas neoyorquinas.

Cuando se vuelven a juntar Los Panchos, había un excitante ambiente en torno a la música de Cuba, Puerto Rico y México en la Babel de Hierro. En la primera se incubaba una interesante generación de músicos que iba y venía de la isla, mientras que la fuerte inmigración puertorriqueña alimentaba el entorno latino de una Nueva York que mantenía el cetro de los grandes espectáculos y centralizaba el movimiento discográfico latinoamericano. México se apoyaba en la música de sus películas de amplio respaldo comercial y en la calidad de los artistas que habían salido de los programas de radio.

En sus inicios, tres personas fueron clave en el aspecto técnico del grupo: en primer lugar el guitarrista español de flamenco Agustín Castellón *Sabicas*, señalado como uno de los más grandes de todos los tiempos, quien impresionó tremendamente a Alfredo Gil cuando andaba como primera guitarra del trío Los Caporales. *Sabicas* fue su amigo, le ayudó a corregir errores y se preocupó de enseñarle algunos de los secretos de su estilo incomparable. El director de orquesta, arreglista y compositor colombiano Terig Tucci fue otra persona esencial para el novel trío, que en los días de su fundación ocupaba el cargo de director musical de la Cadena de las Américas. Alfredo Gil lo dijo claramente: «Él nos enseñó todo el repertorio suramericano y nos ayudó a armonizar correctamente. Comenzamos a arreglar al estilo Terig Tucci, pero en bolero. Era el bolero simple, de armonía elemental, pero a la vez era difícil». La tercera persona fue el maestro Tatay, un talentoso luthier español que residía en Nueva York, quien le construyó el *requinto*, el instrumento novísimo que le dio al trío ese efecto de acordes altos. Se trataba de una guitarra más pequeña que lo normal para que las seis cuerdas subieran dos tonos y medio, con sólo la cuarta alta de una guitarra tenor. El artesano español lo logró: un instrumento muy pastoso en los bajos, con la agilidad de un diapasón corto y con los trastes más próximos, para que los dedos pudieran recorrerlos más rápidamente, con lo que los punteados ganaron en riqueza y complejidad.

EL COLOMBIANO TERIG TUCCI

Alfredo Gil bautizó a su requinto «El Tata» en homenaje al viejo luthier.

El trío continuó haciendo presentaciones radiales y lograron grabar los primeros discos: *Perdida, No trates de mentir* y *Una copa más*, de *Chucho* Navarro. En 1946 hicieron la primera gira a Venezuela y en 1948 fueron a Brasil. De regreso estuvieron también en Puerto Rico, donde grabaron *Rayito de luna* de *Chucho* Navarro, *Caminemos,* un tema brasileño de Heriveto Martins que adaptó y puso en español Alfredo Gil, así como *No me quieras tanto*, de Rafael Hernández y *Sin un amor*, letra de *Chucho* Navarro y música de Alfredo Gil. Estos boleros se convirtieron en éxitos inmediatamente.

Regresaron eufóricos a Nueva York y fueron entonces por primera vez a México. Era su gran momento. Se presentaron en El Patio, en el teatro Tívoli y en la XEW. Grabaron entonces *Sin ti*, de Pepe Guizar, *No, no y no* y *Sin remedio* de *Chucho* Navarro, así como *En cada puerto un amor* y *Un siglo de ausencia* de Alfredo Gil:

> Un siglo de ausencia
> voy sufriendo por ti,
> y una amarga impaciencia
> me ocasiona vivir...

Ese año de 1949 fue definitivo para su consagración: participaron en una película y a partir de entonces grabaron 36 canciones más y estuvieron presentes en otros 16 filmes. Hicieron además una gira triunfal a La Habana; comenzaron a ser reclamados por los públicos de habla hispana, siendo recibidos en los países que visitaban como verdaderos ídolos: Colombia, Brasil, Argentina, Chile, Puerto Rico, Canadá, Venezuela y España. En Japón alcanzaron un éxito nunca imaginado, allí sus discos se vendían por millares y continúan vendiéndose.

Durante un tiempo el trío adoptó como tema identificativo *Me voy pa'l pueblo*, del fecundo compositor cubano Marcelino Guerra *Rapindey*, quien había conocido a Los Panchos recién llegado a Nueva York en 1944.

Pronto surgieron imitadores del estilo panchístico, que aunque en algunos casos podrían considerarse superiores desde un punto de vista técnico o musical, no alcanzaron su celebridad. *En México*: Los Cantarrecio, Los Durango (dos mujeres y un hombre), Los Jaibos (que usaban trompeta en vez de requinto), Los Santos, Los Duendes, Los Tres Ases

LOS PANCHOS DURANTE SU DEBUT EN MÉXICO (1948)

(antes Los Dandis, hasta que ingresara Marco Antonio Muñiz), Los Tres Diamantes, Los Janitzio (que usaban como apoyo instrumentos de percusión), Los Tres Caballeros, Los Montejo, Los Pepes (que a menudo cantaban con orquesta), Los Sombras, Los Astros, Los Galantes. Hubo hasta tríos de cuatro miembros, como Los Tecolines. *En Cuba*: el trío de Servando Díaz, los Hermanos Rigual y otros. *En Puerto Rico*: el Trío Vegabajeño (que se adhirió al estilo panchístico, agregando un requinto a su formación), Los Condes, Johnny Albino y su Trío San Juan, el Santurce, etc. *En Colombia*: Los Romanceros y Los Provincianos. *En Ecuador*: Los Embajadores, con los Jervis y el requinto de Guillermo Rodríguez. La lista sería interminable.

En 1951 Los Panchos hicieron otra larga gira por Suramérica y estando en Perú se acentuaron a tal grado las desavenencias entre Hernando Avilés y Alfredo Gil, que el puertorriqueño decidió retirarse del trío. En Bolivia incorporaron al compositor y vocalista Raúl Shaw Moreno, quien solamente permaneció diez meses con el trío.

Y comenzó el desfile de primeras voces: Julio Rodríguez que estuvo varios años. En 1957 volvió Avilés y se mantuvo un año y medio, siendo reemplazado en 1958 por el también puertorriqueño Johnny Albino, quien estuvo once años con el trío. A pesar de poseer una voz extraordinaria y haber desarrollado un estilo muy similar al de Los Panchos con su trío San Juan, por uno de esos raros misterios del acoplamiento, Johnny Albino nunca llegó a ser lo que fueron Los Panchos con Hernando Avilés.

Al retirarse Albino en 1966, ingresó al trío Enrique Cáceres hasta 1971. Vincularon entonces a Ovidio Hernández, quien murió seis años después víctima de una afección cerebral. Ingresó entonces Rafael Bazurto Lara en 1977, el cual continuó grabando con Alfredo y *Chucho* hasta 1993. Poco después, el *Güero* Gil se sacó una jugosa lotería y dejó el trío; lo reemplazó transitoriamente Willie Fonseca hasta que Gaby Vargas asumió esta posición. Después el trío se convirtió en cuarteto porque se agregó un hijo de *Chucho* para llenar el vacío cuando se retirase su padre.

Los Panchos han grabado con otras voces famosas, adaptándose de cierta manera a las nuevas corrientes y modalidades, pero siempre manteniendo el estilo original. Con ellos han aparecido varios artistas invitados: Eydie Gorme, Gigliola Cinquetti, Estela Raval y María Marta Serra Lima.

En su larga y brillante trayectoria artística han grabado unas 3.000 canciones; entre ellas hay seis en japonés y dos en griego. Ganaron muchos Discos de Oro por sus ventas millonarias y llegaron a participar además, en unas 50 películas. Valga señalar que las grabaciones que continúan teniendo más éxito de ventas son las que hicieron con Hernando Avilés en la primera etapa de su carrera. Los Panchos son un mito y como el Ave Fénix, han renacido mil veces: a más de medio siglo de su aparición, todavía se les escucha y se buscan sus grabaciones.

Los Panchos cambiaron conceptos, revolcaron gustos, impusieron modalidades y llenaron con sus voces un espacio amplísimo de tiempo romántico, de música amorosa que llegó a las gentes simples que la hicieron suya. Además, cantaron con elegancia, pronunciando el idioma con seducción.

Los Tres Diamantes hicieron su aparición cuando ya el trío Los Panchos había conseguido su consagración. Era 1948 y Johnny Albino y su Trío San Juan también alcanzaban un éxito extraordinario en Nueva York, imponiendo el mismo estilo en el bolero. En ese año Gustavo Prado, que formaba parte del trío Janitzio, se encontró con Enrique Quezada y decidieron formar un trío, integrando a Saulo Sedano como guitarrista. El propósito inicial fue conseguir un estilo diferente al de Los Panchos, tanto en las voces como en las guitarras. Y lo consiguieron: una armonía arrulladora que les vino muy bien para interpretar las canciones de María Grever, a pesar de que ella misma les había manifestado que el estilo de sus temas musicales no era precisamente para trío. Sin embargo, cuando les escuchó interpretando *Mi canción* y *Cuando me vaya*, en un programa que le hacían en la XEW, recibió una grata sorpresa.

LOS TRES DIAMANTES COMPITIERON CON LOS PANCHOS

Los Tres Diamantes se presentaron en el teatro Margo de México e hicieron programas de radio alternando con María Luisa Landín, y en poco tiempo lograron gran popularidad. En realidad, fue el trío que más logró competir con la influencia de Los Panchos. Al incorporarse al elenco de la RCA Victor, sus grabaciones alcanzaron verdadera difusión internacional. El primer bolero que hizo impacto en sus voces fue *Miénteme* de *Chamaco* Domínguez y entre 1950-51 impusieron tres temas que causaron furor: *Corazón* de Chelo Velázquez, *Condición* y *Usted*, de Gabriel Ruiz:

> Usted es la culpable
> de todas mis angustias
> y todos mis quebrantos.
> Usted llenó mi vida,
> de dulces inquietudes
> y amargos desencantos...

Y siguió una lista interminable de triunfos: *Embrujo, Reina mía, Amor qué malo eres, Despierta, Mala noche, Mi corazón abrió la puerta, Luces en el puerto, Júrame, Sigamos pecando* y *La gloria eres tú.* Del guitarrista Saulo Sedano son los boleros *Reina mía* y *Mentira, mentira.*

El semanario *Selecciones Musicales* les otorgó el Disco de Oro como el mejor trío de 1951. Viajeros incansables, Los Tres Diamantes han llevado sus canciones por todos los rincones de Latinoamérica en varias ocasiones; también han participado en las películas *Al son del mambo, Pata de palo, Serenata en Acapulco, Mi marido, Mujeres de teatro, Pobre del pobre, La noche es nuestra* y *Del can can al mambo.*

Más sofisticado y cosmopolita en su repertorio que Los Panchos, Los Tres Diamantes correspondieron a una etapa de cierto declive, de amaneramiento y artificio, quizá porque insistió demasiado en los halagos melódicos, prodigando caprichos y tarareos, adaptando algunos medios electrónicos y en versiones hispánicas, abriendo puertas a las ya apremiantes influencias italiana, francesa y norteamericana. En contraposición a este fenómeno, Los Tres Ases integraron un grupo más ecléctico, al cual perteneció Marco Antonio Muñiz, quien supo mantener y fortalecer, aun incorporando nuevas propuestas tonales, la atmósfera de los orígenes.

Cincuenta años después de fundados, Los Tres Diamantes continuaban su peregrinaje artístico con los mismos integrantes, caso excepcional en este tipo de agrupaciones.

Los Tres Caballeros En 1952 llegó a la capital Roberto Cantoral, procedente de Tampico; poco después organizó un trío con Benjamín *Chamín* Correa en el requinto y Leonel Gálvez Polanco como primera voz. Con el nombre de Los Tres Caballeros actuaron por primera vez ese mismo año en la XEW, presentándose luego en diferentes escenarios de radio y teatro. Hicieron su primera gira a Estados Unidos, la cual concluyeron en 1956. Se vincularon entonces al sello Musart, grabando los bolerazos *El reloj* y *La barca,* ambos con un éxito rotundo. Entre otros temas importantes de Roberto Cantoral que quedaron repartidos en varios LP, se encuentran *Te perdono, Me odio, Noche no te vayas, Déjame solo, El teléfono, Tu condena* y *Regálame esta noche:*

> No quiero que te vayas
> la noche está muy fría,
> abrígame en tus brazos
> hasta que vuelva el día...

El trío realizó una gira por casi todos los países europeos, que empezó en 1964 y culminó diez años después, quizá el recorrido más extenso llevado a cabo por intérpretes del bolero. Dueños de un estilo confidencial, de suaves y pausadas texturas, Los Tres Caballeros siempre mantuvieron equilibrio y sencillez, enalteciendo cada presentación. Consiguieron un gran acoplamiento en las voces y en las cuerdas, además del exclusivo repertorio romántico que ofrecieron, inspirado mayormente por Roberto Cantoral. Vivieron algún tiempo en París, donde éste compuso algunas de las canciones que tuvieron gran popularidad después de 1970, incluyendo *El triste*.

LOS MEJORES INTÉRPRETES

El hombre corpulento que se convirtió en el principal intérprete de las obras de Agustín Lara, y que quizá fue el embajador más distinguido que haya tenido México, nació en la hermosa ciudad colonial de San Miguel de Allende, estado de Guanajuato. **Pedro Vargas** (1906-89) comenzó a cantar en el coro de la iglesia de su pueblo y debutó a los 7 años de edad. Cuando terminó sus estudios escolares en 1920 se trasladó a México; se ganaba la vida cantando en iglesias hasta que tuvo la suerte de conocer a Mario Talavera, quien le ayudó mucho en aquellos días difíciles. También gracias a la ayuda que le brindó el director del colegio de La Salle pudo asistir al Conservatorio Nacional, donde estudió piano y solfeo. Más tarde conoció al maestro José Pierson, con quien comenzó a educar su voz; con él estudiaban además, Alfonso Ortiz Tirado y Juan Arvizu.

En aquellos tiempos Pedro Vargas quiso hacerse torero hasta que una vaquilla le dio tan buen revolcón que le quitó las ganas de seguir con la faena de la muleta y el estoque. Conoció a José Mojica, quien le recomendó que estudiara con el maestro Alejandro Cuevas, preparando con él *Cavalleria Rusticana*, que interpretó en 1928. Con una orquesta típica salió en gira por Estados Unidos y realizó en Chicago su primera grabación. Posteriormente se vinculó a la RCA Victor, con la que dejó grabado un repertorio enorme de canciones. En 1930 obtuvo el primer lugar en el concurso de valses Ann Harding, experiencia que le definió su vida musical por la canción popular de calidad. Fue entonces cuando Agustín Lara lo nombró su cantante oficial y empezaron a hacer presentaciones en el teatro María Guerrero, en el Esperanza Iris y luego en el Lírico. Su postura y elegancia, su forma discreta y dulce de decir las canciones lo fueron haciendo inconfundible en la interpretación de temas románticos. Pedro Vargas gustó a gentes de todas las edades, por su calidad y su actitud afable. Y siempre representó bien a su país.

Después del descalabro del viaje a La Habana con Lara en 1933, continuó sus presentaciones con la compañía de Roberto Soto y luego pasó al teatro Politeama. En 1936 actuó frecuentemente en el Lírico y luego en el teatro Fábrega, siempre acompañado al piano por Agustín Lara. En ese año lo invitaron a cantar en Radio Splendid de Buenos Aires. Desligándose de su ilustre acompañante, comenzó su peregrinaje por los mejores escenarios de Latinoamérica y Europa durante casi 56 años. Querido y admirado por todos los públicos, recibió el homenaje sincero del aplauso donde quiera que se presentó. Su presencia en el cine también fue importante: participó en unas 40 películas. La primera de ellas data de 1936, *Los chicos de la prensa*, donde estrenó *Flores negras,* del habanero Sergio de Karlo:

PEDRO VARGAS

> Me hacen daño tus ojos
> me hacen daño tus manos,
> me hacen daño tus labios
> que saben mentir...

E igualmente triunfó en la televisión, dirigiendo el programa «El estudio de Pedro Vargas» durante trece años, en donde presentó a innumerables personalidades artísticas mexicanas y extranjeras y dió oportunidades al talento nuevo. Un momento de suma importancia en su vida fue el éxito que tuvo en su presentación en el Carnegie Hall de Nueva York en 1964.

El secreto de su permanencia se debió a que poseyó una voz profesional, educada, diestra en el *rubato* aunque algo opaca, sin mucho aliento emotivo, que no molestaba a nadie debido a su misma imperturbabilidad. Habiendo devenido un excelente intérprete lírico por aprendizaje y cultura, optó por ocupar tan sólo un puesto de *crooner*. Su enorme popularidad se debió a que interpretó de modo inconfundible algunos primeros éxitos de su amigo Agustín Lara.

Por sus méritos artísticos Pedro Vargas fue condecorado en múltiples ocasiones y recibió infinidad de homenajes. Hijo del pueblo, siempre sintió el aliento entusiasta del mundo de habla hispana que vibraba ante sus sobrias interpretaciones. Falleció mientras dormía; tenía 83 años. Todavía se le recuerda despidiendo cada presentación: «Muy agradecido, muy agradecido, muy agradecido...»

Por ser uno de los iniciadores de un estilo clásico que incidió notablemente en el gusto musical de quienes escuchaban las estaciones de radio o ya tenían gramófonos para escuchar los viejos acetatos, la figura de **José Mojica** (1896-1974) tiene una significación especial; su voz de tenor marcó una época y se introdujo en otra casi sin saberlo. Apuesto y gran conversador, su agilidad mental y su talento le abrieron las mejores puertas del arte escénico.

EL TENOR JOSÉ MOJICA

Mojica nació en la población de San Gabriel, estado de Jalisco, y desde muy temprana edad demostró excelentes condiciones vocales. En 1914 ingresó en la compañía Impulsora de Ópera de México, a la cual también pertenecían Pedro Vargas y Carlos Mejía. Hizo su debut en el teatro de la Ópera de Chicago, realizando por aquel tiempo las primeras grabaciones discográficas, mientras la fama de su voz formidable se difundía rápidamente por todos los países de Hispanoamérica. Más tarde, en Los Ángeles, fue contratado para actuar en el cine; con su figura de galán no le fue difícil realizar una brillante carrera. En su primera película, *El precio de un beso*, interpretó la canción *Un beso loco*, tema musical del que se vendieron miles de discos. Cuando el éxito artístico lo situaba en la cumbre, decidió abandonar la vida pública y recluirse a principios de 1942 en el convento franciscano del Cuzco, Perú, con el nombre de Fray José de Guadalupe, siendo ordenado sacerdote en 1947. Después de participar en otras cintas, y antes de retirarse a la vida religiosa, filmó en Buenos Aires *Melodía de América*, en donde incluyó el bolero *Solamente una vez* que le había dedicado Agustín Lara.

Otro aporte significativo de Mojica al bolero fue la letra de *Nocturnal*, que musicalizada por José Sabre Marroquín se convirtió en uno de los clásicos del ritmo. A María Grever le grabó *Cuando vuelva a tu lado*, *Cuando me vaya* y *Júrame*:

> Todos dicen que es mentira que te quiero
> porque nunca me habían visto enamorado,
> yo te juro que yo mismo no comprendo,
> el por qué tu mirar me ha fascinado...

Sólo esporádicamente regresó a los estudios de grabación de México o La Habana. Y ya siendo religioso volvió al celuloide en los años 60 para protagonizar *Seguiré tus pasos*. En 1974 le fue amputada una pierna y su salud se fue quebrantando notoriamente; falleció meses después en el convento de San Francisco de Asís de la ciudad de Lima. Mojica escribió una autobiografía que publicó en 1956, *Yo pecador*, donde quedaron consignados en forma sobria y amena los hechos más importantes de su vida personal, artística y religiosa.

Alfonso Ortiz Tirado (1893-1960) fue sin lugar a dudas uno de los personajes más queridos de la canción romántica. Nació en Sonora, donde realizó estudios de medicina que lo alejaron completamente de los ajetreos musicales. Fue a los 35 años cuando inició su carrera artística, que siempre estuvo supeditada a su profesión: se presentó por primera vez en público cantando a beneficio del Pabellón Ortopédico del Hospital General de México, donde trabajaba como cirujano. Contaba más de 30 cuando estudió canto con el maestro Pierson, teniendo como condiscípulos a los jóvenes José Mojica, Pedro Vargas y Juan Arvizu. Sin embargo, con un estilo de tenor académico, limpio en sus interpretaciones, enmarcó toda una época; cantó ópera en diversos teatros de la capital y realizó presentaciones en la XEB. Seguramente fue entonces cuando realizó varias grabaciones para el sello Brunswick, con el acompañamiento al piano de Mario Talavera, incluyendo el Himno Nacional de México. En 1930 fue llamado a participar en el programa inaugural de la XEW, La Voz de América Latina, que se convirtió más adelante en la emisora más importante de México. Ralph Peer lo incorporó entonces al elenco de la RCA Victor en Nueva York para que grabara en el sello rojo, reservado para las grandes figuras de la canción; el Dr. Ortiz Tirado solicitó entonces que sus discos fueran editados en la categoría popular, para que estuvieran al alcance de más personas. Durante 18 meses consecutivos hizo presentaciones radiales en la NBC, ofreciendo además un recital privado para importantes directores musicales en el Metropolitan Opera House.

Comenzó a ganar sumas fabulosas y decidió invertirlas en la construcción de una clínica en México, propósito para el cual siguió trabajando artísticamente el resto de su fecunda vida. Realizó una gira por las principales ciudades mexicanas, cantó por segunda vez en Cuba y se presentó en Venezuela antes de seguir a Buenos Aires. A pesar de que le habían precedido los discos de la RCA Victor, no le fue fácil conquistar al pueblo bonaerense, que apasionado en ese momento por el tango, no comprendió que con Ortiz Tirado le llegaba un nuevo género musical. Pero con sus triunfos en teatros y en la radio logró sembrar la semilla del bolero y además le abrió el camino a otros intérpretes mexicanos que después triunfaron estruendosamente en la capital argentina.

Allí volvió en 1946 con la compañía del barítono venezolano Eduardo Lanz y en esta gira fue cuando grabó con la orquesta de Don Américo y sus Caribes los cuatro boleros que se convirtieron en clásicos de su repertorio: *Tú lo sabes*, *El adiós del marino*, *Llorar eterno* y *Hablemos de los dos*, del cubano José Carbó Menéndez:

DR. ALFONSO ORTIZ TIRADO

Hablemos de los dos
con la emoción sincera,
del que oye al corazón
sin ocultarle nada...

En ese viaje también actuó en Chile, donde grabó con el respaldo de la orquesta de Carlos Arijita. Aunque después de 1950 se fueron reduciendo sus presentaciones, en 1954 grabó a dúo con Juan Arvizu *Negra linda*, *Linda morena*, *Por qué* y *Ojos de almendra*. Deseado por cientos de mujeres hermosas Ortiz Tirado vivió dolorosos dramas sentimentales que terminaron por apartarlo de la vida pública; en sus últimos años vivió desesperado porque ya no podía cantar. Muy pocas personas acom-

pañaron su féretro y no hubo quién lo despidiera cantando sus canciones
como él lo había hecho en el sepelio de Guty Cárdenas. José Castilla, uno
de los Cuates Castilla, dijo al despedirlo: «Si es triste perder un amigo
más triste aún es ver que México no sabe lo que hoy ha perdido».

> Entre 1940 y 1952 el cine mexicano inundó todo el continente con películas
> desvergonzadamente musicales. Más de mil cintas fueron realizadas, no todas
> de suficiente calidad. Llegó un momento en que para realizar un filme sólo ha-
> cía falta el título de un bolero famoso, una rumbera cubana, un trío mexicano
> y un director capaz de mantener la cordura. Algunos cantantes se volvieron ac-
> tores mientras conocidos actores se prestaron a que les doblaran la voz.
>
> El cine fue primordial para que un bolero triunfara. En la pantalla el pú-
> blico confirmaba sus preferencias, estableciendo no pocos ídolos de la canción.
> La costumbre de presentar música en vivo en los intermedios terminó en 1931
> cuando la industria cinematográfica pudo contar con el sonido. Un año des-
> pués México produjo *Santa,* para la cual solicitaron a Agustín Lara un bolero
> creado especialmente.

Juan Arvizu (1900-85). Su nombre completo era Juan Nepomuceno Arvizu Santelices, nació en Querétaro e inició estudios de canto en el orfeón
de su ciudad natal cuando tenía sólo 7 años. En un comienzo su voz fue
de soprano, después pasó a ser de contralto y a los 19 años se le definió
como de tenor. Paralelamente aprendió el oficio de telegrafista, que era la
profesión de su padre. En 1922 se fue a la capital buscando mejores posibilidades de estudio y de trabajo; aprendió solfeo y armonía durante cuatro años en el Conservatorio Nacional de Música e hizo su debut en el
teatro Esperanza Iris. Años después, la compañía de revistas de Pepe
Campillo lo contrató para que cantara en el teatro Lírico. Grabó por
aquel entonces *Varita de nardo* de Joaquín Pardavé y otras canciones con
las segundas voces de Mario Talavera y de Pepe Gómez.

Por aquella época conoció en el café Salambó a un pianista que tocaba muy bien los tangos en boga y los danzones cubanos y lo contrató
para que lo acompañara: era Agustín Lara, quien ya había compuesto varias canciones que el tenor pronto interpretó, dándolo a conocer como el
autor que le daría gloria a México. En 1929 Arvizu ingresó al elenco artístico de la RCA Victor y lo enviaron a grabar a Nueva York; las prime-

ras canciones que dejó en disco fueron *Tú, tú, tú* de María Grever y *Por unos ojos* de Jorge del Moral. Grabó también muchas canciones a dos voces con Margarita Cueto, Ana María Fernández, Josefina Aguilar, Margarita Carvajal, Juan Pulido y Héctor de Lara.

Juan Arvizu participó en la inauguración de la XEW en 1930 y alternó en muchos programas con las voces más importantes que se consagraban en aquel momento. Sus discos recorrieron todos los países latinoamericanos y en Cuba, Colombia, Chile y Argentina fue considerado como un ídolo. Por la dulzura de su voz fue llamado «El tenor de la voz de seda». Le gustaban las canciones de Rafael Hernández, a la sazón residente en México; de esa época es *Traición*:

> Dos letras tan sólo te escribo
> y te diré por qué de ti me enamoré
> haciendo un sacrificio.
> No tengo valor para hablarte
> después que te mentí
> jurándote por Dios amarte hasta morir...

Sus interpretaciones, junto a las de Mojica, Ortiz Tirado, Pedro Vargas y Elvira Ríos, impusieron el gusto musical de la canción lírico-romántica, que pocos años después despertó una época brillante para el bolero en Argentina, país que visitó por primera vez en 1935 para inaugurar Radio El Mundo. En 1942 fue invitado a Nueva York a la inauguración de la Columbia

JUAN ARVIZU

Broadcasting System (CBS), desde donde realizó programas inolvidables que lo cubrieron de fama en todo el continente. Cuando Arvizu volvió a Buenos Aires en 1944 fue recibido como un grande de la canción; allí se radicó durante muchos años y es posible que en los estudios de la RCA Victor bonaerense haya grabado los mejores discos de su vida.

Participó en varias películas: *Santa, Reir llorando* e *Infidelidad*, aunque la que más apreció fue *Ahora seremos felices*, que filmó en Cuba con la hermosa Mapy Cortés. Su larga y fecunda vida, su voz y sus canciones, vivieron la evolución y desarrollo del sonido en el disco y en la radio, desde las grabaciones acústicas a las eléctricas llegando hasta la estereofónica. Se considera que alcanzó a grabar más de 2.000 números y por esa razón dejó una discoteca impresionante. Juan Arvizu llevó una vida ordenada y gracias a ello tuvo voz para cantar durante más de cuarenta años. Dicen algunas personas que lo trataron que fue un hombre difícil, pero muy generoso.

Se le conoció cariñosamente por el apelativo de **Toña la Negra** (1912-82) por su origen mulato, pero su verdadero nombre era María Antonia del Carmen Peregrino Álvarez y había nacido en Veracruz. Cuando tenía 9 años ya cantaba con seguridad en las reuniones familiares; le gustaban los tangos hasta que formó el trío Peregrino con su hermano Manuel e Ignacio Uzcanca para interpretar boleros. Pero el ámbito de Veracruz era muy reducido para medrar, razón por la cual decidió instalarse en la capital en 1932. En una fiesta privada le presentaron a Agustín Lara, el cual cuenta en su autobiografía: «En 1932 conocí a una cantante desconocida; abrir ella la boca y abrirla yo también, pasmado, fue todo uno. Cuando la oí cantar en una fiesta privada me levanté de un salto. Pero, ¿de dónde ha salido usted?, le pregunté, intrigado por su voz mara-

AGUSTÍN LARA CON TOÑA LA NEGRA Y PEDRO VARGAS

villosa. 'Nadie, no soy nadie, señor Lara', me contestó. 'Mis amigos me dicen Toña la Negra y soy de Veracruz'. Quedé tan impresionado con ella que la invité a comer al día siguiente. Una nueva musa había llegado a mi vida. Para Toña le Negra escribí mi canción *Lamento jarocho*».

Sin embargo, Angelina Bruschetta, la segunda esposa de Lara, dio una versión diferente en su obra *Agustín Lara y yo: 1928-38*, asegurando que la cantante fue a buscarlo varias veces a su casa hasta que el maestro la recibió de mala gana. Según esta versión, Toña le cantó *Enamorada* y antes de que terminara la canción, Agustín, sorprendido, se había rendido ante la belleza de su voz. Lo cierto es que comenzaron a actuar juntos en una revista musical que presentó el maestro en el teatro Esperanza Iris en 1932. Toña estrenó entonces *Lamento jarocho* y fue tal el éxito de la canción que tuvo que cantarla siete veces más. El espectáculo, que estaba programado únicamente para una velada, tuvo que ser repetido 24 veces en los días subsiguientes.

Emilio Azcárraga, a la sazón director de la XEW, la incorporó inmediatamente al elenco artístico de la emisora y el salón El Retiro la contrató permanentemente, acompañada unas veces por Lara y otras por la orquesta de Alfredo Girón. Vino luego su actuación en el Politeama, en donde se presentó durante siete meses, consolidando ese estilo tan cálido y rítmico, además de la extraordinaria emoción que lograba imprimir en sus canciones. Toña se incorporó a la nómina de la RCA Victor, quedando en esas grabaciones una parte muy sensible de la historia del bolero: *Este amor salvaje, Por qué negar, Obsesión, Mentiras tuyas, Y sin embargo te quiero, Noche criolla, Pesar, Vereda tropical, Cada noche un amor, Veracruz, Angelitos negros, Lágrimas de sangre, Palmeras, Estás equivocado, De mujer a mujer, Como golondrinas, Diez años, Cenizas* y *Oración caribe* (1934) de Agustín Lara, son solamente algunas de las tantas canciones que interpretó y que quedaron repartidas en 75 LP. También grabó para el sello Peerless:

> Oración caribe... oración del mar
> salmo de los negros... oración del mar.
> Piedad, piedad para el que sufre
> piedad, piedad, para el que llora,
> un poco de calor en nuestras vidas
> y un poquito de luz en nuestra aurora...

Muchos la consideran la mejor intérprete de boleros de todos los tiempos. Fue importante el tino con que eligió un repertorio adecuado a sus aptitudes, tanto como su calidez y su simpatía, ambas contagiosas e innatas, más accesibles, sobre todo en sus comienzos, que las de Amparo Montes, Avelina Landín o Eva Garza, que fueron menos conocidas, o que las de la cubana Olga Guillot, cuya popularidad en México alcanzó a menudo el nivel de la suya.

Su voz y su figura estuvieron presentes en 35 películas, entre ellas *Conga roja, María Eugenia, Humo en los ojos, Payasadas de la vida, La mulata de Córdoba, Revancha* y *Mujeres de mi vida*. Toña la Negra fue muy esquiva para comentar su vida familiar aunque se sabe que se casó dos veces. En sus últimos años se había impuesto un retiro voluntario de los escenarios y sólo se hacía presente cuando era solicitada en los estudios de grabación. Aquella voz extraordinaria se apagó en 1982.

Agustín Lara escuchó cantar a **Ana María Fernández** (1905) en el teatro Lírico y la contrató inmediatamente para sus revistas musicales. De su voz tomó Toña la Negra algunos matices, ya que cantando el «bolero tropical» era única. Se la considera la decana del bolero de calidad en México, dándose a conocer en el teatro María Guerrero con varias canciones de Lara en 1930, convirtiéndose en la primera intérprete «oficial» que tuvo el maestro. También cantó a dúo con Tito Guizar, Juan Arvizu y el propio Agustín Lara, en programas inolvidables del Politeama. Su hermosa y romántica voz fue difundida por la XEW hasta 1933. Grabó para la RCA Victor con el respaldo de Lara al piano y también con las orquestas de Guillermo Posadas y la Lira San Cristóbal. A su regreso de una truncada gira a Cuba en 1933 contrajo matrimonio con Luis Boyer y lamentablemente, se retiró para siempre de los escenarios; solamente en ocasiones muy especiales volvió a cantar en público.

Justo en ese momento comenzaba a aparecer una pléyade de cancioneras que engalanaron el repertorio del bolero: las Hermanas Águila, Elvira Ríos, Lupita Palomera, Margarita Romero, Eva Garza, Ana María González, Beatriz Ramos, Linda Arce, Lupita Alday, Sofía Álvarez, Carmela Rey, Manolita Arreola, Irma Carlón, Martha Triana, Verónica Loyo, Martha Zaller, María Duval, Chavela Durán, Lydia Fernández, Adelina García, Chela Campos, Rosa María Alam, Chelo Flores, Dora Luz, Esmeralda (seudónimo de Alma Graciela Haro Cabello), Amparo Montes, y las grandes figuras de Toña la Negra y María Luisa Landín con su hermana Avelina.

La voz y el estilo de **María Luisa Landín** (1922) hicieron historia en el bolero. Ha sido una de las voces femeninas que más ha gustado en la interpretación de temas románticos. Nacida en Veracruz, desde pequeña demostró condiciones vocales admirables; su despertar artístico estuvo ligado a Avelina, su hermana mayor, con quien formó un dueto en 1936, haciendo sus primeras presentaciones en la emisora XEYZ. Cuando Avelina contrajo matrimonio en 1940 el dúo se desintegró. María Luisa formó entonces un trío con las hermanas Ana María y Aurora Mendoza del

Mar, y en 1943 tomó parte en una serie de conciertos que les patrocinó la empresa Coca Cola en la XEW, adquiriendo fama continental. Luego continuó su carrera como solista, grabando en la RCA Victor un repertorio de boleros que aún hoy mantiene su vigencia. *Sé muy bien que vendrás* (1943) es del prolífico arreglista Antonio Núñez:

> Nuevamente vendrás hacia mí
> yo lo aseguro,
> cuando nadie se acuerde de ti
> tú volverás...

Canción del alma fue el primer éxito de María Luisa Landín, seguida de *Desdichadamente, Miseria* y *Será por eso*, reverdeciendo los laureles de *Hay que saber perder* y *Amor perdido* en 1950. Ocasionalmente también grabó para Peerless y más tarde para el sello Orfeón. Estuvo casada poco tiempo con el compositor cubano Fernando Mulens, quien la acompañó en algunas de sus giras exitosas.

Otros de sus éxitos incluyen *Conozco a los dos, Gracias a Dios* y *Sentencia*, del compositor Pablo Valdés Hernández (1913-89).

MARÍA LUISA LANDÍN

La época de su apogeo artístico coincidió con el surgimiento de un considerable número de compositores de primera categoría que le ofrecieron la primicia de sus obras. Esta mujer de temple tuvo predilección por la música del puertorriqueño Rafael Hernández y de Federico Baena, Consuelo *Chelo* Velázquez y Miguel A. Valladares, y contó además con el respaldo de magníficas orquestas en sus grabaciones, incluyendo la de Rafael de Paz y la del propio Rafael Hernández.

La primera cantante mexicana que adquirió categoría internacional fue **Elvira Ríos** (1913-87). Sus discos llegaron a Chile y Argentina con los de Juan Arvizu, el Dr. Ortiz Tirado y Pedro Vargas, y le dieron enorme popularidad. Su verdadero nombre era Elvira Gallegos Cerda y había naci-

do en la capital azteca. Pronto demostró la originalidad de su estilo, la forma de decir las canciones y el impacto que causaba ante el público, que la llevaron a ser una de las artistas más importantes de la XEW, donde debutó en 1935; con Fernando Fernández realizó en esta emisora una serie de programas inolvidables. Por su estilo tan diferente al de otras cancionistas fue objeto de severas críticas, pero su calidad se impuso, convirtiéndose en la *femme fatale* de la farándula; solitaria, siempre apoyada en el piano, provista de pendientes y boquilla, logró que el bolero penetrara en la categoría de monólogo, al nivel del arte dramático. Elvira Ríos vivió algún tiempo en París y más de diez años en Estados Unidos, donde fue artista exclusiva de la NBC. Cuando regresó a México la XEW la llamó nuevamente para que siguiera haciendo sus presentaciones, pero la excéntrica mujer puso sus condiciones: no iría a la emisora a cantar, sino que lo haría desde su propia casa, teniendo entonces que llevar hasta ella los equipos de transmisión. La XEW no tuvo más remedio que complacerla.

En 1936 participó en la película *Esos hombres* con Arturo de Córdoba y Marina Tamayo, interpretando *Noche de ronda* de Agustín Lara. También intervino en la película de la Paramount *Tropical hollyday*. Tachada de temperamental y algo susceptible, a Elvira Ríos la llamaban «La emocional». Otros la conocieron como «La voz de humo», por su voz grave y opaca. Su canción preferida fue *Una mujer*, letra de Ben Molar y música del franco-argentino Paul Misraki:

> La mujer que al amor no se asoma
> no merece llamarse mujer,
> es cual flor que no esparce su aroma
> como un leño que no sabe arder...

Disfrutaba interpretando el repertorio de Agustín Lara, el de Gonzalo Curiel, el de Alberto Domínguez y en especial el de Gabriel Ruiz. Elvira Ríos se presentó durante mucho tiempo en el Rainbow Room del Centro Rockefeller de Nueva York. En 1979 hizo sus últimas presentaciones y no quiso volver a cantar más. Murió en México, casi en el olvido.

El sonriente **Fernando Fernández** (1916) fue de los que iniciaron el relevo de los grandes tenores de escuela vigentes en sus comienzos: Ortiz Tirado, José Mojica, Pedro Vargas y Juan Arvizu. Por su estilo agradable de ex-

presar las canciones se le dio el título de «El *crooner* de México»; se le
llamó *crooner* a aquellos cantantes que sin tener grandes condiciones vocales podían interpretar sutilmente los temas románticos ante una gran
orquesta. Había nacido en Puebla aunque vivió sus primeros años en
Monterrey, donde inició su carrera artística en la emisora XET. Su padre,
que era militar, se opuso rotundamente a tener en su hogar a un «canta-
triste», como él lo definía. Sin embargo, su historial fue un modelo de
perseverancia.

Desde su modesto empleo como vendedor de golosinas en el cine Teresa de la capital no le fue fácil acceder al ambiente artístico, pero logró hacerlo con la colaboración de Emilio Tuero, estrella de la XEB, quien lo recomendó pero no gustó; pasó luego a la XEN donde duró un poco más y
conoció al pianista Paco Treviño, con quien creó el personaje infantil «Loli-
to». Consiguió poco a poco subir los peldaños de la escalera del éxito,
como cantante romántico y más tarde como actor de cine. El compositor
Carlos Crespo le dio varias canciones que tuvieron éxito en su voz: *Un corazón, Suicidio* y *Callejera*. Pronto fue variedad en el cabaret Waikikí, y en
este lugar obtuvo sus primeros aplausos sinceros, allá por 1937. También
se impuso con *Nosotros,* del malogrado compositor cubano Pedro Junco, y
logró versiones formidables con las canciones de Luis Arcaraz *Viajera* y
Quinto patio. Se le recuerda particularmente por los boleros *Traicionera,
Brindemos por amor, Carita de ángel, Mi pecado* y *Vagabundo,* grabadas
en el sello RCA Victor, además de *Hipócrita*, de Carlos Crespo:

> Hipócrita, sencillamente hipócrita,
> perversa, te burlaste de mí,
> con tu savia fatal me emponzoñaste
> y sé que inútilmente me enamoré de ti...

Vinculado al cine, en películas dirigidas por su hermano *El Indio*
Fernández, llegó a ser una figura famosa; se había afiliado al celuloide en
1941 con *La vuelta del Charro Negro,* realizando actuaciones estelares en
Enamorada, Río escondido, Callejera y *en Amor de la calle.* En total, actuó en 62 películas. Sorprendió a muchos casándose en 1940 con una de
las cantantes más famosas del momento: Lupita Palomera.

Desde aproximadamente 1944, Fernando Fernández logró convertirse en uno de los cantantes más cotizados de Latinoamérica, que recorrió
triunfalmente casi en su totalidad, hasta que se vio obligado a alejarse

por un tiempo de la vida artística a causa de un accidente de tráfico. Mucho tiempo después incursionó en la canción peruana, grabando varios valses con acompañamiento de mariachi: *Nube gris* y *El plebeyo* son dos temas que continúan escuchándose por las huellas profundas que dejaron en el recuerdo.

Aunque fundamentalmente fue un compositor y director de orquesta y sus canciones tuvieron muchos intérpretes, nadie como el propio **Luis Arcaraz** (1910-63) las cantó mejor: *Bonita, Muñequita de Esquire, Viajera, Sombra verde...* Su padre era empresario y compositor de zarzuelas y además propietario del teatro Principal de México, que fue destruido por un incendio. Aunque Luis perdió a su progenitor cuando tenía sólo 4 años, el medio artístico en el que creció le definió su vocación. Estudió solfeo, armonía, composición y dirección orquestal, pero antes había estudiado ingeniería mecánica. Empezó su vida profesional en 1928 dirigiendo un pequeño grupo en el teatro Palma de Tampico, así como en programas radiales de la XEG y posteriormente en la XEFO, La Voz de la Metrópolis. En 1929 apareció su nombre al lado del de Agustín Lara y de Gonzalo Curiel en las funciones del Politeama, mientras actuaba también en la emisora XEW; de ahí en adelante fue alma y vida de las revistas musicales. Más tarde recorrió con su orquesta buena parte de los Estados Unidos, Cuba y Puerto Rico.

LUIS ARCARAZ

Las primeras composiciones de Luis Arcaraz datan de 1932, *Quiero* y *Desilusión*, el tango *Bohemias* y el *blues Olvida*. Pedro Vargas le estrenó *Besos* en el teatro Esperanza Iris. Les siguieron el tango *Carnaval de la vida* y el vals *Sombras* en 1933. Los boleros *Mentira* y *Rimmel* son de 1934. A partir de 1940 cubrió una larga temporada con su orquesta en el teatro Follies Bergere de París y de allí partió a Estados Unidos, donde su banda logró colocarse en un lugar de excelencia.

Arcaraz trabajó en otros géneros además del bolero. En 1941 apareció *Prisionero del mar* y de 1944 es *El que pierde una mujer,* ambas del sutil letrista Ernesto Cortázar. De 1950 son *Muñequita de Esquire* y

Quinto patio, con textos de Mario Molina Montes. El beguine *Sombra verde* es de 1951. La mayor parte de sus canciones estuvieron inspiradas en sus múltiples romances; contrajo matrimonio en cinco oportunidades.

Enamorado de Brenda, una espléndida bailarina argentina que hacía pareja con Siccardi, le pidió al mismo letrista que le escribiera *Viajera*, un número que no debe confundirse con la canción homónima de Jacobo Morcillo y música de Fernando García Morcillo:

> Viajera que vas
> por cielo y por mar
> dejando en los corazones,
> latir de pasión,
> vibrar de canción
> y luego mil decepciones...

Entre los años 1953-55 su orquesta estuvo considerada como una de las mejores del mundo. Posteriormente, este tipo de formación resultó demasiado costosa y dejó de ser negocio, razón por la cual siguió actuando solo como pianista, estableciendo en Monterrey su centro nocturno «Cita con Arcaraz». Entre 1961-62 volvió a organizar otra orquesta con coros, al estilo de Ray Coniff, y grabó para la Musart un hermoso LP. En total, compuso música para 24 películas, entre ellas *Hotel de verano* y *Quinto patio*. Con las grabaciones que le hizo la RCA Victor ganó en tres ocasiones el Disco de Oro por las enormes ventas de sus discos. En 1963, cuando se dirigía por carretera a San Luis de Potosí para amenizar un baile, sufrió un accidente que le costó la vida.

A *Chucho* **Martínez Gil** (1917-88) se le recuerda como uno de los mejores intérpretes que tuvo el bolero. Jesús Bojalil Gil fue su verdadero nombre y era veracruzano. Sus hermanos también hicieron historia: Felipe *El charro* Gil con sus Caporales y el *Güero* Alfredo con Los Panchos. En 1934 *Chucho* y Alfredo se unieron al dueto que tenían sus primos Carlos y Pablo Martínez Gil, y formaron un cuarteto con el que estuvieron en Nueva York y recorrieron Centro y Suramérica hasta llegar a Uruguay y Argentina. Cuando regresaron de la gira en 1938, *Chucho* se vinculó a El Escuadrón del Ritmo que dirigía Gonzalo Curiel, iniciando así su trayectoria como solista. Dos años después, la empresa Kresto lo contrató y se presentó en varios países: Venezuela, Brasil y en Colombia, donde estuvo con Lupita Palomera. En Cuba actuó al menos en veinte ocasiones, imponiendo números como *Amor, amor* de Gabriel Ruiz y *Devuélveme el corazón* de Emma Elena Valdelamar:

> Pensarás que a qué he venido
> si ya todo ha terminado,
> piensas que cariño pido
> pero te has equivocado...

Chucho siempre creyó que uno de sus mayores triunfos había sido su presentación en el Carnegie Hall de Nueva York en 1947, con el respaldo de setenta profesores dirigidos por Al D'Arteaga. Su voz apareció en las versiones al español de tres películas de Walt Disney: *Música maestro, Dentro de mi corazón* y *Ritmo y melodía*. En la primera dobló la voz de Andy Russell y en las dos siguientes hizo lo mismo con la de Bing Crosby, cantando en idéntica tesitura que éste. También estuvo presente en el cine mexicano: *Pecado* con Zully Moreno, *Mi preferida* con Antonio Badú y Martha Roth, *Al son del mambo* y otras cintas.

Chucho Martínez Gil fue un tenor ligero muy querido en todo el continente. Además de su carrera como intérprete, se destacó como compositor; de su inspiración sobreviven *El pocito de Nacaquinia, Llegó el amor, Un recuerdo, Pimpollo, Sólo contigo* y el sentimental huapango *Dos arbolitos*, del que se han hecho más de trescientas versiones. *Chucho* había perdido en su infancia un brazo en un accidente automovilístico, problema que había solucionado con una prótesis. Pedro de Lille, locutor de «La Hora Azul» lo bautizó como «El cancionero triunfador» por razones obvias.

CHELA CAMPOS

En la bella voz de **Chela** Campos (19?-82) se conoció *Virgen de media noche* de Pedro Galindo, un número que después Daniel Santos y Leo Marini se encargaron de popularizar en el resto de Latinoamérica. Figura de importancia especial en la historia del bolero, cantó por primera vez uno de los clásicos de México: *Bésame mucho* de la otra *Chelo* en 1941 y en ese mismo año

En varios países europeos, en las postrimerías de su evolución, es decir, hacia 1950 y tantos, el bolero fue adaptándose a corrientes melódicas nacionales. La vinculación del género con la música popular española, sobre todo la derivada de la zambra, del cuplé, de las bulerías, gracias a los orígenes comunes y a la afinidad cultural, pudo estrecharse hasta determinar el surgimiento del llamado bolero moruno (el primero que empleó el término fue Rafael Hernández), que tuvo en Carmelo Larrea un maestro indiscutible. En Italia, la célebre Mina popularizó *La barca* (Cantoral) y *Nadie me ama* (Ernesto Bonino), y Luciano Taioli cantó *Camino verde* (Larrea). Pero sobre todo en Francia, donde la norteamericana Josephine Baker adaptó *¿Por qué ya no me quieres?* (Lara) como *J'ai lu dans les étoiles*; donde Hubert Giraud interpretaba en el acordeón *Buenas noches mi amor* (Prado); donde circulaban como parisienses las melodías de Osvaldo Farrés y de donde llegaron a América boleros como *Oublie-moi, Danse avec moi* y *Boléro*, este ultimo de Durand y Contet, difundido por Jacqueline François. Por otra parte, bandas y brillantes intérpretes norteamericanos (Bing Crosby, Doris Day, Nat King Cole, por ejemplo), divulgaron en inglés boleros como *Bésame mucho, Siempre en mi corazón, Acércate más, Solamente una vez, Quiéreme mucho, Tres palabras, Sabor a mí, Frenesí* o *Perfidia*, el que bailaron Ingrid Bergmann y Humphrey Bogart en la película *Casablanca*. Nat King Cole grabó en 1958 un disco en español con el sello Capitol en La Habana que se convirtió en un éxito sorprendente; después haría dos más, uno en México y otro en Brasil.

le estrenó al compositor Alfredo Parra su bolero *Altivez*. No se conoce la fecha de su nacimiento. Mujer de extraordinaria belleza a pesar del defecto físico que tenía, pues había sufrido un accidente en su infancia y como quedara con una cojera se apoyaba en un elegante bastón, por cuya razón el locutor antes mencionado la llamó «La dama del bastón de cristal». Fue artista exclusiva de la XEFO y también estuvo integrada en el elenco de la XEW.

En 1947 estuvo en Cuba. Al encontrarse accidentalmente con el compositor Osvaldo Farrés le requirió: «Maestro, ¿por qué no me hace una canción para estrenarla?» Mirándola a los ojos, Farrés le manifestó que no era tan fácil crear una nueva melodía, a lo que *Chela* Campos replicó: «Pero maestro, si con tres palabras usted hace una canción». Y ante tal reto, Farrés compuso *Tres palabras*, un bolero antológico que ella estrenó en La Habana ese mismo año:

Oye la confesión de mi secreto
nace de un corazón que está desierto,
con tres palabras te diré todas mis cosas,
cosas del corazón que son preciosas...

Realizó varias giras por Centro y Sudamérica y se le quiso mucho en Puerto Rico y en Cuba. En Colombia estuvo en 1949 y en 1952, dejando gratísimos recuerdos. *Chela* Campos grabó unos 50 discos y fue actriz en varias películas mexicanas. En su voz tuvieron gran aceptación los temas *Frenesí, Perfidia, Amor, amor, Por la cruz, As de corazones* y *Arrullos del mar*. El Instituto de Conservación y Recuperación Musical de México produjo hace algunos años un hermoso disco que contiene catorce grabaciones suyas muy bien logradas.

La atractiva **Lupita Palomera** (1916) nació en Guadalajara y fue una de las vocalistas que más se destacaron en México y fuera de sus fronteras por haber estrenado temas tan arrolladores como *Vereda tropical, Perfidia* y *Frenesí,* y ciertamente por la belleza de su voz. Logrando vencer su timidez y entusiasmada por su familia y sus amistades, empezó a cantar en la emisora XCD de su ciudad natal, interpretando las canciones de Agustín Lara y de Gonzalo Curiel al día siguiente de haber sido estrenadas en la capital. ¿Cómo lo lograba? Todas las noches escuchaba el programa «La Hora Íntima» de Lara y una amiga taquígrafa le copiaba la letra de cada canción, al tiempo que el pianista Toño Suárez escribía la música. Buscando mejores horizontes viajó a la capital pero la suerte le fue adversa; después de mucho insistir logró hacer algunas presentaciones en «La Hora Azul» de la XEW. Era el año 1936 y Gonzalo Curiel musicalizaba la película *Hombres de mar*, con la actuación de Esther Fernández y Arturo de Córdoba. Curiel compuso para dicha cinta el bolero *Vereda tropical* y los productores escogieron a Lupita Palomera, entre varias cantantes, para que interpretara la canción, doblando la voz de Esther Fernández.

Este bolero significó la oportunidad que Lupita estaba esperando. Hizo gran amistad con los hermanos Domínguez y Alberto le entregó su canción *Perfidia* para que se la estrenara en otra película que se proyectó en 1939. Poco después logró grabar *Vereda tropical* para la RCA Victor; este número llegó a ser tan popular en México que en los anuncios clasificados de los periódicos nacionales se solía encontrar algunos que decían: «Se solicita empleada para el servicio doméstico que NO cante *Vereda tropical*...» Su primera gira al exterior le llegó en 1940, contratada por la empresa del chocolate Kresto, presentándose en Colombia, Venezuela y Cuba, donde logró afirmar la popularidad de los boleros que más la identificaron: *Mis ojos me denuncian, Incertidumbre, Déjame recordar* y *Mala noche* (1941) también de Alberto Domínguez:

> Mala noche, tan negra y silenciosa
> mala noche, insomnio de mi amor.
> Mala noche, tan larga y tormentosa,
> mis ojos no se cierran
> mis ojos sólo lloran...

Las primeras grabaciones que realizó **Pedro Infante** (1917-57) fueron los boleros *Guajirita* y *Te estoy queriendo*, para la RCA Victor, y *El durazno* y *Soldado raso* en el sello Peerless. Dejó impresas 322 canciones en los catorce años en que firmó como artista exclusivo de Peerless. El hombre que se convirtió en una de las más grandes figuras del cine mexicano nació en Mazatlán, pero desde muy pequeño su familia se mudó a Guamúchil, donde su padre dirigía una banda de música; seguramente su inclinación surgió de esa circunstancia. En la adolescencia Pedro aprendió el oficio de carpintero y su verda-

PEDRO INFANTE

dera vinculación con la canción romántica empezó cuando tenía 17 años.

Siempre tuvo mucha suerte con las mujeres, sin embargo, se casó demasiado joven en 1935. Lamentablemente, a pesar del apoyo de su esposa, mientras más éxito fue alcanzando mayor fue su distanciamiento de ella. Pero tampoco le fue fácil el camino del triunfo. Recién casado anduvo durante tres años cantando en restaurantes como músico ambulante, hasta que se presentó en la XEB interpretando *Nocturnal* y así consiguió su primer contrato. Su inclusión al cine fue bastante difícil debido a su torpeza de movimientos y a su natural timidez, condición muy lógica en una persona que no había tenido gran roce social. En *La feria de las flores* interpretó canciones de *Chucho* Monge y Manuel Esperón, hasta que en *¡Viva mi desgracia!* logró una actuación excelente y se convirtió de la noche a la mañana en una estrella. En total participó en 45 películas, la última fue *Escuela de rateros*. Por su actuación en *La vida no vale nada*, la Academia de Ciencias y Artes Cinematográficas le otorgó un premio Ariel en 1956.

Pedro Infante amasó una gran fortuna que decidió compartir con su familia. Aprendió a volar y tuvo su propio avión pero en 1952 casi perece en un accidente cuando volaba con la bailarina Lupita Torrentera, uno de sus grandes amores.

Inició la grabación de boleros con el respaldo de mariachi en 1949, casi de forma accidentada, utilizando *Amorcito corazón*, el tema musical de las películas de moda *Nosotros los pobres* y *Ustedes los ricos*, escrito por Pedro de Urdimalas con música de Manuel Esperón. La idea de acompañar a Pedro Infante con mariachi fue de Juan Güitrón, quien dirigía al grupo; a pesar de la sencillez del arreglo el número se mantuvo en los dos primeros lugares de popularidad durante más de un año, a partir de julio de 1950:

> Amorcito corazón
> yo tengo tentación de un beso,
> que se prenda en el calor
> de nuestro gran amor, mi amor...

Después, a iniciativa del brillante compositor Rubén Fuentes, creó el estilo del bolero-ranchera con *Ni por favor*. Luego siguieron *Cien años, Te vengo a buscar, Llegaste tarde, Nuestro amor, Presentimiento, Si tú me quisieras, Que murmuren* y muchos más. En cierta forma Pedro Infante emulaba al charro Jorge Negrete, astro cinematográfico desaparecido en Los Ángeles en 1953 a los 42 años, víctima de cirrosis hepática.

Hacia 1955 hizo su debut en radio XEW en el programa «Así es mi tierra» y comenzó a llevar a cabo innumerables giras al interior y al extranjero, alcanzando la imagen de ídolo en casi todos los países de habla hispana. Querido y admirado por miles de mujeres, aunque parezca increíble Pedro Infante fue padre de unos veinte hijos. En 1957, urgiéndole viajar de Mérida a México y no consiguiendo asiento en las compañías aéreas, decidió ir de copiloto en un avión carguero de una empresa de la cual era socio; al despegar, el avión se fue a tierra y Pedro Infante pereció junto a varias personas más. Su sepelio constituyó una impresionante manifestación de duelo: un buen número de mariachi le cantaron *Amorcito corazón* para despedirlo.

EL ESTILO MARIACHI Y LA CANCIÓN RANCHERA

Jalisco ha sido la región que más ha influido en la evolución y desarrollo de la canción ranchera, verdadero orgullo de México. El conjunto mariachi es el resultado de una larga y accidentada evolución; los antiguos sones jaliscienses, conocidos desde el siglo XIX, tuvieron un desarrollo paralelo en los estados de Michoacán, Guanajuato, Querétaro y Aguascalientes. De un conjunto de danzas originales españolas como boleras, tiranas y seguidillas, derivaron sones bailados con características mestizas, a más de jarabes y un conjunto de *pateritas, lloviznitas, chimizclanes, perejiles* y *churrimpamplis*. La ejecución tradicional del jarabe zapateado demostraba ya una predilección por el uso del arpa grande que predominaría en los conjuntos posteriores. Esto se puede apreciar en el trabajo del genial grabador popular José Guadalupe Posada, quien realizó a principios del siglo XX un grabado sobre metal en relieve titulado «Gran fandango y Francachela de las calaveras», en el cual una pareja de esqueletos zapatea al son de un jarabe tocado al arpa por otro esqueleto.

El origen del término mariachi proviene del francés *marriage*, que significa boda; durante la intervención francesa de México (1864-67), los grupos regionales tocaban música festiva en las bodas de los franceses y por extensión se les aplicó el nombre, mientras que los músicos eran apodados *mariacheros*.

La novedad del atuendo, instrumentos y repertorio del grupo mariachi Marmolejo, que participó en la Feria de la Canción Mexicana de 1927, organizada por el teatro Lírico, aseguraron el éxito inmediato de este tipo de música. El instrumental incluía dos violines, un arpa, una vihuela de cinco cuerdas, un guitarrón de golpe conocido como *tololoche* y una tambora. El agregado de la trompeta, que hoy parece imprescindible en cualquier grupo mariachi que se respete, parece que tuvo mucho que ver con las giras que regularmente hacía el Septeto Habanero, ya que justamente la influencia de la música cubana en México alcanzaba su culminación por aquellos años. Para 1932 México contaba ya con excelentes trompetistas al estilo de los cubanos.

Una cosa es cierta: el éxito del mariachi con trompeta aceleró la modificación del estilo original y su conversión en algo que poco tenía que ver con los primitivos grupos de Jalisco. No fue sino hasta fines de los años 30 cuando comenzó propiamente el estilo uniforme del mariachi citadino y comercial. Convertidos en uno de los principales símbolos de la música mexicana, los mariachi se encuentran hoy por todo el país; su estilo de ejecución influyó no sólo en la canción ranchera sino también en el bolero.

¿Cuál fue el origen de esa influencia? La canción campirana originada en el siglo XIX sufrió un proceso de revitalización: se trataba de un nacionalismo que desembocaba en una canción añorante al estilo de *Canción mixteca* (1916) de José López Alavez, así como *La pajarera, El desterrado* (1917) y *La borrachita* (1918) del *Tata Nacho*. La acogida que tuvieron esas canciones fue tan grande y tanta la demanda, que en 1919 la RCA Victor grabó en Nueva Jersey una serie de números con ese estilo: *Paloma blanca, Juan soldado, A la orilla de un palmar, El abandonado, La pajarera* y *Perjura*. En aquellos años, el género conocido como canción ranchera estaba bastante distante del estilo de mariachi que ahora se conoce. Por lo general, se le acostumbraba cantar acompañada por piano, orquesta de alientos (madera) o de cuerdas. El grupo Los Trovadores Tamaulipecos, del puerto de Tampico, se convirtió en un eslabón imprescindible en la evolución del género ranchero; en los cortos años de su existencia logró establecer un estilo de canciones y de ejecución que pronto tuvo muchos imitadores. Dos de sus integrantes, Barcelata y Cortázar, fueron nombrados más tarde directores musicales de la XEFO Radio Nacional; pero su verdadera trascendencia se hizo patente en la participación del género en el cine nacional, aunque la nueva canción ranchera ya había sido prefigurada por el trío Garnica-Ascencio en 1927 y por infinidad de intérpretes del teatro de revistas que también contribuyeron a divulgarla.

El estilo ranchero bravío exigía una enunciación rasposa en el cine. Escrita en tono mayor, la canción era agresiva, afirmativa y reivindicativa. Si el tema era amoroso, adoptaba un tono exigente y fanfarrón. El descubrimiento del charro cantor en la película *Allá en el rancho grande*, presentaba a Tito Guízar como un «charro rosa» y fue la mejor afirmación del nuevo estilo, mientras que el filme *Guadalajara* (1937) con Pepe Guízar, puede considerarse ya como un modelo del género.

Desde ese momento y a partir de los años 40, la canción ranchera se acompañó con un conjunto mariachi de trompeta si se trataba del estilo bravío y por el contrario, si se trataba del estilo sentimental o de queja, se acompañaba de cuerdas y guitarras.

El aumento de la producción disquera, la aparición de Lucha Reyes como intérprete femenina de lo bravío y temperamental, «a la mexicana», y la calidad de voces como la de Miguel Aceves Mejía, aceleraron y asentaron la predilección popular por este tipo de música. El estilo ranchero exhibe una peculiar forma de sentimentalismo que a primera audición podría confundirse con cierta violencia. En realidad, los gritos son un sustituto de las lágrimas. La fórmula clásica exige un «atorón» rítmico al final de cada frase; el énfasis, la fuerza y la autoridad son indispensables, así como la sobreactuación. Musicalmente, los recursos son muy simples: *portamentos, esforzatos* y *ritardandos* que pueden convertirse en calderones para las frases climáticas, así como el uso teatral del falsete. En la canción ranchera, los gestos, el «chorro de voz» y sus posibilidades expresivas fueron el pedestal y la razón de ser de no pocas canciones.

CONJUNTO MARIACHI

Matilde Sánchez *La torcacita*, Lola Beltrán y Flor Silvestre, son representativas de rancheras agresivas. Atrás había quedado la dulce e ingenua rancherita; ahora, «la flor más bella del ejido» gritaría, se emborracharía y experimentaría terribles pasiones y abandonos.

Compitiendo con el bolero estilo Los Panchos con sus voces melifluas y suaves maracas, la canción ranchera pareció sufrir un retroceso; los compositores no daban abasto para surtir las canciones románticas al estilo que el público demandaba. Por otra parte, la aparición del mambo de Pérez Prado en 1948, provocó una nueva ola danzante de ritmos afros e instrumentaciones metálicas, totalmente alejado del gusto ranchero. Sin embargo, figuras como Pedro Infante, capaces de expresarse con flexibilidad en canciones románticas, boleros, norteñas y las más clásicas rancheras, alentaron el interés por el género, demostrando al mismo tiempo el eclecticismo reinante en México en 1950.

Faltaba, sin embargo, un autor significativo para la total evolución del género ranchero. En 1951 aparecieron las canciones *Yo, Ella* y *Cuatro caminos* de **José Alfredo Jiménez** (1926), el cual aportó, además de un armonioso sentido de la melodía, una fuerte carga emotiva que en ocasiones llegó a la expresión dolorosa y exageradamente patética. Aquel muchacho de Dolores Hidalgo, surgido abruptamente del anonimato al abandonar un trabajo como mesero y una fallida carrera futbolística, era algo más que la nueva voz del emigrante rural. A mucha distancia del feliz macho que todo lo puede, Jiménez se atrevió a decir que *«sin ella de pena muere»*, a declarar su *«triste agonía de estar tan caído y volver a caer, de estar tan perdido y volver a perder».* Su éxito no fue tan sólo el empleo de melodías pegajosas, sino una sensibilidad casi urbana, de cara a las clases medias, obreras y campesinas, que se alejó definitivamente de la «opereta» ranchera.

JOSÉ ALFREDO JIMÉNEZ

Un mundo raro es una ranchera característica de la sensibilidad de José Alfredo Jiménez, quien escribió su letra y música, y que ha sido frecuentemente interpretada como bolero:

Cuando te hablen de amor y de ilusiones
y te ofrezcan el sol y un cielo entero,
si te acuerdas de mí no me menciones
porque vas a sentir amor del bueno...

A comienzos de los años 50 surgió el bolero-ranchera, un híbrido que aportó un segundo aire a las dos fuentes de donde provenía. Los responsables de su entronización fueron el letrista Alberto Cervantes y el compositor Rubén Fuentes; pero nadie creyó que la extraña variante fuese a crear un auge y una moda que produjo grandes ganancias. En realidad, al bolero-ranchera le tocó el dudoso honor de haber sido creado para su explotación comercial, y como tal, fue manipulado. Pedro Infante, que para entonces era capaz de vender lo que fuera, se prestó a cantar, a partir de 1953, temas como *Llegaste tarde, Qué te pasa corazón, Cien años, Un presentimiento* y *Tu amor y mi amor*, con el respaldo de mariachi.

Lo característico del bolero-ranchera es su monotonía rítmica, ya que al típico rasgueo en corcheas de la guitarra mariachi se agregó un continuo golpeteo que venía a sustituir a las maracas del bolero original. Bueno o malo, el estilo logró imponerse y pronto Javier Solís, el nuevo ídolo que sustituyó al repentinamente fallecido Pedro Infante, hizo del bolero-ranchera su especialidad. Para 1966, tras la muerte de Solís, la canción ranchera volvió a sus antiguos cauces, aunque al fallecer el autor José Alfredo Jiménez en 1973, el mismo año en que apareció la simbólica melodía *El rey*, la canción bravía se vió sumida en la más elemental pobreza.

El repertorio inicial de María Elena Sandoval constó de canciones rancheras, alcanzando un éxito razonable cuando grabó *Ayúdame Dios mío* de Mario de Jesús, uno de los primeros boleros acompañados de mariachi. Grabó en el sello Orfeón tres LP que tuvieran una venta formidable, en parte debido a *Cataclismo* del puertorriqueño Esteban Taronjí, tema que le valió el mote de «Miss cataclismo», que también sugería su hermosa figura.

El desconocimiento del verdadero estilo ranchero y su mezcla con otros, produjo una modalidad confusa en el resto de la producción más reciente; lo que se hizo evidente fue la falta de nuevos valores de la composición. Autores como Juan Gabriel o Guadalupe Trigo incursionaron en el género ranchero pero sólo pasajeramente. Curiosamente, como intérprete de las rancheras y boleros de Juan Gabriel, surgió en el escenario mexicano la cantante española Rocío Durcal. Ver pág. 391 para más información sobre esta artista.

Con la avalancha constante de la música *rock* y *pop*, los jóvenes se identifican cada vez menos con el estilo comercial ranchero, mientras éste continúa reclutando sus públicos más numerosos en provincias y en las zonas chicanas de Estados Unidos.

La vocalista **Eva Garza** (1917-66) creció en Monterrey aunque había nacido en Villa Frontera, Coahuila. Después vivió en Texas, donde participó en un concurso de aficionados, con tan buena suerte que la primera vez que cantó fue contratada por otra emisora. Más tarde, la bailarina norteamericana Sally Rand la integró a su elenco y la llevó a través de Estados Unidos y Canadá. En 1939 regresó a México contratada por la XEQ. Contrajo matrimonio con Felipe Gil y se unió al grupo del *Charro* Gil y sus Caporales, recorriendo nuevamente Norteamérica hasta llegar a la

CBS en Nueva York, donde se convirtió en artista exclusiva. Eva Garza realizó sus primeras grabaciones en el sello Decca y luego en el Columbia. Aunque su repertorio fue inicialmente de rancheras, también tuvo gran éxito en el ritmo de bolero. Sus mejores interpretaciones fueron *Ahora, Frío en el alma, Sin motivo, Sabor de engaño* del cubano-mexicano Mario Álvarez y *Arrepentido* de Rodolfo Sciamarella, boleros que aún se recuerdan en su cálida voz:

> Un día te alejaste de mi lado
> sin dejarme el consuelo de tu amor,
> mi fe, mi corazón, toda mi vida
> la hallé perdida al encontrarme sin tu amor...

La atractiva Eva Garza murió en plena madurez en Tucson, Arizona.

El 24 de diciembre de 1945 se anunció con bombos y platillos la boda más fastuosa que se pudiera presentar en la sociedad mexicana de entonces. Actores de Hollywood, músicos mexicanos y personalidades de la política nacional fueron invitados al matrimonio de dos ídolos populares: la actriz más impactante del país, María Félix con el compositor más aplaudido, Agustín Lara. Un sinnúmero de manjares y licores se presentaron sobre las mesas entre arreglos florales. Tríos, orquestas y mariachis animaron la velada mientras los lujosos regalos eran el comentario obligado de los diarios de Acapulco, sitio de la ceremonia. Sólo faltaba el presente del novio, quien en medio de un silencio general se sentó al piano y ofreció a la desposada su regalo. Esa noche Lara cantó por primera vez *María bonita*.

Néstor Chayres (1908-71) Su nombre completo era Néstor Mesta Chayres y nació en Lerdo, Durango. A los 17 años ingresó al Conservatorio Nacional de México, estudiando bajo la dirección del maestro Lambato Castañares, que había cantado en la Scala de Milán; después viajó a Estados Unidos para continuar sus estudios con el barítono español Emilio de Gogorza. En 1943, el famoso director de orquesta André Kostelanetz lo oyó cantar en México y lo invitó a participar en uno de los programas que hacía en la CBS de Nueva York. Fue tan grande el éxito que debió repetir la misma audición ocho veces más, después de lo cual fue contratado como artista exclusivo.

Néstor Chayres se presentó en 1945 en el Town Hall de Nueva York, realizando posteriormente varios conciertos en el Carnegie Hall con el respaldo de la Orquesta Filarmónica; en 1946 cantó en Canadá. Viajó luego a Argentina y allí actuó en Radio El Mundo; durante su estancia conoció al genial compositor español Manuel de Falla, exiliado en Buenos Aires, quien le enseñó siete canciones que Chayres interpretó con éxito en un concierto en el Carnegie Hall ese mismo año: *El paño moruno, Seguidilla murciana, Asturiana, Jota, Nana, Canción* y *Polo.*

Tenía un gusto especial para cantar temas españoles, en un estilo que le valió el apodo de «El gitano de México»: famosas fueron las interpretaciones que hizo de *La morena de mi copla, El relicario, Princesita, Ay, ay, ay,* y *Lamento gitano,* así como *Alma mía, Marta, Cuando vuelva a tu lado, Por si no te vuelvo a ver* y *Te quiero dijiste.* Mantuvo una gran amistad con la compositora María Grever, quien lo consideraba el mejor intérprete de sus canciones, como la pasional *Así* (1946):

> Por qué al mirarme en tus ojos
> sueños tan bellos me forjaría,
> mira... mírame mil veces más.
> Después de probar tus labios
> vivir sin ellos ya no podría
> besa... bésame a mí nada más...

Néstor Chayres también cantó otros boleros con gran estilo: *Inconsolable* y *Somos diferentes* son dos de los más significativos. Habiendo perdido la voz en un accidente automovilístico en 1953, logró recuperarla con la ayuda del maestro Ernesto Belloc y volvió a cantar en clubes nocturnos.

Una de las cancioneras de más bella voz que tuvo México fue **Ana María González** (1920-83). Su verdadero nombre era María Olga del Valle Tardós y había nacido en un hogar muy modesto de Jalapa. Comenzó su carrera artística en un programa de aficionados de la emisora XEB en 1934; de allí pasó contratada al teatro Salón Lírico cuando sólo tenía 14 años.

Ya interpretaba el repertorio de Agustín Lara de forma extraordinaria. Sus primeras giras al exterior fueron a Los Ángeles y Nueva York.

En 1941 acompañó al «Flaco de oro» en una importante gira por Suramérica, estrenando *Solamente una vez* en un programa de Radio Belgrano de Buenos Aires; después siguió a Europa. A Ana María González le cupo el honor de ser la primera en traer los nuevos boleros mexicanos a España y aquí los puso de moda, convirtiéndose además en una de las mejores intérpretes del bolero moruno: *El emigrante* de Juanito Valderrama, *Camino verde* de Carmelo Larrea y *Un compromiso* de los García Segura, entre otros, que también lo cantó con gusto Machín, además de Víctor Hugo Ayala, un colombiano que se especializó por un tiempo en el bolero moruno:

Sin firmar un documento
ni mediar un previo aviso,
sin cruzar un juramento
hemos hecho un compromiso...

Canciones como *Golondrina de ojos negros, De hoy en adelante, Volver a empezar, Recompensa* y *Espinita,* fueron temas que la identificaron plenamente ante el público español. Lo mismo sucedió con el conocidísimo chotis *Madrid* de Agustín Lara, que Ana María estrenó en los estudios de Radio Madrid en 1948, acompañada de una orquesta de cuarenta profesores dirigidos por el maestro Tejada; después lo cantó en la sala de fiestas Villa Romana, que estaba en la carretera de A Coruña. Tras un accidente automovilístico en Portugal, la menuda vocalista escribió *Mi voz y yo,* una autobiografía dictada mientras estuvo hospitalizada. Tres meses antes de morir en su tierra, Ana María González, «La voz luminosa de México», logró presentar un recital con las mejores canciones que habían tenido éxito en su voz.

Como en el caso del cubano Miguelito Valdés, en su juventud quiso ser boxeador, pero al darse cuenta de que tenía aptitudes vocales, se dedicó al canto. Se le conoció como **Javier Solís** (1931-66), aunque su nombre real era Gabriel Siria Levario. Nacido en Nogales, estado de Sonora, fue abandonado por sus padres siendo aún muy pequeño, por lo que tuvo que trabajar en varios oficios para ayudar a un tío que se había hecho cargo de él. Su primera actividad fue organizar un trío llamado México, que no logró destacarse; después estuvo cantando en salones, teatros de barrio, carpas, cabarets, hasta llegar al Centro Típico Guadalupano de la Plaza Garibaldi, donde actuó durante doce meses. Luego pasó al Azteca y allí trabajó cuatro años. En 1959 Julio Rodríguez, que había sido integrante de Los Panchos, lo vinculó a la CBS. Su primera grabación fue *Por qué negar* e hizo otras que tuvieron muy poca venta. Y grabó algunas canciones más, hasta que una de ellas tuvo gran demanda, el bolero de Rafael Ramírez *Llorarás*; poco después impactó con *El loco* de Víctor Cordero.

Para entonces ya estaba imponiendo el estilo del bolero-ranchera que había iniciado Pedro Infante; la carátula de un viejo LP de 1958 lo muestra erguido, rodeado de mariachi. Aquel álbum contiene, entre otros números, *Rumbo perdido* y *Escríbeme*. Más tarde, Javier Solís se presentó en el teatro Lírico, hizo varias temporadas en el teatro Blanquita y viajó por el interior del país. Vino entonces la televisión, la radio y el cine, y rápidamente estuvo en la cima de la popularidad; en 1957 comenzó sus giras al extranjero, ya como gran figura de la canción. De 1959 a 1965 Javier Solís apareció en 23 películas.

Muchas fueron las canciones rancheras que Javier Solís impuso en el gusto popular, entre ellas *Renunciación, Esta tristeza mía, Sombras nada más, Esclavo y amo, Cataclismo, Si Dios me quita la vida, Me recordarás, Vagar entre sombras, Payaso* y muy especialmente *¡Qué va!* (1965), de Fernando Z. Maldonado, cuyos arreglos e ideas musicales contribuyeron a transformar al bolero. *La mentira* fue el último gran éxito de Javier Solís. De 1963 es *Entrega total* de Abelardo Pulido:

> Esta vez
> ya no soporto la terrible soledad
> yo no te pongo condición
> harás conmigo lo que quieras
> bien o mal...

Javier Solís falleció cuando sólo tenía 35 años. Fue un hombre muy sencillo a pesar de la fama que logró alcanzar.

La historia de **Chavela Vargas** (1919) está rodeada de infortunios y penas ahogadas en miles de botellas de tequila. Soportó muchas noches de angustia y soledad examinándose el alma, sin contar las insoportables resacas en Cuernavaca. Pero el público la esperó siempre. Su verdadero nombre es Isabel Vargas Lizano y no es mexicana de nacimiento sino costarricense; comenzó a cantar profesionalmente en 1941, ya conocida como «La reina del corrido hablado». Ha interpretado magistralmente *La llorona, Un mundo raro, Paloma negra, Que te vaya bonito, Amanecí en tus brazos* y *Flor de azalea* (1949), letra de Z. Gómez Urquiza y música de Manuel Esperón, una melodía destacada por el trío Los Panchos, poniendo el acento en la segunda *a*, que es como se pronuncia esta flor en América Latina:

> Como espuma
> que inerte lleva el caudaloso río,
> flor de azalea
> la vida en su avalancha te arrastró...

Un número que tal parece haber sido escrito para la propia Chavela. En España gustó mucho con *Macorina*, melodía basada en el poema afro-antillano del asturiano Alfonso Camín, escrito posiblemente en 1926, cuando residía en Cuba. Chavela Vargas cayó en el olvido en los años 70, período en que viajó entre el abandono y la desesperación, a merced del alcohol, llegando a estar al borde de la muerte; así pasaron muchos años. Logró resurgir en el fervor del público español a partir de 1993, y sus discos se venden bien, como el titulado *Hacia la vida*. A pesar de sus años logra conmover lo mismo con una ranchera que con un bolero, porque no hay mentira cuando canta: ha vivido mucho y ha exprimido la vida. Vestida con su sarape y sus fieles pantalones, todavía interpreta canciones clave de Agustín Lara (algunas aparecen firmadas por María Teresa Lara, una fórmula que empleó el «Flaco de oro» para despistar a los sellos disqueros), como *Janitzio* o *Piensa en mí*. La vida la ha hecho sabia; sabe tanto que hasta sabe reírse de sí misma.

La «masacradora» **Paquita la del Barrio** realmente se llama Francisca Vivero; nació en Veracruz y en 1970 llegó a la capital, cantando con su hermana durante diez años. Con su pinta de marujona deslumbró a los españoles a partir de 1993, cuando actuó en la sala Xenón de Madrid, interpretando *Invítame a pecar* y *Arrástrate*. Mejor conocida por sus énfasis «*¿Me estás oyendo inútil?*», «*Eres un reloj sin manecillas, una Biblia sin Jesús...*» Personaje de novela, a pesar de su evidente timidez, desde hace años regenta

Armando Manzanero hizo renacer nuevas esperanzas a los amantes del bolero tradicional. El uso de frases repetitivas y estructura musical tipo Álvaro Carrillo fue del gusto de la gente, sobre todo porque su aparición coincidió cuando el *bossa nova*, el *a-go-gó* (desarrollado en México por Pérez Prado), la imposición de la balada y las modas sicodélicas revueltas con *hippies*, que con todo lo que tuvieron de liberalización individual y colectiva parecían matar el romanticismo del mundo occidental. Por fortuna, el bolero ya se había modernizado y varios grupos musicales tenían acaparado el del tipo tropical, sosteniéndolo como intocable, como las composiciones *Gema* y *Alma de cristal* del mexicano Güicho Cisneros (1934), aparecidas en 1958, quien sigue deleitando con su trío. A principios de los años 70 surgieron cantantes que aunque baladistas, grabaron algunos boleros bien plantados: Leonardo Favio de Argentina, Julio Iglesias de España, y quizá el más destacado de todos, Roberto Carlos de Brasil. Este último incorporó el bolero-bossa nova, un tipo de balada con otra cadencia, manteniendo dicha fórmula hasta la actualidad.

Casa Paquita, un restaurante en México, donde la gente suele ir con pistolón; por las noches el local se convierte en un club de variedades donde ella canta. A partir de 1986 en que empezó a darse a conocer en televisión e intervino en el culebrón *María Mercedes*, comenzó a llegar más gente al negocio. «A los gays les gustan mis canciones porque sufren igual que las mujeres», afirmó en una entrevista. Sus clientes incluyen a intelectuales, políticos y muchas mujeres encantadas con las estrofas antimacho del autor Candelario Frías: «*Tres veces te engañé, la primera por coraje, la segunda por capricho, la tercera por placer*». El número *Mi renuncia* es de María Guadalupe Ramos:

PAQUITA LA DEL BARRIO

Aquí tienes mi renuncia
ya me puedes reemplazar
queda mi puesto vacante,
puedes volver a empezar...

Sus actuaciones tienen algo de *kitsch,* y de cierta manera el contenido de sus boleros recuerda los que escribió *Tite* Curet y que La Lupe logró lanzarle a los hombres.

Luis Miguel (1970) ha sido una verdadera revelación de la canción romántica en la década de los 90, contribuyendo con su personalidad al *revival* del género, analizado al principio de esta obra. Comenzó su carrera artística cantando baladas románticas con mucho éxito; sin embargo, con el resurgimiento que tuvo el bolero a partir de 1985, cuando se celebraron sus primeros cien años de historia, los promotores del talentoso intérprete se dieron cuenta de que pronto tendrían que programarle la grabación de un álbum de melodías tradicionales. Ese fue el origen de *Romances.* De la noche a la mañana, Luis Miguel se convirtió en el cantante que más discos ha vendido en toda la historia del bolero: consiguió la proeza de que la juventud actual continúe cantando los boleros que hicieron toda una época, a la vez que reverdeció los recuerdos de generaciones anteriores a la suya.

Su nombre completo es Luis Miguel Gallego Bastieri y nació circunstancialmente en San Juan de Puerto Rico. Su padre fue cantante de trayectoria y su madre es una conocida actriz italiana. Vivió en México su infancia y adolescencia y en realidad allí desarrolló su vida artística, razón por la cual optó por la ciudadanía mexicana en 1991, cuando alcanzó la mayoría de edad.

LUIS MIGUEL

Grabó su primer LP cuando tenía 11 años. Siguió en turno el álbum *Directo al corazón.* Su tercer disco se tituló *Decídete,* mientras que *Palabra de honor,* grabado en España, lo situó como una estrella juvenil de gran atracción. En 1987 grabó *Soy como quiero ser* bajo la dirección de Juan Carlos Calderón, con el que consiguió ocho Discos de Oro y cinco de Platino. La siguiente producción, *Luis Miguel: 20 años,* logró vender 600.000 copias; la canción de más éxito en este disco fue *Tengo todo excepto a ti.* Le llegó el turno al álbum *Romances,* con una selección de boleros a cargo de Armando Manzanero: *No me platiques* de Vicente Garrido, *Inolvidable* de Julio Gutiérrez, *La puerta* de Luis Demetrio, *La barca* de Roberto Cantoral, *Te extraño* de Armando Manzanero, *Usted* de Gabriel Ruiz, *Contigo en la distancia* de César Portillo de la Luz, *Mucho corazón* de Emma Elena Valdelamar, *La mentira* de Álvaro Carrillo, *Cuando vuelva a tu lado* de María Grever y *No sé tú*, canción de Manzanero que no era conocida y que a la hora de la verdad tuvo gran éxito:

> No sé tú
> pero yo no dejo de pensar,
> ni un minuto me logro despojar
> de tus besos, tus abrazos,
> de lo bien que la pasamos la otra vez...

Luis Miguel es guapo y tiene una bella voz; sabe moverse en escena, ha demostrado fuerza en el estilo y tiene toda una vida por delante. Seguramente serán muchos los boleros que seguiremos escuchando en próximas producciones.

GUATEMALA, EL SALVADOR, COSTA RICA Y NICARAGUA

Realmente, no hay mucho que decir acerca de lo que pasó en los países centroamericanos durante la Edad de Oro del bolero. México ha ejercido tal influencia cultural y lógicamente musical, que la canción ranchera y otros géneros siempre han estado profundamente ligados al gusto musical de esta región. De la misma manera, el bolero llegó a tener una enorme difusión a través de los discos que circularon después de los años 20, y también gracias a la radio, en la medida en que se fueron estableciendo emisoras en las capitales de Guatemala, Honduras, El Salvador, Nicaragua, Costa Rica y Panamá. Fue precisamente en los dos últimos países donde surgieron más composiciones románticas.

El bolero guatemalteco más conocido fue *Pensando en ti* (1942), de **Alfonso Torres**, cuando éste colaboraba con la orquesta de Fernando Riestra en México, una canción que identificó la voz grave de Elvira Ríos. Por otra parte, *Pecado mortal* de la autora **Doris Aghian**, de ascendencia armenia, se hizo famoso en la voz y la guitarra del invidente José Feliciano, de origen puertorriqueño pero radicado en Estados Unidos. La trayectoria de Aghian había comenzado en 1950 en Nueva York, cuando Rafael Pérez, propietario de discos Ansonia, le solicitó temas para los artistas de su empresa. Entonces compuso *Mi desdicha, Despechada y No te necesito*, que le grabó Rey Arroyo con su trío. *Cheíto* González le llevó al disco *Para qué blasfemar, Que me acusen, Orgullo y Mi confusión*. Desafortunadamente, la vida desordenada de esta sensible compositora destruyó lo que pudo haber sido una brillante carrera en la canción popular.

De El Salvador surgió *Sobre la playa* de **Pancho Lara**, cantado por el actor Jorge Negrete con el respaldo de la Marimba Panamericana. Las estaciones de radio La Voz de la Victor y Radio Para Ti, llenaron el ambiente musical de Costa Rica entre los años 40 y 50, especialmente con las voces de Pedro Vargas, Agustín Lara, Toña la Negra y María Luisa Landín. Y surgieron muy buenos músicos nativos, especialmente tríos y algunos solistas, que hicieron en su momento una notable labor. Las orquestas más famosas fueron la de Gilberto Murillo, la de Lubín Barahona, la de Otto Vargas y la banda de Julio Barquero, que se encargaron de matizar los romances surgidos en los salones de baile del país. Las voces más significativas de aquellos años fueron la de **Gilberto Hernández** y la de **Rafa Pérez**. También destacó en la composición de boleros **Ricardo Mora Torres**, nativo de Puriscal, con *Por qué me engañas corazón* y *Noche inolvidable*, canción que ya tiene más de treinta versiones, entre ellas una instrumental que hizo la orquesta de Adolfo Carabelli.

Ray Tico y su guitarra llegaron a ser parte importante de la vida musical de La Habana. Nacido Ramón J. Herrera, nació en Puerto Limón en 1928 y fue posiblemente el artista que más importancia ha tenido en el género romántico en Costa Rica; establecido en San José en 1942, se fue en un barco pesquero al puerto colombiano de Buenaventura, donde comenzó su primera gira artística, después siguió a Cali, Bogotá, Medellín y Caracas, regresando en 1950 a San José como un artista de renombre. En 1953 *Ray Tico* emprendió una gira a Cuba: durante tres años alternó en clubes nocturnos con Pedro Infante, María Victoria y Pedro Vargas. Al regresar a Costa Rica compuso *Eso es imposible*, el bolero que más popularidad le ha dado. En 1957 viajó a Nueva York y se presentó en el Waldorf Astoria y en centros nocturnos de Hollywood y Washington. Otra de sus canciones de éxito ha sido *La Habana*, uno de los mejores boleros dedicados a esa ciudad ahora destrozada, que grabó Olga Guillot y también la orquesta Los Chavales de España. *Dominicana* se la grabó Alberto Beltrán y *Me quedo callado* el ecuatoriano Julio Henríquez, mientras que Salvador Leví le popularizó *Allí donde tú estés*.

Entre los intérpretes de aquella época, tuvieron gran popularidad Rafa Pérez, quien se fue a Los Ángeles y allí vivió durante muchos años, y Gilberto Hernández, que ha mantenido su vigencia. Este vocalista fundó en 1963 su propia orquesta y fue contratado por la CBS para hacer varias giras a México y Estados Unidos, siendo considerado como uno de los mejores boleristas de Centroamérica.

Sin dudas, el compositor de boleros más relevante de Nicaragua ha sido **Gastón Pérez** con *Sinceridad*, un número con el que debutó en La Habana en 1954 el chileno Lucho Gatica:

> Ven a mi vida con amor
> que no pienso nunca en nadie
> más que en ti,
> ven te lo ruego por favor
> te adoraré...

PANAMÁ

LOS MEJORES COMPOSITORES E INTÉRPRETES

Durante el período estudiado, Panamá tuvo cuatro compositores que alcanzaron popularidad continental con la canción romántica: Ricardo Fábrega, Carlos Eleta Almarán, Arturo *el chino* Hassán y Avelino Muñoz.

Ricardo Fábrega (1902-73) era de Santiago de Veraguas. Pronto demostró inclinaciones musicales; de temperamento serio y aplomado, desempeñó varios cargos, incluyendo el de Notario Público, pero dejó en la historia del bolero huellas hermosas. El dúo mexicano de Juan Arvizu y Margarita Cueto grabó *Cuando lejos de ti, Bajo un palmar* y *Taboga*, tema del que los venezolanos Alfredo Sadel y posteriormente Oscar D'León dejaron interpretaciones muy distintas:

> En esta noche callada
> que mi tormento ahoga,
> quiero cantarte Taboga
> viendo tu luna plateada...

Su tamborera *Guararé* hizo furor junto a los danzones *Tamales calientes, El manuto, De allá donde uno* y los sones *El Graham-Page de Paco* y *Tóqueme el trigémino doctor*. Pero entre sus boleros se encuentra sin dudas lo mejor de su producción: *Panamá viejo, Tu ausencia, Por eso te quiero, Cuando muera la tarde, Hoy vuelves a mi lado, Por los caminos del viento, Río-Mar, Si tú supieras* y *Aquella melodía*, que dieron a conocer los Cuatro Hermanos Silva. *Noche tropical* fue grabada por Juan Arvizu primero y muchos años después el tenor colombiano Víctor Hugo Ayala realizó otra bella versión.

Carlos Almarán (1918) fue director y propietario de empresas aunque tuvo momentos cumbres de inspiración musical; su nombre completo es Carlos Eleta Almarán y nació en ciudad de Panamá. Hizo sus estudios de secundaria en Málaga (Panamá) y en Providence, Rhode Island (USA), donde terminó su formación académica. Mantuvo una gran amistad con *El chino* Hassán, empleado de una de sus empresas tabacaleras, entablando así una rivalidad musical que dio lugar a bellas canciones, entre ellas *Perdónala Señor*. El primer número que compuso Almarán fue el bolero *Nostalgia*, pero siempre será recordado por *Historia de un amor*, uno de los grandes éxitos de Leo Marini. Cuando el organista panameño Lucho Azcárraga lo interpretó en Venezuela, Luis Arcaraz lo vio actuar y se llevó la partitura a México; allí lo escuchó Libertad Lamarque quien también lo grabó con tanto éxito que obtuvo un Disco de Oro:

CARLOS ELETA ALMARÁN

Ya no estás más a mi lado corazón
en el alma sólo tengo soledad,
y si ya no puedo verte
por qué Dios me hizo quererte
para hacerme sufrir más...

Carlos Almarán compuso además *Lejos de ti, Un secreto, Caminos diferentes, Virgencita morena, Qué sucede contigo, Que sea de verdad,*

Un anochecer, Nadie te comprende, Buscando un cariño, Por yo besarte, y muchos boleros más.

A **Arturo *el chino* Hassán** (1911-74) se le recuerda por dos temas que continúan teniendo vigencia: *Soñar*, que popularizaron los cubanos Bienvenido Granda con el respaldo de la Sonora Matancera y Carlos Díaz con la orquesta Hermanos Castro, y que no debe confundirse con la melodía del mismo título de Hernando Guzmán, que interpretaba Gregorio Barrios, un bilbaíno que triunfó en Argentina y en Brasil:

> Soñar, que te tengo en mis brazos
> que te doy mis caricias
> con todas las fuerzas del corazón...

El otro tema es *Mi último bolero*, que le cantó el colombiano Alberto Granados. De origen chino, su familia se había radicado en Panamá durante la época de la construcción del canal. Desarrolló una gran facilidad para componer boleros y también canciones de sabor folclórico, como las tamboreras *La guayabita* y *Mi chola no quiere cholo*. De su inspiración son también los boleros *Mi ser, Esperanza negra, Mejor así, No mereces amor, Ensueño, Tu destino, Mi cielo eres tú* y varios más.

El excelente director de orquesta **Avelino Muñoz** (1920-62) incursionó en el campo de la composición de temas románticos y dejó boleros como *Maldición gitana* (1950), grabado por Toña la Negra e *Irremediablemente solo*, que identificado por la voz de Bobby Capó se conoció por todo el Caribe y también en España:

> Estoy solo, tan irremediablemente solo,
> ahora sé que tú nunca llenarás mi soledad.
> Hoy te has ido para siempre de mi vida
> has abierto una herida que jamás ha de cerrar...

Avelino Muñoz Barrios nació en ciudad de Panamá; educado en un ambiente musical, desarrolló desde muy joven grandes aptitudes como organista, arreglista, pianista, compositor y director. Residió durante largo tiempo en México, de hecho, muchos creyeron que era mexicano, donde dirigió la orquesta de Mario Ruiz Armengod. En 1957 obtuvo en Puerto Rico un galardón que apreció mucho, «El mejor pianista y organista», en un concurso donde se presentaron figuras prominentes. Por sus grandes méritos, el gobierno panameño lo condecoró con la Orden Vasco Núñez de Balboa. Falleció repentinamente y todavía joven en Puerto Rico.

COLOMBIA

Colombia es seguramente el país donde más profundamente impactó el gusto por la canción romántica. Esto lo demuestra el hecho irrefutable de que aún al comienzo de un nuevo milenio se mantiene la pasión por las canciones y los intérpretes que tuvieron popularidad hace más de medio siglo, cuando ya muchas veces ni en sus respectivos países los recuerdan. Explica el musicólogo Jaime Rico Salazar que si algo ha caracterizado a los colombianos ha sido su ausencia total de prejuicios o restricciones hacia los cantantes extranjeros; así tuvieron la ventaja de escuchar las mejores creaciones en las mejores voces. Pero no dejan de intrigar las razones que expliquen el reducido número de compositores que hicieran boleros, aunque los hubo excelentes, pero se preocuparon más por concebir temas movidos de sabor nacional: bambucos, guabinas, porros, cumbias y vallenatos. Entre los que concibieron boleros notables están Álvaro Dalmar, José Barros, Jaime R. Echavarría, Lucho Bermúdez y Edmundo Arias.

Como en casi todos los países hispanoamericanos, la historia del bolero en Colombia tiene mucho que ver con el desarrollo de la radio y de todas las circunstancias que rodearon este avance en los medios de comunicación. La primera emisora que se fundó fue La Voz de Barranquilla, inaugurada en 1929 en la costa, y que algún tiempo después pasó a ser Emisoras Unidas. La HKF, inaugurada en 1930, fue la segunda emisora; poco después se instaló en Tunja Radio Boyacá. En años posteriores se organizaron La Voz de Manizales, La Voz de Medellín y en Cartagena, Antonio Fuentes, el de la editora de discos, fundó La Voz de los Laboratorios Fuentes, que más tarde se llamó Emisoras Fuentes. Siguiendo la pauta cubana, los primeros programas fueron principalmente de tipo musical. La Voz de Barranquilla empezó a dar a conocer los boleros que transmitía la XEW de México en las voces de extraordinarios cantantes. En Cartagena de Indias, Antonio Fuentes hacía lo mismo, introduciendo

ANTONIO FUENTES

así al resto del país el gusto por el bolero. En aquellos años, la vía de comunicación más expedita entre la costa caribeña y el interior del país era el río Magdalena. Los barcos que salían de Barranquilla llevaban casi siempre grupos que amenizaban los días de recorrido necesarios para llegar a Honda. Estos músicos, que habían memorizado los boleros transmitidos por las emisoras de la costa, los cantaban en el barco hasta que los pasajeros se los aprendían, llevándolos hasta sus hogares.

Entre 1930-35 el dial de los radios se llenó con las diferentes emisoras que comenzaron a difundir boleros en las capitales de departamento. La programación musical se hacía principalmente con las canciones románticas que llegaban de los países del norte: Cuba, Puerto Rico y lógicamente, de México. Hubo además otra circunstancia que es necesario mencionar: la primera visita que hizo a Colombia el trío Matamoros en 1934, y que aunque su especialidad giraba alrededor del son, también eran muchos los boleros que llevaban en su repertorio y que cantaban con un sabor muy especial. Fueron estos cubanos los primeros artistas extranjeros que divulgaron el género en vivo en Colombia.

El programa «Novedad» de la Voz de Antioquia, patrocinado por el teatro Junín de Medellín, presentaba al tenor Luis Macía y a las hermanas Marta e Inés Domínguez, cantando los boleros que presentaba la XEW de México en el programa «La Hora Azul» de Agustín Lara. Por otra parte, el maestro español José María Tena, que había llegado a Colombia en 1935 como director de la orquesta de La Voz de Antioquia, copiaba en el pentagrama la línea melódica de la canción mientras su esposa anotaba la letra. Algo muy similar al método empleado por Lupita Palomera en sus comienzos en Guadalajara o por el compositor Humberto Suárez en la apartada provincia de Pinar del Río, Cuba. Ingeniosamente, para cumplir con el título del programa, Hernando Téllez hacía que le enviaran de México las partituras de estas canciones mexicanas, tan pronto salieran a la venta. De esta forma, el maestro Tena las orquestaba y se las daba a Marta e Inés, así como a Luis Macía.

El gusto por la canción mexicana y el tango argentino caló profundamente, especialmente en la zona andina occidental, así como en Bogotá. Entre 1934-40 ya había un buen número de receptores en el país, propiedad de las familias más pudientes. Hacia 1940, la emisora Nueva Granada organizó la primera cadena radial, llamada la Cadena Azul Bayer, la cual presentaba, a través de 23 emisoras, excelentes espectáculos musicales bajo la dirección del maestro Tena y la colaboración de importantes figuras nacionales y extranjeras. También en 1940 se impuso el programa Kresto, que había tenido su origen en Buenos Aires y luego había funcionado en Lima, Río de Janeiro, Caracas y La Habana. Kresto era un producto alimenticio achocolatado, que patrocinaba la contratación de importantes artistas extranjeros de la canción romántica, y que por su alto costo no podían hacerlo los anunciantes locales.

El impacto del programa Kresto en el público fue extraordinario: además de poder conocer a los artistas en Bogotá, tenían la posibilidad de escucharlos diariamente, durante un mes, en las 23 emisoras que integraban la Cadena Azul Bayer. Entre los primeros mexicanos estuvieron Lupita Palomera, las Hermanas Águila, Pedro Vargas, Chucho Martínez Gil, Los Cuates Castilla y los cubanos René Cabel y la soprano Rosario García Orellana, que participaba en la compañía de Lecuona. También se hizo popular el colombiano Carlos Julio Ramírez, quien con su voz de barítono ya había triunfado en Hollywood (entonces cantaba en inglés por lo que no eran muchas las personas que podían apreciar lo que cantaba). Todo este elenco era respaldado por la orquesta que dirigía el español José María Tena y la presentación de Guillermo Beltrán, locutor que había trabajado en la BBC de Londres.

En 1941 se desencadenó la competencia radial. Para contrarrestar el fuerte impulso que tomaba la Cadena Azul, surgió en Medellín la Cadena Bolívar. Entretanto, la Radio Nutibara de la capital antioqueña, bajo la dirección de Hernando Téllez y la Voz de Antioquia, como emisoras bases, con otras 26 emisoras afiliadas en el resto del país, transmitían programaciones diarias de media hora con artistas nacionales, en un programa distinto cada día, contrastando así con la presentación de un mismo artista que actuaba en el programa Kresto durante un mes. El elenco básico de la Cadena Bolívar lo constituyeron Alcira Ramírez, las Hermanas Domínguez, Gilma Cárdenas de Ramírez, Luis Macía, Pepe León, Helena y Esmeralda (seudónimo que utilizaba Chava Rubio), Obdulio Sánchez y Julián Restrepo, el dueto Armonía, las Hermanas Piedrahíta y la orquesta que dirigían los maestros Pietro Mascheroni, Jaime Santamaría o Fernando Molina. Por su parte, la Radio Nutibara había dado un paso decisivo al iniciar la grabación de discos para la RCA Victor en 1940, para lo cual construyó un estudio acústicamente equipado. Los primeros números que allí se grabaron fueron *El amor de mi bohío* del cubano Julio Brito, interpretado por las Hermanas Domínguez y *Volverás* de Agustín Lara, interpretado por el tenor Luis Álvarez, ambas canciones con el apoyo de la orquesta del maestro Mascheroni. Lamentablemente, las repercusiones de la guerra en la economía mundial hicieron cancelar los principales programas: la Bayer se retiró del mercado, Kresto fracasó en su empeño de imponer su producto en el gusto del pueblo colombiano y la Cadena Bolívar desapareció por falta de anunciantes. Únicamente sobrevivieron dos programas musicales que patrocinaba la Sidney Roos Co.: «Desfile Glostora» y «Estrellas Mejoral».

ANTIGUO MICRÓFONO RADIAL

El primer bolero compuesto por un músico colombiano de que se tiene noticia fue *Te amo* de **Jorge Áñez** (1892-1952), quien en el peregrinaje de su vida artística tuvo la ocasión de compartir muchos momentos con Guty Cárdenas y los más destacados compositores de esa época en México. Áñez también creó un grupo llamado Los Trovadores Suramericanos.

Grabó *Te amo* en Nueva York a dúo con Tito Guizar, pero fue en la versión del dúo Antifaz, una pareja que mantenía relaciones adúlteras (de ahí el nombre del dúo), que esta pieza alcanzó una significación especial, alentada por el investigador Hernán Restrepo Duque:

> Como sabes que doy por ti la vida
> me preguntas el porqué te amo yo así,
> y me pides que te diga, bien mío,
> el porqué la existencia he cifrado yo en ti...

Por esos mismos años andaba en Nueva York el tolimense Gabriel Escobar Casas, que fue guitarrista de la orquesta del argentino Terig Tucci y donde compuso el bolero *Me olvidaste muy pronto*. Otro de los números que podrían estar entre los primeros que se compusieron en Colombia fue el del poeta Leonidas Otálora, locutor de la emisora bogotana Ecos del Tequendama, dedicado a *Cartagena*, que musicalizó Adolfo Mejía, pianista de aquella emisora.

Las canciones de **Álvaro Dalmar** (1923) hicieron historia en la época dorada de los tríos, después de 1950, interpretadas por el que llevó su apellido: *Pensándolo bien, Nada espero, Orgullosa, Reina del mar, Sólo un minuto, Nunca más y Di qué has hecho de mi amor*, con música de Tibor Barczi:

> En el silencio de una noche
> noche llena de ansiedad
> palpitaron nuestras almas
> en secreta intimidad...

Su nombre real es Álvaro Chaparro Bermúdez y es bogotano; realizó sus estudios en La Salle y desde muy pequeño aprendió a tocar el tiple y la guitarra. El primer grupo que organizó se llamó Los Cuatro Diablos, interpretando música del interior del país. En 1939 viajó a Estados Unidos para continuar sus estudios musicales en el conservatorio Juilliard de Nueva York, alternó su aprendizaje con un trío que había conformado con el cubano Eduardo Durán y el colombiano Alejandro Giraldo. Después reorganizó el trío con los cubanos Roberto Pereda y Ramón Betancur y grabaron dos obras de Dalmar dedicadas a Puerto Rico: *Orgullosa* y *Reina del mar*. Graduado del Juilliard en 1946, hizo su primera presentación como guitarra concertista en el Town Hall, obteniendo dos años después el doctorado en Filosofía y Letras en la Universidad de Columbia. Lamentablemente, su carrera como concertista quedo tronchada al sufrir un accidente en el dedo índice de la mano izquierda. Vinculado a la Spanish Music Center (SMC), su propietario lo motivó para que organizara un trío que interpretara sus propias canciones y pudiera grabarlas. Hacia 1950, Álvaro Dalmar comenzó a componer para el ya famoso barítono Carlos Julio Ramírez, entre otras: *Bésame morenita*, que fue el tema que lo consagró, *La carta, Por un huequito del cielo, Compadre no me hable de ella* y varios boleros más, como *Tan lejos*, escrito para la voz de la ternura, Virginia López, que obtuvo éxito con esta canción.

En el mismo sello de la SMC, Carlos Julio dejó grabados otros boleros de Dalmar: *No me lo niegues, Orgullosa, Ojos, Qué más quieres pedirme, Reina del mar, Cobarde y Divino milagro.* Fueron también de su inspiración el bambuco *Amor se escribe con llanto*, que el puertorriqueño Felipe Pirela grabó en versión de bolero, así como *Al caer de la tarde, Di que no me quieres*, y el pasillo *Lágrimas*, que conmovió en la voz del tenor venezolano Alfredo Sadel. Después de largos años en Nueva York, Dalmar organizó una orquesta y se estableció en Las Vegas, pasando luego a Hollywood contratado por la Columbia Picture Co. para musicalizar varios cortometrajes; allí fundó una academia de guitarra. Viajó después a Europa y se estableció algunos años en España, y cuando regresó a Colombia organizó el Quinteto Dalmar.

José Barros (1915) fue un compositor de extraordinaria versatilidad que dejó en la historia del bolero algunos números que todavía se escuchan en la voz del puertorriqueño Charlie Figueroa: *No pises mi camino, Como tú reías, Carnaval y Busco tu recuerdo*, canciones que ya habían sido grabadas en Buenos Aires por Jorge Monsalve *Marfil*, sin que pasara nada:

> Busco tu recuerdo dentro de mi pecho
> de nuestro pasado que fue de alegría,
> pero sólo llegan a mi pensamiento
> grandes amarguras para el alma mía...

José Benito Barros Palomino nació en el puerto fluvial de El Banco, Magdalena, donde vivió una infancia de pobreza. Después de prestar el servicio militar viajó a Medellín donde inició su carrera musical; luego estuvo en Cali, en Buenaventura, en Guayaquil (Ecuador) y en Panamá, comenzando allí un largo recorrido por centros nocturnos y radiales de las capitales centroamericanas hasta llegar a México, donde lo descubrieron sin autorización para trabajar y fue deportado a Panamá.

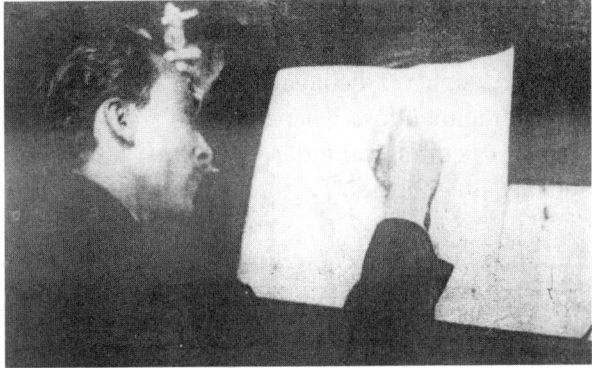

JOSÉ BARROS

Curiosamente, volvió a iniciar otra gira por los mismos países que ya había visitado hasta llegar nuevamente a México; localizado por las autoridades fue deportado por segunda vez a Panamá. Viajó entonces a Perú en 1945 y allí realizó sus primeras grabaciones, especialmente los tangos *Cantinero sirva tanda* y *Viejo carrousel*, que tuvieron una venta considerable.

El nombre completo del autor **Jaime R. Echavarría** (1923) es Jaime Rudesindo Echavarría Villegas, y es de Medellín. Graduado de ingeniería química en 1945, ejerció su profesión hasta 1976. A pesar de que nunca estudió música, sintió el impulso de componer canciones desde sus días de estudiante, logrando en esa labor una importante realización personal. Su repertorio no es muy numeroso pero sí muy bien logrado, de belleza literaria y buen gusto musical. En 1944 produjo *Qué tienes tú* y luego el bambuco *Muchacha de mis amores*, el bolero *Yo nací para ti*, la clave *Serenata de amor* en 1949, la clave *La bienamada* y *Noches de Cartagena* de 1954, y en 1960 compuso en París el bolero *Me estás haciendo falta*. De su inspiración son además el vals *Cuando voy por la calle*, *Traicionera* y el bolero *Entre estas cuatro paredes*. He aquí los primeros versos de *Yo nací para ti*:

> Tú no ves que nuestras almas se encadenan
> que hay un raro destino entre tú y yo,
> que nací para ti y que mis penas
> las has calmado tú, con tu calor...

Sus primeros intérpretes fueron Gustavo Fortich y Roberto Valencia. El tenor mexicano Ortiz Tirado le grabó admirablemente *Serenata de amor*. Alguna vez Echavarría tuvo la oportunidad de ofrecer sus canciones acompañándose del piano y gustó tanto su estilo que el público comenzó a pedirlas cantadas por él; así ha grabado varios discos. Ha sido además, un conocido personaje en el mundo de la política colombiana.

Aunque se consagró como uno de los mejores compositores de la música alegre de la costa caribeña haciendo porros y gaitas, **Lucho Bermúdez** (1912) también compuso boleros hermosos. Entre ellos *Te busco*, con letra de Armando Cañavera, que logró éxitos en la voz de Matilde Díaz:

LUCHO BERMÚDEZ

> Te busco por la distancia
> con una angustia de llanto
> amor de mi adolescencia
> virgencita de mi encanto...

Luis Eduardo Bermúdez Acosta nació en el Carmen de Bolívar. Su extraordinaria capacidad musical se hizo presente a los 8 años, cuando compuso el pasillo *Tu recuerdo*. Vivió su niñez en Santa Marta, y en la banda del Batallón Córdoba aprendió a tocar el flautín, la flauta, el trombón de vara, el bombardino, la trompeta, el saxofón y el clarinete, instrumento que manejó con maestría. Después dirigió dos orquestas en Cartagena de Indias y más tarde en Bogotá, organizando en 1939 la Orquesta del Caribe. Uno de los primeros discos que se grabaron en Colombia se hizo en la Emisora Fuentes de Cartagena con la afamada agrupación de Bermúdez. Por esta época se vinculó a su orquesta Matilde Díaz, que se convirtió en la principal intérprete de sus obras; para ella compuso *Fantasía tropical*, *Añoranza* y *Son cosas tuyas*. En 1946 viajó a Buenos Aires y con la orquesta de Eugenio Nóbile grabó 20 números con temas de su inspiración, entre ellos *Marbella*, *Danza negra* y *Embeleso*.

Lucho Bermúdez también compuso los porros *Salsipuedes* y *San Fernando*, además de *Caprichito*, *Borrachera*, *Carmen de Bolívar*, *Taganga*,

Prende la vela, Tolú, Gloria María, páginas clásicas del cancionero alegre
de Colombia.

Edmundo Arias (1925-93) fue un compositor de temas bailables de ritmo
movido y caliente, pero también hizo lindas canciones románticas. Entre
ellas quizá la más conocida fue *Evocación* en la voz de Carlos Arturo:

> Muchas gracias viejo amor
> por haberme hecho feliz
> en los días que nos quisimos...

Nacido en Tulúa, Edmundo Arias Valencia se destacó como director
de orquesta, arreglista y compositor. Bajo la dirección de su padre, músico profesional, aprendió a tocar los instrumentos de cuerda: bandola, tiple y guitarra, aunque luego se dedicó al contrabajo. Comenzó su trabajo
artístico en Pereira colaborando con el programa del humorista Raúl
Echeverri *Jorgito,* el de «La Hora Sabrosa». Cuando murió su padre en
1948 se fue a Buenaventura, donde estuvo dirigiendo la orquesta del entonces famoso hotel Estación. Luego se estableció en Medellín, dirigiendo
por varios años la Orquesta-Estudiantina de Sonolux; en esa época fueron surgiendo sus creaciones bailables, porros, merecumbés y gaitas
como *Ligia, El merecumbé de las flores, Diciembre azul* y *Algo se me va.*
Incursionó en el campo de la canción romántica con bastante éxito,
dando a conocer en 1957 el bolero *Me da lo mismo,* que le cantó Jorge
Ochoa; de 1962 es *Me da risa,* que le grabó inicialmente Lita Nelson y
más tarde las voces chilenas de los Hermanos Arraigada. Cuatro años
más tarde, el ecuatoriano Julio Jaramillo le grabó *Si hoy fuera ayer,* bolero que se popularizó también en la voz de Alci Acosta, y en 1974 presentó *Evocación,* un éxito en la voz del antioqueño Carlos Arturo González
Moreno.

LOS MEJORES INTÉRPRETES

Entre los primeros intérpretes del bolero en Colombia, además de las Hermanas Domínguez y de Luis Macía, están Gerardo Lenis, Evelio Pérez, Pepe
León y el manizaleño Hernando Muñoz. Hay que mencionar además el due-

to de Gustavo Fortich y Roberto Valencia, que fueron los primeros en interpretar las canciones de Jaime R. Echavarría.

Luis Macía (1906) fue una figura de gran importancia en los años en que comenzó a tener popularidad el bolero en Colombia. Nació en Medellín y en su juventud demostró extraordinarias condiciones para cantar, razón por la cual viajó a Bruselas para perfeccionar sus aptitudes vocales. Regresó al país en momentos en que surgía la radio y su presencia se hizo absolutamente necesaria. Muy exigente con sus condiciones vocales, Luis Macía nunca quiso grabar en disco; solamente en una ocasión accedió con *Cuando llegaste tú*, del locutor Jorge Arturo Mora. Pero sí quedaron varias cintas que fueron aprovechadas por el investigador colombiano Hernán Restrepo Duque para hacer un disco con algunas de sus más memorables actuaciones. Debido a que se fueron agravando los problemas que desde muy joven tuvo con la visión, Luis Macía quedó completamente ciego, por lo que dedicó el resto de su vida a la docencia en el conservatorio de la Universidad Nacional.

Letrista, compositor e intérprete, **Jorge Monsalve *Marfil*** (1900-67) era de Liborina, departamento de Antioquia. De su pueblo viajó a Medellín, siguió a Bogotá y de allí a Buenos Aires con la compañía Bracale que lo contrató como cantante. En Argentina vocalizó con las orquestas de Eduardo Armani, Héctor Lagna Fietta y Víctor S. Líster. Formó el dúo Marfil y Ébano con el venezolano Luis Pierre y aportó letras muy románticas que una vez musicalizadas alcanzaron popularidad continental en las voces de Hugo Romani y Leo Marini: *De ti me enamoré*, con música de Líster, *Hoy, mañana y siempre* (con música de Lagna Fietta), *Por qué eres mentirosa*, y Juan Arvizu le grabó *Virgen negra*. De su inspiración fueron también la guaracha *Ay, qué contento estoy*, el pregón *El vendedor de cocos*, la *Cumbia de Colombia*, y *El camino del café*, que destacara el mexicano Genaro Salinas.

Régulo Ramírez (1926-79) se destacó por su rica voz de barítono y como compositor dejó entre otras canciones, el bolero *Perdóname otra vez*, que tuvo éxito también en las voces de Oswaldo Gómez *El Indio Araucano*, y de Luis Ángel Mera:

> Perdóname otra vez
> fue sin querer que te he ofendido.
> Perdóname otra vez
> que hoy más que nunca estoy arrepentido...

Había nacido en la población del Líbano pero en 1944 logró establecerse en Bogotá; buscando la forma de triunfar en el campo artístico se presentó en varios programas radiales como aficionado, llegando a actuar en centros nocturnos. Luego viajó a Ecuador con una orquesta y allí decidió seguir su vida como solista. Cantó en Perú y en Chile, donde realizó en 1952 la primera grabación de *Perdóname otra vez* para el sello RCA Victor. Permaneció más de un año en Argentina donde actuó en radio y televisión; también se presentó en Uruguay, Brasil y nuevamente en Chile, de donde partió hacia Europa en 1956. Regresó a Colombia años después y actuó en la Feria de Manizales, ganando el Disco de Oro por la versión que hizo del pasodoble homónimo. Grabó varios discos para Sonolux entre 1960-78. De entre todas sus canciones se recuerdan *Eres tú mi amor, Márchate corazón, Clamor montañero, Para ti, De rodillas* y *Cuánto diera*.

Al hablar de *Perfidia* y *Frenesí* no puede soslayarse la importancia que en su difusión tuvo el más admirado de los cantantes colombianos, **Carlos Julio Ramírez** (1914-86). Precisamente incluyó estas canciones, que por entonces figuraban en el *hit parade* norteamericano, en el primer disco que grabó para la RCA Victor, producidos alrededor de 1941-42, y que además incluía *Mala noche*, obra también del mexicano Alberto Domínguez.

Hay muchas sombras en la alborada profesional de Carlos Julio, como se le llamó en Colombia, según indica Jaime Rico Salazar en su importante libro *Cien años de boleros*. Como producto destinado a Hollywood, se le inventaron biografías «oficiales» y se distorsionaron u olvidaron los años en que vagaba por los cafés bogotanos, o cuando en Medellín, alrededor de 1926, cantaba serenatas con un trío. Nació en Tocaima, donde una tarde de 1922 el compositor bogotano Emilio Murillo lo escuchó cantar, con sólo 8 años, acompañado de su hermana mayor Alcira en uno de los espectáculos que improvisaban en plena plaza pública para recaudar algunas monedas; la verdad es que Murillo se entusiasmó más con la voz de su hermana, y les prometió un gran futuro si se iban con él a Bogotá. Allí cantaron en el café Inglés, por esa época uno de los más elegantes de la capital. Entonces la voz de Carlos Julio Ramírez era muy alta, como de soprano; lucía simpático, caía bien, como pudo comprobarlo cuando meses después, contratado para cantar y tocar la guitarra en el vapor «Unión», uno de los pasajeros le propuso llevarlo a Bogotá para pagarle los estudios en un internado y apoyarlo artísticamente. Aquel mecenas era Laureano Gómez, importante personaje de la política. Estuvo internado en el Colegio de los Salesianos durante tres años hasta que su padre lo reclamó porque un empresario quería que formara otra vez dúo con la chica. Cantaron en 1926 en Medellín en el teatro Bolívar, anunciándose como Los Jilgueros Colombianos. De vuelta en Bogotá, y aunque Murillo no logró ingresarlo al Conservatorio Nacional,

CARLOS JULIO RAMÍREZ

sí influyó para que lo recibieran en algunos de los cafés de moda y lo recomendó para cantar en actos religiosos, matrimonios y serenatas. Fueron dos años de trabajo intenso, guardando cada moneda sobrante, hasta lograr regresar a Jericó en 1930. Pero al mismo tiempo se presentó el problema del cambio de voz: con la adolescencia se convirtió en barítono y nadie lo quería como tal.

Carlos Julio logró un puesto modesto en los ferrocarriles en calidad de fogonero, oficio que pudo terminar trágicamente cuando un coche se atravesó a la locomotora en que viajaba como ayudante y sufrió quemaduras gravísimas que además de hospitalizarlo durante largos meses, lo hicieron retirarse de aquel peligroso trabajo.

Cuando logró volver al canto la radio comenzaba a desarrollar tímidas programaciones, pero el audaz joven logró vincularse. Un día, cuando ensayaba unas canciones, se apareció un famoso empresario y allí mismo lo requirió para la compañía de ópera que organizaba con artistas nacionales. El debut fue triunfal en aquel año de 1933, en el papel de Jorge Germont en *La Traviata* de Verdi, y a pesar de no poder leer música Carlos Julio logró aprenderlo de oído en tres días. Ya con cierto renombre, comenzó entonces un recorrido por varias ciudades colombianas, apareciendo en 1934 en programas de la HJN con un repertorio que incluía *Marta* de Moisés Simons y tangos gardelianos de la película *Melodía de arrabal*.

En 1936 se vinculó en Cali a la orquesta de Efraín Orozco, que emprendía una gira por Suramérica. Luego se independizó y Jaime Yankelevich, el propietario de Radio Belgrano, lo ubicó con una de las mejores orquestas de Buenos Aires. En teatros de revistas alternó con Libertad Lamarque y otras grandes figuras de la canción argentina; más tarde se presentó en el teatro Colón junto a artistas como Tito Schipa, Lily Pons y Lauro Volpi; después pasó a Brasil y más tarde viajó a Nueva York.

Considerado ya por la crítica musical como un barítono de condiciones excepcionales, le resultó relativamente fácil triunfar en Manhattan. Fue contratado por la RCA Victor en 1941 para grabar en el sello rojo, utilizado solamente para las grandes figuras. Carlos Julio se presentó un año después en los programas latinos de Radio City, pasó después al cabaret Le Martinique y al Copacabana hasta llegar al hotel Waldorf Astoria, donde lo escuchó Louis B. Mayer, director de la Metro Goldwin-Mayer, quien lo contrató para que actuara en diez películas. A partir de la fama adquirida a través de la pantalla, lo escucharon cantar en los mejores centros artísticos del mundo occidental. Hacia 1951 se vinculó en Nueva York al trío de Álvaro Dalmar, realizando varias grabaciones que lo acercaron por primera vez a la música colombiana: *Bésame morenita* de Dalmar fue y sigue siendo un éxito de grandes proporciones, junto a otras canciones preciosas.

Vivió los últimos años de su vida artística en Colombia, pero ya su voz no tenía la plenitud de sus mejores tiempos; grabó varios discos con canciones colombianas y fue condecorado con la Cruz de Boyacá, por haber sido uno de los mejores embajadores artísticos de su país. Después se estableció en Miami, atrapado en una terrible situación económica y con la salud muy delicada. Una amiga promovió una colecta nacional para ayudarlo; se le trasladó de Miami a Cali, donde le habían comprado un piso y un coche. Carlos Julio Ramírez declaró entonces que el piso estaba ubicado en un edificio «mal habitado» y que el coche regalado era muy humilde para su categoría. Para completar la desagradecida situación, nos dice el musicólogo Rico Salazar, acusó a su benefactora de haberse quedado con una fabulosa suma de lo que se había recaudado en su ayuda. Sin embargo, fue el artista colombiano que más dinero ganó en vida, pero lo había dilapidado todo en los casinos de juego. Meses después de su regreso a Cali su salud se deterioró notablemente, su familia decidió trasladarlo nuevamente a Miami, pero ya no fue posible hacer nada más por él.

Otros intérpretes del bolero que sobresalieron en Colombia fueron Víctor Hugo Ayala, Alberto Granados, Lucho Ramírez y Alberto Osorio. En el campo femenino triunfaron Matilde Díaz, Ligia Mayo y Dionne Restrepo. El barranquillero Nelson Pinedo impuso en La Habana, en Centroamérica, en las Antillas y en Colombia, algunos boleros con el respaldo de la popularísima Sonora Matancera, aún cuando su inclinación estuvo más por el lado de la guaracha.

También cantaron boleros con mucho oficio Jorge Ochoa, Gustavo López, Lucho García, Alfonso Restrepo, Jairo Villa, Julio César Alzate, José Luis Escobar, Jaime Hernández, Billy Bedoya, Luis Ángel Mera, Raúl del Valle y Uriel Mejía. Algunos imitaron el estilo de Daniel Santos, como Tito Cortés, Tony Delmar y Raúl López, incluyendo a Alci Acosta. Entre otras vocalistas se distinguieron Sarita Herrera en Nueva York y en la propia Colombia, Maruja Yepes, Estercita Forero, Teresita Rendón, Lucía Herrón, las Hermanitas Pérez (Yolima y Aida), Nubia Ordóñez y Claudia de Colombia. En años más recientes, en un proceso de revitalización del bolero, hay que mencionar a María América Samudio y a Cecilia Zaid.

ECUADOR

Aunque el bolero fue muy importante en el ambiente musical de Ecuador entre 1940-60, curiosamente no surgieron compositores significativos; la mayor parte de la producción musical de estos años se centró en el pasillo y en el vals. Sin embargo, aparecieron algunos intérpretes excelentes como Olimpo Cárdenas, Julio Jaramillo, Patricia González, Juan Cavero y Fausto Gortari. También el trío Los Brillantes, integrado por Olga Gutiérrez (argentina), Héctor Jaramillo y Homero Hidrovo, un guitarrista fuera de serie, aportó temas como *Un amor especial* de Mónica Garbo, que se escuchó bastante en los años 60.

Los primeros éxitos de **Olimpo Cárdenas** (1919-91) llegaron a México en 1958: *Temeridad, Lágrimas de amor* y *Nuestro juramento*. Su nombre de pila fue Olimpo León Cárdenas Moreira y nació en Vinces, en la provincia de Los Ríos. Primero hizo un dúo con el compositor Carlos Rubira Infante y más tarde formó parte del trío Los Trovadores de Ecuador. Con Pepe Jaramillo y Plutarco Uquillas formó el trío Emperador en 1954, e hicieron una primera gira a Colombia. El sello Victoria se interesó en su voz y lo contrató para realizar varias grabaciones mientras Jaramillo y Uquillas decidieron regresar a su tierra. Las primeras grabaciones fueron valses y boleros como *Nuestro juramento*, de Benito de Jesús:

> No puedo verte triste porque me mata
> tu carita de pena mi dulce amor.
> Me duele tanto el llanto que tú derramas,
> que se llena de angustia mi corazón...

El sello Orfeón lo llevó a México con un contrato de dos años que se prolongó a diez; regresó a Bogotá en 1970 y se radicó allí definitivamente, presentándose ocasionalmente en Venezuela, Puerto Rico, Los Ángeles, Nueva York y varios países centroamericanos. Olimpo Cárdenas fue uno de los artistas que más discos vendió en las Américas, grabando un total de 67 LP, seis de ellos a dúo con Julio Jaramillo.

La vida profesional de **Julio Jaramillo** (1935-78), de Guayaquil, comenzó en 1955 al grabar *Te odio y te quiero*, que originalmente es un tango, realizando también presentaciones en el teatro Guayas:

> Me muerdo los labios para no llamarte,
> me queman tus besos, me sigue tu voz,
> pensando que hay otro que pueda besarte,
> se llena mi pecho de rabia y rencor...

JULIO JARAMILLO

Quizá más admirado fuera de Ecuador, su primer viaje al exterior fue a Cali, Colombia, donde comenzó su fama como vocalista de boleros con los temas *El bote de vela*, *Niégalo todo* y *Rondando tu esquina*, que primero fue tango. Sin embargo, la mayor parte de sus grabaciones fueron valses y pasillos del folclor nacional. Recorrió México, Uruguay, Colombia y Venezuela, donde fijó residencia durante sus últimos diez años. Julio Jaramillo fue artista del sello Ónix de Ecuador durante más de una década y grabó con esta empresa unos 400 números. Llevó una vida desorganizada y bohemia, mas su voz y su estilo tuvieron gran aceptación en toda Latinoamérica.

PATRICIA GONZÁLEZ

La voz femenina ecuatoriana más asociada al bolero es la de **Patricia González** (1943), natural de Quayaquil, donde comenzó a interesarse por el género en reuniones de amigos. Aprendió a tocar la guitarra y en 1970 logró grabar su primer disco en Bogotá. Se ha presentado en televisión y en los mejores escenarios de varios países, consiguiendo una proyección internacional que incluye a España, Francia y Suiza. Con el respaldo de orquestas o de tríos, y también de su guitarra, ha ganado aplausos con *Madrigal, En un rincón del alma, Soy lo prohibido, La torre, Yo lo comprendo, Te propongo, Egoísta, Sueño, Quisiera* y muchos otros boleros. Gran admiradora del talento de Armando Manzanero, le grabó *Para cuando regreses*:

> Para cuando regreses
> encontrarás sobre la mesa que ya sabes
> algunas flores que corté de mis rosales,
> que aún siguen rojos para cuando tú regreses...

De fuerte temperamento, Patricia González ha recibido los premios Equinoxio de Oro y de Plata de Ecuador, la Palma de Oro Latinoamericana de Los Ángeles, el Balboa de Oro en Panamá y el Antena de Colombia, como justo reconocimiento a su quehacer artístico.

CHILE

La aparición del bolero en Chile tiene circunstancias semejantes a las que sucedieron en Argentina. Fueron originalmente las voces de los mexicanos Ortiz Tirado, Juan Arvizu, José Mojica, Pedro Vargas y Elvira Ríos, recogidas en discos de 78 rpm, las que introdujeron el gusto por la canción romántica del siglo XX. La única diferencia fue que en Argentina existía un verdadero furor por el tango en el momento en que apareció el bolero, mientras que en Chile no había un sentir especial por un género determinado. La tonada y la cueca, los ritmos más representativos del largo y angosto país, apenas comenzaban a tener reconocimiento nacional; por eso fue relativamente fácil para que el bolero lograra imponerse desde el principio.

Hay que tener en cuenta que vidalas, zambas, gatos, chacareras, pericones y otros géneros que habían cobrado vida durante el siglo XIX en la antigua capital del virreinato del Perú, se asentaron en toda el área andina. De ahí que en Chile, Argentina y Uruguay estos aires musicales siempre gozaron de una mayor trascendencia que los sones, danzones, tangos y sambas, más permeados del antecedente africano.

El desarrollo de la radio ayudó enormemente a la divulgación de la canción romántica bailable, especialmente en la generación que crecía en los años 40. Radio Corporación, Radio Minería y las emisoras de Diego Portabales fueron los centros más importantes que ayudaron a difundir el bolero y propiciaron desde sus micrófonos el surgimiento de intérpretes nacionales: Arturo Gatica, Mario Arancibia, Oswaldo Gómez, Lucho Gatica y Antonio Prieto. También tuvieron mucho éxito en estos mismos escenarios vocalistas de otros países como los cubanos Fernando Albuerne y Wilfredo Fernández, Leo Marini de Argentina, y los tenores Ortiz Tirado y Juan Arvizu de México.

Por otra parte, la presencia carismática del viajero Agustín Lara conmovió a Chile en 1941; había llegado a Santiago desde Montevideo y se presentó con una pequeña caravana artística. Mientras actuaba en la capital le informaron de un casino famoso que había en Valparaíso. Por supuesto, Lara fue a visitarlo. Cayó en la tentación de jugar sin límite, con tal mala suerte y testadurez que perdió todo el dinero que llevaba. Para reponerse, sugirió a los propietarios trabajar en el casino hasta recuperar parte de lo perdido; también allí impresionó el genial compositor y pianista, dejando una indeleble estela de popularidad al marcharse del país.

Los principales compositores chilenos de boleros fueron Francisco Flores del Campo y Luis Aguirre Pinto, así como Clara Solovera, Nicanor Molinare y Chito Faró, aunque este último se especializó en la canción folclórica.

Pancho Flores (1907) fue al autor del bolero *Sufrir*, que es de 1942:

> Sufrir, esperando vendrás
> es sólo la razón de existir,
> vivir esperando un quizás,
> es mejor que saber...

Hermosa melodía que continúa escuchándose en la primera versión que hicieran Los Huasos Quincheros en 1945; en el reverso del disco venía *Por qué te vas*, otra de sus mejores composiciones. Pancho Flores había nacido en Santiago e inició su carrera artística como cantante. A los 22 años ganó una beca de la Municipalidad de Viña del Mar para realizar estudios avanzados en Estados Unidos. Actuó en Los Ángeles en el famoso programa «Coconut Grove» del hotel Ambassador y luego se unió al elenco artístico de la Columbia, donde estuvo tres años grabando con el nombre de Del Campo. Después en Nueva York fue contratado para filmar el papel de galán en la película de Carlos Gardel *El día que me quieras* (es el que hace de novio de la hija de Gardel, la hermosa Rosita Moreno). Permaneció 8 años en Estados Unidos, haciendo cine, radio y teatro; a su regreso a Chile actuó en *Romance de medio siglo*, la primera producción de Chile-Films. Una enfermedad de la garganta le obligó a retirarse durante algún tiempo de los escenarios, momento en que surgió el compositor. Su primera canción fue *Mi caballo blanco,* que tuvo gran difusión en Argentina y que fue grabada en Nueva York por el caribeño Harry Belafonte. Son suyos también los boleros *Nieblas* y *Agonía*, que fue interpretado por Leo Marini y por Bienvenido Granda en Cuba:

> Tengo que pasar tu casa
> para llegar a la mía,
> y esto me causa una pena
> que está acabando mi vida...

Pancho Flores compuso en 1959 la música de *La pérgola de las flores*, con libreto de Isadora Aguirre, que se convirtió en la pieza teatral chilena de más éxito en México, Madrid y Buenos Aires. Otras comedias musicales suyas son *Los siete espejos* y *Hotel Paradise*. En 1965 ganó el festival de Viña del Mar con la tonada *Qué bonita que va*, que gustó mucho en Argentina cantada por Los Fronterizos.

Luis Aguirre Pinto (1907) fue posiblemente el compositor chileno que más temas románticos compuso. *Inúltilmente* y *Cerca de ti* son de los primeros que le grabó Leo Marini, cuando apenas iniciaba su carrera, y *Un día llegarás* tuvo varias versiones, entre ellas la de Arturo Gatica:

> Tengo una luna amarrada en las nubes
> esperando que salgas a verla,
> y una guitarra que llora tu ausencia
> con mi canto enredado en sus cuerdas...

Nació en la población de Copiapó pero desde pequeño vivió en Santiago, donde aprendió a tocar el violín y la guitarra. Era aún muy joven cuando empezó su labor como compositor. En 1924 Aguirre Pinto ganó un concurso organizado por el sello Odeon con la canción *Lluvia de besos*. Para la película *Hombres del sur* compuso *Rayo de luna* y *Canción de ausencia*; también son de esta época *Diamante azul*, *La canción del carretero* y *Nieve en el corazón*. Ortiz Tirado le grabó *Camino agreste*, que años después interpretó Lucho Gatica. Son también de su inspiración *Reminiscencias* y la tonada *Camino de luna*, una de sus canciones más populares. En 1955 compuso la música para la opereta *Las damas caprichosas*, y en el campo de la música sinfónica creó dos obras para orquesta de cámara: *Aires chilenos* en 1960 y en 1970 *Tonada sin palabras*. Como intérprete desarrolló una importante labor de divulgación de la canción folclórica chilena en diversos países hispanoamericanos. Por sus múltiples méritos artísticos, Luis Aguirre Pinto fue galardonado en varias oportunidades.

LOS MEJORES INTÉRPRETES

Siete años mayor que su famoso hermano, **Arturo Gatica** (1921-96) inició su labor artística en Radio Rancagua en 1936, de donde pasó luego a Radio Corporación de Santiago. En 1948 inició su peregrinaje en Radio El Mundo de Buenos Aires, visitando más tarde casi todos los países americanos. Tenor de extraordinarios matices líricos, de voz dulce y delicada, con la canción *Isla de Capri*, de J. Kennedy y Will Groez, dejó un tema que lo identificó plenamente:

> Yo tuve un amor, sueño embriagador
> en una isla de Capri,
> paisaje azul rebosante de luz...

Arturo Gatica fue también un divulgador infatigable del folclor musical chileno: a partir de 1953, auspiciado por el Instituto de Extensión Cultural de la Universidad de Chile, realizó una extensa gira de seis años por Europa y el Oriente Próximo. Volvió a Europa en 1960 y 1964 formando un dúo con Hilda Sour que se llamó Los Chilenos. Arturo grabó para el sello Odeon de Chile, Montilla de Nueva York, Philips de Holanda y Tempo de Madrid. También participó en cinco películas. Durante las cinco décadas de su vida artística recibió un impresionante número de distinciones, otorgadas por diferentes instituciones chilenas que reconocieron a tiempo su brillante carrera.

Su estampa atractiva, su estilo inconfundible y sus grandes éxitos convirtieron a **Lucho Gatica** (1928) en el hombre de los sueños de miles de admiradoras. Su voz ha penetrado en los oídos y el corazón de millones de hispanoparlantes, que reconocen en él a un digno representante del bolero; algo debe de haber tenido que ver en todo esto su sonrisa cautivadora y un nombre que en el Caribe sonó exótico y distante. Había empezado a cantar cuando tenía 10 años en los programas de aficionados de Radio Rancagua, siguiendo los pasos de su hermano Arturo.

Luis Enrique Gatica Silva nació en la ciudad chilena de Rancagua; allí realizó sus primeros estudios y los terminó en Santiago, donde se graduó como técnico de laboratorio dental, profesión que nunca ejerció. En 1949 grabó sus primeros discos, haciéndole la segunda voz a Arturo, que ya era famoso: *Tú que vas vendiendo flores, La partida* y *El martirio*, fueron los temas. Al año siguiente se presentó en Radio Minería, acompañando también a su hermano. Entonces el director del programa «Las Estrellas se Reúnen» lo presentó como solista; allí estuvo cantando durante cuatro años. Alguna vez un locutor lo llamó Lucho y el nombre prendió.

LUCHO GATICA

En 1951 fue considerado el mejor cantante chileno de ese año y le otorgaron el premio Caupolicán. En una oportunidad en que Olga Guillot se encontraba actuando en Santiago, debido a su amistad con Arturo, le enseñó a Lucho algunos boleros como *Contigo en la distancia* y *En nosotros*, y otros más que grabó posteriormente con el respaldo de Los Peregrinos (con los cuales cantaba el boliviano Raúl Shaw Moreno) en el sello Odeon. En 1953, esta empresa lo envió a Londres con la orquesta de Roberto Ínglez a grabar varios temas, siendo Brasil su primer escenario extranjero en 1954. De regreso a Chile, después de varios meses actuando en Santiago, partió hacia Perú y Ecuador. Ese mismo año Lucho Gatica realizó su primera visita a La Habana (en total hizo ocho), donde cantó su éxito de entonces, *Sinceridad,* del nicaragüense Gastón Pérez. Siguió luego a República Dominicana y llegó a México, donde debutó en el teatro Capri y alternó con la orquesta Los Churumbeles de España, que se encontraba de gira. En la ciudad de los palacios un gran amigo, el compositor Luis Martínez Serrano, le ayudó a seleccionar su repertorio y le recomendó que montara *No me platiques más* de Vicente Garrido, con el que Lucho obtuvo un triunfo colosal: ¡se vendió un millón de discos! Y siguieron *Tú me acostumbraste, Historia de un amor, Novia mía, La enramada, Amor mío, Amor secreto, La barca* y *El reloj*, estos dos últimos de Roberto Cantoral, que lo llevaron a la cumbre de la popularidad y que todavía continúan escuchándose en su voz. Del autor mexicano Carlos Arturo Briz es *Encadenados*, que Lucho comenzó a cantar en 1957:

> Tal vez sería mejor que no volvieras
> quizá sería mejor que me olvidaras.
> Volver es empezar a atormentarnos
> a querernos para odiarnos
> sin principio ni final...

Convertido en un verdadero ídolo, el empresario Gaspar Pumarejo lo volvió a llevar a Cuba para participar en un gran festival de artistas cubanos, que incluyó a un buen número de los músicos que vivían fuera de Cuba, y llenó de público un estadio de béisbol. Hacía ya mucho tiempo que Lucho no iba a Chile; entre su vida en México y el trajín de giras permanentes no había podido volver a ver a su madre. Cuenta el investigador Rico Salazar que entonces Pumarejo le preguntó frente a las cámaras de televisión que cuánto hacía que no la veía y si le gustaría volver a verla pronto; la respuesta de Lucho fue obvia. Como en un culebrón, el hábil presentador explicó que él había concertado una conexión con ella a través de la televisión chilena. Cuando apareció la señora, Lucho se emocionó, y la inmensa audiencia nacional se conmovió igualmente. Y llegó el momento de la gran sorpresa: ¡su mamá no estaba en Chile, estaba allí mismo, en el estadio! El encuentro entre madre e hijo fue conmovedor. Los millones de cubanos que seguían el programa también lloraron aquella noche.

Cuba representó los años cumbre de Lucho Gatica; había impuesto un estilo completamente nuevo, con una serenidad en el fraseado y una suavidad melódica acariciante en la interpretación de boleros característicos en aquella época. En aquellos fabulosos años 50 conquistó la simpa-

LOS HERMANOS ARRIAGADA

tía y el aplauso del público, que lo convirtió en el intérprete número uno de la canción romántica. Y continuó recorriendo países como gran figura de la canción: Puerto Rico, Venezuela, Perú, Panamá, Brasil, República Dominicana, Argentina, Costa Rica, El Salvador, Guatemala, Colombia, Estados Unidos, y hasta en Portugal y España tuvieron ocasión de verlo y disfrutarlo. Lucho Gatica participó en ocho películas, pero ha afirmado que todas fueron muy malas. Esporádicamente actúa en algún escenario de Miami, ante los refugiados del régimen castrista, aunque ya no lo hace con la misma voz que lo hizo famoso.

Los Hermanos Arriagada Omar, Mario y Jorge iniciaron su carrera en el género romántico con sus guitarras, interpretando varios valses y boleros de la inspiración de Omar. Ingresaron en el sello Odeon grabando *Nathalie, Me da risa, Mar y cielo, Poema, Sigamos pecando, Caminemos* y *Un solo corazón*, y de la autoría de Omar *Maribel, Arráncame, Te sigo amando, Dime si te veré, Un mundo diferente* y *Qué cosa te hice yo*:

> Qué cosa te hice yo
> para que tú de mí te fueras,
> no alcanzo a comprender
> qué pudo ser lo que te hiciera...

Sorprendieron por un estilo único, aunque los tres cantaban haciendo primera voz, pero con un montaje musical muy pulido y a menudo con el respaldo de las orquestas de Luis Barragán, Valentín Trujillo y René Calderón.

En Angol, provincia de Arauco, la tierra de los indios bravíos, nació **Oswaldo Gómez** (1925), brillante vocalista, de padre español y madre araucana. A los 8 años quedó ciego, y así vivió durante cuatro años hasta que fue operado con éxito total. Tenía 15 años cuando murió su madre, que dejó 21 hijos; su padre se volvió a casar y tuvo otros 15 hijos con su segunda esposa. Pero Oswaldo no se entendió con su madrastra y pronto se fugó de casa buscando mejores horizontes.

Su extraordinaria voz natural le motivó a presentarse en un concurso radial de aficionados en la población chilena de Los Ángeles, obteniendo el primer puesto que le sirvió para representar a esa ciudad en la capital. Participaron más de 200 aficionados de todas las provincias; el certamen final se efectuó en el teatro Caupolicán de Santiago, con capacidad para 10.000 personas y con lleno completo. Allí se consagró Oswaldo Gómez al ser proclamado como el mejor cantante aficionado de Chile.

Inició entonces una agitada vida, actuando en radio, teatros y centros nocturnos durante cuatro años, sin darse un día de descanso, lo que le ocasionó la pérdida de la voz. Durante todo un año se vio obligado a separarse de su profesión, hasta que lentamente se fue recuperando. Cuando reapareció, usó por primera vez el sobrenombre de *El Indio Araucano*. Viajó por las principales ciudades de América Latina, Estados Unidos y España, y cuando llegó a Cuba se estableció allí durante once años; se enamoró de una cubanita, por la que tuvo que dejar sus atuendos indígenas. En la isla le sorprendió el cambio de régimen en 1959 y tuvo verdaderas dificultades para sobrevivir con su familia, ya que lo enviaron a trabajar en un circo. Estuvo detenido varias veces por no compartir las ideas comunistas, hasta que después de una tensa lucha logró conseguir el permiso de salida del país con su mujer e hijos. Se estableció primero en Miami y más tarde en Puerto Rico. Oswaldo Gómez cantó infinidad de boleros pero se le recuerda por sus interpretaciones de *Te odio y te quiero* de Enrique Alesio, *Aquella tarde* de Fernando Lecaros y *Cuando muere la noche* de Atilio Carbone:

> Quiero tenerte a mi lado otra vez,
> quiero tus labios besar,
> todas las noches te veo llegar
> pero son sueños no más...

Al *Indio Araucano* también se le conoció como intérprete de canciones folclóricas chilenas y paraguayas.

Los Ángeles Negros Este quinteto chileno alcanzó gran popularidad a partir de 1971. Con los Hermanos Arriagada fue posiblemente uno de los últimos grupos que tuvieron éxito interpretando boleros. Estuvo integrado por Miguel Ángel Concha, Mario González, Jorge Hernán Evans, Aurelio Luis Ortiz y Germain de la Fuente como cantante, quien influyó decisivamente en el impacto que causaba este quinteto. Interpretaron con gusto *Murió la flor,* del propio Germain y Nano Concha, así como *Y volveré*, un tema de Alain Barriere:

> Amor, adiós,
> no se puede continuar,
> ya la magia terminó
> ahora tengo que marchar...

Los Huasos Quincheros, especializados en la música folclórica de Chile durante 50 años, mantuvieron en su repertorio numerosos boleros. Los primeros Huasos se originaron en 1937 con Carlos Morgan, Pedro y Ernesto Amenábar y Mario Besoaín. Con el pasar de los años el grupo se fue renovando: pasaron por la agrupación Hernán y Raúl Velasco, Javier Campos, Aníbal Ortuzar, Jorge Montalvo, Gerardo Ríos, Sergio Sauvalle y Eduardo Riesco. Desde 1975 el conjunto está integrado por Benjamín Mackena, Alfredo Sauvalle, Ricardo Videla y Patricio Reyes. Han grabado 46 LP, siendo sus mayores éxitos el bolero *Sufrir,* de Pancho Flores, en la versión que grabaron en 1945, conjuntamente con *Niebla, Nosotros* y *Agonía*, grabados en 1961 junto a *¿Por qué te vas?* y *Noche callada*, que están entre las mejores canciones del folclor chileno:

> Dime si acaso en tus sueños
> te acuerdas de mí,
> si ya que te has ido
> comprendes que todo
> mi amor te lo di...

Muy escuchados durante las décadas del 50 y el 60, **Los Cuatro Hermanos Silva** pertenecen a una distinguida familia chilena integrada por nueve hermanos. Lolita, Julio, René y Hugo Silva recorrieron juntos los caminos de América durante muchos años, divulgando la riqueza musical de su tierra con exquisito profesionalismo. Grabaron algunos boleros que se convirtieron en representativos del grupo: *Aquella melodía* de Ricardo Fábrega, *Lágrimas de amor* y *Escríbeme* de Guillermo Castillo Bustaman-

te, *Sufrir* y *Regresa a mí* de Pancho Flores, y *Cuando tú me quieras*, feliz
melodía del boliviano Raúl Shaw Moreno, quien sin tener voz de tenori-
no había sido contratado por Los Panchos en La Paz en 1946, ante la retirada de Hernando Avilés:

> Noche a noche sueño contigo,
> siento tu vida en la mía
> cual sombra divina
> cual eco distante
> que apenas puedo oír...

El delicado dúo conocido como Sonia y Miriam cautivó entre 1955 y
1962. Entre sus mejores interpretaciones se encuentran *Seguiré mi viaje,
Un pecado nuevo, Envidia* y *Diariamente*. Al separarse, Sonia se convirtió en «La Única», popularizando *Esta noche la paso contigo*, bolero de
Laura Gómez Llanos.

En años más recientes surgieron, entre otros artistas, Los Galos con
Lucho Muñoz, y la cantante Ginette Acevedo, que impusieron temas muy
bien logrados. La orquesta de Federico Ojeda se destacó con un buen número de boleros, respaldando las voces de los artistas nacionales y extranjeros que llegaban a Chile. Durante el período estudiado también fueron importantes las orquestas de Carlos Arijita, la de Valentín Trujillo y
la de Luis Aguirre Pinto.

ARGENTINA

LOS MEJORES COMPOSITORES

El bolero sufrió un desarrollo diferente en Argentina. No coincidió su auge con el establecimiento de la radio, como ocurrió en Cuba y en México. Por ello, la influencia de las canciones mexicanas se logró a través de los discos de 78 rpm y algunas películas, como ocurrió con *El precio de un beso* de José Mojica; el público la veía una, dos y hasta tres veces hasta lograr aprenderse las canciones del astro. *Un beso loco* fue posiblemente la primera canción de moda, de la que se vendieron miles de discos.

Pero no fue nada fácil introducir la canción romántica de origen caribeño en medio de la pasión que imponía el tango, precisamente en una época en que Carlos Gardel ya se había convertido en el ídolo del país. El cantante mexicano Alfonso Ortiz Tirado, que estuvo por primera vez en Buenos Aires en 1934, casi fracasó en su presentación; y es que aparte del tango, el público argentino sentía un gusto especial por la canción lírica de tipo culto. El tenor italiano Tito Schipa, que era entonces una de las figuras máximas de la ópera, estuvo en Buenos Aires en 1913 y 1915, en presentaciones que se convirtieron en todo un acontecimiento. Cuando llegó Ortiz Tirado, con un estilo vocal en donde había bastante influencia del propio Schipa, los argentinos no pudieron apreciar que en ese tipo de canción nacía un nuevo ritmo y una manera distinta de cantar, no ya en italiano sino en español, no ya de tipo culto sino popular.

Astutamente, el Dr. Ortiz Tirado organizó entonces varios recitales dentro de círculos íntimos y profesionales, y programó dos presentaciones especiales que lo promocionaron extraordinariamente: ofreció el billete de entrada a todas las ancianas que tuvieran el cabello blanco, y otra que anunció gratis a los «canillitas» o voceadores de prensa. Aquello fue suficiente. El tenor mexicano se convirtió pronto en un nuevo ídolo de la canción romántica y con ello abrió el camino a los que le siguieron. La primera gira de Juan Arvizu fue un año después, en 1935, y sus actuaciones fueron apoteósicas; volvió en 1944 y tal fue su éxito que se estableció durante varios años en Buenos Aires.

Determinante en la difusión del bolero fue la visita que hiciera Agustín Lara en 1941, en aquella gira patrocinada por la empresa Kresto. Llegaba procedente de Río de Janeiro, donde había permanecido tres meses con resultados extraordinarios. Hizo su debut en el teatro Casino y allí siguió actuando diariamente, haciendo también presentaciones en Radio Belgrano, con Ana María González como intérprete de sus canciones. Fueron aquellos días en que coincidieron en Buenos Aires con Pedro Vargas y José Mojica y éste les informó de su decisión de retirarse al mundo religioso. Lara le dedicó entonces el bolero *Solamente una vez*, que Mojica incluyó en la película *Melodías de América*, filmada en Buenos Aires.

Curiosamente, no sucedió lo mismo en México o en Cuba con el tango, pues este género alcanzó tal popularidad entre 1926-30 que el propio Agustín Lara y la exquisita María Grever llegaron a componer varios. Hay que decir que muy pocos artistas argentinos llegaron a Cuba o a México; Carlos Gardel hizo planes para visitar la tierra azteca, pero el destino no se lo permitió.

En un momento extraordinario para el tango, en una época de compositores e intérpretes brillantes que no se dejaban seducir por el bolero, surgió una mujer estupenda llamada **Maruja Pacheco** (1916-83), quien compuso un número hermoso, *El adiós*, con letra de Virgilio San Clemente. Y si bien es cierto que apareció en ritmo de tango, la inspiración de sus versos tiene una temática literaria diferente: no hablaba de la callecita, del barrio, de la barra o de la pebeta. Envueltos en una atmósfera más profunda, de gran belleza, sus compases se asemejan más al estilo del bolero. Dentro de ese sentir, Maruja Pacheco compuso por el año 1935 el que seguramente sería el primer bolero argentino, *Cuando tú me olvides*:

> A través del tiempo cuando tú me olvides
> silenciosamente vivirás en mí,
> porque en la penumbra de mi pensamiento
> todos los recuerdos me hablarán de ti...

una canción que gozó de una bellísima interpretación en la voz de Juan Arvizu y mucho después en la del colombiano Víctor Hugo Ayala. De la misma época es otro bolero *Déjame que te arrulle*, con letra de Óscar Rubinstein (Óscar Rubens) y música del violinista Enrique M. Francini. La semilla romántica que sembraron los primeros tenores mexicanos vino a dar fruto cuando surgieron dos compositores de gran calibre: Domingo Fabiano (Don Fabián) y Mario Clavell.

Mario Clavell (1922) es uno de los grandes compositores románticos que ha tenido Argentina. La voz de Leo Marini dejó en el recuerdo de todo un continente dos boleros muy originales, *Hasta siempre* y *Somos*:

> Somos un sueño imposible
> que busca la noche,
> para olvidarse del mundo
> de Dios y de todo...

Clavell había nacido en Ayacucho pero se radicó en Tandil, provincia de Buenos Aires, donde desde muy joven inició sus estudios de guitarra clásica. En 1944 se trasladó a la capital y logró vincularse como *crooner* en la orquesta de *jazz* de Adolfo Carabelli, cantando estribillos de los *fox-trots* de moda. Trabajaba además en una empresa de seguros, pero su capacidad musical lo fue llevando al campo de la canción romántica, influenciado por el reportorio que llegaba a su país en los discos de los grandes tenores mexicanos. Hay una anécdota que de ser cierta resulta curiosa: una noche en que Juan Arvizu se encontraba realizando prácticas de vocalización antes de entrar en escena, Mario Clavell logró colarse hasta el camerino del mexicano. Sorprendido y enfadado, Arvizu se negó a escuchar sus canciones, pero ante la insistencia del intruso no tuvo más alternativa que oirlo. Sin ningún instrumento acompañante, Clavell le cantó una canción que Arvizu asimiló inmediatamente, le pidió que escribiera la letra y minutos más tarde ya la cantaban juntos. Poco después Juan Arvizu incorporaría a su repertorio varios números de Clavell, entre ellos *Qué será de mí*, que también fue un éxito de Leo Marini.

En el repertorio de la canción paraguaya aparece como de su autoría una hermosa canción, *Quisiera ser*, tema que Clavell compuso a instancias de un amigo que le hizo el comentario de que había muy pocas canciones románticas paraguayas. Hugo Romani, otra de las voces argentinas más sutiles que tuvo el bolero le interpretó *Tu no quisiste* y la calmada *Mi carta*:

> Querida,
> vuelvo otra vez a conversar contigo,
> la noche trae un silencio
> que me invita a hablarte...

El temperamento jovial de Mario Clavell y su gran simpatía personal le abrieron el camino de la popularidad, no sólo como compositor sino también como *showman*. En Colombia vivió algún tiempo introduciendo el programa radial «La hora Philips» y en España residió durante varios años, dirigiendo programas de radio y teatro, y presentando el programa televisivo

MARIO CLAVELL

«Escala en Hi-Fi» en la década del 60. Clavell ha sido galardonado varias veces, y en distintos países, por la admirable trayectoria artística que supo desarrollar en la música popular romántica.

De la extraordinaria sensibilidad de Domingo Fabiano, mejor conocido como **Don Fabián**, han quedado dos boleros que se siguen recordando: *Cobardía*, interpretado por Néstor Chayres y Fernando Torres, y *Dos almas*, que las voces de María Luisa Landín y más tarde de Gregorio Barrios colocaron en los sentimientos de los pueblos hispanos:

> Dos almas que en el mundo
> había unido Dios,
> dos almas que se amaban
> eso éramos tú y yo...

La vida de Don Fabián fue un verdadero misterio durante largo tiempo; personaje de gran modestia y sencillez, se ocultó detrás de su seudónimo, ya que nunca le interesó el halago. Se llegó a pensar que era mexicano o quizá cubano. Nació en Córdoba y aprendió muy joven a tocar el piano. Pronto formó parte de varios grupos musicales, actuando principalmente en centros nocturnos. En aquella época compuso el tango *Estrella fugaz* y las rumbas *Marilú* y *Tristezas de un pobre negro*. Establecido en Buenos Aires en 1940, colaboró como pianista en una orquesta en la que tocaban Astor Piazzolla y Ruggero. Más tarde integró la orquesta Los Mendocinos y tuvo un trío; luego fue llamado para dirigir la orquesta estable de Radio El Mundo. El primer bolero que realmente tuvo éxito fue *Infortunio*, grabado en las voces de Leo Marini y el cubano René Cabel. Después siguieron la citada *Dos almas, Cobardía, Corazón de Dios, No te olvides de mi corazón,* y un tema alegre con sabor colombiano, *Cumbia que te vas de ronda*. Su repertorio se compone de más de 70 nú-

Alrededor de 1943 se presentó una situación muy peculiar a nivel de los grandes sellos que comenzaban a imponerse comercialmente. La RCA Victor dominaba el mercado en el área del Caribe; estaban siempre a la expectativa de la aparición de alguna figura musical de relieve para incorporarlo/a a su elenco. En Argentina tampoco se descuidaron: cuando Libertad Lamarque emergía claramente como una cantante de excepción, la fueron a buscar a su casa y allí le firmaron un contrato. Ante esta situación, la Odeon de Argentina se dedicó a buscar artistas de categoría para competir con la RCA Victor, que ya contaba con figuras internacionales como Juan Arvizu, Pedro Vargas y Alfonso Ortiz Tirado. Los directores de la empresa encargaron a Américo Belloto (1913-65), primer violinista de la orquesta de Radio Belgrano, la tarea de producir un tipo de bolero más rítmico e interpretado por talentos locales. Éste llamó entonces a Leo Marini y a Eduardo Farrel, a quienes había escuchado en una sesión de grabación con la orquesta de René Cóspito, para grabar los primeros boleros de prueba, destinados al mercado de Colombia.

En aquella primera sesión Leo Marini cantó *Llanto de luna* del cubano Julio Gutiérrez. Farrel grabó *Desesperación* de Rafael Hernández y *Alma de mi alma* de Agustín Lara. Después Marini grabó *Ya lo verás*, para completar el primer disco y en el segundo incluyó *Yo contigo me voy*, ambos de Rafael Hernández, así como *Caribe soy* de Luis Alday. Los temas de Marini impactaron fuertemente en Colombia, por su estilo rítmico y su voz grave y melodiosa. Un año después, Américo Belloto vinculó a las grabaciones de Odeon a Hugo Romani, quien cantaba con la orquesta de Víctor Schlichter.

AMÉRICO BELLOTO

Posteriormente fueron llamados Fernando Torres y Gregorio Barrios, Fernando Albuerne y Wilfredo Fernández (estos dos últimos cubanos), Genaro Salinas y Alfonso Ortiz Tirado (mexicanos), Mario Arancibia y Arturo Gatica (chilenos), así como el barítono venezolano Eduardo Lanz y la cubana Marión Inclán.

Sagazmente, Américo Belloto encargó un cuantioso número de partituras de boleros de Cuba, Puerto Rico y México, y se las entregó a sus cantantes para que seleccionaran las canciones. Como no sabían leer música tuvieron que recurrir a pianistas que les tocaran las piezas y así poder seleccionar las que más le convenían. Mario Clavell les ayudó en muchas ocasiones en esta tarea. Después había que hacer la orquestación de cada número. Y aquí hay que acreditar a Belloto, que era un violinista de primera categoría: los solos de violín que se destacan en muchos de esos boleros fueron ejecutados por él.

La orquesta de don Américo y sus Caribes nunca fue un grupo estable; era una formación que se constituía con base al arreglo de cada canción. Si en el arreglo orquestal predominaban las cuerdas, Belloto llamaba el número de violinistas que requería. En cambio, conjuntos como la cubanísima Sonora Matancera o la orquesta colombiana de Lucho Bermúdez, siempre estuvieron constituidas por el mismo número de integrantes y lógicamente, los arreglos se hacían en base a esa disponibilidad. El bolero alcanzó un momento cumbre en Argentina con los Caribes de Américo Belloto, a tal punto que entre los años 1948-52, cualquier vocalista que se respetase buscaba viajar a Buenos Aires para grabar con esta agrupación. Cuando años después don Américo se radicó en Bogotá, conformó una orquesta con el mismo sistema.

meros. Por la popularidad que alcanzaron sus canciones y el placer que llevó a tantos compatriotas, la Sociedad de Autores y Compositores de Argentina distinguió a Don Fabián con el Gran Premio, al mismo tiempo que lo hicieron con Oscar Fresedo en el tango y con Atahualpa Yupanqui en la canción folclórica.

LOS MEJORES INTÉRPRETES

Sin lugar a dudas, una de las figuras más importantes que ha tenido la historia del bolero en América ha sido **Leo Marini** (1920). Su voz y su estilo, las orquestas que lo acompañaron en tantas grabaciones y las canciones que formaron su repertorio lo sitúan todavía hoy como uno de los intérpretes que más éxitos musicales impusieron. Nació en Mendoza y se le nombró Alberto Vitet Vitali. Desde muy joven definió su vocación: al ver la primera película de José Mojica, *El precio de un beso*, ambicionó algún día llegar a cantar como el mexicano. Después, los primeros discos que escuchó de mexicanos y cubanos le definieron el gusto por la canción romántica.

Sus primeras incursiones en la radio fueron entre 1938-39. El tenor lírico español Juan Díaz Andrés fue quien le ayudó a educar la voz, le dio el impulso inicial y le sugirió el cambio de nombre por el que conocemos. Pero su nativa Mendoza le quedaba pequeña y así viajó a Santiago de Chile presentándose en Viña del Mar y Valparaíso, regresando más tarde a la provincia cuyana de San Juan, donde encontró el apoyo de Juan Rocha, propietario de Radio San Juan. Allí grabó sus primeras cuatro canciones destinadas a enviárselas a Jaime Yankelevich, a la sazón director de Radio Belgrano de Buenos Aires, quien al escucharlas lo contrató inmediatamente. Las siguientes piezas fueron grabadas en 1939 para la RCA Victor: *Virgen de medianoche* de Pedro Galindo, con *Puedes irte de mí* de Agustín Lara, y *Cerca de ti*, con *Inútilmente* del compositor chileno Luis Aguirre Pinto. Lo acompañó la orquesta de Isidro Benítez.

LEO MARINI

Vino entonces la oportunidad en 1943, cuando el director y violinista Américo Belloto le propuso grabar un par de discos como muestras para enviar a Colombia. Poco después, Leo Marini realizó una gira por Caracas, La Habana, San Juan y Santo Domingo; de estos años son la mayoría de las grabaciones que hicieron historia con el respaldo de la orquesta de don Américo y sus Caribes. En 1948 visitó Colombia por primera vez, vinculándose a un grupo artístico que recorrió las principales ciudades terminando la gira en Bogotá, con tan mala suerte que tuvo que presenciar el llamado «Bogotazo», la trágica revuelta a raíz del asesinato del carismático candidato izquierdista Jorge Eliecer Gaitán. Ante tal situación, viajó a Puerto Rico donde hizo contactos para grabar con el sello Seeco tan pronto terminara su contrato con la Odeon argentina. Antes de volver a Cuba Marini se casó y el joven matrimonio se instaló en La Habana; el primer número que grabó con la Sonora Matancera bajo la dirección de Rogelio Martínez fue *Luna yumurina*, en 1951, tema y arreglo de Severino Ramos. Y siguieron *Maringá, Amor de cobre, Tomando té* e *Historia de un amor*, bolero con el cual logró un gran éxito, igualmente con *En la palma de la mano*. Con la Sonora grabó el LP *Reminiscencias*, que resultó el disco de mayor venta en su carrera. *Deuda* de Luis Marquetti lo identificó plenamente ante el público cubano:

> Por qué tú eres así,
> si el alma entera te dí,
> y te burlaste tranquilamente
> de mi pasión...

Leo Marini se trasladó posteriormente a Bogotá, donde fundó el sello disquero Coro con Américo Belloto, aunque por circunstancias diversas no resultó un negocio rentable y tuvieron que liquidarlo. Estableció luego residencia en Buenos Aires, realizando frecuentes giras por los países donde tanto éxito habían tenido sus canciones. En 1964 se separó de su esposa, debiendo continuar su peregrinaje en medio de una gran soledad emocional. Paradoja de su vida, ya que debía presenciar en todos los sitios que visitaba las reacciones derivadas de su temple varonil y del ardor pasional de su voz. Asimismo, contando con un inmejorable repertorio y su idiosincrasia original, dramática y enérgica, fue ocupando un primer plano en su arte y curiosamente, acercándose cada vez más al tango.

En 1978, el entonces presidente de Venezuela, Carlos Andrés Pérez, invitó a un grupo de artistas prominentes y los condecoró: Pedro Vargas, Libertad Lamarque, Leo Marini y varios más estuvieron presentes en este homenaje. Estando en Caracas, Renato Capriles lo contrató por ocho meses para que respaldara con su voz una de sus orquestas. Leo Marini continuó siendo una gran figura dondequiera que fue presentado; sus últimas actuaciones han sido obligadamente muy parecidas ya que el público no quiere oir nuevas melodías sino las mismas que él impuso en el gusto musical de tanta gente. Sus canciones siempre hacen recordar un momento hermoso de la juventud, un novio muy querido, aquella que no nos quiso corresponder.

Dentro de la discografía de **Libertad Lamarque** (1908) hay unas 30 canciones en ritmo de bolero que tuvieron mucho éxito y que la memoria colectiva continúa escuchando, entre ellas *Y*, y *O*, del compositor Mario de Jesús y *Volveré* de María Grever. Además, *Traicionera, Quiéreme mucho, Así, Prohibido, Un minuto de amor, Cachito, Quisiera ser, En mi viejo San Juan, Historia de un amor, Si Dios me quita la vida* y *Amor de los dos.*
    Esta extraordinaria actriz y cantante argentina, que alguna vez llamaron «La Reina del Tango», dejó una gran huella en el bolero. Su nombre, que tal vez se cree una invención artística, es el real. Nació en Rosario de Santa Fe y desde muy pequeña manifestó una clara inclinación para la actuación teatral, entusiasmada y dirigida por su padre, quien le apoyó en todas sus actividades. En 1916 comenzó a combinar la actuación con el canto en los teatros donde se presentaba. Se fue a vivir a Buenos Aires en 1924, trabajando como actriz en las obras que programaba el teatro Nacional y dos años más tarde cantó el tango *El tatuaje*, aunque en 1925 ya había cantado por radio *La cumparsita,* de Contursi y Maroni. Pronto el público identificó su hermosa voz y fue entonces cuando los directivos de la RCA Victor la hicieron artista exclusiva. Comenzó por grabar *Caucho sol* y la tonada *Chilenita;* en los cinco años siguientes ya había grabado unas cien canciones. Su vida se convirtió en una intensa rutina repartida entre representaciones teatrales, la grabación de discos, actuaciones en la radio y teniendo por otra parte la frustración sentimental que le ocasionó su primer esposo.
    En 1932 participó en *Tango,* la primera película sonora que se produjo en Argentina. Después de este filme siguieron *El alma del bandoneón*

en 1934, *Ayúdame a vivir* en 1935, *Besos brujos* en 1937, *La ley que olvidaron* y *Madreselva* en 1938. Hacia 1947 había sido la estrella de 17 películas. En la cinta *La cabalgata del circo* de 1945, participó además Eva Duarte (que se convirtió en Evita Perón), con quien nunca tuvo una relación amistosa, situación que repercutiría en su vida más adelante. Del español Manolo Palos es el bolero *Te sigo esperando*, uno de los números donde Libertad lució su delicada voz:

> Dulces recuerdos de días pasados
> que ya nunca más volverán.
> Siento en mi boca
> la cálida huella de un beso fugaz...

En 1946 inició una gira artística que le demostró el cariño que había despertado en el público latinoamericano. En México filmó dos películas, *Gran Casino* con Jorge Negrete y *Soledad*. Cuando regresó a su patria contaba con positivas perspectivas de trabajo; grande fue su sorpresa cuando se encontró bloqueada y vetada en todas las labores artísticas por orden de la poderosa esposa de Perón, no teniendo otra alternativa que salir del país. Visitó entonces la colonia latina en Nueva York, donde también recibió sinceras muestras de afecto; se estableció más tarde en México, donde continuó su vida artística. En España participó en una cinta con Joselito. Libertad Lamarque filmó un total de cuarenta películas como primera actriz y continuó sus grabaciones para el sello RCA Victor, completando casi 450 canciones. Regresó a Buenos Aires en 1974.

Nacido en la capital e hijo de inmigrantes judíos, su verdadero nombre era Israel Vitensztein Vurm, aunque se le conoció como **Carlos *Argentino* Torres** (1929-91). Fue en Medellín, Colombia, donde inició su carrera con el nombre de Carlos Torres, agregándole pronto lo de *Argentino* cuando descubrió que había un colombiano dedicado a los géneros rítmicos que se llamaba igual. Entonces cantaba en la heladería Capri con el respaldo de la orquesta de Arnoldo Nali; su primer éxito fue un tema propio: *Medellín de mis amores*. En 1952 llegó a La Habana cantando boleros y logró presentarse en Radio Progreso con la orquesta del trompeta Julio Cueva y la del brillante pianista Felo Bergaza. Estuvo unido a la Sonora Matancera de 1955-60, alcanzando inmensa popularidad; grabó chachachás como *En el mar* de Osvaldo Farrés y muchas guarachas (¿quién no recuerda su gran éxito *Las muchachas?*: «*Me dicen que la cubana tiene fuego en la cintura, bailando nadie le gana cuando repica una rumba...*»), y boleros como *Cuando tú seas mía* e *Indigno de tu amor*, un tema de gramola de barrio que denunciaba las diferencias sociales:

> Te quieren separar de mi existencia
> y te obligan a olvidar nuestra ilusión,
> tu sociedad no me acepta, me aborrece,
> pues me creen indigno de tu amor...

En la década del 60, Carlos vivió en México y trabajó con las orquestas de Memo Salamanca, la Sonora Veracruz y la Costeña Tropical. Grabó tanto para la RCA Victor como para el sello Orfeon. Se dedicó entonces a la pachanga y en ese ritmo obtuvo quizá sus éxitos más rotundos, interpretando algunos números propios. A principios de los años 70 se radicó en Venezuela, colaborando con la orquesta Los Melódicos de Renato Capriles hasta 1979. Regresó a Buenos Aires en 1980.

MARÍA MARTA SERRA LIMA

La impresionante voz de **María Marta Serra Lima** (1944) alcanzó gran popularidad cantando boleros en el night club Afrika del hotel Alvear de Buenos Aires, donde trabajó hasta 1982. Nació en dicha ciudad en una familia de bastantes recursos económicos, aprendió a tocar la guitarra y a hablar en cinco idiomas, pero su padre, que también cantaba, se opuso siempre a la idea de que se dedicara a la vida artística; después de su muerte, María Marta comenzó su trayectoria como vocalista profesional. En Argentina fue ella quien revivió los boleros que enmarcaron la innovativa época después de 1945, interpretando tanto las canciones de Armando Manzanero como el repertorio de nuevos temas románticos de Mario Clavell. No hace mucho que su profunda voz se hizo famosa en Hispanoamérica interpretando *Algo contigo* de Chucho Navarro:

No hace falta que te diga que me muero
por tener algo contigo.
Es que no te has dado cuenta de lo mucho
que me cuesta ser tu amiga,
ya no puedo acercarme a tu boca,
sin desearte de una manera loca,
necesito controlar tu vida,
saber quién te besa y quién te abriga...

A pesar de su exceso de peso, que no la acompleja, María Marta logra cautivar inmediatamente a la audiencia. Ha grabado varios LP con el sello CBS, uno de ellos con el trío Los Panchos, que ha tenido una excelente acogida.

La falta de espacio no permite mencionar a otros talentos. Sin embargo, debe aparecer Hugo Romani (1919), una de las voces más distinguidas que tuvo el bolero en Argentina. Su verdadero nombre era Francisco Antonio Bianchi. Ha sido empresario de artistas y estuvo vinculado a la organización de Palito Ortega.

BRASIL

Aunque parezca una incongruencia, el bolero fue todo un éxito en Brasil. Se podría explicar el impacto por el factor del romance, común a todos nuestros pueblos, especialmente durante las décadas de los años 40 y 50. Como en el resto de Hispanoamérica, el género llegó a tomar gran difusión a través de la popularización que tuvo en la radio en los años posteriores a 1930. Sin olvidar la potencia de la onda corta que acercó al continente como nunca antes; los continuos programas musicales de la XEW azteca, de la CMQ y de la RHC Cadena Azul de Cuba, más la profusión de películas mexicanas sembraron la semilla.

La presencia de Agustín Lara jugó un papel central en aquel mercado. El «Flaco de oro» había llegado a Río de Janeiro en 1941 acompañado de Ana María González como intérprete de sus canciones, realizando su primera presentación en el Casino Atlántico. Lara se encontró ante un viejo piano vertical de sonido muy deficiente y como se quejara, la empresa le compró inmediatamente un gran piano de cola de color blanco, a un costo muy elevado. Su visita coincidió con la de las Hermanas Águila, que conocían bien su repertorio y que también iban contratadas por la Cadena Kresto. En los tres meses que permaneció en Brasil, el músico-poeta tuvo un éxito impresionante; al finalizar su contrato siguió en gira hacia Buenos Aires.

No sabemos si durante su estancia en el país del samba Lara se entrevistó alguna vez con Héitor Villa-Lobos, el genial compositor brasileño de música «culta», empeñado en la realización de un arte americano basado en el caudal folclórico-popular, capaz de integrarse a plenitud a la música universal.

Poco tiempo después llegó a Brasil el autor Gonzalo Curiel, quien llevaba como intérprete de sus canciones a Adelina García, y también causaron furor los boleros del autor de *Vereda tropical*. El país se convirtió en una plaza formidable para los artistas aztecas y así triunfaron Pedro Vargas, que lo visitó en varias ocasiones, Jorge Negrete, Pedro Infante, Toña la Negra, Chelo Flores y el trío Los Panchos.

La influencia de los vocalistas mexicanos dio como resultado el surgimiento de cantantes brasileños que se proyectaron hacia los países de habla hispana, donde tuvieron buena acogida. En primer lugar, *Miltinho* Milton Santos de Almeida y Altemar Dutra, que cantaron en español. Curiosamente, el dúo Los Indios Tabajaras se convirtió en un buen intérprete de boleros,

EL VOCALISTA *MILTINHO*

como también el negro Octavio Enrique. Cantando boleros en portugués se recuerda a la desaparecida Elis Regina, considerada como una de las más importantes vocalistas, así como a María Bethania, Gal Costa, Simone, Djavan, Beth Carbalho o Alcione.

Sin embargo, no son muchas las canciones de origen brasileño que triunfaron entre los hispanoparlantes; quizá la más popular fue *Risque* de Ary Barroso. Uno de los grandes éxitos de Los Panchos, *Caminemos*, concebida por Heriberto Martins, fue traducida y adaptada por Alfredo *Güero* Gil:

No, ya no debo pensar que te amé,
es preferible olvidar que sufrir.
No, no concibo que todo acabó,
que este sueño de amor terminó,
que la vida nos separó sin querer;
caminemos, tal vez nos veremos después...

Por su parte, **Jair Amorim** es el autor de varios boleros que interpretó **Altemar Dutra,** entre ellos *Qué quieres tú de mí.* En los años 60, el bolero sobrevivió en Brasil gracias a la labor de compositores como **Antonio María** y **Lupicinio Rodrigues.** Son de destacar *Estoy pensando en ti,* letra de Benil Santos y música de Raúl Sampaio y *La última canción,* del autor Carlos Roberto, que también interpretó Altemar Dutra. En décadas posteriores, Tom Jobim, Caetano Veloso, Chico Buarque, Joao Bosco, Aldir Blanc, Mauricio Tapajos y Mauricio César Pinheiro contribuyeron con ingenio a mantener vivo el género.

El más grande baladista brasileño de todos los tiempos es **Roberto Carlos.** Se ha mantenido activo desde los años 60, cuando sus canciones lo dieron a conocer en toda Latinoamérica y en España. Su música se distingue por las cadencias delicadas y la profunda ternura de sus mensajes, interpretadas con una voz tersa y cálida. Roberto Carlos ha impuesto muchas de las canciones y boleros más memorables del repertorio romántico, creando la mayoría de sus temas junto a su colaborador Erasmo Carlos. Muy pocos intérpretes han cantado con más belleza a la amistad y la hermandad.

VENEZUELA

Antes de 1910 ya habían llegado a Caracas los fonógrafos de cilindros inventados por Edison; algunos años más tarde se pusieron a la venta los gramófonos y con ellos los discos de 78 rpm, en su mayoría *fox-trots*, *two-steps*, pasodobles y tangos, que se distribuían en la agencia comercial de Elbano Spinetti. En la década de los años 20 se bailaban estos ritmos y excepcionalmente el vals nacional, sobre todo cuando se bailaba con orquesta, pues con los gramófonos se bailaba en las reuniones informales. Las hermosas canciones criollas no existieron en disco hasta después de 1925. El rico folclor venezolano incluye el joropo y la gaita zuliana, donde se emplea el cuatro, una pequeña guitarra de cuatro cuerdas que raramente se ha utilizado en las canciones de tipo romántico.

En la década de los años 30 se impulsó notablemente la radio y con ella el bolero, que para entonces ya era el ritmo de moda. En su divulgación influyeron las estaciones mexicanas y cubanas, y la CBS de Nueva York, así como Radio Belgrano y Radio El Mundo de Buenos Aires, que también entraban a través de la onda corta como si se tratara de emisoras locales.

Cuando el bolero llegó con fuerza al sentir del venezolano, éste ya había desarrollado anteriormente un gusto especial por un estilo de canción romántica de gran lirismo, expresado por dos ilustres compositores, Manuel E. Pérez Díaz con *Serenata* y Augusto Brandt con *Tu partida*. En la década que siguió a 1920 otra canción hermosa se prendió en el gusto venezolano, la todavía cantada *Fúlgida luna*:

> Fúlgida luna del mes de enero
> raudal inmenso de eterna luz,
> a la insensible mujer que quiero
> llévale tiernos mensajes tú...

Dentro de ese sentir nació otra bella canción, inspiración de **María Luisa Escobar**, posiblemente en la década de 1930, *No te puedo olvidar*:

> El fulgor de tus ojos me dijo siempre
> el amor que anhelaba mi corazón
> y en el foso encantado de tus pupilas
> reflejose la lumbre de mi pasión...

que a pesar de su belleza intrínseca no tuvo mayor trascendencia o difusión en otros países. Algo parecido sucedió en Cuba con una canción del mismo estilo, compuesta por el maestro Gonzalo Roig en 1923, *Yo te amé*, que se supone era su propia contestación a *Quiéreme mucho*. El bolero *Desesperanza* de M. L. Escobar se convirtió en un clásico del repertorio venezolano junto a sus canciones *Caribe* y *Naranjas de Valencia*.

El primer grupo venezolano que difundió este tipo de canción fue Los Cantores del Trópico, integrado por Marco Tulio Maristany, Antonio Lauro, Manuel E. Pérez Díaz y Eduardo Serrano. Hicieron su debut en el Ateneo de Caracas que entonces dirigía su fundadora, M. L. Escobar. Decidieron entonces salir a conocer mundo y popularizar la música venezolana en el exterior, actuando con éxito en Colombia, Ecuador, Perú y Chile. Después de dos años en gira regresaron a Caracas y de común acuerdo decidieron separarse.

A principios de 1939 la empresa que comercializaba Kresto había decidido iniciar operaciones en Venezuela. Llevaron entonces a Caracas a *Chucho* Martínez Gil, acompañado por el pianista Antonio Escobar. También contrataron a Lorenzo Barcelata y su esposa Tillie Orozco, Lina

D'Acosta y al famoso trío Los Calaveras. Agustín Lara, que se encontraba a la sazón en Francia, también había sido invitado a Venezuela. Cuando Lara arribó al puerto de La Guaira, las autoridades se negaron a permitir el ingreso de Carmen Zozaya, que aunque figuraba como su esposa no existía ningún documento que lo demostrara; Agustín no tuvo otra alternativa que contraer matrimonio con la corista colombiana. Ni el matrimonio ni su actuación en Caracas duraron mucho tiempo, pero su presencia y su prestigio consiguieron popularizar varias de sus canciones en aquel país.

En la década de los años 40 y siguiendo el ejemplo de todo lo que se estaba componiendo en franca rivalidad entre puertorriqueños, cubanos y mexicanos, un pequeño número de autores venezolanos no mencionados comenzaron a producir boleros: José Reyna, Aldemaro Romero, Jacobo Erder, René Rojas, Guillermo Castillo Bustamante, Conny Méndez, Italo Pizzolante, Eduardo Rengifo y Alfredo Sadel.

José Reyna (1908-74) nació en Caracas y a los 18 años comenzó a estudiar música. Poseedor de una gran inspiración compuso unas 400 canciones y muchas de ellas tuvieron excelentes interpretaciones. Alfonso Ortiz Tirado le cantó *Marabú*, un lamento negro, *Sevilla*, canción tipo española (A. Lara tiene otra canción con este nombre), *Cofrecito de plata*, bolero, *Por el camino*, canción llanera, *El pregón de las margaritas*, *Oración negra*, *El joropero*, los boleros *Mi bohío* y *Tus pestañas* y la jota *Por estas cruces*. También escribió el pasodoble *El diamante negro*, la primera pieza que grabó el tenor Alfredo Sadel y el primer disco de fabricación nacional. Entre su repertorio de boleros se destacó *Noche de mar*, que cantó el bilbaíno Gregorio Barrios y también el importante barítono venezolano Eduardo Lanz (1909-84):

Noche de mar, estrellada y azul
un murmullo, un cantar
de las olas que van,
el titilar de una estrella al pasar
va dejando un adiós
y no puedo olvidar...

Una de las grandes personalidades que ha tenido la música latinoamericana es el maestro **Aldemaro Romero** (1928); director de orquesta y arreglista extraordinario, dejó huellas hermosas en el repertorio del bolero.

Compuso su primera canción cuando tenía 16 años, *Me queda el consuelo*, de la que Alfredo Sadel hizo una versión irrepetible:

> Señor, yo vengo a pedirte
> que no me castigues por haber querido
> con toda mi alma,
> piedad yo quiero que tengas...

ALDEMARO ROMERO

Aldemaro Romero nació en Valencia, estado de Carabobo. De padre músico, a los 9 años ya sabía tocar la guitarra y cantaba. Cuando llegó a Caracas cinco años después se dedicó por completo al piano y a componer canciones de corte romántico. A los 20 dirigió por vez primera una orquesta de radio y desde entonces se convirtió en el pianista favorito de los cantantes de música popular. Cuando en 1951 grabó su primer disco *Dinner in Caracas* batió récords de ventas y posteriormente realizó un segundo volumen para la RCA Victor italiana. Aldemaro vivió un tiempo en Nueva York donde su calidad de arreglista lo mantuvo al servicio de orquestas y cantantes famosos. Ha actuado en casi todos los países latinos, así como parte de Europa y Rusia. Fue fundador de la Orquesta Filarmónica de Caracas y hace años fue Senador del Congreso.

Entre sus mejores canciones se destacan *Lo que pasa contigo*, *Te acuerdas*, *Lo que quiero que tú seas*, *Esta casa*, *Lo mejor es el amor*, *Así es mi mujer*, *Como de costumbre*, *Ya tú veras mañana* y otras. También ha compuesto obras de otro nivel para orquesta, coros y ballet así como música de cámara.

René Rojas (1928) tuvo en Sadel al mejor intérprete de sus hermosas canciones, entre ellas *Evocación* y *Solo en la noche*:

> Te estuve esperando toda la noche
> testigo fue la luna que vino de las brumas
> mi pena a iluminar.
> Te estuve esperando inquietamente...

René Rojas Lucambio nació en Campo Elías, estado de Yaracuy. La compositora Blanca Estrella logró encauzar desde pequeño sus inclinaciones musicales y a los 7 años fue presentado como pianista en la radio La Voz de Lara. Realizó sus estudios formales en Barquisimeto al mismo tiempo que continuaba sus estudios de piano con la profesora Doraliza Giménez. Cuando compuso *Evocación*, que también tuvo éxito en las voces de Eduardo Lanz y de Mario Suárez, tenía sólo 19 años. Después siguieron *Sufre mujer, Luna callada, Repaso, Chipolita mía, Anoche te amé, Alma pasional, Clamor* y *Déjame olvidar*, boleros que grabó Alfredo Sadel en La Habana en 1958, bajo la dirección del propio compositor. Jesús Sevillano y Héctor Monteverde también han interpretado sus canciones.

En 1953 recibió en la Universidad de Los Andes su título de doctor en odontología, profesión a la que estuvo ligado muy poco tiempo; a la vez había estudiado armonía en la Escuela Superior de Música. Becado en 1959 por la Universidad Central y la Universidad de Los Andes, Rojas fue a París a recibir cursos de armonía y composición con Nadia Boulanger, y al regresar a Venezuela dirigió las principales orquestas sinfónicas. En 1979 fundó el Instituto de Música Experimental Infantil «René Rojas» para la iniciación musical de niños y desde entonces lo dirige, dedicándose a la pedagogía musical y a la composición.

Alemán de nacimiento, **Jacobo Erder** (1926) no fue en realidad un músico profesional; siempre ha trabajado como empresario y su distracción mayor ha sido la creación de lindas canciones. Sus dos grandes boleros, *Lloraste ayer* y *Desde que te fuiste*, tuvieron en la voz de Sadel una bella interpretación, consiguiendo con el primero uno de sus grandes éxitos:

> Desde que te fuiste
> sin decirme nada, ni siquiera adiós
> lágrimas de fuego en inútil ruego
> ofrecí a Dios...

Nació en Colonia y cuando tenía 9 años sus padres se instalaron en España huyéndole a la guerra. Allí aprendió el español y en 1943 arribó a Caracas. El bolero era entonces el ritmo de moda y con una juventud llena de ilusiones se dispuso a componer canciones; sabía tocar el violín y el maestro José Reyna le ayudó en la notación musical. Alrededor de 1950,

Eduardo Rengifo, amigo de Sadel, consiguió interesarlo para que le cantara algunas de sus composiciones, cimentando así su capacidad para concebir melodías populares.

Guillermo Castillo Bustamante No ha sido posible conseguir suficientes datos sobre su vida profesional, pero sabemos que dejó una huella importante en el devenir del bolero venezolano. Hugo Romani le grabó en 1945 *Aquel viejo amor* y *Página de amor*, y Leo Marini le llevó al disco *Adiós amor... adiós*. Al repertorio de Sadel pertenecen *Desesperación* y *Escríbeme*, que el compositor le había entregado en San José de Costa Rica, cuando se encontraba exiliado:

> Son tus cartas mi esperanza
> mis temores y alegrías
> y aunque sean tonterías
> escríbeme, escríbeme...

Los dos boleros con autoría de **Alfredo Sadel** (1930-89) que tuvieron mayor popularidad fueron hechos con su colaborador Eduardo Rengifo, quien curiosamente no era músico. Ellos son *Una noche contigo* y *Son dos palabras*. También concibieron juntos *Cerca de ti*, *Yo no te engañaré* y los pasodobles *Luis Miguel* y *Oscar Martínez*. Sadel compuso unas 90 piezas entre joropos, pasajes, merengues, valses, pasodobles, sones, guarachas y también varios boleros, una de las facetas más interesantes de su vida y de la que él nunca hizo mayor alarde.

Su verdadero nombre era Alfredo Sánchez Luna y había nacido en Caracas. A los 16 años estaba empleado como caricaturista del diario *La Esfera* y en el semanario *Fantoches*. También trabajaba en una agencia de publicidad, terminaba su bachillerato, seguía un curso de música con los Salesianos y empezaba a cantar en programas de aficionados. Nunca pensó en llegar a ser un cantante profesional, su aspiración era ser pintor.

El origen de su nombre artístico es muy curioso: en su juventud Alfredo fue un ferviente admirador de Carlos Gardel; a su apellido **Sán**chez le dejó las dos primeras letras y las unió a las tres últimas de Gar**del**, pronunciándolo como palabra aguda.

Comenzó una etapa de presentaciones en la radio, en clubes, teatros, alguna grabación de discos, y la gente preguntaba: ¿quién es ese Alfredo Sadel que canta tan bien? Ahorró una buena cantidad de dólares y en

1950 se fue a Estados Unidos, permaneciendo hasta 1954. Se presentó en centros importantes pero económicamente no obtuvo lo que esperaba; cansado de luchar y sin dinero, y ya con fecha de regreso a Caracas, súbitamente la agencia de noticias Associated Press lo designó como el artista latinoamericano más popular en la televisión estadounidense.

De 1955 es la grabación del LP *Mi canción*, que realizó para la RCA Victor y que le abrió las puertas de la fama en el mundo hispano: un repertorio cuidadosamente seleccionado con doce obras maestras de la canción romántica, con arreglos orquestales de ese genio musical que fue Terig Tucci, el mismo que había orientado a Los Panchos en 1944. Entre otras, hay tres interpretaciones de Alfredo Sadel que son verdaderamente antológicas: *Congoja* de Rafael Hernández, *Siempre te vas* de Agustín Lara e *Incertidumbre* (1940) de Gonzalo Curiel:

> ¡Ay!, como es cruel la incertidumbre
> si es que tus besos son de amor
> o sólo son para engañar...

Viajó entonces a Cuba donde triunfó artísticamente, pero sin mayores logros económicos. Regresó a Venezuela y ese mismo año volvió a la isla en condiciones muy diferentes, cantando durante tres meses y siguiendo luego rumbo a México. Entre 1955 y 1960 participó en seis películas. Volvió a Estados Unidos en 1958 y firmó un contrato por siete años con la Metro Goldwyn-Mayer para trabajar en el cine: ganaba 1.000 dólares semanales mientras comenzaba a filmar, y pasaron dieciocho meses en Hollywood sin que nada sucediera; únicamente cobraba y estudiaba. Se cansó de esperar la oportunidad de convertirse en estrella del cine, renunció a la Metro y se fue a Europa. Corría el año 1961.

Alfredo Sadel contrajo matrimonio con un viejo amor y se instalaron en Milán para seguir allí estudios superiores de canto; estudió el idioma italiano y estuvo también en Austria aprendiendo el alemán. A partir de 1962 se dedicó casi por completo a la interpretación del género operático. Ese mismo año realizó tres funciones en el Carnegie Hall de Nueva York con la zarzuela *Cecilia Valdés* de Gonzalo Roig, junto a la excelente soprano cubana Martha Pérez. Y luego siguieron 27 representaciones en Lima, Buenos Aires, Caracas, México y Bogotá.

Recorrió media Europa y parte de Asia y cantó casi todo el repertorio operístico italiano hasta 1972, cuando su esposa se cansó de las largas ausencias y regresó a Caracas con sus dos hijos. Desesperado, Alfredo renunció al éxito que alcanzaba y la siguió. Curiosamente, en los países donde se presentó cantando ópera se hizo llamar por su nombre verdadero; en 1970 fue incluido en el libro *Grandes cantantes de nuestros tiempos* del investigador Kurt Pahlen.

Fundó en Caracas el Plan de la Ópera de Venezuela en 1973, y trabajó en ese proyecto hasta 1976. Dos años después regresó a Cuba donde recibió un homenaje apoteósico. Y volvió a grabar música popular en 1979, con canciones de Los Panchos, un disco que obtuvo enormes ventas. Grabó otro con tangos, evocando a su admirado Gardel. En 1985 se estableció en Nueva York y después de algún tiempo regresó a Caracas. Más tarde se presentó en varias ocasiones en Colombia, especialmente en

Medellín, mas para entonces su salud se deterioraba rápidamente. Por aquellos días declaró que 1988 había sido su mejor año porque se le habían abierto muchas puertas, entre ellas la posibilidad de presentarse en el Metropolitan Opera House. En diciembre de dicho año hizo su última presentación en Cali, pero la dolencia que padecía se acentuó notablemente y meses después de regresar a Caracas lo venció un cáncer de cólon. Alfredo Sadel fue probablemente el último de los grandes tenores románticos que tuvo la América Latina.

EL TENOR ALFREDO SADEL

Otras destacadas autoras venezolanas han sido Conny Méndez y Vivita Bravo. Finalmente, hay que mencionar la extraordinaria labor de divulgación del bolero que ha llevado a cabo durante años desde Caracas el cantante Óscar D'León, conocido mayormente por sus números salseros.

PUERTO RICO

La historia del bolero en Borinquen tuvo características diferentes a la que vivió en otros países ya que su divulgación inicial no dependió realmente de la radio; cuando ésta comenzó ya existía allí un rico repertorio de canciones románticas. A Puerto Rico habían llegado los primeros boleros llevados por las compañías de teatro bufo, de circos y de revistas teatrales cubanas, que desde 1870 recorrían la región del Caribe; parte de la distracción que ofrecían estos espectáculos era la interpretación de danzas, claves, guarachas y boleros en los entreactos de las funciones. De la misma manera habían arribado los ritmos cubanos a la península de Yucatán.

Otra circunstancia que contribuyó muchísimo a la divulgación de las canciones cubanas después de 1910 fue la comercialización que comenzó a hacerse de los fonógrafos y de los discos, que producidos en Nueva York circularon fácilmente por las islas. Debido a la proximidad geográfica y al fuerte comercio entre esos países, los adelantos fonográficos que se realizaban entonces en Estados Unidos fueron aprovechados con mayor prontitud por las clases pudientes de Cuba y Puerto Rico que por las de los países de Centro y Suramérica.

Un factor a tener en cuenta fue la intensa emigración de puertorriqueños hacia Estados Unidos que comenzó a partir de la Primera Guerra Mundial y se incrementó enormemente después de la Segunda, especialmente el flujo a Nueva York, donde se estableció una colonia considerable (un cálculo conservador revelaba alrededor de 250.000 adultos en 1948); con estas familias fueron llegando las canciones y los boleros que hasta entonces conocían. De ahí que al analizar el desarrollo de la música en Puerto Rico hay que considerar la que se produjo en la isla y la que se realizó en Nueva York.

Las clases sociales que allí se establecieron eran en su mayoría gente de pueblo que buscaba mejores oportunidades de progreso económico. La nostalgia seguramente contribuyó a que fueran muy susceptibles al mensaje sentimental que trasmitía el bolero, y por supuesto, a la sandunga de la bomba y la plena, dos géneros bailables del folclor boricua. No sucedía lo mismo entre la clase media y alta que continuaba apegada a la música de origen español o campesina, y que también absorbía fácilmente la música norteamericana. Por otra parte, a pesar de la marcada discriminación del acento latino en la televisión estadounidense, para los músicos, compositores, arreglistas y cantantes había más posibilidades de trabajo y difusión en Nueva York que en la isla, ya que existían algunos centros en donde se podía actuar, tanto en los barrios latinos como en Manhattan. Sin embargo, es una verdadera vergüenza que muy pocos artistas boricuas pudieron beneficiarse del *boom* turístico que disfrutó la isla a partir de 1960, ya que el corrupto negocio de los night clubs se centró en intérpretes norteamericanos, en lugar de dar a conocer el talento local.

Antes de 1930 ya residían en Nueva York Pedro Ortiz Dávila *Davilita*, Pedro *Piquito* Marcano, Moncho Usera, Claudio Ferrer, Herminio (Hernando) Avilés, Daniel Santos, Bobby Capó, Johnny Rodríguez, Plácido Acevedo, Pedro Flores y Rafael Hernández, el cual se convirtió en una de las figuras más impresionantes que tuvo el bolero. En cuanto a los ritmos que interpretaban comenta el investigador cubano Díaz Ayala, residente en San Juan desde 1960: «Era genuina música puertorriqueña, producida entre las nieblas neoyorquinas, pero pensando en las palmeras y el sol de Borinquen».

Rafael Hernández (1891-1965) No habría sido fácil el desarrollo del bolero como ritmo y canción si no hubieran existido dos músicos extraordinarios: Agustín Lara y Rafael Hernández. Natural de Aguadilla, Rafael creció en una humilde familia mulata, definiendo su vocación por la música desde muy pequeño; primero aprendió a tocar el trombón y después el violín, la trompeta, el contrabajo y la guitarra. Se trasladó a San Juan y allí pudo continuar los estudios musicales con varios profesores, incluyendo a Manuel Tizol, en cuya orquesta más tarde tocó el trombón; también formó parte de la Banda Municipal de San Juan. Por esta época compuso los valses *Virginia* y *Mi provisa*, que le dieron alguna popularidad. En 1918 fue reclutado por el ejército norteamericano para integrar como trombonista la banda militar que marchó a Europa; estuvo destacado en Francia y Alemania. Regresó a Nueva York al concluir la guerra, y se vinculó por corto tiempo a la banda de un estado sureño. Luego se fue a La Habana donde dirigió durante cinco años la orquesta del teatro Fausto. En 1925 presentó *Capullito de alhelí*, en el Día de la Canción Cubana, con la que obtuvo una distinción honorífica.

Ese mismo año Rafael Hernández volvió a Nueva York y con gran iniciativa organizó el trío Borinquen con Salvador Ithier y Manuel *Canario* Jiménez, ambos puertorriqueños. Es importante señalar que este fue el primer trío que se especializó en la canción romántica. *Canario* per-

RAFAEL HERNÁNDEZ

maneció poco tiempo, siendo reemplazado por el dominicano Antonio Mesa, que es con quien el grupo realizó las primeras grabaciones en el sello Columbia. En esta época, viajaron frecuentemente a su querida isla, a Cuba y a República Dominicana, donde Rafael solía cambiarle el nombre al trío por el de Quisqueya para tener más aceptación local.

En 1927 compuso una de las canciones que lo harían famoso, la clave *Lamento borincano*, que llegó a producirle 35.000 dólares; la primera grabación fue hecha por *Canario* Jiménez y su grupo, con la voz de *Davilita*, en 1930, y fue posteriormente grabada en Buenos Aires por el mexicano Ortiz Tirado, posiblemente su mejor intérprete. *Lamento borincano* apasionó tanto que llegó a convertirse en el segundo himno de Puerto Rico.

Rafael Hernández organizó su primer grupo Victoria en 1931, utilizando el nombre de su hermana, que era además su empresaria. Más tarde viajó a México y al regresar a Nueva York decidió reorganizar el cuarteto Victoria, viajando a Puerto Rico donde se presentaron durante seis meses, patrocinados por la sal de uvas Picot; en este importante cuarteto colaboraron Panchito Riset, Doroteo Santiago y Pastor Villa. Para 1934 Rafael Hernández ya había fijado su residencia en México, donde contrajo matrimonio a los 43 años.

Siendo ya un personaje en el mundillo de la música popular, ingresó al Conservatorio Nacional de México en donde perfeccionó sus conocimientos con los profesores Julián Carrillo y Juan León Mariscal. De ahí que una parte considerable de su producción musical fuera compuesta en la capital azteca, inclusive la canción *Preciosa*, donde le canta a la belleza de su islita, de sus mujeres y a la ausencia de verdadera soberanía. Las primeras obras que registró en la Sociedad de Autores y Compositores de México, en 1936, fueron *Campanitas de cristal, Perfume de gardenia* y *Tabú*. En cierta oportunidad le preguntaron a Agustín Lara «¿Qué cosa es un bolero?», a lo que el genial mexicano contestó: «Si quieren saber lo que es un bolero escuchen *Campanitas de cristal*». Véanse más datos sobre la producción de Rafael Hernández entre 1936 y 1947 en la sección dedicada a México, pág. 224. Creada en 1937, *Desvelo de amor* es una de sus composiciones más características:

> Sufro mucho tu ausencia, no te lo niego;
> yo no puedo vivir si a mi lado no estás.
> Dicen que soy cobarde, que tengo miedo
> de perder tu cariño, de tus besos perder.
> Yo comprendo que es mucho lo que te quiero,
> no puedo remediarlo, qué voy a hacer...

De visita en Nueva York en 1939 volvió a reorganizar el cuarteto Victoria, esta vez con Rafael Rodríguez, Pepito Arvelo y *Davilita*. Los acompañó como vedette una atractiva chica que hasta entonces era desconocida en Puerto Rico: Myrta Silva. Pero *Davilita* tenía entonces problemas con su voz, por lo que fue reemplazado por Bobby Rodríguez, mejor conocido como Bobby Capó. Con este grupo Rafael Hernández realizó una extensa gira por varios países, hallándose en Cuba en 1940 para grabar una serie de sus canciones en la voz del tenor René Cabel y la orquesta de Julio Brito. Visitó Colombia entre 1940-41 y después de haber tenido que superar muchas dificultades, logró presentarse en la Voz de Antioquia, en Medellín.

Establecido en Puerto Rico en 1947, y con el respaldo de Ernesto Ramos Antonini, figura destacada de la política, Rafael Hernández organizó una orquesta sinfónica para interpretar música ligera y semiclásica. Y recorrió toda la isla, pero desafortunadamente el gobierno, en plena crisis económica, le retiró la ayuda y la orquesta tuvo que desintegrarse. Más tarde, durante la administración de Luis Muñoz Marín, Rafael fue nombrado director de la estación de radio WIPR, propiedad del gobierno, cargo que desempeñó hasta que su estado físico se lo permitió.

Cuando ya su salud se había deteriorado sensiblemente el Banco Popular de Puerto Rico organizó el enlace de todas las estaciones de televisión locales y más de cien de radio para un programa especial de hora y media de duración, titulado «La música de Rafael Hernández», transmitido el 21 de noviembre de 1965, en el que se exaltó su vida y su obra musical. Participaron en aquel tributo, en que se interpretaron magistralmente algunas de sus piezas, los mejores talentos puertorriqueños del momento, incluyendo a «El Rey del Timbal» Tito Puente, quien viajó expresamente de Nueva York. Una orquesta de 28 profesores bajo la dirección de Radhamés Reyes Alfáu acompañó a quince vocalistas. Ya estaba Rafael en un estado tan precario que ni siquiera pudo levantarse del lecho, logrando apenas dirigir unas palabras sentidas a su pueblo, a modo de despedida. Profundamente admirado, los funerales del «Jibarito» (que significa campesino libre) constituyeron la mayor manifestación de duelo que se recuerda en Puerto Rico.

Se estima que la producción musical y poética de Rafael Hernández pudo haber sobrepasado las 2.000 composiciones. Los mejores intérpretes de la Edad de Oro del bolero siempre mantuvieron en su repertorio algunas de sus canciones; a través de algunas de ellas, el fecundo autor denunció abiertamente la dominación colonial norteamericana, expresando su inconformidad ante la pobreza en que vivía el campesino de su patria. El citado Muñoz Marín le insistió varias veces para que le cambiara la letra a *Lamento borincano*, lo cual no aceptó el compositor. Sin embargo, sí lo hizo con *Preciosa*; el mismo gobernador le pidió que cambiara la clara alusión que hace al colonialismo al señalar «del tirano la negra maldad». Y Rafael cambió la palabra «tirano» por «destino», lo cual le ocasionó duras críticas de sus propios paisanos, tanto en la isla como en el Bronx, que le hicieron arrepentirse de su actitud, terminando por restablecer el término peliagudo.

También de familia muy humilde, **Pedro Flores** (1894-1979) nació en la población de Naguabo y en su niñez se destacó como jugador de béisbol, lo que le sirvió para que la Junta Escolar le costeara sus estudios a cambio de que jugara para el equipo de pelota; allí se graduó como maestro rural y en la Escuela Normal de Río Piedras alcanzó el grado de maestro de inglés. Estuvo dedicado cinco años a la enseñanza en Humacao, Yabucoa y Gurabo. Retirado voluntariamente de la enseñanza, Pedro Flores trabajó en diversos oficios, incluyendo cinco años en una oficina de correos. Como hacían miles de sus conciudadanos, en 1926 decidió irse para Nueva York buscando otros derroteros. De constitución atlética, su primer empleo en Manhattan fue dando pico y pala, cavando el túnel del metro de la Octava Avenida.

En esta época conoció a Rafael Hernández, entablándose una gran amistad entre ambos y acompañando al compositor a todas las presentaciones que hacía con su trío Borinquen. Y con 34 años de edad, sin saber nada de música, ya que sólo podía tocar medianamente la guitarra, pero con un espíritu profundamente bohemio, se le

PEDRO FLORES

ocurrió la idea de constituir otro grupo musical que tocara música más movida para que la gente pudiera bailar en las reuniones. Lo llamaron el trío Galón y actuaban a menudo en las mismas fiestas en que aparecía el trío Borinquen; se inició así una rivalidad entre ambas agrupaciones, fomentada por el cotilleo callejero, que al final los fue distanciando poco a poco. Lo cierto es que a consecuencia de esa situación, Pedro Flores comenzó a hacer canciones. Pronto tenía doce números que grabó con Los Jardineros, un grupo relacionado con el dueño de una tienda de discos en San Juan, quien se interesó en grabarle algunas de esas canciones. Pronto el sello Brunswick comenzó a grabarle sus composiciones.

Formó entonces el cuarteto Flores, registrando las primeras grabaciones en 1930 de sones, danzas puertorriqueñas y boleros. En 1937 integraban su grupo *Davilita*, Rafael Rodríguez y Johnny Rodríguez; en realidad lo de cuarteto fue muy relativo, ya que a menudo figuraban como
sexteto o como Pedro Flores y su orquesta. Hombre duro y bastante her-
mético, el autor tuvo dificultades con la casa que le editaba su música;
entonces decidió retirarse del ambiente musical neoyorquino y se fue a
México, siguiendo los pasos de Rafael Hernández. Pero no tuvo la misma
suerte que el «Jíbarito» y regresó a Nueva York. Durante dos años estuvo
alejado de toda actividad musical; después volvió a organizar el cuarteto
Flores con Moncho Usera como arreglista.

Fue entonces que conoció al cantante Daniel Santos, vinculándolo al
grupo y más tarde agregó al barítono Chencho Moraza, que hacía de segunda voz. Y lograron grabar para el sello Decca *¿Qué te pasa?*, *Irresisti-
ble*, *Venganza*, *Margie*, *La mujer de Juan*, *Perdón*, *El último adiós*, *Bo-
rracho no vale*, *Linda* y *Despedida*, que fue un tema de gran éxito junto
con *Juan*, guaracha donde despliega el humor en los días en que los muchachos se iban a la guerra: todas las familias tenían a alguien que había
sido llamado a filas. Esta fue quizá la mejor época de Pedro Flores. Por
entonces también formaron parte de su cuarteto Doroteo Santiago, Myrta Silva y Clarisa Perea.

Hombre callado, amante del deporte hípico, del béisbol y del juego
de dominó, Pedro Flores demostró su talento en el bolero *Obsesión*, cantado por Daniel Santos como nadie:

> Por alto está el cielo en el mundo
> por hondo que sea el mar profundo,
> no habrá una barrera en el mundo
> que mi amor profundo no borre por ti...

Con el inicio de la Segunda Guerra Mundial quedó disuelto el grupo. Al terminar la contienda Pedro Flores intentó revivir el conjunto con
otros cantantes, pues Daniel Santos se había hecho solista, pero ya sus
energías no eran las mismas y fracasó. Y siguieron unos años en que
continuó su vida como compositor, produciendo canciones para los
grandes intérpretes de la época: *Contigo*, *Bajo un palmar* y *Amor perdido*. Vivió algún tiempo en México, donde se le tributaron varios homenajes. En 1979 el pueblo de Puerto Rico le rindió otra gran manifesta-

ción de aprecio y de reconocimiento a sus méritos musicales. Falleció a la edad de 85 años.

EL CUARTETO MARCANO

Poco antes de 1940, la interpretación del bolero se fue consolidando con los cuartetos, tipo de agrupación por la que tuvieron especial preferencia los músicos boricuas. Aparte del cuarteto Victoria de Rafael Hernández y el de Pedro Flores, fueron importantes el Mayarí de Plácido Acevedo, el de Pedro Marcano, el Canario, el Caney, el de Manuel Jiménez y el de Antonio Machín, formado por dos cubanos y dos puertorriqueños. Estos cuartetos estaban casi siempre integrados por dos guitarras, trompeta y maracas y se cantaba a dos voces; cuando tenían que hacer grabaciones recurrían a otros músicos para ofrecer un mejor respaldo sonoro.

Se puede considerar la época estelar del bolero en Puerto Rico y en Nueva York la que sigue a 1940. Por supuesto, un respetable caudal de canciones fue compuesto en México por Rafael Hernández y en Nueva York por Pedro Flores. Entretanto, en la isla, un modesto personaje incunaba boleros muy hermosos: se llamaba Noel Estrada.

Don Felo (1890-1954) El nombre de este autor era completamente desconocido hasta que Danny Rivera impactó con una lírica canción titulada *Madrigal*. Para empezar, su título original no era *Madrigal*, primero se llamó *Cuando estoy contigo* y así lo grabó el sexteto Puerto Rico en la década de los años 40. Su segundo nombre fue *Estando contigo*, grabada por Charlie Figueroa en 1950. Su autor tampoco se llamaba Don Felo sino Felipe Rosario Goyco, nacido en San Juan a finales del siglo XIX. De origen muy pobre, aprendió tarde a leer y a escribir, mientras se desempeñaba como celador y albañil. Aunque autodidacta, tocaba magistralmente la guitarra; metido dentro un cuerpo negro y robusto había una sensibilidad extraordinaria, que unida a un cierto magnetismo personal le granjeó una vida bohemia, incluyendo su desdén por las regalías autorales de sus obras. Cierta vez comentó a un amigo: «Mis inspiraciones son limosnas que me regala el alma, y sólo mi guitarra y yo tenemos derecho a conocerlas».

Don Felo murió en la más abyecta misera pero *Madrigal* (del que existen más de 40 versiones), le sobrevive para continuar iluminando corazones:

> Estando contigo me olvido
> de todo y de mí.
> Parece que todo lo tengo
> teniéndote a ti...

Otra de sus canciones más fervientes es *Desde que te fuiste*, que se dio a conocer como *Cuando vuelvas*, e inclusive se le atribuyó a Rafael Hernández, en grabación de Peronet e Izurieta, y que luego interpretó, con la autoría correcta, el joven dúo Pérez-Rodríguez. En las obras de Don Felo no encontramos una palabra vulgar ni una frase chabacana; tampoco cayó en lo trivial ni en lo ridículo.

Su vida musical estuvo ligada por algún tiempo al cuarteto Aurora, allá por 1929. El cuarteto Marcano, fundado en 1934, también le grabó varias canciones. Además de las anteriores, sus canciones

DON FELO

más conocidas son *Carcelera*, que en Puerto Rico se considera como la que más popularidad le trajo a su autor, *Mi dolor es mío*, *Sólo fue un sueño*, *Mi jaragual* y la guaracha *El gígolo*.

No fue hasta 1969 en que resurgieron las canciones de Don Felo. Gracias a la labor del dúo Quique y Tomás (Juan Enrique Taboas y Tomás García Feliciano, fallecido en 1991), varios artistas se volvieron hacia su obra: ya no eran sólo Mario Hernández, Don Chu, Ladí, Gilberto Monroig, e Isabelo y Leocadio quienes lo interpretaban, ahora su sumaba una constelación de jóvenes que rescataban sus composiciones: los mencionados arriba, Chucho Avellanet, Julio Ángel, Los Pleneros del Quinto Olivo, Andy Montañez, El Gran Combo, Ismael Rivera *Maelo* y Óscar

NOEL ESTRADA

D'León, entre muchos otros. El investigador Agustiné Vélez ha realizado un cuidadoso inventario de sus canciones: suman 196.

Las canciones de **Noel Estrada Suárez** (1918-79) representan el joyel más hermoso que inicialmente disfrutó el bolero concebido en Puerto Rico. Compuso temas románticos que tuvieron brillantes interpretaciones en un grupo que marcó la pauta y el estilo del bolero nativo, el trío Vegabajeño, a partir de 1940, con piezas como *Amor del alma* y *Lo nuestro terminó*.

Nacido en Isabela, los padres de Estrada se trasladaron pronto a San Juan, en donde recibió la educación escolar. Ingresó entonces en la universidad de Puerto Rico, donde obtuvo el título de bachiller en administración comercial en 1939. Desde pequeño había demostrado una gran afición a la música y a la poesía, y aún cuando nunca realizó estudios formales, aprendió a tocar muy bien la guitarra y el piano. Su primera composición fue *El amor del jibarito* (1940), canción que le trajo el éxito y que curiosamente se convirtió en una locura musical en Colombia entre 1947-48:

> Despierta borinqueñita de mi vida
> y escucha la canción de nuestro amor,
> que vengo lleno de ensueños y de ilusiones
> porque ayer me entregaste cu corazón...

En 1942 compuso *En mi viejo San Juan*, atendiendo a un deseo de Eloy, su hermano menor, que se encontraba destacado en Panamá prestando el servicio militar en el ejército de Estados Unidos. Este número es posiblemente el que más recuerdos trae a cualquier persona que haya tenido que ver con Puerto Rico:

> En mi viejo San Juan, cuantos sueños forjé
> en mis años de infancia.
> Mi primera ilusión y mis cuitas de amor
> son recuerdos del alma...

Las composiciones de Noel Estrada fueron conocidas inicialmente a través de un trío que había formado y también como cantante de varias orquestas, convirtiéndose gradualmente en figura importante de la radio boricua. Sin embargo, nunca se dedicó totalmente a la vida artística, ya que trabajó durante 35 años en puestos oficiales. De su inspiración fueron también los boleros *Llegué muy tarde, Sería una locura, Cada noche, Mi romántico San Juan, Luna triste, Borincana, El ruiseñor está triste*, la criolla *Pedacito de Borinquen* y las canciones jíbaras *Acuarela borincana* y *Flor de Jibarita*.

Una figura que se hizo popular en 1934 fue **Roberto Cole** (1915-83), cuando el cantante Víctor Luis Miranda, quien reemplazaba a José Luis Moneró en la orquesta de Rafael Muñoz, grabó su bolero *Olvídame*, convirtiéndose en el tema que más vendió esta afamada orquesta y que aquí aparece en su versión original:

> Olvídame, yo bien sé que no puedo
> volverte a tener,
> aunque sé que me quieres
> como a nadie has querido
> y te quiero yo a ti
> como a nadie querré...

Era la época del famoso Escambrón Beach Club, lugar frecuentado por la élite social sanjuanera y el tema cautivó en la sedosa voz del *crooner*. Roberto Lafayette Cole Vásquez había nacido en Mayagüez; su madre le enseñó a tocar el cuatro, y encontrando en él una obvia disposición musical le facilitaron la forma de hacer estudios musicales. Aún adolescente ingresó en la orquesta de Frank Madera como contrabajista y a los 16 años ya realizaba arreglos orquestales. Alrededor de 1930 compuso *Sigue tu camino*, un bolero que tuvo alguna popularidad. Aunque no solía grabar canciones que no fueran suyas, Rafael Hernández le llevó al disco *Sigue tu camino*, alrededor de 1934, con su cuarteto Victoria. Instalado en San Juan en 1939, Cole se vinculó después a la orquesta de Rafael Muñoz también como contrabajista y arreglista, ganando 13 dólares semanales; permaneció en ella varios años alcanzando la fama con el bolero citado. Inspirado en la dura lucha del jíbaro, en los años 30 Cole ya había compuesto *Canción de la serranía* y *El romance campesino*, que le popularizó Daniel Santos en 1946; otros temas suyos fueron *Querida mía, Será mejor* y *Mi sufrimiento*, grabado por el cubano Jack Sagué con la orquesta Casino de la Playa.

Los años pasaron, la mejor época del bolero fue opacada por el advenimiento de la música movida: el mambo, el chachachá y después el *rock*, la balada y el *soul* influenciaron marcadamente a los boricuas de las nuevas generaciones, imponiendo derroteros momentáneos, propios de la inestabilidad y de la ambigüedad política en que vive la isla. Sin embargo, cuando Paquito Cordero convocó a un certamen para escoger la canción y el intérprete que representaría a Puerto Rico en uno de los festivales de la OTI, Roberto Cole compitió, siendo premiado en 1966. Este compositor lírico fue también un renombrado fotógrafo y trabajó 25 años como director de la Compañía de Fomento Económico.

Poseedora de un vibrante temperamento romántico, a los 15 años **Silvia Rexach González** (1922-61) produjo un hermoso bolero que alcanzó gran popularidad, *Di corazón*:

> Di corazón si aún le amas.
> Di si mi amor aún le llama.
> Di si en las sombras de la noche
> su recuerdo vive en mi alma enamorada...

Silvia nunca realizó estudios musicales pero aprendió a tocar el piano y la guitarra de oído. Logró organizar el primer trío femenino de la isla, Las Damiselas, con Millita Quiñones y Elena Rita Ortiz, con las que hizo un recorrido por las principales poblaciones del interior. Nacida en Santurce, después de terminar la secundaria se matriculó en la universidad, pero no alcanzó a terminar el curso académico porque se alistó en las WACS del ejército norteamericano, en la época terrible de la Segunda Guerra Mundial.

Su innata habilidad para manejar el verso le sirvió para concebir canciones con un sutil mensaje erótico, como en *Olas y arenas* o en *Nave sin rumbo*. La autora ama intensamente y se entrega sin reservas para luego terminar decepcionada ante la inhabilidad del amado para corresponder con igual medida de intensidad, como expresó en *Dios de oro*, su última composición.

Silvia Rexach tenía sólo 38 años cuando murió de cáncer. Para entonces, tal parecía como si la música romántica se hubiera ido sin pasaje de regreso, o estaba oculta por falta de la debida exposición: se entronizaba la vulgaridad. En la isla todavía se recuerdan sus programas radiales en compañía de Noel Estrada y Puchi Balseiro, por su calidad como libretista. Su vieja casona siempre fue un centro para los artistas y la francachela, porque la retadora, frágil y emotiva creadora le daba demasiado a la botella; pero a ella había que mirarla alma adentro. Durante algunos años fue funcionaria de la Sociedad Puertorriqueña de Autores, Compositores y Editores de Música (SPACEM). Treinta años después de su desaparición, el canal 2 de Telemundo presentó en 1992 la miniserie «Hasta el fondo del dolor», realizada sobre lo que fue su vida y sus amores. Silvia Rexach no logró componer muchas canciones pero las que le sobrevivieron la han consagrado como una compositora de relieve; las más conocidas son las mencionadas *Olas y arenas* y *Nave sin rumbo*, así como *Es tarde ya, Había una vez, No iré, Anochecer, Lamento de Navidad* (un éxito en la voz de Felipe Rodríguez), *Alma adentro, La vida dirá, Inolvidable tú* y *Matiz de amor*, algunas de ellas creadas en colaboración con el compositor Rafael Enrique *Tutti* Umpierre. Muchos consideran *Yo era una flor* como su obra maestra. Sus canciones han sido interpretadas por José Luis Moneró, su propia hija Sharon Riley Rexach, Tito Lara, Los Hispanos, Gilberto Monroig, Carmen Delia Dipiní, Martha Romero y muy especialmente Juan Luis Barry.

SILVIA REXACH

En 1975, la UNESCO de Puerto Rico llevó a cabo una amplia encuesta para determinar quiénes habían sido las diez mujeres más destacadas de la nación desde el descubrimiento de la isla. Sylvia Rexach fue una de ellas.

Esteban Taronjí (1909) nació en la ciudad costera de Arecibo. Allí recibió su educación escolar y estuvo además cuatro años en un seminario, pues creía tener vocación sacerdotal. En aquel centro desarrolló sus conocimientos musicales y aprendió a tocar el piano. *Cataclismo* fue el primer número que le trajo la fama como compositor, interpretado en las voces de Javier Solís y María Elena Sandoval:

ESTEBAN TARONJÍ

Qué pasará si tú me dejas
qué pasará si tú me olvidas,
le he preguntado a las estrellas
a la luna y al mismo sol...

Otro de sus éxitos fue la melodía *Motivo y razón*, que aún se sigue escuchando en las voces del desaparecido trío Los Astros, y que lo identificó plenamente. En 1947 Taronjí se fue a vivir a Nueva York, y allí fue precisamente donde se concentró a componer canciones. La primera fue *Boca a boca*, que luego se llamó *Beso robado*; le siguieron *Los reyes no llegaron*, *Debo y pagaré*, y *Amor robado* que grabó Felipe Rodríguez con Los Antares, *Me haces pensar* en las voces del trío Vegabajeño, *De mujer a mujer*, un número fuerte que enalteció la mexicana Toña la Negra, y *Delirium tremens*, que le grabó Johnny Albino con su Trío San Juan. La producción de Taronjí posiblemente alcanzó el centenar de canciones.

«La gorda de oro», como cariñosamente llamó el público a **Myrta Silva** (1923-87), fue cantante, compositora, locutora comercial, empresaria artística, animadora y productora de programas de televisión. Una de sus canciones más conocidas fue un éxito en las voces de Lucho Gatica y Olga Guillot, *¿Qué sabes tú?*:

¿Qué sabes tú, lo que es pasar
la noche en vela?
¿Qué sabes tú lo que es querer
sin que te quieran?

Myrta Beatriz Silva Oliveras nació en Arecibo y comenzó su carrera artística a los 10 años en la compañía de Ernesto Wilches; a los 12 se fue a vivir a Nueva York. Para entonces ya cantaba y tocaba las maracas como una profesional, aprendiendo a tocar la guitarra posteriormente. En 1939 hizo su debut como cancionista y animadora en el teatro Hispano. Rafael Hernández la integró entonces al grupo Victoria como guarachera y con ella hizo una gira que los llevó a varios países del continente.

En Buenos Aires la RCA Victor le rindió un cálido programa por haber sido la artista que más discos había vendido de 1947-49. En visita a Cuba recibió la distinción «La artista extranjera más popular». En 1956 inició su programa de televisión «Una hora contigo» pero tuvo problemas con la empresa y pasó a trabajar al Canal 47 de Nueva York de 1966-70. Allí dirigió un programa en el que presentaba las más grandes figuras internacionales.

Su primera canción romántica apareció en 1941, cuando tenía 18 años, el bolero *Cuando vuelvas* que entregó a la gran Ruth Fernández para que lo llevara al disco. De 1942 es *En mi soledad*, que grabaron Daniel Santos y más tarde Virginia López. *Así es la vida* apareció en 1944, seguida de *Fácil de recordar*, compuesto en un viaje a La Habana. De 1962-64 son *¿Qué sabes tú?* y *Tengo que acostumbrarme*, que le grabó la voz sensual de Carmen Delia Dipiní. *Cuando la lluvia cae* fue escrita en Puerto rico en 1964 y *Yo quiero volverme a enamorar* la compuso en México en 1968. Otras canciones suyas son *Sabes una cosa, cariño, Mi corazón canta, Fin de un amor* y *Juguetes del destino*.

El público la recuerda como la intérprete de agitadas guarachas populacheras, con un sabor lindando en lo vulgar. *Cuchiflitos* (una fritura local), de Rafael Hernández es un excelente ejemplo. En La Habana de finales de los años 40, Celia Cruz la reemplazó en Radio Progreso cuando Myrta dejó de cantar con la Sonora Matancera. Aunque vivió sus últimos años en Nueva York, en circunstancias muy difíciles, murió en su querido San Juan.

Pepito Lacomba (1913-97). José Manuel Lacomba Nolla nació en Camuy y vivió la niñez en Arecibo. Su abuelo le dio los primeros conocimientos musicales cuando tenía 9 años; a esa edad ya podía tocar el piano y el violín, aunque más tarde se concentró en la guitarra, que llegó a dominar con tal maestría que el maestro Arturo Somohano lo asignó primera guitarra en su sexteto Tango.

Felipe Rodríguez, el famoso cantor de Puerto Rico, fue quien le popularizó uno de sus boleros, *Rebeldía*, con el cual el cantante obtuvo su primer Disco de Oro en 1955:

> Habrá quien te pida
> de limosna una sonrisa,
> habrá quien suspire
> por un poco de tu amor...

Durante muchos años Pepito Lacomba trabajó con varias orquestas como pianista y arreglista. En 1939 organizó el trío Los Tres Caballeros, con Raúl Balseiro como primera voz y William Machado; la primera de sus canciones llevada al disco fue *Callejuela* en 1951. Desde entonces le han grabado más de 40 temas, entre ellos *Dulce mentira, Imagen, Soñadora, Humilde, Mi secreto, Tus ojos, El viejo parquecito, Ya no estoy rebelde, Borrascas, Equivocación, Quejas bohemias, Cuando tú me quieras* (no confundir con la canción homónima de Mario Barrios, interpretada por Raúl Shaw Moreno), *Ruinas,* etc. Sus principales intérpretes han sido Felipe Rodríguez con Los Antares y Cheíto González, durante la década del 50. Más tarde, el dúo Quique y Tomás le grabó doce temas en un LP que es hoy objeto de colección. La Universidad de Puerto Rico le rindió

EDMUNDO DISDIER

un cálido homenaje en 1991. En 1994, F. Delgado Kuinlam publicó una biografía de Lacomba titulada *Rebeldía,* que fue asimismo el título de su canción-bandera. Uno de los compactos de la colección antológica de compositores puertorriqueños contiene seis canciones suyas grabadas por el trío Los Cancioneros y por su propio hijo, José R. Lacomba.

Edmundo Disdier Álvarez (1927) *Mundito* Disdier es el autor de una larga lista de temas románticos: *En primavera, Máscara, En la distancia, Mirando al cielo, Hoy, Cuando me miras, Así es mi Navidad, Sublime creación, Locura del destino* y otras que raramente alcanzaron suficiente favor público por ser de difícil interpretación. Sin embargo, varios vocalistas importantes han grabado sus canciones: Tito Lara, Los Cuatro Ases, Danny Rivera, Los Universitarios, Gilberto Monroig, el trío Vegabajeño, Tirso Guerrero, Los Tres Nombres, entre otros, así como el propio autor. En el número 12 de la revista *La canción popular* (1997), órgano de la Asociación Puertorriqueña de Coleccionistas de Música Popular, apareció la lista completa de sus creaciones hasta esa fecha. Sus temas no son hijos de las copas sino de la soledad y de la comunión consigo mismo, en intimidad con su guitarra. Con Rosaura Vega Santana, el fecundo *Mundito* Disdier presentó entre 1994-95 una serie televisiva titulada «Borinquen y su música», que obtuvo mucha popularidad.

Varios boleros de **Héctor Flores Osuna** (1923) lograron hacerse sumamente populares. Con el título de *Amor gitano*, José Feliciano le grabó en 1965 *Mal pago*, compuesta en 1958; después ha tenido otras versiones famosas como la de La Lupe en 1968 y la de Alci Acosta en Colombia. La voz aguda del cubano Panchito Riset le interpretó *Allí*, otra de sus hermosas composiciones:

> Allí, donde te conocí
> quiero verte otra vez,
> allí, bajo aquel flamboyán
> allí te esperaré...

Héctor Flores nació en Caguas. Su padre, el notable concertista de guitarra Ignacio Flores Cardona, lo inició en el estudio de ese instrumento cuando tenía 8 años. Más tarde estuvo asistiendo a la Escuela Libre de Música pero tuvo que dejar los estudios por problemas relacionados con la vista. En 1941 se había presentado en el conocido programa semillero de artistas «La Tribuna del Arte», que dirigía Rafael Quiñones Vidal en la radioemisora WNEL, y cantó el bolero *Vagabundo* de Arturo Somohano. De su propia inspiración surgió *Alma perdida* en 1949, que grabó Rey Arroyo con su trío. Un año después organizó en Nueva York el trío Los Cancioneros del Alba, en donde hacía segunda voz; alcanzaron a grabar 25 boleros.

Otros de sus números más conocidos son *A plazos*, que cantaba el cubano Roberto Ledesma, *El espejo* que grabaron Los Tres Reyes, *Que me mate la bebida, Canalla* y *Si fueras libre* en la voz de Blanca Iris Villafañe, *Por eso vivo, Ladrón de corazones, Te dejé escapar* y varios más.

Antes de cumplir los 10 años, **Francisco López Vidal** (1908) inició estudios de violín y solfeo, y a los 15 ya formaba parte de la orquesta del cine Imperial en San Juan. Empezó entonces a aprender la ejecución del saxofón, instrumento en el que se le consideró un virtuoso. Como músico profesional estuvo vinculado a las orquestas de Ralph Sánchez, la Midnight Serenaders, la de Carmelo Díaz Soler, la de Mario Dumot y con la estupenda formación de Rafael Muñoz trabajó de 1935-42, años en que inició su labor como arreglista y compositor.

Aunque escribió *Amor, deja que ella sea para mí* en 1923, cuando tenía 15 años, vino a ser grabada en 1940 por José Luis Moneró con el respaldo de Rafael Muñoz y su orquesta, agrupación que le grabó decenas de boleros. En 1942 se unió a la orquesta de Miguelito Miranda, luego perteneció de 1943-45 a la Banda de la Marina de Estados Unidos, y de 1945 al 52 trabajó con la orquesta de César Concepción. En 1952 se fue con Joe Valle a Nueva York y organizaron la orquesta del cabaré Club Caborrojeño. De vuelta en Puerto Rico en 1956 formó su propia orquesta la cual dirigió hasta 1974 cuando se retiró; durante todos esos años siempre se escuchó su saxo en el hotel Condado. *Espérame en el cielo* se convirtió en su mayor éxito, en las voces de Alberto Granados y más tarde de Lucho Gatica:

> Espérame en el cielo, corazón
> si es que te vas primero,
> espérame que pronto yo me iré
> allí donde tu estés...

Paquito López fue también el autor de *Pétalos de rosa, Mi loca tentación, Reliquia, Te arrepentirás, Besos de hiel, Antes de que te alejes, Lágrimas del corazón* y varios boleros más.

La versatilidad musical de **Tite** Curet Alonso (1926) es realmente admirable. Aun cuando es uno de los compositores que ha aportado al repertorio de la salsa y la guaracha un volumen considerable de temas, siempre ha tenido inquietud por componer boleros de una gran factura y novedad temática. De nombre Catalino, familiarmente se le conoce como *Tite* Curet. Su padre tocaba con la orquesta de Simón Madera, pero él se crió con su madre, atravesando una niñez muy dura y trabajando de joven como albañil y en otros oficios. Cuando se fueron a vivir al Barrio Obrero de San Juan, una de las personas a las que más frecuentó fue el compositor Tito Henríquez (el autor de *Sollozo* y *Bello amanecer*), cuando éste tocaba cuerdas en el conjunto Taoné y actuaba como consejero de Ismael Rivera *Maelo*, el cantante del conjunto de plena de Rafael Cortijo. Durante muchos años *Tite* Curet fue empleado de correos, donde empezó como cartero. Ahora escribe artículos periodísticos y produce interesantes programas de radio. Ha afirmado que «La gente cuando habla del amor, habla porque éste ya pasó y porque quieren que vuelva a pasar, y es aquí cuando viene el bolero... El bolero es un acto de agresión, de alevosía, el reto por lo que fue y el reto por lo que vendrá».

Comenzó a componer canciones cuando tenía 42 años. Los primeros boleros que tuvieron un éxito tremendo fueron *Carcajada final, Puro teatro* y *La tirana*, que identificaron a La Lupe en Nueva York como «The Queen of Latin Soul» y lo lanzaron a él como un creador independiente:

> Según tu punto de vista
> yo soy la mala,
> vampiresa en tu novela
> la Gran Tirana...

Tite Curet es un hombre tímido, de hablar suave y despacio, como si no hubiera prisa para nada, por lo que resulta difícil identificarlo también como salsero. Ha recibido varios homenajes por su labor musical y es un personaje muy querido en San Juan por sus grandes cualidades humanas y una honesta preocupación por los problemas sociales que afectan a su tierra.

Otros compositores notables de boleros puertorriqueños son Plácido Acevedo, Santiago *Chago* Alvarado, Benito de Jesús, Pepito Maduro y Julio Rodríguez, sin olvidar a Guillermo Venegas Lloveras, Manuel Jiménez *La pulguita*, Rafael Elvira y Tito Henríquez. A mitad de los años 80, la salsa neoyorquina se vio amenazada por la popularidad del merengue, dando lugar a la llamada salsa erótica, protagonizada por jóvenes intérpretes de Nueva York, Miami y Puerto Rico. También conocida como salsa romántica, este estilo consiste en la presentación de letras más o menos sensuales, acompañadas de una música de salsa suave. Un precursor de este movimiento fue el arreglista Louis Ramírez, que trabajó hasta su muerte con el cantante Ray de la Paz. Frankie Ruiz, latino nacido en Nueva Jersey y formado en bandas como la del pianista Eddie Palmieri, fue de los primeros, junto a Lalo Rodríguez, el de *Ven, devórame otra vez* (1988), el puertorriqueño Eddie Santiago y Gilberto Santa Rosa. Es real-

TITE CURET ALONSO

mente extraordinario el número de músicos con talento que ha producido una isla tan pequeña.

LOS MEJORES INTÉRPRETES

Casi todos los vocalistas que tuvo el bolero desenvolvieron sus actividades entre Nueva York, la «Isla del encanto» y otros países antillanos. Los más destacados han sido Daniel Santos, Bobby Capó, Johnny y Tito Rodríguez, Charlie Figueroa, Joe Valle, Carmen Delia Dipiní, José Luis Moneró, Felipe Rodríguez «La voz», Vitín Avilés, Julita Ross, Luz Ercilia y un largo etcétera, sin olvidar al invidente José Feliciano, que lo mismo canta en inglés que en español.

Daniel Santos (1916-92) había nacido en el barrio de Trastalleres en San Juan, pero cuando tenía 14 años sus padres se mudaron a Nueva York; allí fregó platos, fue repartidor de hielo y empaquetador de cajas de cocos, mientras soñaba con destacarse en algo. En el mismo edificio donde vivían lo oyeron cantar los integrantes del trío Lírico y terminaron por incluirlo en su grupo. Por el año 1934 Pedro Flores tuvo referencias de él a través de Rafael Hernández, lo buscó y le escuchó cantar *Amor perdido*, convenciéndole de que se uniera al cuarteto Flores. Daniel pronto se encontró grabando varios números de don Pedro, incluyendo *Despedida*. Con el tema de unas relaciones truncadas, *Hay que saber perder* fue la última canción que grabó con el cuarteto en 1941, melodía que se convirtió en un éxito de la noche a la mañana:

> Cuando un amor se va
> qué desesperación.
> Cuando un cariño vuela
> nada consuela mi corazón...

Ese mismo año, con su inconfundible voz y acento, Daniel ingresó al elenco de la RCA Victor. Por tener que alistarse en el ejército estadounidense no logró cantar con la orquesta de Xavier Cugat en el fastuoso hotel Waldorf Astoria, cuando éste le ofreció llenar la vacante dejada por el cubano Miguelito Valdés. No soportó la disciplina militar y logró fugarse; más tarde decidió entregarse y después de cumplir el castigo de rigor, lo enviaron a la isla hawaiana de Maui, donde durante 16 largos meses llevó a cabo una labor recreativa ante las tropas. Allí compuso *Mensaje, Mala suerte* y *Escríbeme*. Al regresar a Nueva York tuvo la sorpresa de encontrarse en los primeros planos de la popularidad.

Fue entonces cuando decidió establecer un bar restaurante en Broadway, pero le fue mal el negocio y terminó cantando rancheras mexicanas vestido de charro en el Greenwich Village. Después estuvo un tiempo en República Dominicana donde presenció el terrible terremoto que sacudió la isla en 1946. Por entonces cantaba en el programa «Bodas de Plata Partagás» e iniciaba cada audición con un número que para él había escrito Andrés Tallada: *Anacobero*; allí le pusieron ese mote, que quiere decir diablito en la mitología abakuá. Después le agregaron lo de *inquieto*.

En 1948 se fue a La Habana donde se convirtió en la gran figura de la Sonora Matancera, con cuyo respaldo dio a conocer *El corneta, Carolina Caró, Panamá le tombé, Bigote e'gato, El bobo de la yuca, Yo la mato* y muchas otras guarachas populares, así como *Se vende una casita* de Pedro Flores, *Dos gardenias, Patricia, Contéstame, El columpio de la vida* y *Amor del alma*, números grabados para el sello cubano Panart de Ramón Sabat. A través de su amistad con el autor de guarachas Pablo Cairo se hizo muy popular con *En el tíbiri tábara* y *Pa'fricasé los pollos* (en Cuba llaman pollos a las chicas guapas). Tras las primera presentaciones en vivo en la RHC Cadena Azul, acompañado

DANIEL SANTOS

por una gran orquesta que era dirigida alternativamente por los maestros Rodrigo Prats, Leonardo Timor (padre) y Adolfo Guzmán, fue contratado por Laureano Suárez, el entusiasta empresario de Radio Cadena Suaritos. Después actuó ante el público en Radio Progreso y en la CMQ, en emisiones que se escucharon en toda América. Apareció frecuentemente en el cabaré Tropicana y en el Centro Gallego, donde su estilo exagerado y amanerado, que le había enseñado don Pedro, lo distinguió de los demás vocalistas de la época. En 1952, con el golpe de estado del general Batista, tuvo que salir de Cuba por un tiempo; luego regresó y en 1953 hizo una extensa gira con la Sonora Matancera por Colombia, México, Puerto Rico y Venezuela. En 1959 regre-

só a Cuba, coincidiendo con la llegada al poder de Fidel Castro, mas aquello no le gustó; volvió en 1961 pero cuando verificó la orientación marxista que seguía el gobierno se largó de la isla. Y nunca más volvió «El inquieto anacobero», a pesar de que fue en Cuba donde consolidó su carrera profesional y se le admiraba profundamente.

«El Jefe» le llamaban en Medellín, siempre envuelto en grescas que solían terminar en la cárcel de cualquier ciudad donde trabajó, circunstancias que lo motivaron para componer los boleros *El preso* y *El columpio de la vida*. Daniel Santos tuvo muchos problemas de faldas, de botellas y de drogas y se casó doce veces. Su temperamento anárquico y una actitud permanente de rebeldía social, con relentes de «mala vida» lo hicieron aparecer, ante los ojos de las mayorías, como algo surgido del otro lado del disco, como contertulio accesible, incluso como protagonista de heroicidades a imitar. A esta imagen se añadió una voz con una pronunciación muy especial para el bolero, emotiva, fuerte, versátil, con sorpresivas acentuaciones y prolongaciones vocálicas que reencontramos bastante más tarde caricaturizada en coterráneos suyos como Pepe Merino, o el colombiano Tito Cortés. Durante el verano de 1987, el escritor puertorriqueño Joseán Ramos acompañó al legendario ídolo en una gira por las principales ciudades colombianas con el espectáculo «Los tres ases del bolero» junto a Leo Marini y el cubano Roberto Ledesma; el resultado fue *Vengo a decirle adiós a los muchachos*, un excelente relato mezcla de ficción y realidad, que presenta a Daniel Santos en sus diversas facetas.

Al final, «El inquieto anacobero» se instaló en Okala, pequeño pueblo al norte de La Florida. Sufrió muchos problemas económicos en sus últimos años y cantaba desde una silla de ruedas, teniendo que leer la letra de las canciones porque se le olvidaban, hasta que un infarto apagó para siempre su voz; sus despojos fueron llevados a San Juan donde descansan al lado de los de Pedro Flores. Daniel Santos dejó grabados más de 300 LP, un verdadero récord.

Aun cuando intentó hacer carrera como abogado, desde pequeño **Bobby Capó** (1921-89) demostró facilidad para componer canciones, además de tener buena voz. Había nacido en Coamo, al sur de la isla, y su verdadero nombre era Félix Manuel Rodríguez Capó. Se dio a conocer primero como Bobby Rodríguez, cuando formó parte del cuarteto Victoria de Rafael Hernández pero posteriormente adoptó, ya como solista, el que conocemos.

En Nueva York, algunos amigos le ayudaron a hacer su primera grabación en el sello Columbia, el bolero *Noche y día* de Rafael con el res-

paldo del cuarteto Marcano. Después pasó
al sello Decca y más tarde comenzó a grabar con Seeco. Durante largos años actuó
como solista en diversos centros de Puerto
Rico; también cantó con la orquesta de
Xavier Cugat y con el cuarteto Caney. Por
iniciativa del compositor panameño Arturo
el chino Hassán, estuvo algún tiempo en
Panamá, donde ganó popularidad con temas que impuso en 1950, como la tamborera *La cocaleca* y varios boleros de Avelino Muñoz, incluyendo *Irremediablemente
solo.* La carrera cinematográfica de Bobby
Capó comenzó con *El pecado de ser pobre,*   BOBBY CAPÓ
seguido de *Anacleto se divorcia,* en la cual
canta *Mambo en Veracruz,* compuesto por él en colaboración con Sabre
Marroquín. En el filme *Burlada* cantó *Amor y más amor* y en *Sensualidad* actuó con la vedete cubana Ninón Sevilla. *Piel canela* se interpretó
primero en la cinta *Llévame en tus brazos* y en 1958 la cantó el propio
Bobby en la película *Bolero inmortal.* He aquí la introducción de la mundialmente interpretada *Piel canela* (más conocida como la canción de los
cuarenta «tú»), con un estilo mambeado en su segunda parte:

> Que se quede el infinito sin estrellas,
> o que pierda el ancho mar su inmensidad,
> pero el negro de tus ojos que no muera
> y el canela de tu piel se quede igual...

Bobby Capó no fue sólo un excelente intérprete, sino también un
magnífico compositor de música para el cine. Fue el autor de los boleros
*Sin fe, El bardo, Locamente enamorado, Capullo, Luna de miel en Puer-
to Rico, Dime que sí, dime que no, Que falta tú me haces* y otros. Con
arreglos de Moncho Usera, Avelino Muñoz y Roberto Valdés Arnay, que
supieron lograr la atmósfera adecuada para *Celos locos, Los churumbeles, Maldición gitana* y *María Dolores,* Bobby Capó se convirtió en el máximo intérprete del bolero moruno en América; nadie como él supo equi-
librar el sabor tropical con melismas y modos propios de la música
flamenca, sin caer en lo exagerado.

Desde su primer viaje a Cuba se convirtió en parte insustituible de la oferta musical cubana: tenía que cantar boleros y *La múcura* noche tras noche. Su horario radial era seguido de otro con Daniel Santos, pero hay dos aspectos en que Bobby superó a Daniel con creces: como compositor y como artista responsable y cumplidor.

Defensor militante de los derechos de los artistas puertorriqueños ante la discriminación que sufrían en Estados Unidos y en la propia isla, en el que quizá fuera su último LP, *Despierta Borincano,* Bobby Capó dejó evidencia de su saber con *Una lágrima de amor*, varias plenas y hasta una canción aleluya de carácter Protestante. Vibrante de emoción y de nostalgia es su *Soñando con Puerto Rico*, reminiscente de *En mi viejo San Juan* de Noel Estrada. En 1966, Bobby se estableció definitivamente en Nueva York, presentando un programa televisivo en español que duró algún tiempo; finalmente trabajó como empleado en una oficina del gobierno. Cuando en 1987 celebró sus Bodas de Oro como artista, el pueblo puertorriqueño le tributó un homenaje a lleno completo en el Centro de Bellas Artes de San Juan. Poco después el público de Miami tuvo la oportunidad de admirar su gracia innata y sus condiciones vocales en el concierto de otoño organizado por René Touzet. A Bobby Capó se le recordará por largo tiempo a través de treinta LP y más de 500 discos sencillos. Un padecimiento cardíaco lo derrumbó en su oficina, recibiendo primero honores póstumos en Nueva York; unos días después el pueblo boricua lo despidió en su nativo Coamo, donde le cantaron el coro del Distrito Escolar y la formidable Ruth Fernández.

Tito Rodríguez (1923-73) Su nombre de pila era Pablo Tito Rodríguez Losada y había nacido en Santurce. Iniciado en la música por su hermano mayor Johnny, grabó su primer disco cuando tenía 13 años. En 1939 se marchó a buscar mejor vida en Nueva York, donde Johnny lo conectó primero al cuarteto Mayarí y luego al Marcano. Después cantó con la orquesta del catalán Enric Madriguera, con la de Xavier Cugat y más tarde con la de José Curbelo. En la orquesta del genial pianista Noro Morales permaneció ocho años. Luego organizó una agrupación con el nombre de Los Diablos del Mambo, pero tuvo que abandonar su vida artística para enrolarse en el servicio militar.

Cuando regresó en 1952 Tito Rodríguez organizó otra orquesta para aprovechar el auge, primero del mambo y seguidamente del chachachá. Comenzó a ganar un gran prestigio actuando en el Palladium Ball Room

En la década de los 50 tuvieron una gran aceptación los boleros interpretados por tríos. Tanto en Nueva York como en Puerto Rico hubo una proliferación de estos grupos, movimiento que indudablemente provocaron Los Panchos con el éxito rotundo que siempre los acompañó; lo cierto es que hubo tríos extraordinarios en Puerto Rico, que compitieron de igual a igual con los mejores de México. Después de 1943 surgió el trío Vegabajeño, que dejó una profunda huella con su elegante estilo. En 1948 se destacó notablemente el de Johnny Albino y su Trío San Juan, que en ciertas áreas del Caribe rivalizaron en popularidad con Los Panchos. También fue muy popular el trío Los Antares, donde cantó Felipe Rodríguez, así como los diferentes grupos que organizó el incansable Johnny Rodríguez, y el de Julito Rodríguez con Los Tres Romanceros.

Si los tríos fueron significativos, también algunos dúos puertorriqueños hicieron vibrar de emoción en muchos países. El de Pérez-Rodríguez surgió en 1951, e hizo historia durante el poco tiempo que existió. Algunas de sus grabaciones tienen aún vigencia en varias ciudades del continente cuando quizá ni en Puerto Rico o Nueva York los recuerdan; estuvo formado por María Esther Pérez Félix y Felipe Rodríguez.

Otro de los duetos que más impresionaron por el ensamblaje casi perfecto de sus voces y el repertorio tan bien escogido

EL TRÍO SAN JUAN DE JOHNNY ALBINO (AL CENTRO)

fue el de Irizarry de Córdova, formado por Aida Irizarry y Adalberto de Córdova. Algunos de los temas que los identificaron fue la criolla *Llamándote* de Alexis Brau, el vals *Mis delirios* de Magaldi y Noda, *Lo siento por ti* de Rafael Hernández y *Lo nuestro terminó* de Noel Estrada; sus mejores interpretaciones tuvieron el respaldo al órgano del panameño Avelino Muñoz. Desafortunadamente, Aida falleció muy joven, y aunque Adalberto trató de encontrar otra voz que se adaptara a la suya, nunca lo logró.

El dúo de Quique y Tomás también se especializó en temas románticos. Estuvo formado por Enrique Taboas y Tomás García Feliciano, el cual tenía tan bella voz que hubo un momento en que Los Panchos quisieron integrarlo a su trío cuando les hizo falta la primera voz, pero el padre de Quique se opuso rotundamente, ya que estaba terminando su carrera de Derecho, con el final feliz de que durante muchos años fue juez del Tribunal Superior de Arecibo y le «cantaba» las cuarenta a cualquiera.

Otro fenómeno puertorriqueño ha sido la cantidad de excelentes orquestas que le dieron un nuevo matiz al bolero. Fueron famosas la del trompeta César Concepción, la de Noro Morales (en Estados Unidos), la de Carmelo Díaz Soler, la Casino de Ponce, la de Moncho Usera y la de Armando y sus Jacks Band. Pero indudablemente, la orquesta más célebre fue la de Rafael Muñoz, quien organizó su primera agrupación en 1929, consolidando su fama en los hoteles Escambrón, Condado y Normandie. Nacido en Quebradillas en 1911, Rafael Muñoz tocaba admirablemente el saxofón, la flauta, la trompeta y el contrabajo. También fue maestro de escuela, de música y hasta administrador de teatros. Fue el primer presidente de la Unión de Músicos de Puerto Rico y el que marcó una época brillante para el bolero bailable, imponiendo los temas musicales que tenían mayor éxito en Latinoamérica y en España, y que llegaron al público musicalizados en exquisita emotividad.

Noro Morales fue uno de los más grandes pianistas que ha tenido la música popular latinoamericana. Su nombre completo era Norosvaldo y formaba parte de una familia de músicos sobresalientes: Ismael, flautista, Humberto era baterista, Luis tocaba muy bien el violín y Alicia se convirtió en una excelente pianista. En los años 30 organizaron en Nueva York la orquesta de los Hermanos Morales, pero después cada cual fue formando su agrupación aparte, hasta quedar Alicia y Noro. En 1962 Noro, que siempre fue muy gordo, quedó completamente ciego a causa de la diabetes (todos los hermanos fallecieron de la misma enfermedad). Dirigía entonces la orquesta del hotel La Concha de San Juan; a pesar de su ceguera seguía tocando el piano como el verdadero maestro que fue.

en pleno Broadway, compartiendo la atención del público con otro Tito, un bongosero que después tocó el timbal como nadie y que se apellidaba Puente. Decidió entonces concentrarse en el bolero, imponiendo un estilo muy particular: como no tenía una voz bien timbrada, cortaba las frases, en un estilo muy semejante al de su amigo Vitín Avilés. El propio Tito arreglaba, dirigía y cantaba los temas románticos: *Angélica te llaman* fue su primer éxito. Después de varios años de lucha impuso *Inolvidable* del cubano Julio Gutiérrez, con el que obtuvo un Disco de Oro, *Llanto de luna, No vale la pena, Nuestras vidas* de Orlando de la Rosa, *Ausencia, Olvídame, Tres veces de amo, Piénsalo bien, Qué te importa, Mala noche, Alma de mujer, Por eso no debes* y decenas de otros boleros preciosos como *Tú no comprendes* (1939) de Rafael Hernández:

> Tú no comprendes
> que yo no puedo vivir sin ti,
> tú no comprendes
> que sólo vivo pensando en ti...

TITO RODRÍGUEZ

Al «Cantante del amor», como también se le conoció, le diagnosticaron en 1971 una leucemia crónica y presintiendo su final sus admiradores le organizaron una presentación multitudinaria en el Madison Square Garden, donde recibió el mayor homenaje que le tributaron en vida; cantó 16 números, pero al terminar se sintió mareado y fue llevado al Nueva York Medical Center, donde murió algunos días después en la misma habitación donde había fallecido el actor Rodolfo Valentino en 1926.

Su también talentoso hermano Johnny (1912-97) fue un excelente compositor, aunque comenzó destacándose en la interpretación de canciones románticas, lo que le valió ser conocido como «El rey del bolero sentimental»; su canción-bandera es *Fichas negras*. Hasta 1967, Johnny dirigió su propia orquesta en Manhattan, después se retiró a Puerto Rico donde continuaba desarrollando actividades artísticas cuando este autor lo entrevistó en 1993.

Otros cantantes que hicieron sentir al interpretar temas románticos fueron Pedro Ortiz Dávila *Davilita (*seguramente el primero que cantó tangos en tiempo de bolero con la orquesta de Noro Morales en Nueva York), Pepito Arvelo, Julio Rodríguez, Arturo Cortés, Víctor Luis Miranda,

CARMEN DELIA DIPINÍ

Raffi Muñoz, Santos Colón, Johnny López, Panchito Minguela, Vitín Garay y Tony Pizarro. Entre las voces femeninas recordamos especialmente a Ruth Fernández, toda una institución de dignidad musical y política, que con su voz grave grabó varios LP, dos de ellos muy importantes con la orquesta Panamericana de Lito Peña en 1954, y ha sido la mejor intérprete del bolero *Sollozo* de Tito Henríquez y *Desvelo de amor* de Rafael Hernández. Carmen Delia Dipiní, de timbre meloso, que siempre ha tenido una talento especial para boleros como *Dímelo* de Johnny Rodríguez, *Besos de fuego* de Mario de Jesús con música de Ángel Villoldo, o *No es venganza* de Santiago Gutiérrez; nadie ha cantado como ella *Congoja* o *Cuando nos besamos* del jibarito Rafael Hernández.

También se ha destacado Emilia Conde, así como las hermanas Cabezudo (Proserpina, Lourdes, Santa, Arlene y Celsa), formando tríos, dúos y como solistas.

A partir de los años 70 se revelaron las voces de Gilberto Monroig (1930-96), con un estilo *crooner* que le ganó el título de «El Frank Sinatra caribeño», así como Chucho Avellanet, Charlie Robles, Lucecita Benítez, Oscar Solo, Tammy, y Julio Angel con diferentes tríos. Hay que destacar a Danny Rivera, primerísimo cantante puertorriqueño, asociado por siempre a *Madrigal* y a un cierto tipo de canción protesta; hace años este autor lo pudo escuchar en el show «Homenaje al Anacobero», en la sala Paoli del Bellas Artes en San Juan, recordando los mejores números de Daniel Santos. Danny Rivera nunca ha dejado de interpretar la música de su país, ni de honrar a sus artistas, sólo hay que recordar sus versiones de los boleros de Tito Rodríguez. Aunque le gusta navegar por aguas diversas, Danny está envuelto en otra tradición, totalmente cosmopolita, la del clásico *showman* de cabaré. Vestido de etiqueta nos recuerda a algún artista de la vieja guardia; en escena es pura energía y posee una de las voces más puras del género. Y Johnny Albino, que siguió cantando hasta hace algún tiempo los boleros que él mismo hizo famosos en otras épocas. Asociado normalmente con el ámbito de la salsa, Cheo Feliciano ha cantado bolerazos como *Amada mía*, escrito por Rafael Nogueras, que Tite Curet considera una obra maestra de la canción sentimental puertorriqueña.

DANNY RIVERA

REPÚBLICA DOMINICANA

Mucho relieve adquirió el bolero en República Dominicana en sus años de mayor vigencia. Como caribeños al fin y al cabo, sus habitantes disfrutan de un desarrollado sentido musical, orientado especialmente hacia el merengue, dinámica nacional en ritmo de 2x4 que inundó con su sabrosura la pasión general por el baile. Se da como un hecho que el bolero fue sembrado en la isla por los cubanos que emigraron a este país en el siglo XIX. Eran del tipo de coplas románticas que los primeros trovadores santiagueros encabezados por Pepe Sánchez y Nicolás Camacho daban a conocer en noches de serenata.

Sindo Garay, otro de aquellos trovadores y sin duda el de más talento, también colaboró en hacer germinar esa semilla. Se sabe que en 1896 viajó a Santo Domingo tratando de ganarse la vida durante cuatro años como maromero de circo y también como cantador. Durante su bohemia en República Dominicana, el autor de *La tarde* creó un buen número de canciones. Ya anciano, aún recordaba haber hecho amistad con los compositores Emilio Artés, Julio Monzón y Alberto Vásquez, el autor de la criolla *Dorila*, que sería muy famosa.

Años después, la visita del trío Borinquen de Rafael Hernández en 1927 marcó allí la pauta del bolero moderno. Cuando Manuel *Canario* Jiménez se desvinculó del grupo en Nueva York, había sido reemplazado por el tenor dominicano Antonio Mesa, que es con quien el trío hizo sus primeras grabaciones. Con el propósito de llamar más la atención en aquella plaza, el listo Rafael lo rebautizó trío Quisqueya, nombre indígena de la isla. Fueron los años precisamente en que comenzó a desarrollarse la radio en el país, dándole al bolero el respaldo definitivo para hacerse popular. A Santo Domingo llegaban con nitidez los programas mexicanos lanzados por la XEW, desde Nueva York por la NBC y la CBS, así como los de las distantes Radio Belgrano y Radio El Mundo de Buenos Aires, y por supuesto, las emisoras cubanas que entraban en los receptores como si fueran locales. La primera radio que se organizó en República Dominicana fue la Estación Radiodifusora del Gobierno en abril de 1928; en su estudio se hicieron varias grabaciones que no sirvieron por la tecnología tan precaria que utilizaban. En diciembre de ese mismo año se anunciaron los cuatro primeros discos de números grabados en el país pero prensados en Nueva York: el importante merengue *La rigola*, la canción *La página primera*, los boleros *No me dejan sola*, *Ver si tienes corazón* y la criolla *No llores nunca*. Pero era tan deficiente la calidad de la grabación que la RCA Victor decidió llevar a los artistas a grabar en Nueva York.

Comenzaba la década de los 40 cuando al frente de la orquesta Sinfónica de la Juventud Americana el famoso director de orquesta Leopoldo Stokowski llegó a Ciudad Trujillo, que así había rebautizado a Santo Domingo el feroz dictador que dominó la isla durante varias décadas. Viajaban en el trasatlántico «Argentina» que llevaba un estudio de grabación excelente y aprovechando esa circunstancia el maestro invitó a Luis Alberti y a su orquesta a que hicieran algunas grabaciones. Y efectivamente, grabaron unas 20 piezas; algún tiempo después le llegaron a don Luis los discos ya prensados; desafortunadamente, de esas grabaciones únicamente se pudieron rescatar cuatro discos: cinco merengues y tres boleros. El intérprete de los merengues fue Arcadio Papo y el de los boleros Buenaventura Buisán.

Un momento clave para la música dominicana fue la fundación de La Voz del Yuna en agosto de 1942. Ubicada en la villa del Bonao, empezó sus transmisiones en marzo de 1943. Su rápido progreso obligó a que fuera trasladada a la capital, cambiándole el nombre por el de La Voz Dominicana. En agosto de 1952 se inauguró la televisión y se llamó Palacio Radioemisor La Voz Dominicana. En 1961 pasó a manos del gobierno y después de varias etapas se le identificó como Radiotelevisión Dominicana.

Al fundarse La Voz del Yuna, habían tomado como modelo la radio cubana y entre 1944 y 1947 empezaron a invitar a artistas de renombre: René Cabel, Esther Borja, Zoraida Marrero, Olga Chorens, las Hermanas Márquez, Emma Royer, el trío Matamoros, Celia Cruz con la Sonora Matancera, América Crespo, la orquesta femenina Anacaona y la orquesta Siboney, siendo muchos los boleros que calaron entonces. También estuvieron en aquella época en la isla los argentinos Leo Marini, Alberto Gómez, Libertad Lamarque y Agustín Irusta. De México llegaron las voces románticas de Chela Campos, Eva Garza, el trío Janitzio, Pedro Vargas, Agustín Lara, Fernando Fernández, Pedro Infante, Néstor Chayres, Juan Arvizu, María Luisa y Avelina Landín y muchos más. También se presentaron en La Voz del Yuna el colombiano Carlos Julio Ramírez, el fenómeno de voz que fue la peruana Ima Súmac (Zoila Augusta Emperatriz Chávarri Castillo vive ahora en Los Ángeles), el chileno Lucho Gatica, el tenor venezolano Alfredo Sadel, el español Gregorio Barrios y los puertorriqueños Bobby Capó, Daniel Santos, Ruth Fernández, Myrta Silva y Carmen Delia Dipiní.

Sin embargo, fueron muy pocos los artistas dominicanos que se destacaron como boleristas, entre los mejores, Alberto Beltrán, quien tuvo mucho éxito en Cuba cantando con la Sonora Matancera y Alcibíades Sánchez, el cual se estableció en Venezuela. Otros excelentes cantantes que tuvo el país fueron Napoleón Dihmes y Arístides Incháustegui, que como tenor lírico abordó la interpretación de casi todo el género romántico. Las principales orquestas que ofrecieron el respaldo musical a los antes citados fueron las de Luis Alberti, Antonio Morel, Rafael Solano y la Super Orquesta San José, que estuvo dirigida en sus diferentes etapas por personalidades como el cubano Julio Gutiérrez, el mexicano Antonio Escobar, el panameño Avelino Muñoz y el dominicano Adolfo Soto. Muchos años después, Juan Luis Guerra y su grupo 4:40 le dieron otra onda de popularidad al bolero llamado localmente bachata.

Los compositores dominicanos que se destacaron en el género romántico fueron Luis Kalaff, Rafael *Bullumba* Landestoy, Moisés Zouaín, Bienvenido Brens, Radhamés Reyes Alfau y Manuel Sánchez Acosta. Pero indudablemente, el que más temas aportó al repertorio general fue Mario de Jesús, quien compuso en México sus hermosas canciones.

Posiblemente el mayor éxito de **Luis Kalaff** (1916) fue *Aunque me cueste la vida*, recordado en la voz de Alberto Beltrán y también de Pedro Infante:

> Aunque me cueste la vida
> sigo buscando tu amor
> te sigo amando, voy preguntando
> dónde poderte encontrar...

LUIS KALAFF

Hijo de un inmigrante árabe, Kalaff nació en Pimentel. El profesor Santos Palín contribuyó a su formación musical cuando era muy joven. En 1939 formó el trío Los Alegres Dominicanos con Pablo Molina y Bienvenido Brens. Uno de los más fecundos compositores dominicanos, Kalaff también produjo *Cuando vuelvas conmigo*, *Amor sin esperanzas*, que fue muy popular en la voz del cubano Celio González, *Acuérdate de mí*, *Mi gloria* que le cantó Pedro Vargas y el famoso merengue *La empalizá*, que se convirtió en un éxito en México en las voces de Los Tres Diamantes.

Bullumba **Landestoy** (1924) es el autor de *Pesar*, que grabó Alcibíades Sánchez con el respaldo de la afamada orquesta Billo's Caracas Boys de Billo Frómeta, dominicano que se instaló en Caracas durante varios decenios y que contribuyó a enaltecer la música caribeña en general. *Pesar* también fue grabado por Toña la Negra, Daniel Santos y el brasileño *Miltinho*:

> El dolor que has dejado en mi vida
> con tu indiferencia,
> no lo puedo arrancar ni un momento de mí,
> si tan sólo un inmenso pesar...

Rafael *Bullumba* Landestoy Duluc se dio a conocer musicalmente en La Voz Dominicana, pero como no compartía el sistema de gobierno del general Trujillo, se exilió en México durante varios años; también vivió algún tiempo en Puerto Rico, donde trabó amistad con Rafael Hernández. Compuso otros boleros notables: *Carita de ángel*, que gustó mucho en la voz de Fernando Fernández, *Sin necesidad*, que grabó Lupita Palomera, mientras que Juan Arvizu le grabó *Incomprensión*. También son de su repertorio *Compréndeme*, *Para quererte*, *Mi son tropical*, *Eso pretendo yo* y *Penita contigo*. Ha compuesto 23 obras para piano que han sido interpretadas en conciertos por los brillantes pianistas dominicanos René Rodríguez y Milton Cruz.

Al compositor **Bienvenido Brens** (1925) Johnny Albino y su Trío San Juan le popularizó *Mar de insomnio* y el trío Los Panchos le grabó *Peregrina sin amor*:

> Pobrecita golondrina
> que aventuras por los mares
> del champán y del dolor,
> pobre piedra peregrina...

Nacido en Pimentel, en 1944 se trasladó a la capital donde formó parte del trío Los Alegres Dominicanos. Una de sus actividades más destacadas fue su gestión por el rescate de la música folclórica dominicana. De sus años juveniles es *Vuelve*, y más tarde compuso *Bendito amor* y *No me abandones*. Bobby Capó, Leo Marini, Fernando Fernández, Panchito Riset, Los Tres Diamantes y Felipe Rodríguez grabaron sus canciones. Bienvenido Brens también alcanzó un gran éxito con el merengue *Apágame la vela*.

Entre todas las canciones que compuso **Radhamés Reyes Alfau** (1923) se distinguió un bolero en la voz de Alberto Beltrán, *El 19*:

> Oye lo que quiero decirte
> fechas hay en la vida
> que nunca podemos jamás olvidar.
> Esa, lo sabes alma mía...

Natural de Valverde, después de terminar sus estudios viajó a Santo Domingo y se unió como saxofonista a la orquesta Melódica que dirigía

Pepín Ferrer. Buscando mejores horizontes se marchó a Puerto Rico donde vivió 25 años; allí se consagró como uno de los mejores arreglistas de la época. También se convirtió en un especialista en hacer *jingles* comerciales. De su inspiración son el merengue *La maricutana*, el bolero *Nuevas ansias*, que también le grabó Alberto Beltrán, así como cinco merengues sinfónicos que ejecutó la orquesta de Conciertos de La Voz Dominicana.

Otro compositor importante fue Moisés Zouaín, nacido en 1912 en Santiago de los Caballeros, autor de *Egoísmo, Romance bajo la luna, Serrana, Terneza* y *Hacia ti*. Con el bolero *Dilema*, grabado por Los Panchos, Juan Lockward, nacido en Puerto Plata en 1915, alcanzó cierta notoriedad. Muy joven, Lockward desarrolló un estilo muy particular para cantar; de su inspiración son también *La india soberbia, Sin que nadie se entere, Santiago, Puerto Plata* y otras obras.

Es una lástima que las voces privilegiadas de Napoleón Dhimes y la de Arístides Incháustegui no se hayan hecho escuchar más frecuentemente interpretando boleros. El primero estuvo realizando un programa televisivo de gran audiencia «El show de Napoleón Dhimes», entre 1965 y 1982 los viernes en la noche, combinando música con entrevistas.

RADHAMÉS REYES ALFAU

Conocido como «El negrito del batey» **Alberto Beltrán** (1923-96) creció en La Romana. Una vez iniciado en el canto a través de los programas de aficionados que promovía La Voz del Yuna, comenzó su vida profesional con la orquesta Dominican Boys, con cuya formación visitó las islas de Aruba y Curazao. Fue presentado en Radio Progreso de La Habana en 1946, y cuando volvió a Cuba en 1954, Rogelio Martínez, director de la Sonora Matancera le propuso que ingresara en la plantilla del conjunto. La primera grabación que hizo Alberto Beltrán con la Sonora tuvo un rotundo impacto: *Aunque me cueste la vida* de Luis Kalaff. Luego siguieron *Cuando vuelvas conmigo*, también de Kalaff, *El 19* y *Nuevas ansias* de Rhadamés Reyes, *Te miro a ti* e *Ignoro tu existencia* de Héctor J. Díaz y Medardo Guzmán. Su gran éxito

Todo me gusta de ti tiene un ritmo ligeramente más vivo que el bolero tradicional:

> Cantando quiero decirte
> lo que me gusta de ti,
> las cosas que me enamoran
> y te hacen dueña de mí...

Después de la Sonora, Alberto Beltrán pasó al conjunto Casino y más tarde trabajó por su cuenta. Antes de su segundo viaje a Cuba en 1951 ya había realizado algunas grabaciones en el sello Mardi de Puerto Rico, y también con la Super Orquesta San José en Santo Domingo. Fue cantante de la orquesta de Emilio Aracena en su tierra, de la de Chucho Rodríguez en México, y de la Billo's Caracas Boys en Venezuela.

Apuesto y robusto, su timbre de voz siempre tuvo una atracción especial, demostrado en más de 40 LP producidos. Curiosamente, Joseíto Mateo, el autor y primer intérprete de *El negrito del batey*, no consiguió destacarlo, pero la poderosa voz de Alberto Beltrán logró sobrepasar las fronteras caribeñas con este rápido merengue.

ALBERTO BELTRÁN

El estilo de **Juan Luis Guerra** (1958) y sus boleros bachata causaron sensación en la juventud latinoamericana y española alrededor de 1990 con *Burbujas de amor*, que durante varios meses ocupó el primer lugar en las listas de popularidad:

> Tengo un corazón mutilado de esperanza y de razón,
> tengo un corazón que madruga adonde quiera, ay, ay, ay, ay,
> ese corazón se desnuda de impaciencia ante tu voz,
> pobre corazón que no atrapa su cordura...

El padre de Juan Luis fue un enamorado de los boleros de Agustín Lara y eso fue en gran medida lo que escuchó en su niñez este destacado intérprete de sus propias creaciones. Siempre lo ha hecho con un estilo diferente en el mensaje de la letra, lo cual confirmó durante unas declaraciones en mayo de 1992: «No puedo hacer denuncias sociales y quedarme callado ante una realidad. No puedo ser muro de contención entre el faro y la vergüenza. De ser así sería un hipócrita y de nada serviría esta dulce anarquía de mi canto que llena mis pulmones».

Juan Luis Guerra y su grupo 4:40 se especializaron en la ejecución de un nuevo tipo de merengue dominicano. El joven conjunto se inició en la escuela de música de Berklee en Boston, en el verano de 1984 y lo conformaron originalmente Roger Zayas-Bazán, Maridalia Hernández, Mariela Mercado y el propio autor, que estudiaba *jazz*. Grabaron inicialmente un disco que no tuvo éxito comercial, pero en 1986 lanzaron el álbum *Mientras lo pienso tú*, con temas como *Me enamoro de ella, Tú, Elena, No me acostumbro*, y comenzaron a presentarse en Nueva York en clubes de poca categoría. Realmente, el concepto de un Manhattan Transfer latino no encontró aceptación. En 1987 Maridalia se retiró porque quería hacer carrera como solista y el grupo comenzó a llamarse como lo conocemos.

JUAN LUIS GUERRA

Actualizando el merengue con elementos tomados del *rock*, la nueva canción y el son cubano, Juan Luis Guerra pronto apareció con el álbum *Ojalá que llueva café*, que los situó en la cumbre de la popularidad, posición que confirmó con *Bachata rosa* (1990), álbum donde toca el pianista cubano Gonzalito Rubalcaba como artista invitado.

La revista española *Cambio 16* seleccionó a Juan Luis Guerra como la estrella musical de 1991, calificándolo «El Monstruo de la Salsa», sin advertir que eran merengues y boleros lo que interpretaba. Sin embargo, la misma publicación también comentó: «El éxito de Juan Luis Guerra es un éxito ganado a pulso, no llega al abrigo de moda alguna». La ceremonia de este premio coincidió con la entrega al «Hombre del sombrero» del premio Grammy, otorgado por la Academia Nacional de Artes y Ciencias Discográficas, la distinción más codiciada por los músicos de todo el mundo; en el renglón de música tropical, el álbum *Bachata rosa* fue escogido por un jurado integrado por unas 6.000 personas como el mejor del año. Lo que hizo enfatizar a la revista *Newsweek* de Nueva York (3/3/92): «Ha comenzado a ser un fenómeno panamericano».

Es muy importante el renacimiento que Juan Luis Guerra contribuyó a generar respecto al bolero, porque dio la posibilidad a las generaciones actuales de sentir su cadencia en una época en que se han impuesto la balada insípida o la estridencia del sonido. Hombre modesto que huye del egocentrismo, siente que como artista se va quedando solo en su proceso creativo; como tantos otros autores antes que él, en esa soledad va descubriendo la catarsis que lo proyecta hacia adelante.

La bachata dominicana es el fuerte de Víctor Víctor, veterano de un estilo que oscila entre el son cubano y la canción romántica. Con la melodía *Mesita de noche* del álbum *Impresiones,* publicado hace años, logró colocarse en la cima del *hit parade* latino en Estados Unidos, demostrando que el sabor dulceamargo de la bachata también llega a nuestros corazones.

Entretanto, continúa la tradición del merengue erótico y algunos boleros importantes entre los más jóvenes: Ramón Orlando, hijo de Cuco Valoy, Sergio Vargas, Las Chicas del Can, The Cocoband, Los Hermanos Rosario, el conjunto Quisqueya, y los grupos establecidos en Nueva York: Millie, Jocelyn y los Vecinos y The New York Band, que ya han dejado evidencia de su quehacer.

VÍCTOR VÍCTOR

ESPAÑA

PANORAMA DE LA POSGUERRA

El bolero, símbolo máximo de la canción romántica del siglo XX, está muy vinculado a la memoria sentimental de los españoles; sin embargo, el ambiente que encontró en la península en los años 30 no podía ser peor: entre las contradicciones de la República por sobrevivir y la pasión anarquista que había caracterizado al país desde finales del siglo XIX, el género de origen caribeño no logró penetrar a tiempo como lo había hecho en los países hispanoamericanos. Y por supuesto, durante los años bélicos apenas se escuchó algún que otro bolero.

Nada más acabar la guerra civil, las canciones que más se escuchaban en España eran las coplas. Lo que hizo afirmar a Manuel Vázquez Montalbán en su *Cancionero general del franquismo*: «A la hora de recordar las canciones que tanto habían amado, que tanto habían enseñado a amar y sufrir a los adultos supervivientes de la guerra civil, me di cuenta que les habían sido más útiles que los poemas cultos que nunca habían leído, y que las canciones les ayudaron a sobrevivir por el procedimiento fundamental de hacerles compañía y de convertirles en personajes delegados de esos a veces perfectos sistemas narratorios a los que llamamos copla, corrido, tango o bolero».

Según indica Manuel Román en *Canciones de nuestra vida*, junto a los espectáculos teatrales del género folclórico, los de variedades y las actuaciones de grandes orquestas, en la posguerra española triunfaba el género de la revista musical, emparentado lejanamente con la opereta que tanto gustaba en Europa, aunque aquí no tuviera aceptación. Más ligera y frívola, cuidadosamente vigilada por la férrea censura, la revista musical aportó números musicales que aún se recuerdan; sobre todo, aquellos que estrenaba la inolvidable argentina Celia Gámez, o los éxitos de Virginia de Matos, Mercedes Vecino, Carmen de Lirio, Queta Claver, Jacinto Guerrero, Margarita Carvajal, Emilia Aliaga, Carmen Flores, Tina de Jarque, Paquita Gallego, Teresa Manzano, las hermanas Laura y Victoria Pinillos, Eugenia Zúffoli, Mercedes Serós, María Caballé, Luisita Esteso, Amalia de Isaura y otras tantas simpáticas y esculturales vedetes que hicieron las delicias de la época. Entre las de importación, estaban la alemana Trudi Bora, la osada cubana María de los Ángeles Santana, que sugirió aparecer desnuda en los pósters de un espectáculo anunciado como «Conquístame», Monique Thibaut, Lina Rosales y Loren Garci, quien con el tiempo dejaría aquel género para triunfar en el mundo de la ópera con el nombre artístico de Pilar Lorengar. Por último, hay que mencionar a la catalana Purificación Martín Aguilera, mejor conocida como Norma Duval, la última supervedete, que quizá habría encuadrado mejor en un *music hall* que en la revista musical.

Alrededor de 1940 empezaron a escucharse los primeros boleros, sobre todo a partir de la llegada a España del sonero cubano Antonio Machín; unos boleros que habían nacido en la isla o en México, aunque los que popularizó la radio no tuvieran siempre el mismo ritmo tropical.

Tras la cruenta angustia de la guerra civil y con estrecheces cotidianas, el bolero le habló al español de pasión y dulzura, de celos y desengaños, amores y desamores. En medio de aquellos años grises de la posguerra se escuchaban discos donde un perdedor se lamentaba de sus cuitas sentimentales, declarándolo públicamente o dirigiéndose a su amada en un intento desesperado de reconciliación. Otras voces añoraban simplemente aquel amor que se había ido y lo evocaban como un bello recuerdo. Algún que otro bolero llegado a España hablaba de heridas que aún no habían cicatrizado, de labios que sellaron pasiones. De noches interminables.

Se comentaba entonces que los hispanoamericanos abusaban de la metáfora poética, muy en particular Agustín Lara, aunque ello no fue óbice para que se escucharan y cantaran con placer muchas de sus melodías. Otros boleros llegaban a mezclar amores terrenales con una invocación divina o religiosa, cosa que el poder de la Iglesia atacó ferozmente. Todo era posible en el mundo del bolero, género donde abundaban las maldiciones, el despecho, el fatalismo, el deseo del suicidio para escapar de aquella situación o de hundirse en la venganza más horrible.

Sin embargo, bastantes boleros tiernos y desenvueltos viajaron por una península hastiada de horrores a través de las voces de sus mejores intérpretes, atrapadas en los viejos discos de 78 rpm, pues hasta finales de los años 50 no comenzaron a aparecer los llamados microsurcos, con las nuevas técnicas de grabación. Y en España, la radio de la posguerra los divulgaba, entremezclados con coplas y romanzas de zarzuela.

Las orquestas incorporaron también en su repertorio piezas norteamericanas conforme avanzaba la década de los 40, especialmente suaves *fox-trots*. Ya habían dejado de escucharse las alemanas y las italianas, por razones obvias.

Fue la época de los vocalistas, versión española de los *crooners* americanos; con sus bigotitos, vestidos irreprochablemente de etiqueta, como los componentes de las mejores orquestas sinfónicas. Intentando insuflar alegría a la clientela de los teatros, cabarés, boites y salas de fiesta cuando el país no se había recuperado de tantos desastres, aquellos cantantes llenaron un vacío con canciones románticas en que abundaban los números hispanoamericanos.

He aquí una selección de lo que se cantaba en España entre los años 40 y 50, al margen de las coplas y los boleros del otro lado del Atlántico: *En los jardines de Granada, Mi caravana, Sombra de Rebeca, ¡Oh, Aurora!, Santa Marta, Rascayú, Nostalgias, Al claro de luna, El cocherito leré, La vaca lechera, Se va el caimán* (cumbia colombiana que fue prohibida en su día por la censura franquista), *Tres cosas, Lisboa antigua, Enamorado del amor, Monasterio de Santa Clara, Ya sé que tienes novio, María Dolores, Camino verde, Dos cruces, Viajera, Tres veces guapa, Santa Cruz, Niña Isabel, Carita de ángel* y otras tantas. Los compositores españoles se esmeraron por crear un bolero de tipo romántico, pero más suavizado que los que llegaban de América, con letras que no pudieran contrariar los criterios de la férrea censura, que velaba por la moral de todos los ciudadanos de un modo tan terminante como arbitrario.

También se concibieron canciones alegres, como aquella que popularizó Manolo Bell y sus Muchachos: *Sin novedad, señora baronesa,* para huir de la realidad, en tiempos de las cartillas de racionamiento que duraron hasta 1952; curiosamente, esta pieza cómica gustó mucho en el Caribe. Como también gustó *María Cristina me quiere gobernar,* que suponía en España una declaración de los maridos con respecto a sus respectivas cónyuges, aunque un periodista aseguraba que ese estribillo estaba tomado de una antigua canción de los rebeldes cubanos, cuando la isla era aún colonia española en tiempos de la Reina Regente, doña María Cristina de Habsburgo, madre de Alfonso XIII.

PÓSTER DE LOS AÑOS 40

Los españoles que podían iban entonces a los teatros, a espectáculos de variedades o de revistas, género en el que la majestad indiscutible era la argentina Celia Gámez. Ni los toros ni las películas del mexicano Cantinflas lograron llenar el vacío cultural de una España sumergida en el temor.

Comenzaron a surgir tríos y cuartetos vocales, con un repertorio entre regional-folclórico y latinoamericano, siguiendo las pautas de aquéllos que llegaban de México, como Los Panchos o el Trío Calaveras. Entretanto, la zarzuela seguía siendo caldo de cultivo para muchos cantantes, que incluían en su repertorio las mejores romanzas. A finales de los 50, el tenor Alfredo Kraus se lucía con muchas piezas de ese género, igual que Pedro Terol, que hasta dejó una temporada el arte lírico porque le era más rentable actuar en Pasapoga, célebre sala de fiestas de la Gran Vía madrileña, cantando cosas de más actualidad.

Poco a poco, las emisoras de radio, el mejor vehículo para estar al tanto de las novedades musicales, iban transmitiendo ecos de otros países, aunque no todas las familias españolas podían permitirse aún el lujo, en los años 50, de tener un aparato receptor. Muchas los tenían alquilados en casa: eran máquinas con una ranura en la que se introducían monedas, que cubrían cierto tiempo de emisión; periódicamente, un empleado de aquellas casas de alquiler pasaba por cada vivienda a llevarse la recaudación. A través de las ondas se filtraban canciones francesas, las de Edith Piaf e Yves Montand, las de Charles Trenet o las de Patachou, y lo mismo de artistas italianos, mientras que con aparatos de radio potentes se podían captar emisoras americanas, sobre todo en las madrugadas.

Con la llegada de las primeras remesas de turistas, cuando España dejó de ser la «reserva espiritual de Occidente», se vieron los primeros bikinis en las playas y también se escucharon las canciones de otras latitudes que se traían impresionantes nórdicas con sus tocadiscos portátiles.

Estaba finalizando la década de los 50. Luis Mariano cantaba operetas con letras un tanto cursilonas, y aunque se le tachaba de homosexual, con palabra más gruesa y rotunda, a mucha gente le gustaba su voz de tenor; vivía en Francia pero venía a España a menudo. Cantó en varias ocasiones con Gloria Lasso, que era entonces la voz sensual del bolero. Mientras tanto, resurgió el cuplé, que estaba apagado desde hacía tres décadas, debido a una película que dirigió Juan de Orduña y que lanzó a Sarita Montiel al estrellato, cuando hacía años que la chica se había marchado a México en busca de mejores horizontes.

En Italia estaba en auge el Festival de San Remo, con unas canciones sentimentales o rítmicas que fueron difundiéndose en versión española gracias a José Guardiola, el primer solista en tener clubs de admiradoras, de «fans», como ya entonces se les llamaba. «Fans» que rivalizaban en Barcelona con las que tenía el dúo Dinámico, que hacía versiones edulcoradas de *rocks* americanos. Pronto llegarían algunas canciones de Paul Anka como *Diana*, y el propio artista, cuya presencia en Madrid en los primeros años 60 causó tanta conmoción como cuando a finales de los 40 aterrizó un charro de pies a cabeza llamado Jorge Negrete, al que apasionadas manos arrancaron todos los botones de su americana.

Televisión Española empezó sus emisiones de pruebas a partir de 1956. Al concluir esa década, eran muchos los cantantes que se asomaban a la pequeña pantalla para actuar en riguroso directo, ya que aún no existía el *play back*. Y en ese cambio radical, hubo modificaciones significativas en las costumbres de una sociedad un tanto pazguata por culpa de la falta de libertades. Los jóvenes empezaron a hacerse escuchar y la música fue un vehículo ideal para ello; aparecieron las primeras guitarras eléctricas por puro mimetismo de cuanto acontecía fuera, sobre todo en Estados Unidos, aunque todavía no se conocía del todo bien a Elvis Presley y aún no había llegado Bob Dylan, líder de toda una generación. Pero merced al cine, la juventud comenzó a fijarse en los modos y maneras de ídolos como James Dean, rebelde sin causa.

En una sociedad que estaba dando un giro de ciento ochenta grados, a los veinteañeros de los 60 ya no les interesó tanto el bolero. Lo escuchaban y hasta lo bailaban pero asociaban a Machín, a Lara e incluso más tarde a Manzanero, con la generación de sus padres, con la terrible posguerra y las limitaciones de todo tipo. En guateques y reuniones juveniles en casa de algún amigo, con las carabinas vigilando a las parejas, había siempre alguien que portaba raras novedades del extranjero, como discos de Ray Peterson, de Harry Belafonte, Neil Sedaka, Jimmy Fontana o de Nat King Cole, aquel negro al que de la noche a la mañana se le ocurrió irse a Cuba, donde aprendió boleros clásicos y luego los grabó en español con un acento curioso, lo que no le impidió convertirse en ídolo millonario en todo el mundo, incluyendo España, donde sus canciones gozaron del fervor popular.

En esos comienzos de los 60 comenzaron a aparecer los primeros grupos *pop-rock*, aunque entonces no se les etiquetó de ese modo: Los Estudiantes, Los Pekenikes, Los Relámpagos. Y apareció Raphael, un

NAT KING COLE

fenómeno que aglutinó el mayor número de admiradoras que se conocía hasta entonces y cuya carrera dura ya más de 40 años en activo. Entretanto, empezaron a surgir los cantautores, entre los que sobresalió por encima de todos Joan Manuel Serrat, quien se negó a acudir al festival de Eurovisión después de haber sido elegido y en su lugar fue Massiel, la cual al triunfar en 1968 se convirtió poco menos que en heroína nacional.

Para entonces ya habían dejado de escucharse coplas y boleros, romanzas de zarzuelas y similares. La radio ya no era como la «Cabalgata de fin de semana» de los años 50; ahora daba paso a los discos preferidos por los jóvenes, especialmente aquellos en lengua anglosajona. De un na-

cionalismo exacerbado, el país pasaba a velocidad vertiginosa y no sin inquietud, a denostar la lengua y el folclor de raíz hispana para abrazar el idioma y las costumbres de otro imperio.

LOS MEJORES COMPOSITORES

Carmelo Larrea trabajaba como gerente en una fábrica de biciletas bilbaína y acabó siendo uno de los más populares compositores españoles de boleros. Tuvo una trayectoria novelesca: trabajó de payaso en un circo y enrolado en ese mundo bajo la carpa formó con otros dos jóvenes un trío de piano, violín y concertino que se disolvió al estallar la guerra civil. Después se estableció en Sevilla donde se ganaba la vida tocando el saxofón en un tablao flamenco del barrio de Santa Cruz. Fue en aquella época cuando empezó a componer canciones y Antonio Machín le cantó *Noche triste*. Eso ocurrió en 1941; tres años más tarde el cubano le grabó *Las doce en punto*.

Carmelo Larrea había hecho estudios de comercio con los Escolapios y de música en la Sociedad Filarmónica de Bilbao. Alrededor de 1941 se plantó en Madrid para trabajar en varios clubes nocturnos. Animado por un amigo presentó un bolero en un concurso de Radio Nacional de España, «El Tribunal de la Canción». Lo tituló *Soledad* y se lo cantó Jorge Gallarzo. Más tarde le cambió el título por el de *Dos cruces*:

> Sevilla tuvo que ser
> con su lunita plateada
> testigo de nuestro amor
> bajo la noche callada...

La voz de María Dolores Pradera lo cantó en 1952, cuando debutó en la boite Alazán, pero no lo grabó; lo hicieron Nati Mistral, las Hermanas Lombide y después otros intérpretes de boleros. Carmelo recorrió los cabarés de Madrid con su orquesta; luego se fue a América y también estuvo en Londres. Tocó boleros por medio mundo y compuso *Eres tú, Swing en el corazón, Tus bellos ojos, Chicos alegres, Cinco minutos, Te llamabas Rosario, Solamente cuatro días* y otras canciones.

El segundo gran bolero de Carmelo Larrea fue *Camino verde,* que pegó enseguida:

> Hoy he vuelto a pasar
> por aquel camino verde
> que por el valle se pierde
> con mi triste soledad...

Con el tercer gran bolero Larrea culminó su trayectoria: fue *Puente de piedra* y se lo cantó Juanito Segarra con mucho sentimiento; también el colombiano Víctor Hugo Ayala y el cubano Carlos Díaz con la orquesta de los Hermanos Castro:

> Ya no brillan las estrellas
> y la luna está muy triste,
> y repican las campanas
> desde el día en que te fuiste...

Carmelo Larrea falleció en Madrid en 1980. Sobre el proceso que convierte a una canción en anónima y profundamente popular, se le podría aplicar a su obra aquellos versos de Manuel Machado: «Hasta que el pueblo las canta / las coplas, coplas no son / y cuando las canta el pueblo / ya nadie sabe su autor».

Fernando García Morcillo, el autor del bolero *María Dolores,* nació en Valdemoro, provincia de Madrid, en 1916. Estudió en el Real Conservatorio y estuvo una larga temporada en París, donde trabajó como arreglista. Durante la posguerra desarrolló su faceta de director de orquesta de Radio Madrid y más tarde en Radio Nacional de España y en varias salas de fiesta. En uno de aquellos locales nocturnos Fernando conoció a un cliente que, aunque no era pariente se llamaba Jacobo Morcillo. Este asiduo personaje al club le hablaba insistentemente de su afición a escribir letras de canciones; buscaba quien le pusiera música a alguna de sus creaciones y lo asediaba frecuentemente, convencido de que esa persona era García Morcillo; éste no quería negarse abiertamente porque el letrista en ciernes era inspector de policía.

Desde bien entrada la madrugada de una jornada surrealista de 1945 en que estuvieron cantando *Tengo una vaca lechera,* con un público enardecido y el sonar de enormes cencerros, los dos Morcillo se convirtieron en colaboradores. Un año después, entre un mazo de cuartillas, Jacobo extrajo una que a Fernando García Morcillo le interesó; éste telefoneó un par de veces al policía para que cambiara alguna que otra palabra y de ahí salió *María Dolores,* que terminaba:

> Qué envidia te tienen las flores
> que llevas esencia en tu entraña
> del aire de España
> María Dolores.
> Y olé, olé...
> Por linda y graciosa te quiero
> y en vez de decirte piropos
> María Dolores
> te canto un bolero...

Fue Jorge Sepúlveda quien la estrenó y la popularizó en Radio Madrid. Luego la cantaron Gloria Lasso, Lolita Garrido, Caterina Valente, Nella Pizzi, Arturo Testa y Joan Baez, en la inglesa isla de Wight ante 300.000 hippies, quienes se arrebataron con la cadencia andaluza del bolero. Otras dos importantes composiciones de García Morcillo fueron *Santa Cruz,* dedicada a la capital tinerfeña, y *Viajera,* letra de F. García Val.

Precisamente fue ésta última la que le brindó uno de sus mayores éxitos a Lolita Garrido. Junto a otras piezas, *Viajera* figuró en la banda sonora de *Canciones para después de una guerra,* la película-documental que realizó Basilio Martín Patino.

LA CANTANTE GLORIA LASSO

Las composiciones de Fernando García Morcillo también han sido interpretadas por cantantes de primera fila: *Vida mía* grabada por Lucho Gatica, *Ojos azules* que estrenó Pedro Vargas, *Malvarrosa* dada a conocer por Jorge Sepúlveda y otras tantas.

La nómina de autores de canciones románticas ha sido bastante numerosa, sobre todo en los tiempos siguientes a la posguerra. El zaragozano **Luis Araque,** director de orquesta y compositor, fue el autor de *Ya sé que tienes novio* y *A escondidas*, dos títulos de mucho éxito en los años 40. De singular importancia fueron los boleros creados por los hermanos **Alfredo** y **Gregorio García Segura,** muy conocidos en Hispanoamérica por *Envidia* y *Un compromiso*. La chilena Monna Bell les defendió *Un telegrama* en el I Festival de la Canción de Benidorm en 1959. En el primer álbum de Raphael aparece *Los hombres lloran también*, otra de las muchas obras realizadas por ambos hermanos.

Arthur Kaps, quien arribó a Barcelona con Los Vieneses, se convirtió en un singular autor de canciones, musicalizadas en su mayoría por **Augusto Algueró:** *Recuérdame, Adiós, amor, Niña Isabel,* que le cantara Luisita Calle, *¿En dónde estás, amor?* y *Amado mío*, versión española de la canción central del filme *Gilda*, aquella que cantaba sensualmente Rita Hayworth, hija de andaluz y norteamericana.

Entre las agrupaciones que más triunfos cosecharon en América durante el período estudiado están Los Bocheros, Los Xeys, La Solera de España, Los Churumbeles y Los Chavales de España. Impresionaron a los públicos de todos los países que visitaron por su riqueza musical e interpretando canciones en español, catalán, vasco, francés, italiano, portugués y calé. Verdaderos embajadores extraoficiales, con un repertorio amplio y variado, in-

DISCO PRODUCIDO EN ESTADOS UNIDOS

cluyeron temas tradicionales que ganaron popularidad, así como canciones festivas o del género romántico. De todas estas agrupaciones, la que más éxito permanente logró fueron Los Chavales de España, organizada en Cuba a partir de la desintegración de la orquesta Suspiros de España en 1948, y totalmente desconocida en este país. Aunque contaba con once músicos, todos con estudios formales, en su ejecutoria se convertían en el doble, ya que cada integrante tocaba de dos a cuatro instrumentos, un verdadero derroche de talento que habían copiado de los Havana Cuban Boys liderados por Armando Oréfiche. A menudo incorporaban bailarines ataviados con los trajes típicos de la región española correspondiente a la pieza interpretada. Sus primeros vocalistas fueron el barítono Luis Tamayo y el tenor Pepe Lara. Los arreglos musicales siempre estuvieron a cargo del pianista Manolo Palos, autor de *Te sigo esperando*, número cumbre en la voz de Libertad Lamarque.

En el mismo año de su creación fueron contratados por el cabaré Tropicana de La Habana, cumpliendo también compromisos en México y Venezuela. En 1952 actuaron en el hotel Waldorf Astoria y más tarde en el Chateau Madrid de Manhattan. Con disciplina y organización, siempre elegantemente vestidos, Los Chavales de España recorrieron casi toda Hispanoamérica y lograron mantenerse durante casi dos décadas en los principales centros artísticos de La Habana, Puerto Rico y Miami, donde los exiliados cubanos les siguieron con devoción. Su discografía comprende unos 15 álbumes entre los que se encuentran bastantes boleros. Al morir Manolo Palos la orquesta se disolvió.

LOS MEJORES INTÉRPRETES

El barcelonés **Raúl Abril** se dio a conocer con canciones simpáticas como *Mi casita de papel* o *¡Qué bonita es Barcelona!*, aunque también se especializó en el género del bolero, cubriendo desde *Soy como soy* a *Tres palabras* de Osvaldo Farrés, pero el más popular de los que llevaba en su repertorio era *Mi caravana* de Sedano y Berki. Fue un exitazo de aquellos años, interpretado también por Jorge Sepúlveda y otros vocalistas de fama. Por entonces, las salas de fiestas se jactaban de tener a grandes orquestas en nómina, lo que le sirvió a Raúl Abril para acompañar con la suya a la explosiva cubana Blanquita Amaro, vedete que cantaba boleros y bolero-mambos, como *Un poquito de tu amor*. Años después, se convirtió en director artístico de Casablanca, una de las mejores salas de fiestas madrileñas, que estuvo abierta al público hasta los años 70.

También **Pedro Bonet de San Pedro** tuvo una orquesta propia, gracias a sus conocimientos musicales. No destacó por su voz pero supo sacarle a su repertorio acaramelado todo el partido posible y la musicalidad que requería. Huérfano de padre y con sólo 7 años vendía pescado por las calles, y en verano, hielo que portaba en pesados cubos; no pudo estudiar, como hubiera sido su deseo. Ya adolescente ejerció de camarero pero un buen día le entraron ganas de cantar, así que estudió solfeo y aprendió a tocar la guitarra, el saxofón y el clarinete. Entró en un conjunto llamado Los Trashumantes y en los ratos libres componía canciones que no se atrevía a firmar; contó alguna vez que en su época de soldado se escapaba para ir a tocar con una banda de música. Al finalizar la guerra civil fue contratado en Barcelona por la orquesta Gran Casino, cuyo director era Luis Rovira, y cuando éste dejó la formación Bonet le sustituyó en la batuta.

De Barcelona saltó a Madrid, cantaba el *Tiro-liro*, baile colectivo que se puso de moda en los años 40. Pero en Madrid, Bonet de San Pedro pasó hambre; no era el único en la España de la alpargata y los boniatos. Lo había contratado una boite, pero cerró sus puertas y el vocalista y director de orquesta mallorquín se quedó en la calle; después encontró trabajo en la orquesta Los Vagabundos. Cantó en el hotel Palace y en 1942 volvió a Barcelona. Era la época de las grandes orquestas y Bonet fundó la suya, bautizada como Los Siete de Palma; fueron contratados por un sello radicado en la Ciudad Condal y grabaron *Rasca-yú*, un primer éxito que al mismo tiempo constituyó un escándalo: la censura eclesiástica fue inflexible con aquella canción surrealista, que sólo pretendía divertir, pero en la que según el criterio de los jueces con sotana «se ponía en duda el destino final del hombre, sometido a la muerte, el juicio, el infierno o la gloria». En realidad se trataba de una versión humorística de una canción colombiana, con versos de Victoriano Vélez y música de Luis Romero. El poeta colombiano Julio Florez la trajo a España y Angelillo la interpretó como *La hija de Juan Simón*. En Cuba, María Teresa Vera la había grabado en su versión original.

Otras canciones de Bonet de San Pedro fueron *Bajo el cielo de Palma, Yo le cuento a las estrellas, Vestidita de blanco, Club Trébol y Volverá la primavera*. En 1944 repitió éxito con *Carita de ángel* y en 1948 presentó *Carpintero, carpintero*, otro triunfo sensacional, con letra de J. Lladó y música de Augusto Algueró (padre). En la década de los 50 Bonet formó otro grupo que llamó Los Isleños. Con su eterna pipa entre los labios recorrió toda España, se paseó por Europa y cantó en la América hispana. Luego, a principios de los 70, dejaron de interesar sus canciones ligeras, arrinconadas por los nuevos ritmos; la juventud vivía el frenesí del sonido de los Beatles y los Rolling Stones, y el romanticismo del bolero pasó a un segundo plano.

De voz armoniosa y cálida, siempre acompañado de su bigotito, **Jorge Sepúlveda** formó en 1941 el dúo Lucas-Sepúlveda. En la sala de fiestas Casablanca de Madrid actuaron durante varios meses, cantando *fox-trots* lentos como *Eternamente*, tangos de Gardel y rancheras al estilo de Tito Guízar; también estrenó una bella composición del citado Algueró titulada *Claro de luna*. El dúo se disolvió pronto y Jorge Sepúlveda inició su etapa de solista. El bolero comenzó poco a poco a abrirse paso y aunque Jorge no era guapo, vestía elegantemente en escena, tenía una estampa distinguida y entonaba melodías románticas, por lo que se convirtió en uno de los ídolos más admirados en la España de la posguerra. Fue de los pocos que lograron mantener su popularidad hasta bien entrados los años 50.

Jorge Sepúlveda fue llamado en 1944 para inaugurar las nuevas instalaciones de Radio Nacional de España, donde estuvo en plantilla durante quince meses. Sus admiradoras bloqueaban la centralita de la emisora, solicitando que volviera a cantar sus canciones favoritas; eso facilitó que el valenciano grabara pronto sus primeros discos. De aquella época son *Madrid brujo*, *Para mí no más*, *Noche oriental*, *Pobre bohemio*, *Qué te parece*, *¡Ay, morería!*, *Lo que nadie supo*, *Quieres que olvidemos*, *Viejo tango*, *Recuerdo pampero*, *Poema del beso*, *Golondrina que voló* y otras. Más tarde pasó a la emisora privada más importante, Radio Madrid,

JORGE SEPÚLVEDA JUNTO A
BONET DE SAN PEDRO

que se distinguió también por sus espacios musicales en directo. Corría el año 1945 y los domingos por la tarde aquella voz intimista acariciaba los oídos de millares de radioyentes; el programa estaba respaldado por la orquesta del maestro Tejada y se titulaba «Música para todos».

El ídolo nació realmente en 1946, cuando compuso el bolero *Santander* con el pianista Enrique Peiró:

> Santander,
> eres novia del mar
> que se inclina a tus pies
> y sus besos te dan...

En aquella España de los años 50, que poco a poco iba olvidando la tragedia de la guerra, Jorge Sepúlveda alimentaba muchos sueños de enamorados. Representó para muchas chicas el príncipe azul que les hacía olvidar la cruda realidad al volver a casa y encontrarse con una vida bien distinta a lo que el artista decía en sus canciones. Además, Jorge cantaba al mar, como un símbolo, una esperanza tal vez: *Enamorado del mar* y *El mar y tú*. Otras composiciones en su voz fueron *Abrázame así, Me tienes que querer, Sombras de Rebeca, Me gusta ir contigo, Santa Cruz* y *A escondidas*, en donde el compositor y director de orquesta Luis Araque evocaba un amor furtivo, como tantos y tantos en un tiempo de moral estrecha.

Jorge Sepúlveda, cuyo nombre auténtico fue Luis Sánchez Monleón, nacido en Valencia y educado artísticamente en Zaragoza, incorporó a su repertorio un bolero que seguramente es uno de los más bellos que se han compuesto en España y del que se han hecho varias versiones: *María Dolores*. Lo dio a conocer en una emisión radiofónica que animaba Ángel de Echenique, «Canciones en el aire»:

> Dios te ha dado la gracia del cielo
> María Dolores,
> y en tus ojos en vez de miradas
> hay rayos de sol...

Los ecos de sus éxitos llegaron al extranjero y fue contratado para una gira por Portugal, otra por Francia y una tercera por Argentina y Cuba. Allá también cantó pasodobles que aquí le habían dado fama: *Tres veces guapa* y el chotis *Monísima*, ambos debidas a la pluma de Laredo, así como *No te puedo querer* y *Cántame un pasodoble español*, que compuso el actor Tony Leblanc. En 1965, y habiendo grabado cerca de 150 canciones, decidió alejarse de la farándula. Con un bigote más poblado y algo canoso se retiró a Mallorca hasta que víctima de complicaciones respiratorias murió en 1983.

Entre los artistas extranjeros de aquellos años 40 y 50 hay que incluir al pianista y cantante cubano Marino Barreto, protagonista de la película *El negro que tenía el alma blanca* y quien ya había trabajado en París y Londres; al también mulato Eduardo Brito y a la mexicana Elvira Ríos, que cantaba dulces boleros con su voz bastante ronca. Mucho se recuerda al cubano Armando Oréfiche, que tocaba el piano de maravilla in-

En el período comentado abundaron las orquestas de baile en España. Estaba la de Kurt Dogan, un austríaco-alemán probablemente de origen judío que se instaló en Madrid, actuó mucho en el escenario del Rex y se convirtió en empresario de la sala Florida Park, en el parque del Retiro. Sin olvidar la agrupación de Roberto Ínglez, que llevaba en su repertorio títulos como *Monasterio Santa Clara*, *Mi loco corazón* y *Coimbra*, tres números que recorrieron toda América. Destacaba en Barcelona la orquesta de Luis Rovira, con quien debutó Bonet de San Pedro. Y la de Luis Ferrer y la Maravella, de gran prestigio durante muchos años. José Gea llevaba de cantante a Beatriz de Lenclós; aquél compuso, junto a Francisco del Val, el bolero *Me gusta ir contigo*. Jorge Cardoso gozó también de notoriedad con su conjunto, en el que destacaba como estrella Isabel Berlanga, mientras que Bernard Hilda puso de moda su quinteto en el Pasapoga.

El Pasapoga tiene más de medio siglo y es una reliquia de los tiempos dorados del cabaré. Allí tuvo lugar la dramática reaparición de Miguel de Molina en los años 40, después de que un grupo de falangistas irrumpiera una noche en el local y se llevara al cantante a un descampado, donde le rompieron los huesos. Vergonzosa historia que sirvió de inspiración a la película *Las cosas del querer*. Parte de otra cinta, *Tres palabras*, de 1993, en la que Maribel Verdú se atrevió a cantar las piezas más conocidas del género, se rodó precisamente en el Pasapoga.

terpretando sus propios boleros: *Cariñosamente, Me estoy enamorando de ti, Falsa herida, Corazón, para qué* y *Habana de mi amor*.

El primer disco de **Carlota Bilbao** tenía las canciones *A mi Costa Brava, ¡Qué bonito es el querer!, Boquita de rosa, Calle oscura, Ciao, ciao, bambino* y otras. La vocalista **Rina Celi** gustó con *Tengo miedo, Carolina, Mama mía, Al claro de luna, Tengo un novio que se llama Tim* y *Tarde de fútbol* del maestro Casas Augé, otro gran autor de canciones que brillaron en Cataluña.

Surgió por entonces la escultural **Mary Merche**, que se movía a los compases de *Mamá eu quero* y *Laura* y enternecía con *Solamente una vez* de Agustín Lara. De este tipo de estrellas de la canción romántica y sensual era **Mara Lasso**, que mantuvo buen cartel hasta los primeros años 60, tanto en salas de fiestas como en el cine, con su cautivadora mirada y sus interpretaciones susurrantes. **Mario Visconti** cantaba tangos y algunos boleros cuando apareció un galán canario llamado **Rafael Medina** que interpretaba *En los jardines de Granada, Al claro de luna, Nostalgias* y *¡Ay, chumbera!*.

Carmen de Veracruz desplegó durante los años 50 y bien entrados los 60 en cabarés y salas de fiesta su arte de canzonetista y vedette, entonando boleros y melodías sentimentales como *En la noche de boda, Lágrimas de amor, Buscándote, Si tú me dices la verdad, Tus ojos tristes, Quejas de amor* y una pieza lacrimógena, *La niña ciega*.

El cubano **Raúl del Castillo** vino a España en 1954 como cantante de la orquesta Havana Cuban Boys, que dirigía Oréfiche. Al concluir una gira, Raúl decidió quedarse en Barcelona y convertirse en vocalista de su propia orquesta; era más joven que Machín y tenía la pretensión de superarle en popularidad, pero terminó contratado por el propio Antonio, con cuya compañía recorrió España entera. Uno de sus álbumes lleva canciones tan diversas como *Adoro* de Armando Manzanero, *Arrivederci Roma* y *La pachanga* de Eduardo Davidson, un ritmo cubano de 1960. Otro álbum incluye *Violetas imperiales, Maite, Valencia, Así, Española* y *Gitana*. Murió en 1989.

Juanito Segarra, identificado con *Puente de piedra*, la melancólica melodía de Carmelo Larrea, lo mismo interpretaba un bolero que un *swing*, el ritmo del mambo o la gracia de la habanera. Fue la voz en *Camino verde*, en *Espinita* de Nico Jiménez, en *Total para qué* de Bobby Capó, e hizo sonreir con *Eso es el amor*, una locura compuesta por Pepe Iglesias *El zorro*, un cómico argentino que hizo furor en la radio española de los años 50 y 60. Juanito Segarra cantó también un bolero con el nombre de *Machín*, compuesto por el trompeta catalán Ruddy Ventura, el hombre que impuso *La conga* y *La raspa*, dos números que hicieron furor.

Iban y venían, como el barcelonés **Fernando Torres**, instalado en Buenos Aires como bolerista consagrado después de cantar durante años en infinidad de países con los Lecuona Cuban Boys, o la mexicana **Ana María González**, que llegó con el pasaporte del chotis *Madrid* de Agustín Lara, y le cantó en España casi todo su repertorio (ver pág. 275).

La llegada de Jorge Negrete a Madrid en 1948 estuvo rodeada de la máxima expectación. Actuó en el filme *Jalisco canta en Sevilla* con Carmen Sevilla. Volvió en 1950 para rodar *Teatro Apolo*; cantando rancheras, tangos y boleros destrozaba corazones femeninos con su estampa varonil y su fuerte voz.

Rocío Durcal conquistó el panorama musical en la década de los 60, paralelamente con **Marisol** (Josefa Flores González), **Carmen Sevilla** y el grupo **Los Brincos**. Su nombre real es María de los Ángeles de las Heras Ortiz, es madrileña y nació en 1944; hacia 1975 su carrera artística fue decayendo ya que el sello Hispavox dejó de promocionarla. Rocío Durcal buscó entonces un repertorio adecuado de rancheras mexicanas con temas de Juan Gabriel. Apoyada por la RCA Victor grabó su primer LP con el respaldo del Mariachi América y desde entonces ha continuado cantando en los principales escenarios; también ha interpretado números del mexicano Marco Antonio Solís y del madrileño Rafael Pérez Botija.

En 1959 se celebró el Primer Festival de la Canción de Benidorm, donde también triunfó un grupo que había surgido en Argentina en franca imitación de Los Platters: **Los Cinco Latinos**. Debutaron en 1957 y asegura el cronista Manuel Román que no había guateque en la España de aquellos años en que no se escuchara alguna de sus canciones: *Mi oración, Pequeña flor, Sólo tú* y tantas otras. El grupo se disolvió en 1971.

A Argentina se fue **Gregorio Barrios**, bilbaíno nacido en 1911, que ya había cosechado aplausos en el Pasapoga y en el Casino de Estoril en Portugal. El director de orquesta Américo Belloto lo vinculó al sello Odeon donde grabó *Somos, Diez minutos más, Soñar, Palabras de mujer, Volvamos a empezar* y muchos otros boleros que cantó con gusto en La Habana, México, Venezuela, Colombia y Brasil. En 1961 se instaló en Sao Paulo y organizó una orquesta.

De Manises en Valencia, era **Lolita Garrido,** posiblemente la mejor intérprete de boleros que ha dado España y quien sirvió de nexo entre la música cubana que ella interpretaba y la primera música romántica que se creó en el país en la década de los 50. Todavía se recuerdan los cuatro años que cantó en la sala de fiestas J'hay, que aún abre sus puertas en la Gran Vía, pero con otro nombre. Máxima exponente del género y una gran atrevida para aquellos años, en el J'hay desplegó Lolita Garrido todo su repertorio de chachachás, boleros, mambos y *blues*. Cobraba sueldos de hambre, según propia confesión, y tenía que cantar también en los programas de radio entonces en boga. *Viajera* significó mucho en su carrera y le abrió muchas puertas, una melodía que reza en una de sus estrofas:

> Porque han pasado las horas
> y la barca no llegó,
> está llorando en el puerto
> la novia del pescador.

Por todo lo que más quieras,
dime que sí,
por tu madrecita buena,
dime que sí...

Fue considerada «la cantante sexy» por excelencia de los años 50, aquella que insinuaba más de lo que decía. Con una suave inflexión de voz, con una mirada, entonando melosa o apasionadamente, siempre luciendo una dicción perfecta y una voz bien modulada, Lolita Garrido animó las veladas de una España oscura en J'hay, Pasapoga, Conga, en Tirso de Molina, Morocco, o en el Casablanca, situado en la Plaza del Rey, donde se encuentra en la actualidad el Ministerio de Cultura en Madrid, o en el barcelonés Rigat. Ni que decir tiene que en una cantante de su estilo la censura se cebó en más de una ocasión, llegando a prohibirle canciones como *Bésame mucho* de *Chelo* Velázquez «por lo insinuante de su voz». Podía inducir al pecado, se decía, por la forma de cantar; sólo Gloria Lasso logró hacerle sombra en ese sentido, pero Gloria se marchó pronto a París. En 1955 Lolita Garrido obtuvo el Gran Premio de la Cadena Ser, según votos de los oyentes, por su interpretación de *Te envío tres rosas*: se recibieron 183.000 cartas. También fue de las primeras invitadas a inaugurar las emisiones de pruebas de Televisión Española antes de 1956.

LOLITA GARRIDO

Un día pasó de cantar números brasileños y cubanos a grabar éxitos de los primeros festivales de la canción que hubo en España, a imitación del San Remo italiano; fueron los del Mediterráneo, en Barcelona, Costa Verde y Benidorm. Llegó a participar en algunos de ellos; en la segunda edición del de Benidorm, en 1960, cosechó inmejorables críticas. De aquellas grabaciones se destacan *Todo es nuevo, Ciao, ciao, mi amor, S.O.S. amor, Oscura, Eres diferente, Luna de Benidorm, Comunicando, Horóscopo, Pide, Enamorada, Preguntón* y *Quisiera ser*. Sin embargo, al no reeditarse sus discos Lolita Garrido fue cayendo en el olvido, particularmente desde los años 70 hasta 1981, cuando el director de cine Antonio Mercero le pidió que cantara *Toda una vida, La conga y Eso es el amor* en su película *La última estación*.

El venezolano **Lorenzo González,** a quien de niño un maestro de música español le enseñó lo básico, nació en Panaquire en 1923 y llegó a Madrid en 1953. En su tierra había sido animado a desplazarse a España por José Luis Sanesteban, director de la orquesta española Casino de Sevilla. Llegó con un contrato para debutar en Madrid en el Casablanca y al concluirlo saltó a la terraza Rialto en Valencia; los directivos del sello Odeon fueron a escucharlo y lo contrataron inmediatamente. Su primer disco estaba compuesto por *¡Hola, qué tal!, A las 6 es la cita, Niña* y *Cabaretera*. Hasta la fecha ha grabado en España más de cuarenta discos: en 1992 salió *Como siempre*. En su trayectoria artística, *Cabaretera* compartió con *Piel canela*, también del puertorriqueño Bobby Capó, el favor constante del público. En la memoria colectiva permanece su versión de *Cita a las seis* del mexicano Adolfo Salas:

> A las seis es la cita
> no te olvides de ir,
> tengo tantas cositas
> que te quiero decir...

Siempre se ha presentado con un pañuelo rojo sobresaliendo del bolsillo superior de la americana. Lorenzo González triunfó con el bolero

El bolero español tuvo en los años siguientes destacados intérpretes, dentro de un género global romántico: José Guardiola, José Aguilar, que cantó los himnos del Real y Atlético de Madrid, Ramón Calduch, Víctor Balaguer, Lauren Vera, y bastante después, Raphael, Julio Iglesias, Dyango, José Luis Perales, Alberto Pérez, y en un terreno más moderno el grupo Boleros Bengalíes, cuyo cantante tocaba el arpa; sin olvidar a Rocky Bolero, seudónimo con el que se presenta muy de tarde en tarde en algunos locales madrileños Ricardo Cantalapiedra, un antiguo cantautor y hoy conocido periodista. *Moncho*, es el sobrenombre que impuso Lucho Gatica a Ramón Calabuch Batista, gitano del barrio barcelonés de Gracia y excelente intérprete; su disco *Quédate conmigo* incluyó colaboraciones de Dyango, Joan Manuel Serrat, Ketama, Mayte Martín y el cubano Elíades Ochoa, quizá la colección de boleros más golosa que ha facturado hasta la fecha.

pero más de una vez ha demostrado otras caras del folclor caribeño cantando sones, chachachás, guarachas, joropos y algún que otro tango, sin
olvidar su interpretación de *Alma llanera*, que es como un segundo himno para los venezolanos.

Antonio Machín era el bolero. Asociado a la historia de la canción romántica durante la posguerra, logró prolongar su éxito varias décadas
más; parecía como si nunca pasara de moda. Casi desconocido para sus
compatriotas de la segunda mitad del siglo XX, se convirtió en el gran embajador de la música cubana en España. Había nacido en 1904 en Sagua
la Grande, de madre negra que tuvo 16 hijos; su padre fue un campesino
gallego de Orense. Empezó como muchos, cantando serenatas y fiestas en
su pueblo, pero había
heredado el tesón de su
padre. En 1926 estaba
en La Habana trabajan-
do de peón de albañil,
acechando su oportuni-
dad. Hizo dúo con Mi-
guel Zaballa, un viejo
trovador; aquello sona-
ba bien, se le oyó en la
radio y ahí lo reclutó
Don Azpiazu, y fue tri-
ple su suerte, porque

JUANITO SEGARRA, RAÚL DEL CASTILLO, ANTONIO
MACHÍN Y LORENZO GONZÁLEZ

tocó en una orquesta de blancos en el Casino Nacional, el mejor cabaré
de La Habana de aquella época; allí fue donde por primera vez hizo sonar sus inseparables maracas. Antonio Machín tenía que cantar a pleno
pulmón pues todavía no existían los micrófonos ni los amplificadores.
Durante una gira en 1929, grabó sus primeros discos en Nueva York:
*Amor sincero, El berlingonero, Aquellos ojos verdes, Fuego en La Maya,
Avellana y maní, Tata cuñengue, A chapear nos manda el mayoral, Un
beso quisiera, No sangres corazón, A orillas del Yumurí, Cantar quise a
tus ojos, Me voy a Baracoa, El camisón de Pepa, Caserita* y muchos otros
sones y boleros.

Desligado de la orquesta de Azpiazu, en 1934 personificó en Nueva
York *El manisero*, creado por Moisés Simons en 1928; más tarde formó
un trío, luego un cuarteto y hasta un sexteto después. Es un Machín jo-

ven y atrevido, y por supuesto, dándole al canuto, el que encontramos
hablando hasta por los codos en una grabación de 1934 del son *Vacilan-
do*: «¡*Dame la mota Daniel; dame la mota, chico, para ponerme chivoncito!*» (la mota es el pitillo y chivoncito significaba entonces ponerse sabroso).

Ya había grabado más de 50 números para la RCA Victor antes
de viajar a Europa en 1938: un mes en Londres, cantando *Lamento esclavo* y *Mamá Inés* de Eliseo Grenet, luego París, donde triunfó y formó su propia orquesta, recorriendo Suecia, Dinamarca, Noruega, Alemania, Italia, Holanda y Rumanía. Un año después la guerra absorbía
a Europa. Machín decidió no esperar a que los alemanes entrasen en
París y vino a España, a la España que acababa de salir de su guerra
civil, un país depauperado y donde se pasaba realmente hambre. Fueron años muy duros para el mulato, pero no cejó. Aquí nadie lo conocía, de manera que aceptó el primer trabajo que le ofrecieron en Barcelona, en una sala llamada Shangai, una especie de academia de baile,
en donde, mientras Machín cantaba, las chicas de alterne del local bailaban con los clientes a cambio de unos billetes que éstos adquirían
previamente en taquilla. Le pagaban 25 pesetas diarias, cantidad infi-
nitamente inferior a lo que percibía en París.

Pronto captó que lo que hacía falta eran boleros románticos para
irse conquistando el cariño de los españoles. De esa primera época son
*Coral, Qué pasó, Un ángel fue, Rosa peregrina, Olvídame, Amor sincero,
De ti me enamoré, Isabel, Plegaria, Noche azul* de Lecuona, y otras canciones. Se unió a una compañía que hacía gira por Andalucía, pero al llegar a Madrid todo resultó un fiasco. Caminando de un lado a otro en
busca de trabajo encontró la sala de fiestas Conga, pero lo rechazaron
por desconocido. Se le ocurrió entonces una noche mezclarse con el público, subirse al escenario como si fuera un espontáneo y ponerse a cantar
algunos boleros; el respetable lo aplaudió calurosamente y consiguió el
empleo por 5 duros al día. Pagaba 8 pesetas diarias en una pensión de la
calle de Espoz y Mina cuando una noche el actor cinematográfico Fernando Sancho *El carioco* se ofreció a presentarlo a conocidos en el Casablanca. A partir de ese momento, contando con el respaldo de una de las
orquestas más contundentes de la época, Los Miuras de Sobré, Machín
conocería lo más selecto de los night clubs españoles hasta que finalmente, en 1942, decidió lanzarse como solista. Un año antes había grabado
sus primeros temas. Se dedicó entonces a realizar continuas giras con es-

UNO DE LOS ESPECTÁCULOS QUE MONTABA MACHÍN

pectáculos de variedades: «Ébano y marfil», «Caras conocidas», «Melodías de color», «Cancionero cubano» y «Altas variedades» fueron algunas de aquellas compañías que supo organizar. Cantó varias composiciones de Osvaldo Farrés, pero en *No me vayas a engañar* dejó lo mejor de sí mismo:

> No me vayas a engañar
> di la verdad, di lo justo,
> que a lo mejor yo te gusto y quizás
> sea bien para los dos...

Su música se alimentaba desde la radio: el ojo mágico de los aparatos Telefunken, Radiola o Marconi sintonizaba en la onda media unas canciones que prendían en las gentes cultivadas y sin cultivar. «Con Machín las palabras de amor fueron más fáciles y los rechazos amorosos resultaron más difíciles», asegura el investigador José Luis Salinas. No poseía una voz potente ni un registro amplio, pero supo dosificarla mientras sustentaba la naturalidad en sus interpretaciones, nunca desprovistas de emoción, pero jamás enfatizadas hasta hacerlas sensibleras o artificiosas.

Lo cierto es que España tuvo durante muchos años a un cantante que de una dilatada carrera internacional como sonero, pasó a una extraña forma de anonimato como trámite para convertirse en mito nacional; que de cantar «*Yo quiero un vacilón, con una nena sabrosa, que después del vacilón, ella se ponga melosa...*», pasó a «*Madrecita del alma querida, en mi pecho yo llevo una flor...*». Todo un enigma.

Antonio Machín creó una escuela y alegró la vida de varias generaciones de enamorados; su género favorito fue cultivado por otros intérpretes que conformaron un bolero netamente peninsular, sin aquel énfasis tropical. Murió en Madrid el 4 de agosto de 1977 y está enterrado en Sevilla, de donde era natural su amada Ángeles Rodríguez, con quien se casó en 1943. Los españoles nunca le olvidarán. El resto es historia. *Aché*.

COMENTARIOS A LA SELECCIÓN DEL CD

Esta muestra ha tenido en cuenta, entre otros factores, la frecuencia con que ciertos números fueron grabados así como la popularidad de determinadas melodías en las voces más cotizadas. También se han incluido canciones cuya originalidad, innovación y belleza las distingue del resto. Por otra parte, se ha limitado la participación de creadores prolíficos como Agustín Lara para dar oportunidad a otros compositores, y alcanzar así un equilibrio más representativo. Los números entre paréntesis indican las páginas correspondientes en el libro para complementar la información aquí ofrecida. ¡Que lo disfrute!

1. *INOLVIDABLE* DE JULIO GUTIÉRREZ. CANTA TITO RODRÍGUEZ

Por temática y arreglo musical éste es seguramente el mejor comienzo para deleitarse escuchando. Es un bolero pausado donde cada instrumento juega un papel importante, especialmente las apariciones de la flauta. Conocido como el «Cantante del amor», el puertorriqueño Tito Rodríguez (362) impuso un estilo muy peculiar, entrecortado. Actuó mayormente en Nueva York, donde esta grabación le valió un Disco de Oro. Posiblemente la canción más conocida de Julio Gutiérrez (111), *Inolvidable*, fue escrita en 1944. De gran afán innovador, la larga trayectoria del pianista cubano incluyó otros géneros musicales, pero si nos atenemos a los boleros hay que mencionar otras dos composiciones: *Llanto de luna* y *Desconfianza*.

2. *PROFECÍA* DE ADOLFO GUZMÁN. CANTA FERNANDO ALBUERNE

Fernando Albuerne (143) gozó de aptitudes especiales para la dulzura del bolero, a pesar de dedicarse al mundo empresarial; su melodiosa voz le saca a esta bella canción todo lo que puede dar, que es mucho. En esta grabación de 1955, los violines mantienen la tensión mientras que el piano sólo marca los acordes hasta que un saxo penetra en el misterio del tema. De instrumentaciones sabía mucho Adolfo Guzmán (116), quien también escribió *No puedo ser feliz*, otro bolero antológico.

3. *MENTIRAS TUYAS* DE MARIO FERNÁNDEZ PORTA. CANTA ROLANDO LASERIE

Al autor no le gustó nada la idea de que Laserie (154) le grabara este bolero, hasta que se enteró de las altas ventas que había alcanzado el disco en pocas semanas. *Mentiras tuyas* es de 1944 y refleja la sutileza y originalidad de Fernández Porta (117), que buscó siempre ese equilibrio tan difícil entre el texto y la música: sus sutiles líneas melódicas se graban en la memoria del oyente fácilmente. Este bolero causó furor en México en la voz de Toña la Negra. Conocido en Cuba como «El guapachoso», a Rolando Laserie se le recuerda más por sus números movidos; había sido baterista de la gran banda de Benny Moré hasta que tuvo la oportunidad de demostrar su talento ante el micrófono.

4. *CÓMO FUE* DE ERNESTO DUARTE. CANTA BENNY MORÉ

Un bolero de 1953 que reafirmó la versatilidad del «Bárbaro del ritmo» para abordar cualquier tipo de composición musical, de ahí aquel son en que repetía «*Elige tú que canto yo...*». Desaparecido en 1963, Benny Moré (135) también concibió varios boleros que le arreglaron y pasaron al pentagrama instrumentistas de relieve. Ernesto Duarte (131), gran arreglista y director de orquesta, falleció en el exilio en Madrid, donde trabajó para el sello RCA Victor. Este bolero ha tenido diversas interpretaciones recientemente gracias a su inclusión en la película *Los reyes del mambo cantan canciones de amor* (1989), que lo volvió a poner de actualidad.

5. *LA NOCHE DE ANOCHE* DE RENÉ TOUZET. CANTA OLGA GUILLOT

Dos grandes del bolero se dieron cita para alcanzar esta cima de la sensualidad. Aunque data de 1937, tal parece que él lo hizo expresamente para ella, quien se lo cantó con un sentimiento húmedo de deseos. Una melodía que tuvo varias consecuencias: alcanzó una popularidad extraordinaria y todavía se canta mucho, Olga y René se casaron y nació una niña. La extraordinaria Olga Guillot (150), conocida como la «Reina del bolero» despliega aquí sus fascinantes modulaciones que contrastan con el coro masculino. René Touzet (113) ha escrito cientos de composiciones pero con esta pieza logró una de sus más sugestivas.

6. *PIEL CANELA* DE BOBBY CAPÓ. CANTA EL AUTOR

El puertorriqueño Bobby Capó (360) logró pintar a las mujeres de su hermosa tierra en un número cuya segunda parte cae en una marcada cadencia de bolerochá. Conocida como la canción de los cuarenta «tú», *Piel canela* ha dado la vuelta al mundo. En esta grabación, Calixto Leicea y Pedro Knight, las dos trompetas de la Sonora Matancera, tocan sus pasajes en armonía, destacando el sabor de un bolero muy especial. Bobby Capó, que también se convirtió en el máximo exponente del bolero moruno en América, fue siempre un defensor militante de los derechos de los artistas puertorriqueños ante la discriminación que sufrían en los centros musicales de Estados Unidos y en la propia isla.

7. *CENIZAS* DE *WELLO* RIVAS. CANTA TOÑA LA NEGRA

En *Cenizas*, aparecido en 1950, *Wello* Rivas (230) reveló su capacidad para enternecer sin asomo de despecho cruel. Es importante la repetición de la primera parte para apreciar el desenlace de la historia. Oriundo de Mérida, Yucatán, donde el bolero mexicano tomó forma antes de invadir la capital, *Wello* (se llamaba Manuel) cantó muchos números de Rafael Hernández durante la prolongada estancia de éste en México, haciendo dúo con Margarita Romero. En una de sus más características interpretaciones, la voz cálida de Toña la Negra (256) nos habla del fin de un amor. Su verdadero nombre fue María Antonia del Carmen Peregrino Álvarez y había nacido en Veracruz. Simpática y accesible, muchos la consideran la mejor intérprete de boleros de todos los tiempos.

8. *EL RELOJ* DE ROBERTO CANTORAL. CANTA LUCHO GATICA

Los dos grandes éxitos de Roberto Cantoral (233) han sido *El reloj* y *La barca*, ambos escritos en 1956 y grabados un año después por el chileno Lucho Gatica (310), una de las voces más universales del bolero. Con este número Lucho alcanzó un triunfo sin precedentes: un original tema de una partida donde cada segundo debe discurrir lentamente. La orquestación es discreta para que el vocalista se destaque. Roberto Cantoral lideró durante largos años a Los Tres Caballeros, uno de los pocos tríos mexicanos que realmente lograron rivalizar con la popularidad de Los Panchos.

9. *BESOS DE FUEGO* DE MARIO DE JESÚS. CANTA CARMEN DELIA DIPINÍ

Con una voz de timbre meloso y sensual, y un talento especial para boleros de este talante, Carmen Delia Dipiní (366) pertenece a un importante grupo de vocalistas puertorriqueños que dieron a conocer las canciones del «jibarito» Rafael Hernández y otros autores a partir de los años 50. Aunque el autor (237) nació en República Dominicana ha radicado tantos años en México que se le considera como uno de los principales compositores del hermano país. En este bolero con atisbos de tango, que expresa la desesperación por sentir la boca del amado, Mario de Jesús logró despertar el deseo de una manera elegante y a la vez febril.

10. *TÚ ME ACOSTUMBRASTE* DE FRANK DOMÍNGUEZ. CANTA EL AUTOR

Esta pieza, escrita en plena juventud, es un clásico del movimiento cancionístico llamado filin (del inglés *feeling*), surgido en La Habana hacia 1948. Al enriquecer a toda una nueva generación de cantautores con armonías y acordes amplios y ricos, el filin provocó una mayor atención al texto, dotándolo de más sinceridad y profundidad. Mientras Portillo de la Luz, José Antonio Méndez o Marta Valdés se expresaron siempre con las cuerdas de la guitarra, Frank Domínguez (174), posiblemente el más jazzístico de los exponentes del filin, lo logró con las 55 teclas del piano. Otro número admirable del autor de *Imágenes*.

11. *ENVIDIA* DE ALFREDO Y GREGORIO GARCÍA SEGURA. CANTA VICENTICO VALDÉS

Es un bolero netamente español, producto de la colaboración de los hermanos García Segura (385), un tema difícil de manejar por las connotaciones que el título podría provocar. De Antonio es también *Un compromiso*, que cantaba Machín. La mexicana Ana María González trajo aquí los boleros mexicanos y los puso de moda, convirtiéndose a su vez en la introductora de temas de Carmelo Larrea, Juanito Valderrama y los hermanos García Segura en su país. El habanero Vicentico Valdés (152) grabó *Envidia* en 1961. La «Voz elástica de la canción» recogió todas las modalidades del bolero; poseedor de un timbre agudo, creció en el ambiente de una familia dedicada a la música y terminó sus días en Nueva York. Fue una de las voces latinoamericanas más populares.

12. *SOMOS* DE MARIO CLAVELL. CANTA ANA MARÍA GONZÁLEZ

La unidad panamericana que provocó el género del bolero fue única. A pesar de la pasión por el tango, en una época en que Carlos Gardel ya se había convertido en el ídolo de Argentina, surgieron allí autores y vocalistas importantes y orquestas destacadas. Esta quimera que busca la complicidad de la noche es del argentino Mario Clavell (318), y es sólo comparable a sus conocidas *Mi carta, Quisiera ser* y *Tú no quisiste*. Su temperamento jovial contribuyó a abrirle el camino de la fama. La cantante Ana María González fue quien estrenó en 1948 en los estudios de Radio Madrid el chotis más aclamado: *Madrid*, creado por el también mexicano Agustín Lara.

13. *INÚTILMENTE* DE ALFREDO NÚÑEZ DE BORBÓN. CANTA GREGORIO BARRIOS

El compositor mexicano fue un maestro del violín y acompañó a Agustín Lara en sus audiciones de «La Hora Íntima», que desde 1930 transmitió la radio XEW. Formó parte de varias orquestas importantes en México y Estados Unidos. Núñez de Borbón (220) fue autor de otros boleros que alcanzaron éxitos, como *Terciopelo* y *Consentida*. El bilbaíno Gregorio Barrios (392) nació en 1911; comenzó a vocalizar en la sala Pasapoga de Madrid y en el Casino Estoril de Lisboa. Luego triunfó en América.

14. *TOTAL* DE RICARDO GARCÍA PERDOMO. CANTA CELIO GONZÁLEZ

La aguda voz de Celio González (159), acompañado de la Sonora Matancera con arreglo de Severino Ramos, dejó en la memoria colectiva uno de los mejores boleros del cubano Ricardo García Perdomo (110). Como rechazo a los esquemas llorones del abandono, con «si no tengo tus besos, no me muero por eso» se modificó el enfoque de la relación amorosa con que se había nutrido gran parte del repertorio del bolero. García Perdomo nos consuela de las conquistas desgraciadas, ofreciendo una resignada esperanza de otra duración existencial. Quizá a ello se deba el éxito internacional de *Total*, que tiene más de cien versiones grabadas. Otros boleros clave del delgado vocalista fueron *Amor sin esperanza*, de Luis Kalaff, y *Vendaval sin rumbo*, de José Dolores Quiñones.

15. *CONVERGENCIA* DE MARCELINO GUERRA *RAPINDEY*. CANTA MIGUELITO CUNÍ

La voz ronca de Cuní (142), cargada de ron y tabaco, alcanzó aquí una interpretación especial de uno de los mejores boleros de *Rapindey* (100), a quien va dedicado este libro. La trompeta de Chapottín se alza en el fondo, mientras el bongó repica discretamente. Curiosamente, Bienvenido Julián Gutiérrez, el autor de la letra, fue un músico bohemio que no acertó a incorporarle la parte melódica; en 1938 se la pasó a *Rapindey* quien pronto le puso música, convirtiéndola en uno de los hitos de la cancionística cubana.

16. *OBSESIÓN* DE PEDRO FLORES. CANTAN PEDRO VARGAS Y BENNY MORÉ

A ritmo marcado, acentuado por el golpe del cencerro, comienza la grabación de uno de los dúos más exquisitos del imponente mexicano (249) y el sonero cubano (135). Cuentan que cuando Don Pedro le presentó la partitura de *Obsesión* en un ensayo, el mulato le contestó: «Pero maestro, si yo no sé leer música». Sin embargo, su extraordinario oído y afinación le permitieron esos efectos que se distinguen claramente. El boricua Pedro Flores (344) también fue autodidacta y vivió mayormente en Nueva York, donde comenzó a crear canciones bajo la influencia de Rafael Hernández. A su vez, Pedro Flores descubrió y formó a Daniel Santos, el inquieto vocalista puertorriqueño que también realizó una grabación estupenda de *Obsesión*.

17. *TODA UNA VIDA* DE OSVALDO FARRÉS. CANTA ANTONIO MACHÍN

Canto de amor y devoción por otro autodidacta del bolero, el cubano Farrés (104), que también concibió *Acércate más* (que lo cantó Nat King Cole), *Tres palabras* y *Quizás, quizás*. Farrés poseía una vena popular muy refinada que pudo desarrollar gracias al compositor Fernando Mulens, quien le pasaba sus composiciones al pentagrama. Debido a las limitaciones tecnológicas de los estudios de grabación de la época y al acompañamiento discreto, apenas se oyen las famosas maracas de Machín (395), que murió en 1977 y está enterrado en Sevilla. Este número tuvo magníficas versiones en las voces de Fernando Torres, Juan Arvizu, el trío Los Jaibos y Tito Rodríguez.

18. *AUNQUE ME CUESTE LA VIDA* DE LUIS KALAFF. CANTA ALBERTO BELTRÁN

Con su potente voz, el dominicano Alberto Beltrán (372) fue quizá el mejor cantor de boleros concebidos en su patria. Conocido como «El negrito del batey», título de unos de los merengues que lo hicieron triunfar en Cuba, en México y en Venezuela, Beltrán representó toda una época del bolero caribeño. Por su parte, Luis Kalaff (370) escribió algunos merengues sabrosos y otros boleros de calidad entre los que se encuentran *Cuando vuelvas conmigo* y *Mi gloria*. El apoyo musical es de la Sonora Matancera: preste atención a los matices que logró Elpidio Vázquez en el contrabajo.

19. *LA CANCIÓN DEL DOLOR* DE RAFAEL HERNÁNDEZ. LETRA DE BERNARDO SANCRISTÓBAL. CANTA LEO MARINI

Un número poco conocido del más prolífico autor de Puerto Rico, con letra del poeta español Sancristóbal, a quien el «jibarito» conoció durante su estancia en México a partir de 1932. El drama de la canción es una rareza, ya que Rafael Hernández (341) solía desarrollar temas básicamente festivos y despreocupados, sin hacer caso de desengaños ni despechos. Una de las voces más prestigiosas que ha tenido la historia del bolero en Hispanoamérica ha sido la del argentino Leo Marini (322), apoyado en esta grabación por la Sonora Matancera.

20. *PERFIDIA* DE ALBERTO DOMÍNGUEZ. CANTA EL TRÍO LOS PANCHOS

Creado en 1939, *Perfidia* es un bolero de un interés melódico y una capacidad de invención que le aseguraron su bien ganada popularidad, consolidada por la película homónima de William Rowland, en cuya cinta también se estrenó *Frenesí*. Ambos temas fueron rápidamente incorporados al repertorio de los grandes *jazz bands* que se imponían entonces en Estados Unidos. Pequeño, inquieto e inconformista, Alberto fue quizá el más destacado de los hermanos Domínguez (225). Los Panchos (241) surgieron en Nueva York en 1944 con los mexicanos Alfredo Gil y Chucho Navarro y el puertorriqueño Hernando Avilés, con la intención de interpretar corridos, rancheras y huapangos. Adoptaron su nombre por su fácil pronunciación en inglés y por la asociación que suscitaba debido a las hazañas del revolucionario Pancho Villa. Pronto se dedicaron al bolero, debutando en México en 1948, y convirtiéndose desde entonces en un mito. Como el Ave Fénix, Los Panchos han renacido mil veces. Impusieron modalidades y llenaron con sus voces un espacio amplísimo de tiempo romántico. Además, cantaron con elegancia, pronunciando el idioma con seducción.

21. *PIÉNSALO BIEN* DE AGUSTÍN LARA. CANTA EL AUTOR

El «Flaco de oro» (210) comenzó a escribir boleros en 1928, cuando trabajaba como pianista en bares y prostíbulos. Alcanzó a ser el compositor a quien más le han grabado en la historia del bolero, aunque se describía a sí mismo como un músico autodidacta e instintivo, que hacía sus canciones al piano como por milagro. En las letras de esas melodías se perciben algunos elementos literarios que van más allá de la simple cursilería. También tuvo éxito como intérprete de sus propias canciones, pero como fumaba y bebía demasiado, cuando tenía que cantar debía chupar unas pastillas que le aclaraban la voz momentáneamente. Enamorado, bohemio, irónico, gran trabajador, Agustín Lara representó mejor que nadie la época dorada del bolero mexicano. Su principal fuente de inspiración fueron las mujeres con las que compartió su vida. Es un verdadero lujo escuchar su voz en este número.

22. *LAS TRES COSAS* DE CARMELO LARREA. CANTA PEDRO VARGAS

De cierta manera, ambos artistas estuvieron marcados por los cambios drásticos de su destino. El hombre corpulento que se convirtió en el principal intérprete de las obras de Agustín Lara tuvo ambiciones juveniles de hacerse torero. Pedro Vargas (249) poseyó una voz de tenor profesional, educada e imperturbable: durante casi 56 años deleitó a los públicos de América, que vibraban ante sus sobrias interpretaciones. Por su parte, Carmelo Larrea (382) trabajaba como gerente en una fábrica de bicicletas bilbaína y terminó siendo uno de los más populares compositores españoles de boleros: *Dos cruces, Camino verde* y *Puente de piedra* dan fe de su creatividad. Tras la angustia de la guerra civil y con estrecheces cotidianas, el bolero que vino de América y el que se creó en España, le habló a la gente de pasión y dulzura, de ilusiones y desengaños. A Larrea se le podrían aplicar aquellos versos de Manuel Machado: «Hasta que el pueblo las canta / las coplas, coplas no son / y cuando las canta el pueblo / ya nadie sabe su autor».

CLASIFICACIÓN CASI SOCIOLÓGICA POR TÍTULOS

Esta selección de más de 400 boleros es reveladora y se incluye aquí como una curiosidad sociológica. Se ha tenido en cuenta no sólo el título, que podría haber aparecido en varias secciones, sino también la temática. Es obvio cuáles se llevan la palma.

Por empleos:

Camarera del amor, José Dolores Quiñones
Empleadita, López y Ruiz
Te vendes, Agustín Lara
Boletera, Luis Marquetti

Desesperanza:

Adiós felicidad, Ela O'Farril
Sin un amor, Chucho Navarro
Como mi vida gris, Graciela Párraga

Desesperadamente, López / Ruiz
Esperanza inútil, Pedro Flores
Por qué me siento triste, María Teresa Vera
Duele, Piloto y Vera
Lo dudo, Chucho Navarro
Te odio, Félix B. Caignet
Mi súplica, Santiago Alvarado
No vale la pena, Orlando de la Rosa
Di que has hecho de mi amor, Álvaro Dalmar
Yo sé de una mujer, Graciano Gómez
¡Qué equivocación!, Pedro Jústiz

Amor eterno y pasional:

Ahora que eres mía, Ernestina
    Lecuona
Contigo aprendí, Armando
    Manzanero
Como arrullo de palmas, Ernesto
    Lecuona
Cómo fue, Ernesto Duarte
Ahora soy tan feliz, Benny Moré
Cuando pasas tú, Ela O'Farril
Diez minutos más, Zorrilla / Ruiz
Enamorado de ti, Rafael Hernández
Te adoraré, Antonio Rodríguez
Me gustas, Rey Díaz Calvet
Tentación, Gabriel Ruiz
Acércate más, Osvaldo Farrés
La gloria eres tú, José Antonio
    Méndez
Mil besos, Emma Elena Valdelamar
Negra consentida, Joaquín Pardavé
Mira que eres linda, Julio Brito
Ahora seremos felices, Rafael
    Hernández
Mujer, Agustín Lara
Nuestra canción, César Portillo de la
    Luz
Obsesión, Pedro Flores
Pedacito de cielo, Frank Domínguez
Palabras de mujer, Agustín Lara
Triunfamos, Cárdenas / Baena
Por eso no debes, Margarita Lecuona
Te quiero, Agustín Lara
Añorado encuentro, Piloto y Vera
Piénsalo bien, Raúl Díaz
Un compromiso, A. García Segura
Delirio, César Portillo de la Luz
Que murmuren, Cárdenas / Fuentes
Sabrás que te quiero, Teddy Fregoso
Tú me acostumbraste, Frank
    Domínguez
Amor en festival, Niño Rivera

Tú no sospechas, Marta Valdés
Un secreto, Abel Domínguez
Vive esta noche, A. Díaz Rivero
Usted, Zorrilla / Ruiz
Voy a apagar la luz, Armando
    Manzanero
Ahora seremos felices, Rafael
    Hernández
Un poquito de tu amor, Julio
    Gutiérrez
Amar y vivir, Consuelo Velázquez
Amorcito corazón, Urdimalas /
    Esperón
Contigo en la distancia, César Portillo
    de la Luz
Dímelo, Johnny Rodríguez
Espérame en el cielo, Francisco López
    Vidal
Inolvidable, Julio Gutiérrez
Mía, Armando Manzanero
Mientras que quieras tú, Rafael Mejía
Piensa en mí, Agustín Lara
En nosotros, Tania Castellanos
Quiéreme mucho, Roig / Gollury /
    Rodríguez

Relativo a la naturaleza:

Bajo un palmar, Pedro Flores
Tabaco verde, Eliseo Grenet
Bájate de esa nube, Ernesto Duarte
El ocaso, Alberto Villalón
Mar, López / Ruiz
Rayos de oro, Sindo Garay
Esta tarde vi llover, Armando
    Manzanero
Mar y cielo, Julio Rodríguez
Sombra verde, Molina Montes /
    Arcaraz
La tarde, Sindo Garay
Abismos, Márquez / Monteiro

Abandono, partida, despedida:

Camino verde, Carmelo Larrea
Amargura, Gonzalo Curiel
Historia de un amor, Carlos Almarán
La barca, Roberto Cantoral
Nosotros, Pedro Junco
No podré olvidarte, Alex Vidal
Palabras, Marta Valdés
Por si no te vuelvo a ver, María
    Grever
Que seas feliz, Consuelo Velásquez
Somos diferentes, Luna / Beltrán
Que te vaya bien, Federico Baena
Todo acabó, Rodríguez / Alvarado
No vuelvo contigo, Mario Fernández
    Porta
Amor fracasado, Félix Martínez
Devuélveme el corazón, Emma Elena
    Valdelamar

Epítetos injuriosos:

Ladrona de besos, Inclán y
    Montenegro
Callejera, Carlos Crespo
Traicionera, Gonzalo Curiel
Por seguir tus huellas, Plácido
    Acevedo
Pecadora, Agustín Lara
Carcelera, Don Felo
Pervertida, Agustín Lara
Condénala Señor, Jorge del Moral
Una cualquiera, Agustín Lara
Corazón sin puerto, González Giralt
Señora tentación, Agustín Lara
Hipócrita, Carlos Crespo
Mentiras tuyas, Mario Fernández Porta
Aventurera, Agustín Lara
Corazón mentiroso, Antonio Ortega
La borrachita, Tata Nacho

Cabaretera, Bobby Collazo
Falsa, Joaquín Pardavé
Flor deshojada, Manuel Acuña
Cobarde, María Grever
Vencida, Agustín Lara
Flor de tentación, Miguel Angel
    Valladares
Corazón negro, José Mateo
Mujer perjura, Miguel Companioni

Aparece Dios:

Lo quiso Dios, Gabriel Ruiz
Ayúdame Dios mío, Mario de Jesús
Me castiga Dios, Alfredo Gil
Gracias a Dios, Pablo Valdés
En nombre de Dios, Santiago Alvarado
Si Dios me quita la vida, Luis
    Demetrio
Que me castigue Dios, Carlos Gómez
    Barrera

Amores imposibles:

Alma de roca, Lily Batet
A qué negar, Guty Cárdenas
Compréndeme, María Alma
Amor de cobre, Luis Marquetti
Fiebre de ti, Juan Arrondo
No sigamos pecando, Benito de Jesús
Pensamiento, Rafael Gómez *Teofilito*
Soy lo prohibido, Roberto Cantoral
Verdad amarga, Consuelo Velásquez
Encadenados, Carlos Arturo Briz
No me quieras tanto, Rafael Hernández
Convergencia, Marcelino Guerra
Se fue, Ernesto Lecuona
Sigamos pecando, Benito de Jesús
No me quieras tanto, Rafael
    Hernández

Reproche, despecho, desprecio:

Ya que te vas, Ernestina Lecuona
Una mujer, Melar / Misraki
Cómo te atreves, Frank Domínguez
Déjame en paz, Luciano Miral
Ya lo verás, Sancristóbal / Hernández
Despecho, Rafael Hernández
Para que te recuerdes de mí, Manuel
   Corona
Te perdono, Roberto Cantoral
Te acordarás de mí, Eduardo Despiau
Y, Mario de Jesús
Ya es muy tarde, Alfredo Gil
Si me comprendieras, José Antonio
   Méndez
Soberbia, Rodolfo Sandoval
No te empeñes, Marta Valdés
Te autorizo para amar, Tony Taño
Nunca te lo diré, Gonzalo Roig
Mentiras tuyas, Mario Fernández
   Porta
El amor se acaba, Osvaldo Rodríguez
Olvido, Miguel Matamoros
Qué pena me da, Juan Arrondo
Señora, Orestes Santos
No vuelvo contigo, Mario Fernández
   Porta
Cruel desengaño, Armando Beltrán
En falso, Graciano Gómez
Ausencia, Jaime Prats
Las amargas verdades, Sindo Garay

Añoranza:

Amor de mi vida, Julián Ortiz
Canta lo sentimental, Urbano Gómez
   Montiel
Angustia, Orlando Brito
Ella y yo, Oscar Hernández
Imágenes, Frank Domínguez

Me estás haciendo falta, Jaime
   Echavarría
Retorna, Sindo Garay
Pensando en ti, Alfonso Torres
Noche de ronda, Agustín Lara
Por si vuelves, Marta Valdés
Vuelve, Benito de Jesús
Recordaré tu boca, Tania Castellanos
Sin ti, Rafael Gómez Peña
A mi manera, Marcelino Guerra
Vivir de los recuerdos, Miguel A.
   Valladares
Sufrir, F. Flores del Campo
El breve espacio en que no estás,
   Pablo Milanés
Sabrás que te quiero, Teddy Fregoso
Me faltabas tú, José Antonio Méndez

La que lleva los pantalones:

Puro teatro, Tite Curet
Tres veces te engañé, Candelario Frías
Carcajada final, Tite Curet
La mala, Tite Curet

Relativos a la flora:

Dos gardenias, Isolina Carrillo
Flor de azalea, Gómez Urquiza /
   Esperón
Campanitas de cristal, Rafael
   Hernández
Tú, mi rosa azul, Jorge Mazón
Murió la flor, De la Fuente / Nano
   Concha
Perfume de gardenias, Rafael
   Hernández
La palma herida, Alberto Villalón
Días y flores, Silvio Rodríguez
Vereda tropical, Gonzalo Curiel

Flores negras, Sergio de Karlo
Palmeras, Agustín Lara

Ruptura:

Amor fugaz, Benny Moré
Hay que saber perder, Abel Domínguez
Ni por favor, Cervantes / Fuentes
Recuerdos de ti, Roque Carbajo
No, Armando Manzanero
Lo nuestro terminó, Noel Estrada
Una noche contigo, Alfredo Sadel
Nuestro amor, Rafael Ramírez

Partes del cuerpo:

Las perlas de tu boca, Eliseo Grenet
Aquellos ojos verdes, Nilo Menéndez
Piel canela, Bobby Capó
Ojos malvados, Cristina Saladrigas
Aquella boca, Eusebio Delfín
Acerca el oído, Arsenio Rodríguez
En la palma de la mano, Tony Fergo
Ojos de sirena, Sindo Garay
Dame la mano, Enrique Bonne

Desastres ecológicos:

Cataclismo, Esteban Taronjí
Cenizas, Wello Rivas
Naufragio, Agustín Lara

Nombres propios:

Aurora, Manuel Corona
Clara, Virgilio González
Zenaida, Arsenio Rodríguez
Esperanza, Ramón Cabrera

Longina, Manuel Corona
Chacha linda, Pablo Martínez Gil
Yolanda, Pablo Milanés
Marta, Moisés Simons
Lupita, Juan Almeida
Mercedes, Manuel Corona
Violeta, Rosendo Ruiz (padre)
Mi Magdalena, Chucho Martínez Gil
Rosa, Agustín Lara
Manena, Pepe Sánchez
Celia, Álvaro Carrillo
Carmela, Manuel Corona
Amelia, Miguel Companioni

Relativos a la fauna:

Golondrina viajera, López Méndez /
    Cárdenas
Ave sin rumbo, Andrés Falgas
Como golondrinas, Wello Rivas
La alondra, Sindo Garay

De índole masoquista:

Arráncame la vida, Agustín Lara
Miénteme, Chamaco Domínguez
Dilema, Juan Lockward
Me odio, Roberto Cantoral
Te perdono, Noel Nicola
Espinita, Nico Jiménez
Súplica de amor, Osvaldo Farrés
Caminemos, Martins / Gil
Sabor de engaño, Mario Álvarez
Aunque me cueste la vida, Luis Kalaff
Gotitas de dolor, Julio Rodríguez
Persistiré, Rubén Rodríguez
Contigo, Claudio Estrada
Di que no es verdad, Alberto
    Domínguez
Nunca jamás, L. Guerrero

El que pierde una mujer, Cortázar /
   Arcaraz
Irremediablemente solo, Bobby Capó
Engáñame, Rafael Hernández
Sacrificio, Chucho Monge
Perfidia, Alberto Domínguez
Sabor de engaño, Mario Álvarez
Dime ingrata, Tata Nacho
Consentida, Alfredo Núñez de Borón
Fida fácil, Zorrilla y Ruiz
No me hables de amor, María Alma
Amor perdido, Pedro Flores
Llevarás la marca, Luis Marquetti
Congoja, Rafael Hernández
Nuestras vidas, Orlando de la Rosa
Despedida, Pedro Flores
Una aventura más, Oscar Kinleiner
No me vuelvo a enamorar, Chucho
   Monge
Inolvidable, Julio Gutiérrez
La vida es un sueño, Arsenio Rodríguez
Torturas de amor, Pablo J. Carballo
Canción del dolor, Bernardo
   Sancristóbal
Aunque tú no me quieras, Fernando
   Fernández
Lágrimas negras, Miguel Matamoros
Somos, Mario Clavell
Júrame, María Grever
Sin ti, Rafael González Peña
Que seas feliz, Consuelo Velásquez
Este amor salvaje, Miguel Valladares
Piensa en mí, Agustín Lara
Desesperación, Antonio Mata
Sólo con mi dolor, Carlos Gómez
   Barrera

Lugares:

Caribe soy, Luis Alday
Aquí o allá, Piloto y Vera

Dos caminos, Francisco Fellove
Quisqueya, Rafael Hernández
Las flores del Edén, Manuel Corona
Por el viejo camino, Gabriel Viñas
Cerca del mar, Ezequiel Cisneros
Una rosa de Francia, Rodrigo Prats
Canción a mi Habana, Tania
   Castellanos
Oración Caribe, Agustín Lara
En mi viejo San Juan, Noel Estrada
El cuartico, Mundido Medina
Habana de mi amor, Armando
   Oréfiche
Allí donde tú sabes, Luis Marquetti

Relacionados con el tiempo:

Parece que fue ayer, Armando
   Manzanero
Llegaste tarde, Wello Rivas
Sólo un minuto, Álvaro Dalmar
Un siglo de ausencia, Alfredo Gil
Cosas del ayer, Chucho Rodríguez
Desde que te fuiste, Don Felo
Ahora y siempre, José de J. Morales
Un año más sin ti, Rodolfo Sandoval
Ya me cansé de ti, José Carbó
   Menéndez
Cenizas, Wello Rivas
Naufragio, Agustín Lara
Vendaval sin rumbo, José Dolores
   Quiñones
Toda una vida, Osvaldo Farrés
Sabor a mí, Álvaro Carrillo
Hasta mañana vida mía, Rosendo
   Ruiz Quevedo
Aquella tarde, Ernesto Lecuona
Acuérdate de abril, Amaury Pérez
Desastre, Luis Marquetti
Brisa tropical, Cora Sánchez Agramonte
Diez minutos más, Zorrilla / Ruiz

Sobre la distancia:

Aléjate, Roberto Cantoral
Llévatela, Armando Manzanero
Vete de mí, Hermanos Expósito
Un siglo de ausencia, Alfredo Gil
Contigo en la distancia, César Portillo
de la Luz
Lejos de ti, Rafael Hernández
Tu partida, Gonzalo Curiel
Siempre te vas, Agustín Lara
Se fue, Ernesto Lecuona
Vete, Candito Ruiz
No vuelvas, Gabriel Ruiz
Vete, por favor, Pedro Flores
Tan lejos, Álvaro Dalmar

Obsesionados con la luna:

Llanto de luna, Julio Gutiérrez
Luna de Varadero, Bobby Collazo
Rayito de luna, Chucho Navarro
Luna de México, Bobby Collazo
Vieja luna, Orlando de la Rosa
Luna cienfueguera, José Ramón
Gutiérrez
Anoche hablé con la luna, Orlando de
la Rosa
Luna yumurina, Ramos / Reyes
Sonámbula luna, Tony Fergo
Los aretes de la luna, José Dolores
Quiñones
Luna lunera, Tony Fergo
Noche de luna, Gonzalo Curiel
Camino de la luna, Luis Aguirre Pinto

Relacionados con viajar:

Viajera, Luis Arcaraz
Tu partida, Gonzalo Curiel
Ave sin rumbo, Andrés Falgas

Te lo doy todo:

La gloria eres tú, José Antonio
Méndez
Enamorado de ti, Rafael Hernández
Bésame mucho, Chelo Velásquez
Juramento, Miguel Matamoros
Alma mía, María Grever
Tu alma y la mía, Manuel Corona
Los dos, Simón Land
Tú me acostumbraste, Frank
Domínguez
No me quieras tanto, Rafael
Hernández
Miénteme más, Báez y Sosa
Entrega total, Abelardo Pulido
Añorado encuentro, Piloto y Vera

Tragos:

La última copa, Caruso / Canaro
Entre espumas, Luis Marquetti
La copa de vino, Luis Demetrio
Una copa más, Chucho Navarro
Copas llenas, Carlos Gali

Relativo a la noche:

Un bolero en la noche, Jorge
Anckermann
La última noche, Bobby Collazo
La noche de anoche, René Touzet
Regálame esta noche, Roberto
Cantoral
Noche azul, Ernesto Lecuona
Nocturnal, Mojica / Sabre Marroquín
Una noche más, Fernando Valadés
Noche de sábado, Osvaldo Rodríguez

Objetos y texturas:

Puente de piedra, Carmelo Larrea
Terciopelo, Alfredo Núñez de Borbón
Mi carta, Mario Clavell
Tu retrato, Agustín Lara
Dos cruces, Carmelo Larrea

Instrumentos musicales:

La clave azul, Agustín Lara
La clave misteriosa, Marcelino Guerra

Títulos que empiezan con «in»:

Incertidumbre, Gonzalo Curiel
Inolvidable, Julio Gutiérrez
Inmensa melodía, Tania Castellanos
Inconsolable, Rafael Hernández
Indiferente, Pablo Lango
Increíble, Isolina Carrillo

Uso y abuso de «corazón»:

Amorcito corazón, Urdimalas /
  Esperón
Con mi corazón te espero, Humberto
  Suárez
Siempre en mi corazón, Ernesto Lecuona
Qué me pides corazón, Pablo Valdés

Devuélveme el corazón, Emma Elena
  Valdelamar
Corazón sin puerto, Gonzalo Giralt
Te engañaron corazón, Sally Newman
Derrotado corazón, Walfrido Guevara
Muy junto al corazón, Rafael Ortiz
Mi corazón es para ti, Orlando de la
  Rosa
Corazón, Eduardo Sánchez de Fuentes
Mi corazón abrió la puerta, López /
  Ruiz
Corazón negro, José Mateo
Corazón a corazón, Roberto
  Lambertucci

Calentando las neuronas:

Quizás, quizás, Osvaldo Farrés
Plazos traicioneros, Luis Marquetti
Fiebre de ti, Juan Arrondo
Loca pasión, Edmundo Rodríguez
Tú no sospechas, Marta Valdés
Sublime ilusión, Salvador Adams
Todo me gusta de ti, Tuco Estévez
Alma con alma, Juanito Márquez
Si llego a besarte, Luis Casas Romero
Deseo, Darío Corredor
Mil besos, Emma Elena Valdelamar
Ansias locas, Eusebio Delfín
Querube, Pedro Flores
Bésame mucho, Chelo Velázquez
Tres palabras, Osvaldo Farrés

GLOSARIO

ad hoc	(latín) Músico contratado para hacer una actuación determinada.
ad libitum	(latín) Instrumentista que hace un solo libremente.
afro	Ritmo afrocubano en un lento compás de 6x8.
bachata	Guaracha santiaguera de finales del siglo XIX; también indica fiesta. Tipo de bolero dominicano.
background	(inglés) El pasado o historia profesional de una persona.
boogaloo	Ritmo que se puso de moda en Nueva York en los años 60, derivado del son montuno e influido por el mambo y el soul.
boricua	Nativo de Borinquen, nombre indígena de Puerto Rico.
chamaco	Hermano menor; también indica niño.
changüí	Ritmo del oriente de Cuba. Una de las formas locales del son.
crooner	(inglés) Cantante al frente de una orquesta.
crossover	(inglés) Lograr penetrar el mercado norteamericano con temas latinos, ambición de muchos artistas.
cumbancha	Fiesta.

diseur   El vocalista que *dice* la canción.

fandango   Antiguo baile español, muy común todavía en Andalucía.

guaguancó   La versión más popular del complejo de la rumba cubana; se interpreta sólo con voces y percusión.

guajiro   Campesino cubano.

guapo   Indica persona valiente en Cuba.

guateque   Fiesta campesina o urbana.

jelengue   Fiesta, animación o bronca.

jíbaro   Campesino puertorriqueño.

jingle   (inglés) Breve cuña musical para anunciar un producto en la radio.

hobby   (inglés) Afición o entretenimiento.

mamey   Fruta tropical de pulpa roja y semilla negra y grande.

marímbula   Usada por los primeros grupos soneros como sustituto del contrabajo, era una caja con una abertura sobre la que se colocaban flejes metálicos para ser pulsados.

oricha   Ancestros yoruba con poderes especiales para favorecer al creyente en la santería o Regla de Ocha.

pailas   Timbales cubanos.

tángana   Bullanguería, pelea.

timbeque   Fiesta con tambores.

titingó   Bronca, pelea.

tres   Guitarra cubana, más pequeña de lo normal, con tres cuerdas dobles metálicas que servían como piano en los sextetos y septetos de son.

zarabanda   Danza popular española de los siglos XVI y XVII, de ritmo ternario. También indica jolgorio popular.

BIBLIOGRAFÍA CONSULTADA

ABADÍA MORALES, G., *Compendio general de folklore colombiano*, 3ra. ed., Bogotá, 1977.

ABELLÁN, José Luis, *La idea de América*, Madrid, 1972.

Álbum de Oro de la Canción, México, 1949.

ACOSTA, Leonardo, *Del tambor al sintetizador*, La Habana, 1983.

Actas de la Reunión Internacional de Estudios sobre las relaciones entre la música andaluza, la hispanoamericana y el flamenco, Madrid, 1972.

AGÜERO, Gaspar, «El aporte africano a la música popular cubana», en *Revista de Estudios Afrocubanos*, La Habana, 1946.

ALÉN RODRÍGUEZ, Olavo, *Géneros musicales de Cuba*, San Juan, 1992.

ALVARENGA, Oneyda, *Música popular brasileña*, México, 1947.

ÁLVAREZ CORAL, Juan, *Compositores mexicanos*, México, 1972.

    Gonzalo Curiel Barva, México, 1979.

    Alfonso Esparza Oteo, México, 1979.

    Ignacio Fernández Esperón, México, 1979.

ANTOLITIA, Gloria, *Cuba, dos siglos de música*, La Habana, 1984.

ARETZ, Isabel, *Síntesis de la etnomúsica en América Latina*, Caracas, 1980.

ARTEAGA, José, *Lucho Bermúdez, maestro de maestros*, Colombia, 1991.

AUREA, Alejandro, *La hora íntima de Agustín Lara*, México, 1992.

AYALA, Roberto, *Canciones y poemas de Agustín Lara*, México 1969.

AYESTARÁN, Lauro, *El folklore musical uruguayo*, Montevideo, 1967.

BAQUEIRO FOSTER, Gerónimo, *La canción popular de Yucatán* (1850-1950), México, 1970.
BARRIOS, Miguel Ángel, *Modismos y coplas de ida y vuelta*, Madrid, 1982.
BARROSO, Miguel A. y REYES-ORTIZ, Igor, *Crónicas Caribes*, Madrid, 1996.
BÉHAGUE, Gerard, *La música en América Latina*, Caracas, 1983.
BETANCOURT, Enrique C., *Radio, televisión y farándula de la Cuba de ayer*, San Juan, 1986.
BIGOTT, Luis Antonio, *Historia del bolero cubano (1883-1950)*, Caracas, 1993.
BLOCH, Peter, *Puerto Rican music and its performers*, Nueva York, 1973.
BRUSCHETTA, Angelina, *Agustín Lara y yo*, Veracruz, 1979.

CALDERÓN, Jorge, *María Teresa Vera*, La Habana, 1986.
Cancionero Picot. Edición extraordinaria, México, 1947.
CANO, Carlos, *Una historia musical andaluza*, Madrid 2000.
CAÑIZARES, Dulcila, *La trova tradicional cubana*, La Habana, 1992.
CARAVACA, Rubén, *313 boleros, por ejemplo*, Madrid, 1995.
CARPENTIER, Alejo, *La música en Cuba*, México, 1946.
CASTELLANOS, Pablo, *Horizontes de la música precortesiana*, México, 1970.
CASTILLA DEL PINO, Carlos, *Teoría de los sentimientos,* Barcelona, 2000.
CASTILLO ZAPATA, Rafael, *Fenomenología del bolero*, Caracas, 1990.
CASTILLO FAÍLDE, Osvaldo, *Miguel Faílde. Creador musical del danzón*, La Habana, 1964.
CHASE, Gilbert, «Fundamentos de la cultural musical en Latinoamérica» en *Revista Musical Chilena*, año 3, Santiago de Chile, oct-nov. 1947.
COLLAZO, Bobby, *La última noche que pasé contigo*, San Juan, 1987.
CONTRERAS, Félix, *Porque tienen filin*, Santiago de Cuba, 1989.
     La música cubana. Una cuestión personal, La Habana, 1999.
CORREA DE AZEVEDO, Luis Heitor, «La música de América Latina», en *América Latina en su música*, México, 1977.
COTARELLO I MORI, *Colección de entremeses, fiestas, jácaras y mojigangas*, Madrid, 1911.
CURET ALONSO, *Tite, La vida misma*, Caracas, 1993.

DAVIDSON, Harry, *El diccionario folcklórico de Colombia*, Bogotá, 1971.
DE ANDRADE, Mario, «Música del Brasil», en *Musicología en Latinoamérica*, La Habana, 1984.
DE ARAGÓN, Fernando, *Libro de Oro de la Canción*, México, 1952.
DE LEÓN, Carmela, *Sindo Garay, memorias de un trovcador*, La Habana, 1990.
     Ernesto Lecuona, La Habana, 1996.
DE PARODI, Enriqueta, *Alfonso Ortiz Tirado*, México, 1964.
DEPESTRE, Leonardo, *Adolfo Guzmán*, Santiago de Cuba, 1988.
     Cuatro músicos de una villa, La Habana, 1990.

DÍAZ AYALA, Cristóbal, *Música Cubana. Del Areyto a la Nueva Trova*, San Juan, 1981.
   Si te quieres por el pico divertir. Historia del pregón musical latinoamericano, San Juan, 1988.
   Discografía de la música cubana (vol.1, 1898-1925), San Juan, 1994.
   Cuando salí de La Habana. 1898-1997. Cien años de música cubana por el mundo, San Juan, 1998.
   100 Canciones cubanas del «milenio» (catálogo a 4 CDs), Barcelona, 1999.
DON GALAOR, *El Indio Araucano: una vida de novela*, La Habana, 1956.
DOUEIL, Teresa, *Maldito amor*, Madrid, 2000.
DUEÑAS, Pablo, Bolero. *Historia documental del bolero mexicano*, México, 1990.
DUEÑAS, Pablo, y FLORES Y ESCALANTE, Jesús, *Los 65 boleros de todos los tiempos*, México1995.

ELI, Victoria y GÓMEZ, Zoila *...haciendo música cubana*, La Habana, 1989.
ELLIOT, J. H., *El viejo mundo y el nuevo, 1492-1600*, Madrid, 1972.
ÉVORA, Tony, *Orígenes de la música cubana*, Madrid, 1997.
   Ernesto Lecuona, Madrid, 1995.
   Más se bailó en Cuba, Madrid, 1998.

FERRER, Mercedes, *Pasajera del tiempo*, Madrid, 2000
FLORES Y ESCALANTE, Jesús, *Salón México*, México, 1993.
FRANCO SODKA, Carlos, *Lo que me dijo Pedro Infante*, México, 1977.
FREIRE, Espido, *Primer amor*, Madrid, 2000.

GALÁN, Natalio, *Cuba y sus sones*, Valencia, 1983.
GARMABELLA, José Ramón, *Pedro Vargas*, México, 1984.
GARRIDO, Juan S., *Historia de la música popular en México*, México, 1974.
   Mario Talavera, México, 1979.
GIRO, Radamés, *César Portillo de la Luz. El filin*, Madrid, 1998.
GÓMEZ GARCÍA, Zoila (selección), *Musicología en Latinoamérica*, La Habana, 1985.
GÓMEZ GARCÍA, Zoila y ELI RODRÍGUEZ, Victoria, *Música latinoamericana y caribeña*, La Habana, 1995.
GONZÁLEZ, Antonio J., *Alfredo Sadel*, Bogotá, 1992.
GONZÁLEZ, Reynaldo, *Llorar es un placer*, La Habana, 1988.
GRENET, Emilio, *Música popular cubana*, La Habana, 1939.
GUIDO, Walter, *Panorama de la música en Venezuela*, Caracas, 1978.

HENRÍQUEZ UREÑA, Pedro, *Historia de la cultura en la América Hispánica*, México, 1961.
HERNÁNDEZ BALAGUER, P., *El más antiguo documento de la música cubana*, La Habana, 1986.

IGLESIAS DE SOUZA, Luis, *Teatro lírico español* (4 vol), A Coruña, 1991.
INFANTE QUINTANILLA, José E., *Pedro Infante*, México, 1992.
IZNAGA, Diana, *Transculturación en Fernando Ortiz*, La Habana, 1989.
IZQUIERDO, Paula, *Cartas de amor salvaje(s)*, Madrid, 2000.

LAFUENTE AGUADO, Ricardo, *La habanera en Torrevieja*, Torrevieja, 1990.
LAMARQUE, Libertad, *Libertad Lamarque*, Buenos Aires, 1986.
LAPIQUE, Zoila, *Música colonial cubana*, La Habana, 1979.
LEAL, Néstor, *Boleros. La canción romántica del Caribe (1930-1960)*, Caracas, 1992.
LEÓN, Argeliers, *Música folklórica cubana*, La Habana, 1964.
    Del canto y el tiempo, La Habana, 1984.
LIEBERMAN, Baruf, y otros, *Antología del son de México*, México, 1984.
LINARES, María Teresa, *La música popular*, La Habana, 1970.
LINARES, M. T. y NÚÑEZ, Faustino, *La música entre Cuba y España*, Madrid, 1998.
LÓPEZ CHAVARRI, Eduardo, *Música popular española*, Madrid, 1958.
LOYOLA FERNÁNDEZ, José, *En ritmo de bolero*, La Habana, 1997.

MALAVET VEGA, Pedro, *La vellonera está directa*, Santo Domingo, 1984.
MAMERY, Gilbert, *La discoteca del recuerdo*, San Juan, 1983.
MARINA, José Antonio, *Teoría de la inteligencia creadora*, Barcelona, 1993.
MARINA, J. Antonio y LÓPEZ PENAS, Marisa, *Diccionario de los sentimientos*, Barcelona, 1999.
MARTÍ, Samuel, *Instrumentos musicales precortesianos*, México, 1955.
MARTÍNEZ, Mayra A., *Cubanos en la música*, La Habana, 1993.
MARTÍNEZ RODRÍGUEZ, Raúl, *Esther Borja*, La Habana, 1990.
    Walfrido Guevara, La Habana, 1992.
    Pacho Alonso, La Habana, 1992.
    Ignacio Villa y Fernández, La Habana, 1993.
    Roberto Faz, La Habana, 1993.
    Benny Moré, La Habana, 1993.
    Ellos hacen la música cubana, La Habana, 1998.
MARTÍNEZ, María Elena, *Repertorio de Agustín Lara*, México, 1992.
MARTÍNEZ, Orlando, *Ernesto Lecuona*, La Habana, 1989.
MAYER-SERRA, Otto, *Panorama de la música mexicana*, México, 1941.
MENDOZA, Vicente T., *La canción mexicana*, México, 1982.
MOJICA, José, *Yo pecador*, México, 1957.
MOLINA, Ricardo y otros, *Flamenco de ida y vuelta*, Sevilla, 1991.
MONTES, Amparo, *Mi vida*, México, 1988.
MORA PATIÑO, Orlando, *Que nunca llegue la hora del olvido*, Medellín, 1986.
    La música que es como la vida, Medellín, 1989.

Moreno Rivas, Yolanda, *Historia de la música popular mexicana*, México, 1979.
Moscoso, Francisco, *Tribus y clases en el Caribe antiguo*, Santo Domingo, 1986.

Olivera, Rubén, «La canción política», en *La del Taller*, N.º 5-6, Montevideo, 1986.
Orovio, Helio, *Diccionario de la música cubana. Biográfico y técnico*,
    2.ª edición, La Habana, 1992.
    300 Boleros de Oro, La Habana, 1991.
Ortiz, Fernando, *Los instrumentos de la música cubana* (2 vol), Madrid, 1996.
    La africanía de lo música folklórica de Cuba, Madrid, 1998.
    Los bailes y el teatro de los negros en el folklore de Cuba, Madrid, 1998.
    Los negros curros, La Habana, 1986.
Otero, José, *Tratado de bailes*, Sevilla, 1912.

Paz, Juan Carlos, *Introducción a la música de nuestro tiempo*, Buenos Aires,
    1971.
Paz, Octavio, *El laberinto de la soledad*, México, 3ra. edición, México, 1972.
Peñasco, Rosa, *La copla sabe de leyes*, Madrid, 2000.
Pereira Salas, Eugenio, *Los orígenes del arte musical chileno*, Santiago de Chile,
    1941.
Pérez, Carlos, A. Navarro y Mª T. Linares, *L'havanera, un cant popular*,
    Tarragona, 1995.
Pérez Sabido, Luis, *Yucatán: canciones de ayer, de hoy y de siempre*, Mérida,
    1990.
Pérez Sanjurjo, Elena, *Historia de la música cubana*, Miami, 1986.
Plaza, José María, *Canciones de amor y dudas*, Madrid, 2000.
Preciado, Nativel, *Extrañas parejas*, Madrid, 2000.

Quiñones, Fernando, *De Cádiz y sus cantes*, Madrid, 1974.
    La poesía en el carnaval de Cádiz, Cádiz, 1988.

Ramón y Rivera, Luis Felipe, *La música popular de Venezuela*, Caracas, 1987.
    La música afrovenezolana, Caracas, 1971.
Ramos, Josean, *Vengo a decirle adiós a los muchachos*, San Juan, 1989.
Restrepo Duque, Hernán, *Lo que cuentan los boleros*, Bogotá, 1993.
    Lo que cuentan las canciones, Bogotá, 1973.
    Las cien mejores canciones de la música colombiana, Bogotá, 1991.
    Artículos de Radioyente, Medellín, 1985-1991.
Reuter, Jas, *La música popular de México*, México, 1992.
Revista musical puertorriqueña, San Juan, 1988.
Rico Salazar, Jaime, *Las canciones más bellas de Costa Rica*, San José, 1990.
    Cien años de boleros. Nueva versión, Bogotá, 1993.
    Instrumentos musicales, San José, 1989.

RIVET, Paul, *Los orígenes del hombre americano*, 4ta. Ed., México, 1964.
RODRÍGUEZ, Ezequiel, *Danzón. Iconogafía, creadores e intérpretes*, La Habana, 1967.
ROMÁN, Manuel, *Canciones de nuestra vida. De A. Machín a Julio Iglesias*, Madrid, 1994.
RUIZ HERNÁNDEZ, Álvaro, *Personajes y episodios de la canción popular*, Barranquilla, 1983.
RUIZ QUEVEDO, Rosendo, *Boleros de oro*, La Habana, 1988.
RUIZ RUIEDA, Javier, *Agustín Lara: vida y pasiones*, México, 1976.
RUZ, Alberto, *La civilización de los antiguos mayas*, La Habana, 1974.

SAAD, Guillermo, *Marco Antonio Muñiz*, México, 1992.
SALINAS, José Luis, *Jazz, flamenco, tango: Las orillas de un ancho río*, Madrid, 1994.
SÁNCHEZ DE FUENTES, Eduardo, *La música aborigen de América*, La Habana, 1938.
SANDI, Luis, *Compositores mexicanos de 1910 a 1958*, México, 1984.
SANZ, Joseba, *Silvio. Memoria trovada de una revolución*, Bilbao, 1992.
SERNA, Carlos E., *Su artista favorito*, Medellín, 1991.
SLONIMSKY, Nicolás, *La música de América Latina*, Buenos Aires, 1947.
SOLÍS, Ramón, *Coros y chirigotas*, Cádiz, 1988.
SPOTTSWOOD, Richard K., *Ethnic music on records: 1893-1942*, Illinois, 1990.

TAIBO, Paco Ignacio, *La música de Agustín Lara en el cine*, México, 1989.
TAPIA COLMAN, Simón, *Música y músicos de México*, México, 1991.
TEJEDA, Darío, *La historia escondida de Juan Luis Guerra y los 4:40*, Santo Domingo, 1993.
TÉLLEZ, Hernando, *Cincuenta años de radiodifusión en Colombia*, Bogotá, 1983.
THOMPSON, Virgil, *American music since 1910*, Nueva York, 1971.
TREJO, Ángel, *¡Hey familia, danzón dedicado a...!*, México, 1992.

VALDÉS, Carmen, *La música que nos rodea*, La Habana, 1984.
VÁZQUEZ MONTALBÁN, Manuel, *Cancionero general del franquismo*, Barcelona, 2000.
VÁZQUEZ, Omar, «Lino Borges: la voz del bolero», Diario *Granma*, La Habana, 1989.
   «Elena Burke», Diario *Granma*, La Habana, 1991.
VEGA, Carlos, *Formas musicales rioplatenses. Su origen hispánico*, Buenos Aires, 1946.
   Panorama de la música popular argentina, Buenos Aires, 1944.
   Música sudamericana, Buenos Aires, 1946.

ZAVALA, Iris M., *El bolero. Historia de un amor*, Madrid, 1991.
ZORRILLA MARTÍNEZ, José A., *Yo soy Monís*, Mérida, 1989.

ÍNDICE DE BOLEROS ENUNCIADOS EN EL TEXTO

ÍNDICE ONOMÁSTICO